產業經濟學

龔三樂、夏飛 編著

產業經濟學是研究產業及其發展規律的經濟學，
產業經濟學的研究對象就是產業。
產業既不是微觀經濟的概念，也不是宏觀經濟的概念。
產業是一個介於微觀經濟、宏觀經濟兩者之間的中觀經濟概念。
產業經濟學的本質
是研究產業經濟活動中資源的優化配置，
產業經濟學的根本目的**是促進資源在產業層次上的優化配置。**

財經錢線

前 言

筆者多年從事產業經濟學的研究與教學工作，感覺目前甚為缺乏一部易學好懂實用、適合本科層次學生使用的教材。為此，筆者在廣泛參考、借鑑國內外同類教材的基礎上，秉著兼收並蓄、揚長避短的原則，編寫本教材。

本教材闡述的產業經濟學理論體系，包括產業組織、產業結構、產業關聯、產業政策、產業規制、產業佈局、產業競爭力以及產業發展理論、產業分析理論等內容；既包括一些主要的傳統產業經濟理論，也納進了一些最新的產業經濟理論研究成果。

相對於既有的產業經濟學教材，本教材具有兩個方面的特點：

第一，系統性。本教材力圖全面反應產業經濟學完整的理論體系，使讀者從總體上把握產業經濟理論框架，因而內容完整、系統，同時行文字斟句酌，注意穿針引線，以保持前後邏輯的嚴密。

第二，實用性。本教材以「必需」和「夠用」為原則，不追求理論的深度，力求以通俗、平白的語言，簡明扼要、深入淺出介紹理論。同時，把應用能力的培養融於理論學習之中，注重運用案例分析，達到學以致用的目的。

囿於才識淺陋，教材定有不足之處，歡迎各位同行和讀者批評指正。

編 者

目 錄

第一章　導論

作為一門系統闡述產業理論的課程，首先需要明確產業經濟學的研究對象、內容、理論發展過程、學科性質，然後進一步瞭解學習的意義和研究的方法。

第一節　什麼是產業經濟學

一、產業經濟學的研究對象

顧名思義，產業經濟學是研究產業及其發展規律的經濟學，產業經濟學的研究對象就是產業。那麼，什麼是產業？產業（英語中的產業一詞是 Industry）是指國民經濟中具有使用相同原材料、相同工藝技術或生產產品用途相同的企業的集合。國民經濟中的各行各業，大至部門，小到行業，從生產到交換、服務以至於文化、教育等等的各行各業，都可以稱之為產業。產業既不是微觀經濟的概念，也不是宏觀經濟的概念。微觀企業的集合構成產業，產業是國民經濟的組成部分，因此，產業是一個介於微觀經濟、宏觀經濟之間的中觀經濟概念。

產業經濟活動是一種社會化大生產活動，牽涉到產業內部之間、產業與產業之間以及產業與政府之間等的關係，正確處理好上述關係關係到產業經濟活動的有序、有效開展，因此，產業經濟學需要研究上述關係。這使得產業經濟學的研究對象又細分為多種不同的具體研究對象，包括產業組織、產業結構、產業關聯、產業政策等。產業組織主要是研究資源在產業內部企業間的配置狀況及其變化，目的是促進企業間資源配置的優化。產業結構、產業關聯主要是研究資源在產業之間的配置狀況及其變化，目的是促進產業間資源配置的優化。產業政策涉及政府對產業發展過程中資源配置狀況的管理和調節，以實現資源的動態優化配置。從上述意義上說，產業經濟學的本質是研究產業經濟活動中資源的優化配置，產業經濟學的根本目的是促進資源在產業層次上的優化配置。

二、產業經濟學的內容

西方國家較早研究產業經濟學。西方產業經濟學也可以稱為產業組織學，說明了在一定的市場條件下，產業的市場結構、企業行為和經濟成果之間的內在聯繫。把這種聯繫與國家實行的產業政策結合起來，就構成了西方產業經濟理論研究的基本內容。

改革開放前，中國學術研究中沒有明確的「產業經濟學」稱呼，產業經濟學的相關理論研究分佈在農業經濟學、工業經濟學、商業經濟學等學科門類中。改革開放後，中國的產業經濟學最初受日本理論界的影響較深，強調產業結構以及產業政策。之後隨著西方的主流產業組織理論被引入中國，中國的產業經濟學開始轉向，將以產業組織和公共政策為主要內容的西方產業經濟學體系與以產業結構、產業關聯和規制政策等為研究重點的日本產業經濟學體系整合在一起，形成中國產業經濟學主要內容體系。近年來，中國產業經濟學又陸續將國內外一些最新的產業經濟研究成果如產業佈局理論引入體系中，使得產業經濟學內容體系進一步發展和豐富，如圖 1-1 所示。

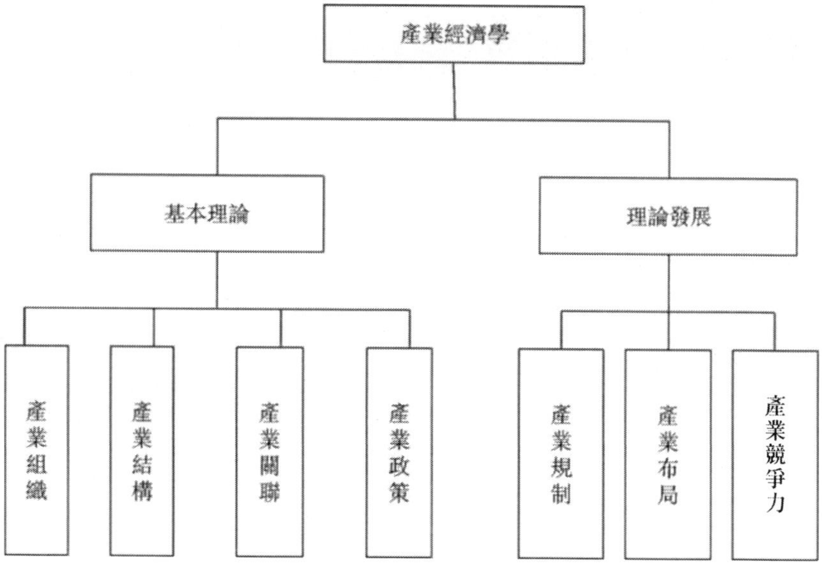

圖 1-1　產業經濟學理論體系

圖 1-1 表明，傳統的產業經濟學理論體系主要由兩個層次和七個方面內容構成。第一個層次是基本理論，包括產業組織、產業結構、產業關聯和產業政策，這是產業經濟學的主體部分。第二個層次是理論發展部分，包括產業規制、產業佈局和產業競爭力。此外，還包括產業發展理論和產業分析理論。

（一）產業組織

產業組織是產業經濟學的微觀領域。產業組織以「市場與企業」為研究對象，主要研究產業內企業與市場的關係，包括市場結構、市場行為、市場績效，以正確處理有效競爭和規模經濟的關係。

（二）產業結構

產業結構是產業經濟學的宏觀領域。產業結構主要研究產業間的相互聯繫和聯繫方式，包括產業結構演變的規律、產業結構的優化和主導產業的選擇等內容。產業結構研究不涉及過於細緻的產業之間中間產品的複雜供求關係，因此屬於產業經濟學的「宏觀」領域。

(三) 產業關聯

產業關聯是產業經濟學的中觀領域，介於產業結構和產業組織之間。產業關聯主要研究不同產業之間的投入品和產出品相互運動形成的實物或價值形態的技術經濟聯繫，包括產業關聯分析的原理和方法，投入產出法的應用，產業的空間關聯和時間關聯等。產業關聯理論通過運用相關的數量分析法，能夠精確、量化地研究產業之間的相互依存關係，很好地反應各產業的中間投入和中間需求。

(四) 產業政策

產業政策主要研究制定產業政策的依據，產業政策體系及其配套選擇，產業結構政策、產業組織政策的主要內容等。

(五) 產業規制

產業規制主要研究政府對產業組織的規制活動，包括規制理論、規制政策等內容。產業規制主要來源於對產業組織狀態的分析，通過政府的干預糾正或避免產業組織中的不合理方面。

(六) 產業佈局

產業佈局主要研究產業在一國或一地區範圍內的空間分佈與組合，包括產業佈局的理論依據、產業佈局原則、產業佈局規律、產業佈局戰略、產業集群等。產業佈局理論主要基於對產業結構與產業關聯的分析，通過合理的產業地區佈局推動產業結構和產業關聯的優化。

(七) 產業競爭力

產業競爭力主要研究產業的競爭能力，包括產業競爭力的評價指標、評價方法等內容。

本書的章、節及其內容安排具有內在的邏輯性。第一章是導論，闡述產業經濟學相關理論基礎知識，起導讀作用。第二章深入產業內部，研究生產者之間相互關係的結構——產業組織，主要是企業與市場的關係。第三章是對第二章內容的延續和發展，基於對產業內部組織的分析，研究政府如何有效實施規制以彌補產業內部組織的不完善。第四章，是從靜態與動態相結合的角度，考察產業外部各產業之間的生產、技術、經濟關係，即產業結構。第五章研究產業空間結構的形成動因——產業佈局，產業空間結構是產業佈局的結果，產業佈局理論是產業結構理論的重要組成部分。第六章產業關聯，實際上是對產業結構的量化分析。第七章產業發展，是從產業整體角度研究產業的發展運動，並介紹產業發展的一些新特點和新趨勢。第八章產業競爭力，是對產業發展的結果從整體競爭力的角度進行綜合評價和分析。基於上述八章的闡述，第九章介紹系統化的產業政策體系，包括產業組織、產業結構、產業發展等政策。第十章闡述如何運用前述產業經濟基本理論進行產業經濟分析，為各類產業經濟活動決策提供理論參考與依據。

三、產業經濟學的發展

經濟學是社會經濟發展到一定階段，為了說明和解決現實經濟生活中存在的問題、適應經濟發展的需要而形成和發展起來的。人們對社會經濟活動的理論認識，經歷了一個由淺入深、由微觀到宏觀再到中觀層次的過程，即從微觀經濟學到宏觀經濟學，再到產業經濟學的過程。第二次世界大戰前，產業經濟學只是產生了若干領域的理論淵源，沒有形成一個比較完整的產業經濟學理論。直到第二次世界大戰後，隨著產業組織理論、產業關聯理論的形成和成熟，以及在產業結構、產業政策研究上取得了一定發展的基礎上，才由日本學者在20世紀70年代提出了比較完整的產業經濟學基本理論框架。

產業組織理論的理論淵源，主要來自英國經濟學家馬歇爾（A. Marshall）、瓊·羅伯遜（J. Robinson）和美國經濟學家張伯倫（E. H. Chamberlin），他們被視為產業組織理論的鼻祖。馬歇爾在其1890年出版的《經濟學原理》中提出了「馬歇爾衝突」，即規模經濟與競爭相互衝突、難以兼得，大規模生產能提高企業的生產效率，但規模經濟的發展必然導致壟斷的發展。對「馬歇爾衝突」的解決，成為整個產業組織理論研究的起點。張伯倫1933年出版的專著《壟斷競爭理論》、羅賓遜1933年出版的《不完全競爭理論》均提出壟斷競爭理論，奠定了市場結構分析的基礎。隨後的1940—1960年，是產業組織理論的形成階段。以哈佛大學的貝恩（J. S. Bain）、梅森（E. A. Mason）教授為代表的哈佛學派，對產業組織理論的形成發揮了關鍵作用。1959年，貝恩基於其與梅森及其他同事長期研究形成的「結構—行為—績效」範式，發表了專著《產業組織論》，標誌著產業組織理論體系基本形成。「結構—行為—績效」範式統治了產業經濟學研究將近四分之一個世紀，即使到20世紀70年代該範式失去了「霸主」地位，但其他學派或理論包括芝加哥學派、新奧地利學派，都是在借鑑該範式的基礎之上發展起來的。

產業規制理論最早發端於西方經濟學界20世紀30年代對「市場失靈」問題的研究。此後，雖有不少學者發表了對於價格規制、投資規制方面的論著，但總體上比較零散、不成體系。直到1970年卡恩（A. E. kahn）《規制經濟學》的出版，標誌著規制經濟學學科的誕生。幾乎在同個年代，1971年施蒂格勒（G. J. Stigler）出版《經濟規制論》、1973年貝利（E. E . Bailey）出版《法規性制約的經濟理論》、1975年鮑莫爾（W. J. Baumol）和奧茨（W. E . Oates）出版《環境政策理論：外部性、公共部門、支出與生活質量》、1976年佩爾茲曼（S. Peltzman）出版《走向更一般的規制理論》、1991年托里森（R. D. Tollison）出版《規制與利益集團》、1992年植草益出版《微觀規制經濟學》，分別從公共事業、自然壟斷行業等經濟性規制的產生、依據、法律、決策過程、價格方面，奠定了規制經濟學的學科基礎和體系。

產業結構的理論淵源可以追溯至英國古典經濟學家威廉·配第（W. Petty），其在1672年出版的《政治算術》中，提出不同產業的收入不同，這最終會導致勞動力要素在不同產業間的流動，即引發產業結構的變動。馬克思在《資本論》中，把社會化大生產分為生產資料（第Ⅰ部類）和消費資料（第Ⅱ部類）兩大部類，並且認為社會大生產的順利進行，需要實現兩大部類關係的協調。1931年，德國經濟學家霍夫曼（W. G. Hoffmann）在其著作《工業化的階段和類型》中，提出了著名的霍夫曼定理，揭示了在工業化過程中產業結構演進的規律。到20世紀30年代，新西蘭經濟學家費歇爾

(A. G. B. Fisher) 首次提出三次產業分類法；日本經濟學家赤松要提出，後進國家的產業趕超先進國家時產業結構變化呈現出「雁行形態」。英國經濟學家科林·克拉克(Collin G. Clark) 1940年出版《經濟發展的條件》，提出了「配第—克拉克定理」。20世紀50年代，美國著名經濟學家庫兹涅茨 (Simon Kuznets) 深入研究了產業結構的演變規律，得出國民收入和勞動力在產業間分佈演化的一般規律。第二次世界大戰後隨著發展經濟學的興起，發展經濟學對產業結構理論也做出了重要貢獻。著名的美國發展經濟學家劉易斯 (A. Lewis) 提出了二元經濟結構理論，赫希曼 (A. O. Hirschman) 提出了不平衡發展理論，羅斯托 (W. W. Rostow) 提出了主導產業理論，錢納里 (H. Chenery) 提出了經濟發展過程中的產業結構變化理論。

產業關聯理論主要是指投入產出分析法，由美國經濟學家里昂惕夫 (W. W. Leontief) 在20世紀30年代提出。里昂惕夫的投入產出分析法，主要理論來源是瓦爾拉斯 (Wairas) 的一般均衡理論，也借鑑了法國重農學派的代表性人物魁奈 (F. Quesnay) 創立的經濟表和馬克思的社會化大生產兩大部類均衡理論的相關思想。20世紀50年代後，隨著電子計算機技術、計量經濟學和運籌學的不斷發展與應用，投入產出分析法取得了新的進展，提出了各種動態投入產出模型，拓展了企業、地區以及能源、教育等領域的投入產出分析。

產業佈局理論萌發於德國經濟學家杜能 (V. Thunen) 1826年在《孤立國同農業和國民經濟的關係》一書中，提出的農業區位理論。之後，德國經濟學家韋伯 (A. Weber) 於1909年出版《工業區位論》，闡述了工業區位論，第一次形成較為系統的產業佈局理論。韋伯認為，運輸費用決定著工業區位的基本方向，區位選擇主要考慮的三個因素是運輸費用、勞動費用和聚集力，三者綜合形成的成本最低區位是理想中的工業區位。韋伯被認為是「成本學派」的代表性人物。此後的學者，發現決定最優區位的因素不僅有成本因素，還有市場因素，應盡量將企業佈局在能獲得最大利潤的區位。例如，「市場學派」的代表性人物之一克里斯泰勒 (W. Christaller) 在1933年出版的《德國南部的中心地》一書中，提出了「中心地理論」：一定區域內的中心地在職能、規模和空間形態分佈上具有一定規律性，中心地空間分佈形態會受市場、交通和行政三個原則的影響，中心地體系可根據市場、交通和行政最優原則而形成，產業應根據利潤最大化原則佈局於最合適的中心地體系中。在成本學派和市場學派基礎之上，學者們後來又發展出「成本—市場學派」，主張通過綜合分析區位因素確定合理的生產區位。20世紀50年代初，法國經濟學家佩魯 (F. Porroux) 提出發展極理論，並經補充、完善形成增長極理論，成為應用性廣闊的一種產業佈局理論。

產業競爭力理論是20世紀80年代逐漸發展起來的理論。產業競爭力理論來源於對國際競爭力的研究。世界經濟論壇 (World Economic Forum，簡稱 WEF) 組織於20世紀80年代初，最早開始對國際競爭力的研究。至1986年，以《國際競爭力報告》的發表為標誌，該組織形成了相對完整的國際競爭力研究體系。之後，一些學者將對國家競爭力的研究，逐步衍化、延伸到對產業競爭力的研究上。其中，對產業競爭力研究做出突出貢獻的是哈佛大學教授波特 (M. E. Porter) 教授。波特在1985年提出了產業競爭力「五力分析模型」，即應從潛在進入者的威脅、替代品的威脅、買方討價還價能力、供應方的討價還價能力以及產業內現有競爭者的對抗五個方面，來研究產業。在此基礎上，波特於 1990 年出版了《國家競爭力》一書，提出著名的產業國際競爭力鑽石模型。該模型是對「五力分析模型」的進一步拓展，認為決定一國產業國際競爭力的包括要素條件、需求條件、相關與輔助產業、企業策略、結構與競爭者、政府和機遇等六大要素。此後，諸多學者繼續對產業國際競爭力理論進行了完善和發展。1994 年，世界經濟論壇在其《國際競爭力報告》中確定，在經濟全球化背景下，產業國際競爭力表現為一國生產產品的能力、占領國際市場和獲取利潤的能力。至此，產業競爭力理論基本形成。國內一些學者也對產業競爭力理論的發展做出了貢獻，魏後凱等（2002）、郭克莎（2003）將產業競爭力研究進一步拓展至區域產業競爭力的研究。

上述產業經濟相關理論最初均是獨立的理論，並未形成系統的產業經濟學理論。例如，歐美的產業經濟學實際上只是產業組織理論。對理論的融合做出突出貢獻的是日本經濟學家宮澤建一。宮澤健一在 1975 年出版《產業經濟學》，明確提出了由產業組織理論、產業聯繫理論、產業結構理論組合而成的產業經濟學理論體系，表明產業經濟學已經基本形成[①]。20 世紀 80 年代以來，傳統產業經濟學在諸多領域獲得了進一步的發展。

產業組織理論較為重要的發展，一是鮑莫爾（W. Baumol）等人，提出了「可競爭性市場理論」，二是以泰勒爾（J. Tirole）為代表的經濟學家，將博弈論引入傳統的產業組織理論分析中。產業佈局理論較為重要的發展成果，是以美國經濟學家波特、克魯格曼（P. Krugman）為代表的經濟學家，提出了系統化的產業集聚理論，極大地增強了產業佈局理論的完整性、現代性、解釋力和應用價值[②]。產業規制理論的發展，主要是大量引入信息經濟學、博弈論、激勵理論等新的方法和工具，使理論更貼近實際，更具解釋力。中國自 20 世紀 80 年代引入國外產業經濟學以來，產業經濟學界也對理論的發展做出了突出的貢獻，主要體現在：提出了產業結構調整和優化升級理論，豐富和發展了產業結構理論；健全和充實了產業政策理論，使產業政策的研究更為全面、深入；在日本學者提出的產業經濟學的框架結構中，加入產業發展、產業佈局、產業規制的內容，充實和完善了產業經濟學的理論體系，這是中國產業經濟學界做出的最大貢獻[③]。

四、產業經濟學的學科性質

(一) 產業經濟學的學科定位

學科是指學術的分類，指一定科學領域或一門科學的分支。根據 2011 年國務院學位委員會、教育部頒布的《學位授予和人才培養學科目錄（2011 年）》，中國學科的劃分，共包括哲學、經濟學、法學、教育學、文學、歷史學、理學、工學、農學、醫

① 楊治. 產業經濟學導論 [M]. 北京：中國人民大學出版社，1985.
② 簡新華，楊豔琳. 產業經濟學 [M]. 武漢：武漢大學出版社，2009.
③ 簡新華，楊豔琳. 產業經濟學 [M]. 武漢：武漢大學出版社，2009.

學、軍事學、管理學和藝術學 13 個學科門類，88 個一級學科，諸多二級學科。產業經濟學屬於二級學科行列，具有自己的特殊學科屬性。按照中國的學科劃分，產業經濟學屬於經濟學門類下應用經濟學一級學科中的二級學科，如表 1-1 所示。

表 1-1 經濟學學科分類

學科門類	一級學科	二級學科
經濟學	理論經濟學	政治經濟學
		經濟思想史
		經濟史
		西方經濟學
		世界經濟
		人口、資源與環境經濟學
	應用經濟學	國民經濟學
		區域經濟學
		財政學（含：稅收學）
		金融學（含：保險學）
		產業經濟學
		國際貿易學
		勞動經濟學
		統計學
		數量經濟學
		國防經濟學

（二）產業經濟學的學科性質

1. 產業經濟學是中觀經濟學

社會經濟存在三個層次，企業和消費者的經濟活動構成微觀經濟，產業的經濟活動構成中觀經濟，國民經濟總體的活動構成宏觀經濟。相應地，揭示微觀經濟活動規律的是微觀經濟學的任務，揭示宏觀經濟運行規律的是宏觀經濟學的任務，揭示產業經濟活動規律的是產業經濟學的任務。作為專門研究產業這個中觀經濟領域的經濟學，產業經濟學是中觀經濟學。

2. 產業經濟學是應用經濟學

應用經濟學主要指應用理論經濟學的基本原理研究某一經濟領域或問題的經濟學科，相對理論經濟學，應用經濟學研究更注重於解決實際問題。產業經濟學從其創立之日起，一直針對經濟實踐展開研究，目的就在於解決實際產業經濟問題。例如，產業經濟學的奠基者梅森和貝恩，1938 年在哈佛大學成立產業組織研究小組，最早對美國的產業經濟實踐問題開展開創性研究。貝恩最早的研究成果之一，就是調查了美國製造業 42 個產業的市場集中度和利潤率，通過分析得出兩者之間的內在關聯，由此提出促進產業集中度提升的政策建議。而且從所起的影響和發揮的作用看，產業經濟學一直對現實經濟實踐起著很重要的指導作用。比如，哈佛學派的政策主張，對第二次世界大戰後以美國為首的西方國家的經濟政策產生過重大影響，日本的產業政策對於日本經濟的起飛起著十分關鍵的作用。由上可見，產業經濟學是一門實至名歸的應用經濟學。

3. 產業經濟學不只是產業組織學

在西方，產業經濟學被認為等同於產業組織理論，也等同於應用價格理論。但是，以產業為研究對象的產業經濟學，不能僅僅只研究產業內部企業之間的關係，還應研究產業之間的相互關係、產業與外部市場主體之間的關係。也就是說，產業經濟研究的範疇不應只局限於產業組織，而應拓展到產業結構、產業關聯、產業發展、產業政策等等領域。產業經濟學不應只是產業組織學。

（三）產業經濟學與相關學科的關係

產業經濟學與微觀經濟學、宏觀經濟學既有區別，又有聯繫。一方面，微觀經濟學主要研究單個企業與消費者的行為，而不研究產業內部企業與企業之間的關係，宏觀經濟學主要研究國民經濟總體的運行，而不研究國民經濟內部產業與產業之間的關係，產業經濟學正好彌補了微觀經濟學、宏觀經濟學研究的未及之處，研究產業內部企業與企業之間、產業與產業之間的關係。三者的研究範圍，覆蓋了從微觀到中觀再到宏觀領域的整個經濟領域。另一方面，產業經濟學的一些理論以微觀經濟學為基礎，尤其產業組織理論是微觀經濟學的直接延伸和發展，還有一些理論如產業結構理論、產業發展理論等，同時也是宏觀經濟學理論的深化、細化和具體化，三者之間具有緊密的內在聯繫。

產業經濟學還與其他相關學科存在著緊密的聯繫。產業經濟學大量吸收了企業理論、交易成本經濟學、法律經濟學、信息經濟學等有關學科的研究成果，而且也帶動了不少其他學科的發展，如工商管理學、勞動經濟學、國際貿易、比較經濟體制、發展經濟學等。特別是工商管理學，其二級學科包括市場營銷學、企業戰略、國際企業管理以及公司理財學，很多理論是在產業經濟學理論的基礎上發展起來的。因此，產業經濟學除了是經濟學專業的核心課程之外，也是工商管理專業的核心課程之一。

五、產業經濟學學習的意義

作為一門著重解決產業經濟發展實際問題的應用經濟學，學習產業經濟學的意義重大。第一，對發展中國家的產業發展具有很強的指導作用。發展中國家的產業發展水平落後，如果完全遵從市場法則，將很難在與具有先發優勢的發達國家的產業競爭中生存下來，這需要國家實施強有力的干預。國家對產業發展的有效干預，主要是制訂合理的產業政策，去推動產業升級，促進產業結構優化，提升產業競爭力。而這，需要以學習產業經濟學並以之為指導作為前提和基礎。第二，為政府的產業規制和產業政策提供理論基礎。市場失靈的存在，要求政府制定和執行產業政策，實行產業規制，進行產業管理，以促進本國產業的順利發展。產業經濟學的理論體系，提供了諸如如何優化產業結構、科學佈局產業、促進產業組織合理、推動產業發展的基礎理論，從而為政府確定和實行產業規制，明確產業政策制定原則、確定政策目標、選擇實現手段，提供了有益的理論指導。第三，有助於企業實施正確的生產經營決策。企業實施正確的生產經營決策，需要分析各相關產業的發展狀況、本產業的現狀、政府的相關產業政策，需要掌握科學的決策方法和工具。學習產業經濟學，一方面為企業提供了進行產業分析的工具，另一方面為企業提供了進行合理決策的理論方法和工具指引。

第二節　產業經濟學的研究方法

產業是一個複雜的系統，產業經濟的活動也是複雜多變的。要認識複雜的產業經濟活動規律，需要採用各種研究方法和研究工具。

一、主要研究方法

(一) 規範分析與實證分析結合法

規範分析研究產業經濟活動「應該是怎樣的」，是從法律法規、道德倫理的價值判斷角度，來分析產業經濟活動應該如何進行才是「好」的，才合法合規和符合社會道德倫理。實證分析研究產業經濟活動「實際上是什麼」，是從產業經濟活動運行效果的價值判斷角度，來分析產業經濟活動應該如何進行才是「好」的，才能夠實現好的經濟效果。顯然，產業經濟活動既要合法合規、符合社會道德倫理準則，又要實現良好的經濟活動運行效果，因而，規範分析與實證分析均是認識產業經濟活動規律所不可缺少的。

(二) 定性分析與定量分析結合法

定性分析是用文字語言對產業經濟活動進行相關描述，定量分析是用數學語言對產業經濟活動進行相關描述。一般而言，定性分析與定量分析是結合進行、不可分離的。定性分析是定量分析的基礎，沒有定性的定量是一種盲目的、毫無價值的定量；定量分析使定性更加科學、準確，使定性分析得出廣泛而深入的結論。對於複雜的產業經濟活動而言，為使對其規律的描述更客觀、準確，應盡可能使用定量分析。同時也不能缺少定性分析，一方面為定量分析提供前提和基礎，另一方面為定量分析存在困難的產業經濟問題提供分析手段和工具。

(三) 靜態分析與動態分析結合法

靜態分析是考察產業經濟活動某一時點的現象和規律，動態分析是考察產業經濟活動隨時間推移、變化所顯示出的現象和規律。產業經濟活動是一刻不停地動態進行著的，對其規律的認識需要從動態的角度來把握，因而動態分析不僅是必要的而且是研究產業經濟活動的主要方法。同時，動態的產業經濟活動是由一個個時點上的產業靜止狀態所構成。全面認識產業經濟活動，不僅要考察其隨時間變遷的規律，也要考察每個時點上的靜止狀態，因而靜態分析也是必要的。

二、主要研究工具

(一) 統計計量理論方法

統計計量理論方法是運用統計學和計量經濟學的知識，對現實經濟活動的實際觀測數據進行分析研究得出相關活動規律的方法。統計計量理論方法是產業經濟學研究最常用的工具，在 20 世紀 60 年代以後被大量應用在實證研究中。很多產業經濟理論，如市場集中度相關理論就是直接運用統計計量理論方法研究得出的結論。

(二) 博弈論方法

博弈論（Game Theory）又被稱為對策論，既是現代數學的一個新分支，也是運籌學的一個重要學科。博弈論主要研究公式化了的激勵結構間的相互作用，是研究具有鬥爭或競爭性質現象的數學理論和方法，主要是考慮游戲中的個體的預測行為和實際行為，並研究它們的優化策略。自紐曼（V. Neumann）和摩根斯坦（O. Morgenstern）在 1944 年發表《博弈論與經濟行為》著作之後，博弈論就開始被應用到產業經濟理論研究中。例如，產業經濟活動中的企業的市場行為，就是典型的競爭性行為，用博弈論對之進行分析適得其所。博弈論方法在 20 世紀 70 年代以後，成為產業經濟理論研究的主要方法，大大推動了產業經濟學的發展。如果說統計計量理論方法主要適用於產業經濟學的實證研究的話，那麼博弈論方法則主要適用於產業經濟學的理論分析。

(三) 案例研究方法

案例研究方法是對處於現實環境中的現象進行考察的一種經驗性研究方法①。國民經濟系統中的產業眾多，每個產業內部的企業眾多，不可能對每個產業、企業進行逐一研究，只能選取典型案例進行分析，從中總結、歸納和推導出一些具有共性、普遍意義上的規律，因此案例研究方法對於產業經濟理論研究必不可少。案例研究方法是 20 世紀 50 年代產業經濟理論研究的主要方法，一直到現在仍然被大量運用。

(四) 經濟學實驗方法

經濟學實驗方法是指人們運用模擬與仿真的手段，按照實驗規則創造出與實際經濟運行相類似的環境和條件，從中檢驗已有的經濟理論，增強實際操作技能或者為解決實際問題提供理論分析的一種方法與過程。作為一種新興的經濟研究方法，經濟學實驗方法在產業經濟理論研究中也在不斷得到應用，取得了很有意義的成果。

第三節　產業與企業

學習產業經濟學理論，首先需要瞭解產業與產業的主體——企業之間的關係。

---

① ROBERT K YIN. Case Study Research: Design and Methods [M]. 4th ed. Thousand Oaks, CA: Sage, 2009.

一、產業類型

同一個事物，隨著觀察角度的不同會呈現不同的特徵。根據不同角度觀察到的不同特性，千差萬別的企業可以按照若干個方法進行產業歸類，形成不同的產業類型。目前，主要的產業分類方法包括兩大部類分類法、農輕重產業分類法、三次產業分類法、標準產業分類法、產業地位分類法和產業發展狀況分類法等。

（一）兩大部類分類法

總體上，社會總產品的最終用途有兩種：一種是用來進行再生產，另一種是用來進行消費。馬克思按照產品的的最終用途不同，把生產產品的社會生產部門劃分為兩大部類：第Ⅰ部類，生產生產資料的部門，目的是滿足社會生產消費的需要；第Ⅱ部類，生產消費資料的部門，目的是滿足社會生活消費的需求。其中：第Ⅰ部類又分為兩個小的副類，即為生產資料生產提供生產資料的產業部門和為生活資料生產提供生產資料的產業部門；第Ⅱ部類也分為兩個小的副類，即生產必要消費品的產業部門和生產奢侈消費品的產業部門。

（二）農輕重產業分類法

按照產品生產方式、生產特點的不同，可以將產業分為農業、輕工業和重工業三類。農業具體包括農林牧漁業，即農作物種植業、林業、畜牧業、漁業。農作物種植業主要包括糧棉油種植業和經濟作物種植業，林業包括原始林業和人造林業，畜牧業包括草原畜牧業和山區畜牧業，漁業包括淡水漁業和海洋漁業。輕工業指主要生產消費資料的工業部門，包括紡織、食品、縫紉（服裝）、制革、毛皮、家具、造紙、印刷、家用電器、鐘表、日用金屬、日用化工、玻璃、陶瓷、卷菸、醫藥、文教體育藝術用品等。重工業指主要生產生產資料的工業部門，包括採礦、燃料、冶金、煤炭、石油、化工、電力、機械、建築材料等。

（三）三次產業分類法

三次產業分類法是產業經濟學理論最重要的分類法之一。新西蘭經濟學家費歇爾（A. G. B. Fisher）首次提出三次產業分類法，英國經濟學家克拉克（C. G. Clark）推廣、普及了三次產業分類法。按照產業經濟活動發展的先後次序，產業可以分為第一次產業、第二次產業和第三次產業。第一次產業是指產品直接取自自然的物質生產部門，即廣義的農業，主要包括農業（狹義的農業，主要是種植業）、林業、畜牧業和漁業。第二次產業是指加工取自於自然的物質和第一次產業產品的物質生產部門，即製造業或工業，主要包括採礦業、製造業、建築業、電力、燃氣及水等工業部門。第三次產業是指派生於有形物質財富生產活動之上的無形財富的生產部門，即廣義的服務業，包括商業、金融業、保險業、生活服務業、旅遊業、科教文衛業、政府行政以及其他公共事業等。

（四）標準產業分類法

標準產業分類法（Standard Industrial Classification，簡稱 SIC）主要指聯合國 1971

年頒布的產業分類法。聯合國「國際標準產業分類」將「全部經濟活動」分為10個大項，每個大項下面分成若干中項，每個中項下面又分成若干小項，小項再分解成若干細項，並進行統一編碼以便於統計。

標準產業分類法劃分的10個大項產業是：

1. 農業、狩獵業、林業和漁業；
2. 礦業和採石業；
3. 製造業；
4. 電力、煤氣、供水業；
5. 建築業；
6. 批發與零售業、餐館與旅店業；
7. 運輸業、倉儲業和郵電通信業；
8. 金融業、不動產業、保險業及商業性服務業；
9. 社會團體、社會及個人的服務；
10. 不能分類的其他活動。

編號為3的製造業，所屬的中項產業包括：

31. 食品、飲料、菸草；
32. 紡織、服裝、制革；
33. 木材與木製品；
34. 造紙與紙製品、印刷與出版；
35. 化工產品和藥品、石油加工、煤炭加工、塑料製品、橡膠製品；
36. 非金屬礦產品（除石油、煤炭加工產品以外的）；
37. 冶金工業；
38. 金屬製品、機械和工業設備；
39. 其他製造業。

編號為38的金屬製品、機械和工業設備業，所屬的小項產業包括：

381. 除機械和工業設備以外的機械；
382. 電器機械以外的機械；
383. 電機、電器及供電設備；
384. 運輸工具；
385. 不包括除以上行業的科學儀器、測試儀器、控制儀器、感光和光學器材。

編號為384的運輸工具，所屬的細項產業包括：

3841. 造船及修理；
3842. 鐵路機車與車輛；
3843. 汽車；
3844. 摩托車與自行車；
3845. 航空工業；
3846. 其他運輸工具。

（五）產業地位分類法

產業地位分類法是按產業在國民經濟和產業體系中的地位來劃分產業類型的方法。一般而言，產業地位分類法把產業劃分為五個類型：基礎產業、瓶頸產業、支柱產業、主導產業和先行產業。

基礎產業是指在產業體系中為其他產業發展提供基本條件的產業。一般而言，基礎產業主要指基礎設施產業，是其他產業賴以發展的基礎和前提條件，要求得到先行的發展。瓶頸產業是指在產業體系中未得到充分發展，而對其他產業和國民經濟形成嚴重制約的產業。瓶頸產業是產業體系發展中的「短板」，會影響整個產業體系的綜合產出能力。支柱產業是指在產業體系的總產出中占據較大比例的產業。在此意義上，支柱產業是一國國民經濟的支柱，構成財政收入的主要來源，在整個國民經濟中發揮著舉足輕重的作用。一般而言，支柱產業主要是一些發展成熟的傳統產業。主導產業是指在產業體系中處於主導地位，對未來產業體系發展起著支撐和引領作用的產業。主導產業的關聯性強，能帶動其他產業一起發展，決定著整個產業體系的基本特徵和發展方向，因而一般是產業體系中發展水平較高的產業如高新技術產業等。先行產業是指產業體系中需要先行發展以帶動和引導其他產業發展，為國民經濟拓展未來發展空間和潛力的產業，比如新材料、新能源產業。

（六）產業發展狀況分類法

1. 按生產要素密集程度分類

按照生產過程中使用的主要要素種類，產業可以分為勞動密集型產業、資本密集型產業、技術密集型產業和知識密集型產業。勞動密集型產業是指在生產過程中對勞動力的需求依賴程度較大，總資本中用於購買勞動力的支出比例較高的產業，典型的如紡織業、服裝業、傳統服務業等。資本密集型產業是指在生產過程中對於資本的需求依賴程度較大，總資本中用於購買生產資料的支出比例較高的產業，如鋼鐵、機械、化工等產業。技術密集型產業是指在生產過程中對技術的需求依賴程度較大，總資本中用於購買技術的支出比例較高的產業，如IT、航空、金融服務等產業。知識密集型產業是指在生產和服務過程中對知識的需求依賴程度較大，總資本中用於購買知識的支出比例較高的產業。知識密集型產業一般指以知識的生產和傳播為主體的產業，廣義的知識密集型產業包含技術密集型產業。

2. 按技術先進程度分類

根據技術的先進程度，產業主要分傳統產業和高新技術產業。傳統產業是指生產過程中主要採用傳統技術的產業，相應地，高新技術產業是指生產過程主要採用先進水平技術的產業。按照聯合國有關機構的分類，高新技術產業包括信息產業、生命工程產業、新能源與可再生能源產業、新材料產業、航空航天產業、海洋開發產業、環境保護產業和諮詢服務產業。傳統產業和高新技術產業都是相對的，隨著技術的發展，傳統產業可以升級為高新技術產業，高新技術產業也可以退化為傳統產業。

3. 按發展趨勢分類

根據產業發展的趨勢，產業可以分為夕陽產業、成熟產業和朝陽產業。夕陽產業也稱衰退產業，是指產品需求逐步下降，產業增長率低於國民經濟各產業的平均增長率且呈下降趨勢，在國民經濟和產業體系中的地位和作用不斷下降的產業。成熟產業是指具有技術成熟性和市場成熟性，產業的生產和需求具有相當大的穩定性，構成一定時期國民經濟和產業體系的主體和支柱的產業。朝陽產業也稱新興產業，是指產品需求量逐步上升，產業增長率高於國民經濟各產業的平均增長率且呈上升趨勢，在國民經濟和產業體系中的地位和作用不斷上升的產業。夕陽產業、成熟產業和朝陽產業是產業生命週期演變和產業結構有序變動的結果。產業衍生成為朝陽產業（幼稚產業），然後變為成熟產業，最終轉化為夕陽產業，此時如果不進行升級則成為淘汰產業退出市場；隨著產業結構的不斷演化，會不斷湧現出朝陽產業、成熟產業，同時不斷湧現出夕陽產業。夕陽產業、成熟產業和朝陽產業是相對的，夕陽產業通過技術改造，會重新蛻變為朝陽產業，再至成熟產業；朝陽產業成熟後，最終會發展成為夕陽產業。

4. 按產品供求狀況分類

根據產品供求情況，產業主要分長線產業和短線產業。長線產業是指生產規模較大、產品完全滿足市場需求甚至出現過剩的產業。長線產業一般是由重複投資產生的。短線產業是指生產規模較小、產品不能滿足市場需求的產業。瓶頸產業一般都是短線產業。產業體系中出現長線產業、短線產業，是產業結構不合理的體現，一般應採取「限長補短」的政策予以調整，即壓縮長線產業、彌補短線產業，使產業體系長短均衡。

（七）中國的產業分類法

中國的產業分類經歷了一個相機調整、不斷完善的過程。新中國成立至改革開放前這個階段，一直採用 MPS 分類法即物質產品平衡表體系分類法。MPS 分類法將國民經濟活動，劃分為農業、工業、建築業、運輸業和商業五個部門。隨著國民經濟的不斷發展特別是第三產業的不斷衍生，五部門分類法已遠遠不能反應現實國民經濟活動的實際。於是，20 世紀 80 年代初中國引入國際通行的三次產業分類法，由國家統計局在 1984 年 5 月參照國際標準產業分類（SIC）對三次產業進行了劃分，發布了相應的經濟行業分類標準。1985 年國家統計局正式提出《關於建立第三產業統計的報告》，隨後國家發布《國務院辦公廳轉發國家統計局關於建立第三產業統計的意見》，確定了中國的三次產業劃分標準。1987 年 10 月，國家統計局發布了《投入產出部門分類和代碼》，對各個產業進行了編碼。1988 年，《中國統計年鑒（1988）》首次使用三次產業統計，從而使中國的產業分類與世界大多數國家一致。1994 年，中國根據國際標準產業分類制定了中國的產業分類國家標準《國民經濟行業分類與代碼》（GB/T4754-94）。

按照該分類標準，國民經濟行業分類與代碼表是按照 16 個門類（從英文大寫字母 A-P）、99 個大類（用 2 位編碼表示；含 7 個大類的空碼，以備未來增加或調整類目的需要）、360 個種類（用 3 位編碼表示，不包括空碼）、812 個小類（用 4 位編碼表示，不包括空碼）、類別名稱、說明等 6 項內容來製表。歸納如表 1-2 所示。

表 1-2 中國國民經濟行業分類、類別名稱與代碼索引表（GB/T4754-94）

門類	大類(數)	種類(數)	小類(數)	類別名稱	說明	代碼索引
A	5	14	16	農、林、牧、漁業	略	0110-0590
B	7	11	21	採掘業		0610-1220
C	30+1	172	543	製造業		1311-4392
D	3	7	10	電力、煤氣及水的生產和供應業		4411-4620
E	3	7	7	建築業		4710-4900
F	2	8	15	地質勘查業、水利管理業		5010-5100
G	9	21	22	交通運輸、倉儲及郵電通信業		5200-6030
H	6+1	32	67	批發和零售貿易、餐飲業		6111-6799
I	2+2	8	11	金融、保險業		6810-7000
J	3	3	3	房地產業		7200-7400
K	9+1	29	36	社會服務業		7511-8490
L	3+1	11	17	衛生、體育和社會福利業		8511-8790
M	3	18	25	教育、文化藝術及廣播電影電視業		8911-9130
N	2	12	12	科學研究和綜合技術服務		9210-9390
O	4+1	5	5	國家機關、政黨機關和社會團體		9400-9720
P	1	2	2	其他行業		9910-9990
16	92+7	360	812	—		—

2002 年，中國對 1994 版產業分類國家標準進行了修訂，頒布了 2002 年版的《國民經濟行業分類與代碼》（GB/T4754-2002）。2003 年 5 月，中國頒布了根據《國民經濟行業分類與代碼》（GB/T4754-2002）制定的《中華人民共和國三次產業劃分規定》，同時廢止了 1985 年制定的關於三次產業劃分的規定。按照 2002 版產業分類國家標準制定的國民經濟行業分類與代碼表，是按照 20 個門類（從英文大寫字母 A-P）、98 個大類（用 2 位編碼表示，包括 3 個大類的空碼）、中類（用 3 位編碼表示）、小類（用 4 位編碼表示）、類別名稱、說明等 6 項內容來製表的。除了 3 個大類的空碼外，第一產業包括 5 個大類產業，第二產業包括 43 個大類產業，第三產業包括 47 個大類產業。將其歸納如表 1-3 所示。

表 1-3 中國國民經濟行業分類、類別名稱與代碼索引表（GB/T4754-2002）

產業	門類	大類(數)	中類(數)	小類(數)	類別名稱	說明	代碼索引
第一產業	A	5	略	略	農、林、牧、漁業	略	略
第二產業	B	6+1	略	略	採礦業	略	略
	C	30+1			製造業		
	D	3			電力、燃氣及水的生產和供應業		
	E	4			建築業		

表1-3(續)

產業	門類	大類(數)	中類(數)	小類(數)	類別名稱	說明	代碼索引
第三產業	F	9	略	略	交通運輸、倉儲和郵政業	略	略
	G	3			信息傳輸、計算機服務和軟件業		
	H	2+1			批發和零售業		
	I	2			住宿和餐飲業		
	J	4			金融業		
	K	1			房地產業		
	L	2			租賃和商務服務業		
	M	4			科學研究、技術服務和地質勘查業		
	N	3			水利、環境和公共設施管理業		
	O	2			居民服務和其他服務業		
	P	1			教育		
	Q	3			衛生、社會保障和社會福利業		
	R	5			文化、體育和娛樂業		
	S	5			公共管理和社會組織		
	T	1			國際組織		
合計	—	95+3	—	—	—	—	—

二、企業理論概要

不管何種類型的產業，都是由一個個具體的企業所構成的。每一種產業，都包括成千上萬個企業。對於企業理論的研究，按照發展的歷史軌跡可分為：古典企業理論、新古典經濟學廠商理論、新制度經濟學企業理論。其中，新制度經濟學企業理論又可以分為以交易費用為核心的企業契約理論和以能力體系為核心的企業能力理論。企業契約理論是當前研究企業理論的主流理論，是在堅持新古典經濟學的分析方法和分析框架基礎之上，通過不斷修正新古典經濟學基本假設而建立和發展起來的①。

(一) 新古典經濟學廠商理論

新古典經濟學在完全理性假設（指理性的企業，其唯一目標是追求利潤最大化）、完全信息假設（指企業不花費任何成本，就能夠得到所有與生產經營相關的信息如供求狀況、價格等）和市場完全競爭假設（指市場的競爭是充分和自由的，能在市場機制的自發運行下自動出清）下，認為企業就是一個根據市場競爭的結果（體現為價格），基於其所掌握的生產相關信息，為實現利潤最大化目標而進行生產的一個生產單位。企業經過細緻的生產數量決策，投入一定數量的各類要素，最終獲得預期數量的產品產出，從而得以實現利潤最大化。因此，企業也就是一個投入產出組織。新古典企業理論的主要貢獻，是運用邊際分析的方法，研究了在完全競爭的市場條件下企業

① 惠寧. 產業經濟學［M］. 北京：高等教育出版社，2012.

的最優產量和市場均衡價格的決定問題。

由於企業利潤目標的實現，完全是由外部因素如要素數量與價格、產品價格等等因素決定，因此新古典經濟學理論不需要深入企業內部，對企業生產的制度結構以及企業內部的權利關係進行探討。因而從技術的角度，新古典經濟學把企業看作投入轉化為產出的技術性「黑箱」。正如楊小凱所言（1994），此種以「企業生產」為核心的理論框架自然就忽略了對企業組織特性的研究。這是新古典經濟學廠商理論的主要不足所在。所以，新古典經濟學廠商理論不能解釋為什麼企業有大有小、有優有劣、有的能存在有的會死亡，也不能解釋企業的合理邊界問題。對上述問題的回答，推動了相關現代企業理論的產生與發展。

（二）新制度經濟學企業理論

1. 交易費用理論

交易費用理論由科斯所創立。科斯把交易成本理論納入經濟學理論分析框架來修正新古典企業理論的不足。科斯認為，新古典經濟學關於市場機制運行和信息傳遞無成本的假設不符合現實情況，市場機制是有成本的而且信息也是不完全的。科斯把交易成本定義為利用價格機制的成本，包括：一是發現價格的成本，二是談判和簽約成本，三是利用價格機制的機會成本。在市場機制運行存在交易成本的基礎之上，企業是如何產生的呢？企業的邊界如何決定？

科斯認為，這取決於企業組織生產的成本與市場交易組織生產的成本。兩者的高低，決定了在企業—市場兩分法下產品「在企業內部生產，還是從市場購買」[①]。對於人們來講，只要企業內部利用權威和科層制進行生產的協調成本低於其所替代的市場交易的成本，就會創立企業，推動企業的產生。由此可見，企業是作為以市場交易來組織生產的替代物而產生的。企業通過內部的威權關係能大量減少需分散定價的交易數量，使企業作為節約成本的市場替代物而得以存在。最終，企業通過權威來實現要素資源的有效配置，市場主要通過價格機制的作用來實現要素資源的有效配置，以此獲得人們預期的產品。但是，企業的邊界是不能無止境地擴張下去的。隨著企業規模的擴大，企業內利用權威進行生產所產生的協調成本會不斷上升，最終甚至會超過市場交易的成本。顯然，企業的邊界決定於邊際企業協調成本與邊際市場交易成本相等之處。

2. 團隊生產理論

阿爾欽和德姆賽茨認可科斯關於市場運行需要成本，市場交易費用越大，由企業代替市場進行資源配置的可能性越大的觀點。例如，「在其他條件不變的情況下，企業組織的監督成本越低，企業內部組織資源配置的比較優勢也就越大」[②]。不過阿爾欽和德姆賽茨認為，科斯把企業的生產組織認作是通過威權來實現的論述是不恰當的。企業並沒有比普通市場具有更為優越的命令、強制和紀律約束等權利，企業本質上是由

---

① COASE R. The Nature of The Firm [J]. Economica, 1937, 4: 388-390.

② 阿爾欽 A，德姆賽茨 H. 生產、信息費用與經濟組織［M］//科斯 R，阿爾欽 A，諾斯 D. 財產權利與制度變遷. 劉守英，譯. 上海：上海三聯書店，1994.

一系列契約關係構成的組織，組織內部各生產參與主體通過契約關係來進行生產的分工合作。因此，企業的實質是一種「團隊生產」的方式。企業的產生主要是單個私產所有者為了更好地利用他們的比較優勢，採用專業化原理進行合作生產，從而使合作生產的總產品大於他們分別進行生產所得的產出之和。由此，每個參與合作生產的人所得的報酬也比各自生產時要高。

3. 委託—代理理論

委託—代理理論是新制度經濟學契約理論的主要內容之一。委託—代理關係，是指一個或多個行為主體根據一種明示或隱含的契約，指定、雇用另一些行為主體為其服務，同時授予後者一定的決策權利，並根據後者提供的服務數量和質量對其支付相應的報酬。授權者就是委託人，被授權者就是代理人。委託—代理理論是20世紀60年代末70年代初，一些經濟學家如威爾森（Wilson）、斯賓塞（Spence）、羅斯（Ross）、莫里斯（Mirrlees）等，深入研究企業內部信息不對稱和激勵問題發展起來的。委託—代理理論認為，現代企業就是一個由委託—代理關係體系所構成並由之維持其正常運行的生產組織。企業所有者與職業經濟經理人構成第一層委託—代理關係，職業經理人與企業中層管理者構成次一級的委託—代理關係……由此形成一個委託—代理關係體系，其中第一層委託—代理關係尤其重要。通過這個委託—代理關係體系，企業按照所有者的意願來開展正常的生產經營活動。但是，在委託—代理關係當中，委託人與代理人的效用函數是不一樣的，特別是企業所有者與職業經理人這一頂級委託人、代理人的效用目標是不一樣的。企業所有者追求的是自己的財富更大，而職業經理人追求的是自己的工資津貼收入、奢侈消費和閒暇時間最大化，這必然導致兩者出現利益衝突。在沒有有效的制度比如監督制度的情況下，會出現「道德風險」問題，代理人的行為很可能最終損害委託人的利益，甚至出現所謂的「內部人控制」① 現象。委託—代理理論的中心任務，就是研究在利益相衝突和信息不對稱（信息不對稱導致無法進行有效的監督）的環境下，委託人如何設計最優契約激勵代理人。為此，經濟學家們建立了相關的委託—代理理論模型②，來探討如何設計最優契約。

4. 企業能力理論

交易費用企業理論、團隊生產理論和委託—代理理論，較好地解釋了企業的產生，但均沒有揭示出企業多樣性的差異。以資源、能力為基礎的企業能力理論，較好地解釋了企業的存在和企業的異質性。企業能力理論把企業假定為在任何給定時間內具有一定能力和決策規則的生產者，即生產性知識和能力的集合。但是，企業所擁有的知識是由個人掌握的，並專業化於某一領域，知識的專業性決定了生產活動需要擁有各種不同類型知識的個人的共同協作和努力。有效的生產，要求某一制度安排能起到協調個人知識的功能。但是，市場並不具備這種功能，因為知識的表達具有隱含性、知

① 內部人控制（Insider Control）是指現在企業中的所有權和經濟權（控制權）相分離的前提下，由於所有者和經營者的利益不一致，由此導致了經營者控制公司，即「內部人控制」現象。

② 如錦標制度、聲譽效應模型、棘輪效應模型等，參見《信息經濟學：基本原理》（約瑟夫·斯蒂格利茨著，紀沫等譯，2009年出版）。

識的分佈具有分散性，難以通過市場實現高效的集聚來實現協作生產。於是，企業作為一種生產產品和服務的制度安排就出現了，企業創造了能使多個個人集中使用各自擁有的專業知識的環境和條件。也就是說，企業是生產活動所需要的知識的獲得、運用和積聚的有效制度，尤其是它通過提供大規模的增量學習過程，使得部分生產所需要的知識得以在組織中積聚。由於企業中知識的積聚，是多個擁有不同知識的個人在共同協作生產中產生的，是各個個人所擁有知識的聚合、融匯和昇華，因此企業所積聚的知識已超越單個個人所擁有的知識，成為由企業作為一個整體所擁有的知識和能力，即企業核心知識和能力。企業的核心知識和能力由於知識創造的專業性、知識表達的隱含性等特點，具有異質性、不能完全模仿性和不可交易性等特點，由此決定了企業之間的異同。不同企業所擁有的不同的核心知識和能力，使得企業大小、專長和優劣各不相同。

除了上述企業理論之外，還存在一些其他流派的企業理論，如中間組織理論、代理成本理論、證券設計理論等①。

三、企業的產業作用②

作為產業的主體，企業對產業的形成、存在、演化具有決定性作用。概括而言，企業是促進產業關係形成的主體，是決定產業壟斷程度的基本力量，是實現產業的社會協作體系的主體。

（一）企業促進產業關係形成

1. 進入退出關係

任何一個已經形成的產業，總存在著企業的進入退出現象。在產業發展週期的某些階段，產業外的企業會集中設法進入該產業；而在另一些階段，會出現產業內的企業會集中設法退出該產業。但在大部分情況下，企業將根據各自戰略目標的要求，同時出現產業內的企業設法退出產業、產業外的企業設法進入產業的交互活動。企業的進入退出產業活動，會形成特定的進入退出關係。較為典型的，是通過設置進入障礙而形成的企業進入退出關係。

在資源型產業中，企業為了阻止其他企業進入，會設置一些進入障礙如資源壟斷障礙、產能壟斷障礙、產業鏈長度障礙等。這些障礙，提高了進入退出的難度，既阻止了產業外企業的進入，反過來也形成對產業內企業退出時的障礙。這使得資源型產業的組織結構，形成了一種相對穩定的狀況。在知識型產業中，主要的進入障礙為對產業形成和變化的知識（主要指關鍵和核心知識）的掌握和轉換。不過，由於知識的傳播性和擴散性很強，不可能長久被某個企業所壟斷，能很快運用於其他產業活動中，因此知識型產業的進入障礙表現相對不明顯。並且，知識型產業中企業的競爭力不表現在對物質資源和產能規模的追求上，從而退出障礙也相對較小。這使得知識型產業的內部結構不像資源型產業那樣穩定，產業壽命週期也相對較短。

---

① 鄔義鈞，胡立君. 產業經濟學［M］. 北京：中國財政經濟出版社，2002.

② 楊公僕，夏大慰，龔仰軍. 產業經濟學教程［M］. 3版. 上海：上海財經大學出版社，2008.

2. 替代關係

替代品的存在，使得產業內企業之間存在替代關係。替代品一般指兩類：一類是處於同一產業、在功能上具有替代關係的不同產品和服務，如轎車和摩托車；另一類是不同產業產出之間形成替代關係的那些產品和服務，如煤和電在取暖功能上形成的替代。企業之間存在的替代關係，主要體現在對企業的競爭壓力上，迫使企業採取兩類行為：一是將替代品生產者視為產業競爭對手，採取針對性的競爭行為，使自己產品的價格—效用比更有利於消費者；二是通過一體化行為，如合資、兼併、聯盟等，將替代品變為自己可以支配的產出。前一類行動使企業在同一產業中的活動類型增加，形成產出在同一產業中的多元化，後一類活動使企業進入不同的產業，形成企業業務種類的多元化。

3. 一體化關係

隨著分工的深化，產業中的產品形成活動被有效分割，形成由各個專業化生產環節所構成的產業鏈。產業鏈上的各個企業，由於所從事的產品形成活動特徵及所創造的附加價值量不同，在鏈條上的地位也不同。每個企業根據自己所處的不同產業鏈環節及其發展戰略，決定其與前後向企業之間的特定關係。企業戰略的獨占性要求越高，社會協作體系越不完備，同一產業鏈上附加價值分佈越不均勻，產業競爭越激烈，企業就越需要採取一體化行動，形成對前後向企業的支配力量。

（二）企業決定產業壟斷程度

企業從事生產經營活動，需要擁有一定量的資源。在經濟活動以物質資源為主要投入要素的情況下，在其他因素不變時，企業擁有的物質資源量越多、將這些資源轉化為產品或服務的能力越大，企業生產經營活動的絕對結果量就越多。同時，在規模經濟的作用下，企業生產經營活動的成本會更低。因此，企業為了實現利潤最大化目標，總是具有追求規模的衝動，從而總是具有攫取更多物質資源的慾望。但是，由於物質資源是稀缺的，這一稀缺性不僅限制了經濟活動整體的資源使用量，使企業攫取更大物質資源的慾望受到限制，而且由於經濟活動的相互制約作用，還限制了市場對企業產出量的接受程度。為此，企業將對規模的追求建立在對資源和市場的獨占程度的追求上，由此造成了壟斷。不同的產業中，企業的壟斷能力是不同的，因此不同的產業中產業壟斷程度不一樣。

資源型產業中，由於產能形成和轉移需要較長時間，同時壟斷本身就是一種非常有力的產業進入障礙，且壟斷本身具有累計推動的能力，因而企業壟斷的能力較強，一旦形成壟斷格局就能維持較長時間，從而資源型產業的壟斷程度一般較高。在知識型產業如信息產業中，知識要素是主要的投入要素之一，企業實施壟斷主要依靠增強對知識的累積和轉換能力。知識的可共享、易傳播、變化快等特徵，使得企業實施壟斷的時效、績效均有局限，企業壟斷的能力相對較弱。從而相較資源型產業，知識產業的壟斷格局具有不明顯和穩定程度較低的特徵。

（三）企業實現產業社會協作體系

隨著社會分工的深化和細化，幾乎沒有企業能將整個產業鏈作為自己的活動領域。

企業往往選擇產業鏈中的某些環節作為活動領域，同時以處於其他產業環節或其他產業中的企業作為自己的供應商或用戶，由此形成了社會協作體系。企業選擇社會協作體系，是出於成本或戰略兩個方面的考慮。從成本來看，利用社會協作體系一方面使企業在產業鏈中的活動長度縮短，能將資源集中使用於某一項或幾項活動上，提升在該項活動上的規模實力，逐步達到成本最低的規模。另一方面，利用社會協作體系，能使企業較快地累積起從事該項業務活動的經驗，從而提高活動效率。社會協作體系的作用猶如槓桿功能，能使企業在擁有較少的資源所有權的情況下，產生出數倍的影響。企業利用社會協作體系，可以根據自己的核心競爭力，在產業鏈上選擇最適合自己、能使自己獲得最大價值的業務環節，同時利用不同業務環節上企業之間的相互依賴關係，形成對其他企業的一定程度的支配力量。

社會協作體系是企業理智選擇的結果。企業根據自己的戰略目標、產業成熟程度以及企業所處的發展階段等因素，對社會協作體系進行選擇，由此形成不同產業及不同產業成長階段（形成期、成長期、成熟期和衰退期）中社會協作體系之間的差別。在產業形成初期，一般不存在產業內的協作體系，這時的社會協作體系往往表現為社會基礎產業對新產業的支持。隨著產業發展進入成長期，產業一方面進行內部分解，形成產業內的協作體系；另一方面形成對其他產業的帶動效應，促使相關產業的產生和發展，形成產業間協作體系；再一方面社會基礎產業不斷適應新產業的活動規律，圍繞著該產業形成完整的社會協作體系。在接下來的較長一段時期內，社會協作體系將隨著產業的發展和變化而不斷變化、成熟，協作效率將逐漸提高，直至產業進入衰退階段。衰退期內，產業或是進行結構改變，重新煥發生命力，或是逐漸死亡，兩種情況下社會協作體系均會發生根本變化。前者情況下，社會協作體系將隨之進行結構調整，並重新形成協作規則；後者情況下，社會協作體系將逐漸削弱直至瓦解。

思考題

1. 試舉例分析學習產業經濟學的意義。
2. 試列出某地區的產業類型、相關統計數據及各產業的代表性企業。

【推薦閱讀書目】

1. 約瑟夫·斯蒂格利茨. 信息經濟學：基本原理［M］. 紀沫，等譯. 北京：中國金融出版社，2009.

2. 鄔義鈞，胡立君. 產業經濟學［M］. 北京：中國財政經濟出版社，2002.

3. 高程德. 現代公司理論［M］. 北京：北京大學出版社，2000.

【參考文獻】

1. 惠寧. 產業經濟學 [M]. 北京：高等教育出版社，2012.

2. 簡新華，楊豔琳. 產業經濟學 [M]. 武漢：武漢大學出版社，2009.

3. 鄔義鈞，胡立君. 產業經濟學 [M]. 北京：中國財政經濟出版社，2002.

4. 許光建，蘇汝劼. 應用經濟學 [M]. 北京：中國人民大學出版社，2007.

5. 楊治. 產業經濟學導論 [M]. 北京：中國人民大學出版社，1985.

6. 楊公僕，夏大慰，龔仰軍. 產業經濟學教程 [M]. 3 版. 上海：上海財經大學出版社，2008.

7. COASE R. The Nature of The Firm [J]. Economica，1937，4：388-390.

8. ROBERT K YIN. Case Study Research：Design and Methods [M]. 4th ed. Thousand Oaks，CA：Sage，2009.

9. 阿爾欽 A，德姆賽茨 H. 生產、信息費用與經濟組織 [M] //科斯 R，阿爾欽 A，諾斯 D. 財產權利與制度變遷. 劉守英，譯. 上海：上海三聯書店，1994.

10. 約瑟夫・斯蒂格利茨. 信息經濟學：基本原理 [M]. 紀沫，等譯. 北京：中國金融出版社，2009.

第二章　產業組織

產業組織理論（the Theory of Industrial Organization，簡稱 IO 理論）主要考察產業內部企業之間的相互關係，核心是競爭和壟斷關係。其實質，就是研究產業內部企業間的資源配置問題。產業組織的理論十分豐富，可以單獨作為一門理論體系存在。本章主要介紹產業組織的基本理論框架——SCP 理論框架，涵括市場結構、市場行為、市場績效等基本內容。

第一節　產業組織概述

產業組織是指同一產業內部企業之間的關係，包括交換關係、競爭與壟斷關係、市場佔有關係、資源占用關係等。產業組織理論萌芽於馬歇爾的生產要素理論，奠基於張伯倫等人的壟斷競爭理論，形成於貝恩等人的系統性理論研究。

一、產業組織理論的萌芽

18 世紀中葉爆發的工業革命，極大地促進了西歐資本主義的發展。至 19 世紀 60 年代，西歐自由競爭的資本主義已發展到頂點，開始進入向壟斷資本主義過渡的階段。壟斷資本主義的發展，無疑是以「規模經濟」（Economies of Scale）為基礎和核心支撐的。規模經濟與技術創新，一直被認為是促進現代經濟增長同等重要的因素，是大多數企業追求發展的不可替代的必然途徑。作為較早涉及「規模經濟」問題研究的學者，馬歇爾觀察到，「規模經濟」與「組織」是密切相關的，規模經濟的獲得和維持，均需要以特定的「組織」為基礎。只有一定的「組織」，才能獲得規模經濟。因此，馬歇爾在對「規模經濟」進行深入研究的基礎上，對薩伊的勞動、資本和土地「三要素」學說進行了擴展，首次提出了第四生產要素——組織。並且，馬歇爾具體提出了「工業組織」的概念，並分析了工業組織的相關問題。

更為重要的是，馬歇爾發現了被後人稱之為「馬歇爾衝突」的規模經濟與壟斷的弊病之間的矛盾。馬歇爾認為，完全競爭市場在現實生活中是不存在的，完全競爭市場中的企業必然要追求規模經濟，而廠商對規模經濟的追求必然導致壟斷，壟斷反過來會扼殺自由競爭，使市場價格受到人為因素的操縱，從而使經濟喪失活力，也不利於資源的合理配置。由此所謂的「馬歇爾衝突」，是指規模經濟與競爭相互衝突、難以兼得，大規模生產能提高企業的生產效率，但規模經濟的發展必然導致壟斷的發展。這也意味著，壟斷與競爭相互衝突、不可兼得，要競爭一定會有壟斷，要壟斷一定會抑制競爭。「馬歇爾衝突」的存在，使得如何維護競爭機制的作用，確保經濟活力，同時又能充分發揮大規模生產的優勢，亦即如何兼容競爭活力和規模經濟性——實現有效競爭[①]，成為經濟理論界研究的一個中心課題。對其的研究，逐漸延展、擴充為整個現代產業組織理論。

產儘馬歇爾涉及的上述產業組織基本問題，只是散見於其龐大的經濟學體系中，而且均未進行專題研究或明確的分析，但這些工作對後來者從事產業組織的研究極富價值，因而他被西方學者稱為產業組織理論的先驅[②]。

二、產業組織理論的奠基

20世紀初，壟斷資本主義在西方國家已發展到一個相當高的水平。隨著生產的不斷集中，企業規模普遍變大，形成卡特爾、托拉斯等眾多的壟斷組織和形式，壟斷、寡頭壟斷逐漸成為影響市場競爭的重要因素和力量。這使得以完全競爭市場為基本前提的新古典經濟學理論與現實的矛盾日益凸顯，理論無法對壟斷條件下的生產與價格決定問題進行解釋，因此許多經濟學家展開了對競爭與壟斷問題的研究，引發了一場有關「馬歇爾衝突」的理論爭論。1933年，英國劍橋大學經濟學家羅賓遜總結了有關「馬歇爾衝突」的爭論形成的理論成果，撰寫出《不完全競爭的經濟學》。同年，美國哈佛大學教授張伯倫也出版了著作《壟斷競爭理論》，為產業組織理論框架的形成奠定了基礎。

張伯倫的產業組織理論，以具體、現實的企業活動的市場取代了理論上抽象的市場概念，以壟斷因素的強弱程序為根據，對市場形態作了具體分析，突破了要麼競爭要麼壟斷的框框，將完全競爭與獨家壟斷之間的各種市場形態作了區分，並分別研究了價格機制在其中發揮的具體作用。這為後來的產業組織理論及實證研究指出了方向。他的研究獲得的若干成果也直接為產業組織研究提供了理論起點與來源，主要包括：從分析純粹競爭出發，否定了純粹競爭存在的條件，引出了壟斷和競爭混合的壟斷性競爭的觀點；提出通過對企業集團的分析來觀察壟斷性競爭的觀點；提出了企業在市場上的進入退出問題；以產品差別化為基礎，分析了壟斷與競爭的關係。由於其對產業組織理論發展的貢獻，張伯倫被譽為美國產業組織理論的鼻祖[③]。

三、產業組織理論體系——SCP分析框架的形成[④]

20世紀30年代末到50年代末期，是產業組織理論體系的形成時期。在此期間，哈佛大學成為產業組織理論研究的中心。梅森教授及其弟子貝恩、威廉姆森（Williamson）、謝勒（Scherer）等，在前人研究成果的基礎上繼續深入探討壟斷與競爭問題，並逐漸延展到不同的壟斷與競爭條件下的產業內部結構、市場行為的分析。他們大量

① 所謂有效競爭，簡單說就是既有利於維護競爭又有利於發揮規模經濟性作用的競爭格局。
② 簡新華，楊豔琳. 產業經濟學 [M]. 2版. 武漢：武漢大學出版社，2009.
③ 鄔義鈞，邱鈞. 產業經濟學 [M]. 北京：中國統計出版社，1997.
④ 劉樹林. 產業經濟學 [M]. 北京：清華大學出版社，2012.

運用案例研究法，對不同產業的市場結構、市場行為進行實證分析。1939 年，他們分析了美國主流產業的市場結構，發表了第一批主要產業的集中度資料；20 世紀 40 至 50 年代，進行了一系列關於具體產業市場結構的研究；20 世紀 50 年代，重點轉向統計比較各個行業的市場結構。至 1959 年，貝恩發表了第一部系統闡述產業組織理論的經典著作——《產業組織》（Industrial Organization），這標誌著產業組織理論的正式形成。哈佛學派的產業組織理論，以壟斷競爭理論為基礎，以實證研究為主要手段，將對特定產業的分析分解為結構、行為和績效三個方面，構造了一個既能深入具體環節，又有系統邏輯體系的市場結構（Structure）——市場行為（Conduct）——市場績效（Performance）的分析框架（簡稱 SCP 分析框架），形成了完整的產業組織理論體系。SCP 框架是在貝恩提出的「結構——績效」範式的基礎上，經謝勒進一步的補充、完善，提出完整的「結構——行為——績效」範式（載於謝勒 1970 年出版的《產業市場結構和經濟績效》）而逐漸形成的。

簡而言之，市場結構是指產業內企業間市場關係的表現形式及其特徵，市場行為是指企業在市場競爭中採取的行為，市場績效是指市場運行的效果。哈佛學派認為，結構、行為和績效之間存在著因果關係，即市場結構決定市場行為，市場行為又決定市場績效。而市場結構又取決於一些外生的基本條件（如消費者需求、生產、技術、原材料等），同時政府的行為（通過制定和實施公共政策）又分別對市場結構、市場行為和市場績效產生影響。遵循上述內在邏輯關係的 SCP 分析框架，如圖 2-1 所示。哈佛學派建立的 SCP 分析範式，為早期產業組織理論的研究提供了一套基本的分析框架，一直到 20 世紀 70 年代初都是產業組織的主流理論。

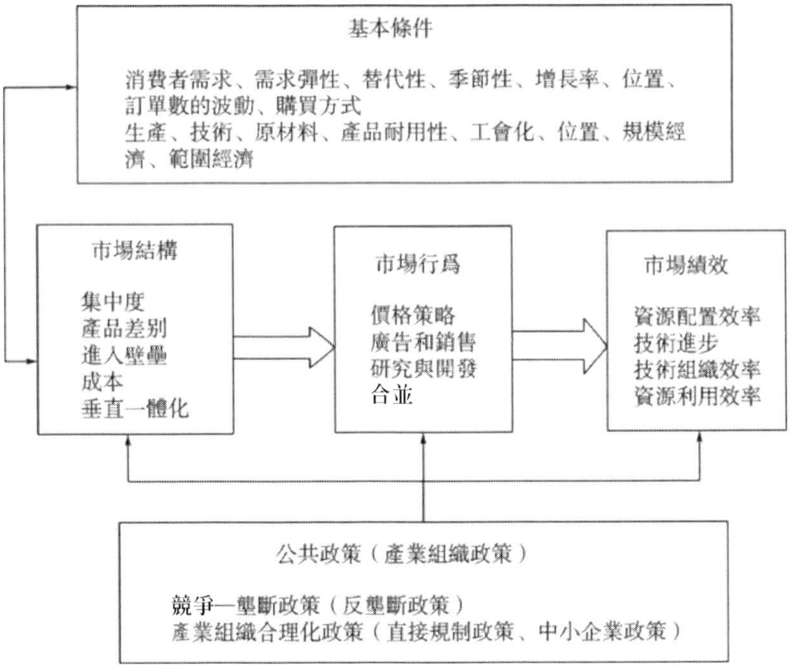

圖 2-1　產業組織理論的 SCP 分析框架

在SCP分析框架中，對結構、行為與績效之間關係的分析是研究的重點所在。其中，衡量市場結構的核心指標——集中度和作為衡量市場績效的核心基準——利潤率兩者之間的關係，則是研究的核心所在。哈佛學派認為，在具有寡占或壟斷競爭市場結構的產業中，由於存在著少數企業間的合謀、協調行為以及通過高進入壁壘限制競爭的行為，削弱了市場的競爭性，其結果往往是產生超額利潤，破壞資源配置效率，這就是「集中度—利潤率」假說①。基於此得出的哈佛學派的公共政策的主要取向是：應採取企業分割、禁止兼併等直接作用於市場結構的產業組織政策來調整和改善不合理的市場結構，限制壟斷力量的發展，保持市場的有效競爭。哈佛學派的政策主張，對第二次世界大戰後西方工業國家特別是美國實施和強化反壟斷政策產生了重大影響。

四、產業組織理論的發展

20世紀50年代以來哈佛學派的產業組織理論在發展和完善的同時，也始終受到批評和挑戰。在此過程中，形成了一些新的產業組織理論。

(一) 芝加哥學派

芝加哥大學的一些經濟學家們，如施蒂格勒（G. J. Stigler）、德姆塞茲（H. Demsetz）、布羅曾（Y. Brozen）、波斯納（R. Posener）等，在批評哈佛學派理論的基礎上，逐漸發展和形成芝加哥學派，在20世紀70年代初之後的10餘年時間裡，取得了產業組織理論的主流地位。

芝加哥學派繼承了芝加哥大學傳統的經濟自由主義思想和社會達爾文主義，信奉自由市場制度和價格理論，認為市場競爭的過程就是市場力量自由發揮作用的過程，是一個適者生存、劣者淘汰的所謂「適存檢驗」過程。他們主張政府應盡量減少對市場競爭的干預，而只需要為市場競爭確立制度框架條件。基於此芝加哥學派研究產業組織的方法，仍然是從古典經濟學的價格理論出發，以價格理論中的完全競爭和壟斷兩個基本模型作為分析產業組織的基礎，而哈佛學派則提出一些新的概念和理論如壟斷競爭、產品差異化、進入壁壘等模型進行產業組織分析。在S、C、P三者的關係上，芝加哥學派認為並不是市場結構決定市場行為、市場行為再決定市場績效，而是反過來，市場績效和市場行為決定市場結構。企業只有在競爭中相對競爭對手具有更低的成本、更高的生產效率，才能獲得超額利潤，從而才有能力擴大規模，佔有更大的市場份額，形成具有一定壟斷特徵的市場結構。即使某特定產業中出現持續的高利潤率，也完全可能是產業中企業的高效率因素在起作用，而不是像哈佛學派所認為的「是因為產業中存在壟斷勢力」。也正是如此，芝加哥學派不認可「集中度—利潤率」假設。因為在具有高集中度的市場中，即使企業通過市場權力獲得了超額利潤，這也是臨時性的非均衡狀態。通過市場競爭的作用，市場最終總會不斷「稀釋」、趨向於均衡而使超額利潤消失，「真實世界總是趨於走向帕累托改善」。因此，現實經濟活動中並不存在特別嚴重的壟斷問題，大企業的高利潤完全可能是一些高效率因素作用的結果。

---

① 夏大慰. 產業組織與公共政策［J］. 外國經濟與管理，1998（8）.

與其理論一致，芝加哥學派反對哈佛學派所主張的對過度集中的大企業採取分割和嚴格控制兼併的做法，認為這樣會破壞效率增長的源泉，而只有自由競爭才是提高產業活動效率、保證消費者福利最大化的基本條件。因此，他們主張放松對反壟斷和規制政策的實施，盡可能減少政府對產業的干預，以擴大企業和私人的自由經濟活動範圍。

（二）新奧地利學派

新奧地利學派是20世紀70年代，在繼承和發展奧地利經濟學派的傳統思想和方法的基礎上，由米塞斯（L. Mises）和哈耶克（F. A. Hayek）等人提出的經濟思想所形成的產業經濟學流派。這一流派的思想理念，在西方學術界、政治界產生了巨大的影響。

新奧地利學派具有自己獨特的方法論。他們認為經濟學屬於社會科學，是不同於自然科學的所謂「人類行為科學」，反對把自然科學的研究方法如數學方法、經濟計量技術等運用到經濟學的研究之中。因此，他們主張對經濟問題的研究與道德倫理、政治學、法學和哲學聯繫起來，從「人類行為是實現其目的的合理行動」這一前提出發，通過邏輯推理發現個人行為和經濟現象之間的因果聯繫。新奧地利學派完全否定新古典經濟學的完全競爭理論，認為完全競爭的概念僅僅描述了作為競爭結果的均衡狀態，而不是過程。他們從信息的不完全性、人的有限理性和環境的不確定性來理解市場，認為市場運行的根本問題在於如何發現和利用分散的知識和信息，使資源配置到對社會具有最高價值的方面。市場競爭就是企業對分散的知識、信息的發現和利用的競爭，企業家通過學習和發現新的知識和信息，並在此基礎上採取正確的行動來指導資源的合理流動，以更好地滿足消費者的需要，同時實現自己理想的經濟績效。因此在這一過程中，企業家及其創新精神發揮著特別重要的作用，創新精神本質上就是發現人們新的需要以及滿足這些需要的新資源、新技術的能力。

政策上，新奧地利學派主張自由放任的經濟政策，強烈反對行政干預，抨擊行政壟斷。在他們看來，市場不均衡是因為市場參與者的無知即存在未被發現的信息或信息不完全，造成的獲利機會的損失，市場運行過程就是企業家通過不斷試錯，來學習和發現知識和信息以實現和維護市場均衡的過程。這一過程是市場實現均衡的必須過程，如果政府試圖加以干預，由於政府本身的知識和信息也是不完全的，則必然會帶來市場調整過程的扭曲，最終損害經濟效益，因此新奧地利學派強烈反對政府干預。同時，新奧地利學派認為，高利潤是對企業家成功創新的報酬，而與該市場的集中度無關。只要確保自由的進入機會，高利潤和充滿旺盛創業精神的市場就能形成充分的競爭壓力，限制市場壟斷勢力的滋生。唯一能成為市場進入壁壘的是政府的進入規制政策和行政壟斷，因此，應及時廢除那些不合時宜的規制政策和行政壟斷，以此保護和促進市場競爭。

（三）新產業組織理論

從20世紀70年代開始，產業組織理論發展出現了一次新的高潮，進入了用理論模型取代統計分析的「理論期」，形成了以突出理論研究為特徵的所謂「新產業組織理論」。新產業組織理論在研究方法和理論範式上的創新，主要是[①]：第一，在市場結構和行為的關係上，重視對行為的研究，考察結構和行為間的「逆向因果關係」，即由「結構主義」轉向「行為主義」；第二，在不完全競爭市場特別是寡占和壟斷市場上，大量引入博弈論的分析方法；第三，隨著博弈論主要是動態博弈和不完全信息博弈的發展，突破了新古典經濟學理論的完全信息假定和靜態分析範式，開始研究不完全信息下的企業行為以及企業間的動態競爭關係。

新產業組織理論運用博弈論的方法，針對 SCP 範式的不足之處——對企業行為很少或幾乎沒有關注，著重研究了企業的策略性行為。所謂策略性行為，是指一家企業為提高其利潤所採取的旨在影響市場環境的行為[②]。通過對博弈論和信息經濟學的應用，新產業組織理論分析了企業在既定的初始均衡條件和狀態下，如何運用策略性行為來實現新的均衡。這種新的研究方法，在寡占和壟斷市場下現有企業間的競爭、在位企業與潛在進入企業間的策略性行為、企業的進入退出行為、價格競爭與合謀、廣告、產品差異化、研究與開發等方面的動態分析上，取得了顯著成效，使人們對複雜交易背後的動機和福利效果的理解達到了新的高度。[③]

20 世紀七八十年代，隨著產業組織理論性研究的興盛，人們發現對於理論印證的經驗研究開始滯後，「只有經驗性研究才能揭示什麼樣的理論模型是『空盒子』，什麼樣的理論模型具有廣泛的適用性」[④]，因此出現了「經驗性研究的復興」。新的經驗性研究除了傳統的案例研究法外，主要是運用了計量經濟學、實驗經濟學等方法。

20 世紀 80 年代以來，新產業組織理論研究關注的焦點之一是企業內部活動。新產業組織理論運用交易費用理論、委託—代理理論、激勵理論等，深入分析了企業內部治理結構和組織結構，產生了一系列的相關理論成果，形成了較為完整的現代企業理論。此外，經濟全球化和信息時代的市場結構和競爭問題，也成為新產業組織理論研究的焦點，在網絡經濟、具有網絡效應的市場上企業的策略性行為、標準競爭和產品兼容以及國際寡占、跨國併購、策略性貿易政策等研究方面取得了較多的理論進展。[⑤]

20 世紀 90 年代以來隨著全球化程度的加深，產業國際化愈加顯著，產業全球性的市場集中現象越來越突出。跨國公司寡占下的產業內企業競爭，行為愈來愈精巧、複雜，這為新產業組織理論的應用提供了用武之地。新產業組織理論對於美國等西方發達國家的反壟斷政策也產生了一定的影響，使得反壟斷的重心從反壟斷結構轉向反壟斷行為，大企業的策略性行為受到特別的關注，帶動反壟斷政策從過於寬松轉向溫和的干預[⑥]。

---

① 干春暉. 產業經濟學教程與案例 [M]. 北京：機械工業出版社，2007.

② DENNIS W CARLTON, JEFFREY M PERLOFF. Modern Industrial Organization [M]. 4th edition. New York: Addison Wesley, 2005: 350.

③ 干春暉，姚瑜琳. 策略性行為研究 [J]. 中國工業經濟，2005 (11).

④ RICHARD SCHMALENSEE. Industrial Economics: An Overview [J]. The Economic Journal, 1998 (98): 676.

⑤ 干春暉. 產業經濟學教程與案例 [M]. 北京：機械工業出版社，2007.

⑥ 周茂榮，辜海笑. 新產業組織理論的興起對美國反托拉斯政策的影響 [J]. 國外社會科學，2003 (4).

第二節　市場結構

本節從介紹不同市場的結構特徵入手，著重分析決定市場結構的主要影響因素，以及市場結構的相關測量指標。

一、市場結構及其類型

市場結構一般是指產業內企業間市場關係的特徵和形式，主要包括買方之間、賣方之間、買賣雙方之間、已有的買賣方與正在進入或可能進入市場的買賣方之間的關係與特徵。實質上，市場結構反應了某一產業市場中的壟斷與競爭關係。對於產業的市場結構類型，具有幾種分類方法。

（一）瓊・羅賓遜的市場結構分類

羅賓遜夫人根據競爭與壟斷程度的不同，將產業的市場結構劃分為完全競爭、壟斷競爭、寡頭壟斷、完全壟斷四種類型。

1. 完全競爭

完全競爭市場結構是指不受任何障礙和干擾，競爭完全和充分的市場結構。一個完全競爭的市場，需要具備四個特徵：第一，存在著大量的買者和賣者，任何一個買者和賣者所購買或提供的份額相對於整個市場規模而言都非常小，誰也不能影響產品的價格；第二，產品是同質的，任何一個生產者都無法通過產品差別來控制價格；第三，資源的流動不受任何限制，不存在企業進入退出該市場的任何障礙；第四，信息是完全的，買賣雙方都掌握所有對於進行正確決策所必不可少的信息。完全競爭市場是不存在壟斷、競爭程度最高的產業市場結構。

2. 壟斷競爭

壟斷競爭市場結構是指既包含有壟斷因素、又包含有競爭因素的市場結構。壟斷競爭市場的主要特徵是：第一，市場上含有大量相互獨立的賣者，每個賣者的市場佔有率較低；第二，進入和退出該市場不受限制；第三，產品存在差別。在壟斷競爭的市場結構中，每個企業因其產品的差別都具有一定的壟斷力量，但又因為其產品都有近似的替代品而壟斷力量很小。

3. 寡頭壟斷

寡頭壟斷市場結構是指少數幾個大企業控制著產業市場全部或大部分產品供給的市場結構。其主要特徵是：第一，少數大企業控制著整個產業，市場集中度高；第二，產品基本同質或差別較大；第三，進入退出壁壘較高，潛在的競爭者很難進入市場。

4. 完全壟斷

完全壟斷市場結構是指只有一個買者或賣者的市場結構。其主要特徵是：第一，市場上只有一個企業，市場絕對集中；第二，沒有可替代的產品；第三，進入壁壘非常高，限制了其他競爭者的進入。

上述四種類型產業市場結構的特徵總結如表 2-1 所示。顯然，完全競爭和完全壟斷是兩類極端的市場結構，現實生活中大多是介於這兩者之間的壟斷競爭和完全壟斷市場結構類型。產業組織理論研究的重點，就是壟斷競爭和寡頭壟斷兩種市場結構中的 SCP 分析以及政府干預的政策建議。

表 2-1　　四種類型市場結構的主要特徵

市場結構	完全競爭	壟斷競爭	寡頭壟斷	完全壟斷
企業數量	很多	較多	很少	一個
產品性質	同質	有一定差別	有一定差別或同質	沒有合適替代品的特殊產品
市場集中度	很低	較低	較高	絕對集中
價格控制程度	完全不能控制	能在一定程度上控制	能在較大程度上控制	能在很大程度上控制
進入退出難易程度	非常容易	比較容易	比較困難	不可能
現實中近似的例子	某些農產品如小麥、大米市場	香菸、服裝等市場	汽車、家電等市場	電力、公用事業等市場

（二）貝恩的市場結構分類

貝恩根據產業內前四位和前八位企業產品所占市場份額的百分比（即銷售的市場集中度，分別用 CR_4 和 CR_8 表示）大小，將市場結構分為六類，如表 2-2 所示。

表 2-2　　貝恩的市場結構分類

市場結構	CR_4 值（%）	CR_8 值（%）
寡占Ⅰ型	$85 \leq CR_4$	—
寡占Ⅱ型	$75 \leq CR_4 < 85$	$85 \leq CR_8$
寡占Ⅲ型	$50 \leq CR_4 < 75$	$75 \leq CR_8 < 85$
寡占Ⅳ型	$35 \leq CR_4 < 50$	$45 \leq CR_8 < 75$
寡占Ⅴ型	$30 \leq CR_4 < 35$	$40 \leq CR_8 < 45$
競爭型	$CR_4 < 30$	$CR_8 < 40$

（三）植草益的市場結構分類

日本學者植草益採用日本 1963 年的統計數據，根據 CR_8 值對不同產業的市場結構進行了分類，如表 2-3 所示。

表 2-3　　植草益的市場結構分類

市場結構		CR_8 值（%）	產業產值規模（億日元）	
粗分	細分		大規模	小規模
寡占型	極高寡占型	$70 \leq CR_8$	年生產額>200	年生產額<200
	高、中寡占型	$40 \leq CR_8 < 70$	年生產額>200	年生產額<200

表2-3(續)

市場結構		CR_8值（%）	產業產值規模（億日元）	
粗分	細分		大規模	小規模
競爭型	低集中競爭型	$20 \leq CR_8 < 40$	年生產額>200	年生產額<200
	分散競爭型	$CR_8 < 20$	年生產額>200	年生產額<200

二、市場結構的影響因素

影響和決定市場結構的因素很多，其中最主要的因素包括市場集中度、產品差異化和進入與退出壁壘。除此之外，還包括需求增長率、需求價格彈性、短期固定成本與可變成本的比例等因素。某一市場的產品需求增長越快，意味著市場快速增大，一般會提升壟斷的難度，競爭變得活躍。產品的需求價格彈性越大，意味著市場易受價格波動的影響，導致市場結構變動大。當價格上升時，市場快速增大，會降低壟斷的程度從而使得競爭趨向激烈；反之則反。企業固定成本與可變成本的比例越高，意味著固定資產的投資比重越大，新企業進入市場不易，從而會有利於壟斷的實施；反之則反。總體而言上述各因素相互影響，綜合決定著市場結構的特徵。下面，分別介紹三種主要因素對市場結構的影響。

（一）市場集中度

1. 市場集中度的含義及對市場結構的影響

市場集中度是指某一產業市場中賣方或買方的數量及其相對規模（即市場佔有率）的分佈結構，是反應市場壟斷與集中程度的基本概念和指標。由於市場存在買方市場和賣方市場，相應市場集中度可以分為買方集中度和賣方集中度。前者反應產業市場購買的集中狀況，後者反應產業市場的生產或供給的集中狀況。一般而言，由於買方集中僅限於某些特殊產業，因而產業組織理論對於市場集中度的研究主要是指賣方集中度。賣方集中度是指某一產業市場中，少數企業在生產量、銷售量、資產總額等方面對該產業市場的支配程度①。

市場集中度是決定市場結構的首要因素。一般來說，特定產業的市場集中度越高，表明該產業市場中壟斷的可能性越高，競爭越可能受到抑制。因為市場集中度高，意味著該產業中少數大企業擁有較強的經濟支配能力，即具備了一定程度的壟斷能力。即使這些大企業在主觀上並沒有使用壟斷力量的動機，但較高的產業集中度客觀上已經表明它們具備了壟斷能力。

2. 影響市場集中度的因素

謝勒對6個國家的比較研究揭示，釀酒、菸草、紡織、塗料、石油精煉、制鞋、玻璃瓶、水泥、普通鋼、潤滑軸承、冰箱、蓄電池等12個產業的集中具有相似性，菸草、玻璃瓶的集中度普遍較高，制鞋、塗料、紡織等產業的集中度一般較低。這表明，存在一些共同的客觀因素影響和決定著產業的集中程度，使得各國之間的產業集中程

① 劉樹林．產業經濟學［M］．北京：清華大學出版社，2012.

度呈現出相同的規律。

(1) 市場容量

市場容量愈大，單個企業想要提高市場份額的難度愈大，新企業的進入愈容易，就越不容易形成壟斷；市場容量愈小，愈容易形成壟斷。市場容量的變化，也會對市場集中度產生影響。市場容量變大時，會降低既有企業的市場份額，也會為新企業的進入、小企業的成長提供機會，從而趨向於降低市場集中度；市場容量變小時，企業的競爭加劇，大企業會加緊排擠小企業，新企業的進入難度也增加，從而會趨向於提高市場集中度。一般而言，市場容量縮小對提高市場集中度的作用大於市場容量擴大對降低市場集中度的作用。

(2) 規模經濟

規模經濟指在投入增加的同時，產出增加的比例超過投入增加的比例，單位產品的平均成本隨著企業規模的擴大而降低，從而實現規模收益遞增的現象。企業為了應對競爭和追求利潤的需要，一定會通過兼併、重組等手段，追求規模經濟產量，實現規模經濟效益。在市場容量一定的情況下，規模經濟產量越大，優勢企業所占的市場份額也就越大，從而市場集中度就越高。

(3) 進入壁壘

特定產業的進入壁壘越高，意味著其他企業進入越困難，產業的保護程度高，市場競爭程度低，從而使產業內的原有企業壟斷能力越強，高市場集中度的可能性也就越大。

(4) 壟斷動機

企業總存在追求壟斷地位，獲取壟斷利潤的動機。因此，企業總是力圖採取減少競爭對手、鞏固和擴大本企業在市場上的份額、限制其他競爭對手的行為，如掠奪性降價、設置資源或技術壁壘、共謀等等行為，從而帶來市場集中度的提高。只要企業規模的擴大不會帶來規模不經濟性，企業的上述行為就不會中止。有時即使企業規模的擴大導致規模的不經濟性，但只要通過強化壟斷能獲得超額利潤，企業也有強烈的動機繼續實施上述行為。

(5) 政策和法律環境

政府實施的相關經濟社會政策和法律法規，均會對市場集中度造成影響。這些政策和法律法規，有的會促進市場的集中，如生產許可證、特許經營制度、各種產業合理化政策；有的會抑制市場的集中，如反壟斷法、中小企業法、公平交易法；有的兼而有之，如專利法既有利於擁有專利的中小企業發展、抑制市場集中，又有利於擁有專利的大企業發揮研發優勢，從而推動市場集中。

(二) 產品差別化

1. 產品差別化的含義及途徑

產品差別化是指同一產業內企業所生產的產品，具有在產品質量、款式、性能、銷售服務、信息提供以及消費者偏好等方面的差異，由此帶來產品的可區別性和不完全替代性。產品差別化是企業競爭的一種主要手段。比如，企業可以採取某種差異化，使消費者對自己的產品或服務形成偏好，從而在競爭中占據主動地位。具體而言，企業產品差別化的途徑包括如下幾種：

第一，產品主體的差別化。產品概念可以外延為三個層次，即核心產品、中間產品和延伸產品（如圖 2-2 所示）。產業內的同類產品，可以通過研發與技術進步在核心產品上形成差別，如功能、結構上的差別；可以採取措施在中間產品形成差別，如商標、包裝、式樣、品質上的差別；可以採取措施在延伸產品上形成差別，如服務、送貨、安裝上的差別。

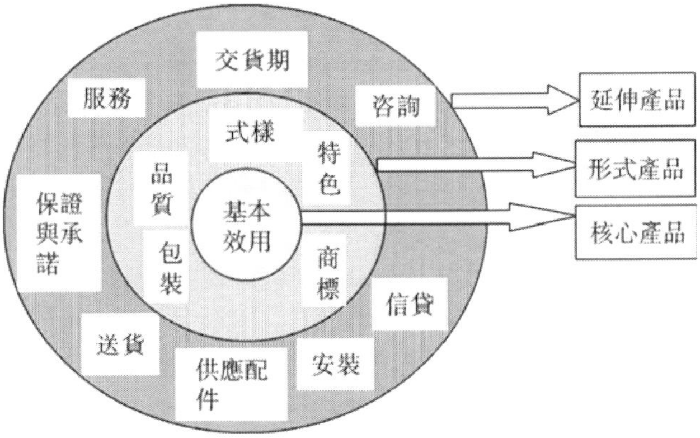

圖 2-2 產品的層次

第二，品牌的差別化。品牌差別化是指通過採取差別化的品牌戰略，樹立產品在消費者心中的特殊印象、特殊地位，從而培養出消費者對品牌的忠誠度。比如，海爾集團長期致力於品牌經營，「海爾，真誠到永遠!」的廣告用語家喻戶曉，把它與其他同行顯著區分開來，「海爾」品牌已發展成為全球著名品牌。

第三，價格的差別化。價格差別化是指企業為自己的產品制定一個高於或低於競爭性價格的價格，從而將自己的產品與其他產品區別開來。企業制定不同的差別化價格，主要是基於自己產品的目標市場定位。如果企業將目標市場定位為高端消費者，想向消費者傳遞一種優質優價的信息，則傾向於制定較高的價格；反之，則制定一個較低的價格，瞄準低端消費群體，塑造企業質優價廉、高性價比的印象。

第四，渠道的差別化。渠道指企業銷售產品的途徑。企業可以建立不同的銷售渠道，將自己與其他企業區別開來。例如，企業可以採取自己設立零售店的方式把產品直接銷售給消費者，可以通過第三方中間商銷售產品，可以採取特許經營、網絡營銷等方式進行銷售。同時，企業還可以利用銷售渠道的不同，在供貨時間、運輸成本、售後服務等方面製造差別，使消費者在選擇產品時形成偏好。

2. 產品差別化對市場結構的影響

產品差別化對市場結構的影響，主要是通過對市場集中度和進入壁壘的影響傳遞的。產品差別化的實施，一方面可以提高產業內規模較大的前幾位企業的市場佔有率，促進市場集中；另一方面也可以提高規模較小的企業的市場份額，降低市場集中程度。由於大企業相對於小企業實施產品差別化的能力更強、效果更突出，因而產品差別化一般最終會促進市場集中。產品差別化的存在會提高市場進入壁壘，增加新企業進入的難度，從而有利於維持和鞏固在位企業的市場地位。總而言之，通過實施產品差別化，減少產品的替代性，會促進市場的集中和進入壁壘的提升，從而有利於形成壟斷勢力，降低產業的競爭程度；反之，產品差別化的程度越低，越不利於市場的集中且降低進入壁壘，從而促進競爭，降低壟斷的可能性。

3. 產品差別化的度量

由於廣告對於企業產品差別化的形成具有特別重要的作用，廣告投入的多少成為衡量產品差別化的一個重要指標。產業組織理論中，常用廣告費用的絕對額和廣告密度兩個指標來說明產品的差異程度。廣告密度的計算公式為：

廣高密度=AD/SL

其中：AD 表示產品廣告費用的絕對金額；SL 表示產品銷售額。植草益 1997 年運用廣告費用的絕對額和廣告密度兩個指標，實證分析了日本 31 個產業的產品差異程度，並對之進行了分類：

①極高產品差別產業。廣高密度≥3.5%或 AD≥20 億日元的產業，主要是非耐用消費品產業和耐用消費品產業。

②高產品差別產業。1%≤廣告密度<3.5%或 10 億日元≤AD<20 億日元的產業，產業類別比較分散。

③中產品差別產業。廣告密度<1%或 AD<10 億日元的產業，主要分佈在一般消費品和中間產品產業。

(三) 進入與退出壁壘

1. 進入與退出壁壘的含義及對市場結構的影響

貝恩給出了進入壁壘的定義①，進入壁壘是指在一個產業中在位企業擁有的相對於進入企業的優勢，從而使在位企業可以持續地把價格提高到最小平均生產和銷售成本以上，而又沒有引起新企業進入這個產業。進入壁壘的高低，決定了新企業進入產業的難度。壁壘越高，新企業進入產業的難度越大，產業內原有壟斷與競爭格局也越不容易打破，從而有利於壟斷的維持以及壟斷程度的提高；壁壘越低，新企業進入的難度越小，進入產業內的企業就可能越多，從而有利於促進產業內的競爭，降低壟斷的可能性。

企業經營不善或者經營戰略發生變化，會停產或者轉產，即從原有產業退出。但是很多時候，企業由於受到多種因素的限制而難以順利退出。所謂退出壁壘，指企業退出產業時面臨的障礙。某些時候，退出壁壘也會對產業的市場結構帶來一定程度的影響。退出壁壘越高，企業退出產業的代價就越大，越不易順利地退出（同時也使新企業不易進入），從而使得產業內原有的壟斷與競爭格局持續下去，影響到壟斷勢力的增強；反之則反。

進入壁壘與退出壁壘相比較，前者對於產業市場結構的影響更為直接、更為顯著，

① BAIN J. Industial Organization [M]. New York: John Wiley&Sons, 1968: 252.

後者的影響相對較弱，而且難以持久。

2. 進入與退出壁壘的成因

(1) 進入壁壘的成因

形成進入壁壘的原因，主要包括規模經濟、必要資本量、產品差別化、絕對費用和政策法律制度五個方面。

①規模經濟

新企業進入市場時，由於尚未獲得一定的市場份額從而不能充分享受規模經濟性，使得其平均生產成本較產業內已有企業要高，構成競爭上的劣勢，導致新企業不會輕易進入，這種進入障礙就稱為規模經濟壁壘。可以結合經濟學中的成本理論對規模經濟壁壘進行解釋，如圖 2-3 所示。

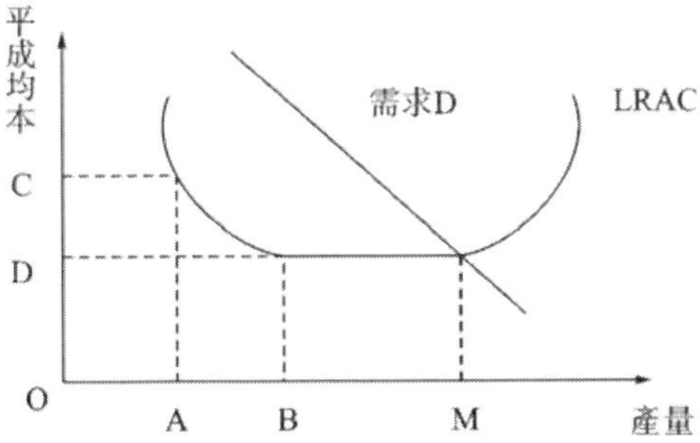

圖 2-3　規模經濟與進入壁壘

圖 2-3 中，LRAC 為某產業中企業的長期平均成本曲線，OB 表示最小有效規模產量（用 MES 表示），OM 表示在現有市場需求條件下的最大市場容量。LRAC 曲線的變化趨勢表明，在產量從 0 開始增加時，平均成本是下降的，表明企業尚未充分利用規模經濟，提高產量是有效的，這種狀況一直持續到 OB 產量。此時平均成本開始進入一個不變階段，再提高產量不會帶來成本的下降，表明企業已經充分實現規模經濟性，OB 產量就是最小有效規模產量。

不過，企業不會滿足於停留在此一產量處，因為如果此時市場的容量大於 OB，則企業會進一步提高產量（雖然提高產量不會帶來單個產品利潤的增加，但會帶來總利潤的增加），以獲得最大程度的利潤。企業提高產量的極限，就是市場容量 OM。產量一旦超過 OM，企業的平均成本將上升，利潤不升反降。MES 的存在，為企業進入產業造成了障礙。如果 MES 產量相對於市場容量來說較大，而在位企業已經在最小有效規模產量上經營，那麼新企業想進入產業就面臨著兩難選擇：如果新企業以低於 MES 的產量進入，則新企業的生產成本會高於在位企業，在競爭中處於劣勢；如果新企業以 MES 產量進入，則產業的總產量可能會超過最大市場容量，造成市場的供過於求，引起市場價格下降到平均成本以下，導致進入企業虧損。因此，在市場需求有限且存在規模經濟的情況下，新企業無法通過進入產業獲利，從而企業不會選擇進入，規模經濟成為進入壁壘。事實上成熟的市場經濟中，產業一般為壟斷競爭或寡頭壟斷結構，一般均有其最小有效規模產量的存在。或多或少新企業的進入都會面臨上述兩難選擇問題，因此規模經濟壁壘成為一種普遍存在的現象。

從圖 2-3 可以看出，規模經濟壁壘的高低主要取決於：第一，市場容量 OM 的大小；第二，最小有效規模產量 OB 相對於 OM 的大小；第三，產量小於 OB 時平均成本曲線 LRAC 的斜率的大小。產業的 MES 越大，占 OM 的份額越大，則意味著產業只能容納少數企業的存在，從而進入壁壘就高。產量小於 OB 時，平均成本曲線 LRAC 的斜率絕對值越大，意味著單位產量增加帶來的成本下降越大即規模經濟效益越突出，從而產量小於 MES 的企業的生產成本劣勢越大，進入壁壘也就越高。

②必要資本量

必要資本量是指新企業進入市場所必須投入的資本。這些資本主要包括固定資本和流動資本。不同的產業隨技術、生產、銷售的不同，必要資本量表現出很大的差異性。比如一些重化工業，開辦新企業所需要的最低必要資本量就非常龐大。龐大的必要資本量，給企業的籌資帶來很大困難，影響到企業的進入決策。必要資本量越大，籌資越不容易，新企業進入市場的難度就越大，這就是必要資本量壁壘。

③產品差別化

產品差別化壁壘是指原有企業實施產品差異化營銷而在市場上具有的先行優勢，為新企業進入帶來的障礙。在產品差異化明顯的產業中，原有企業的商標已經為消費者熟悉並有著良好的信譽，產品營銷只需要維持這種信譽即可，而新企業進入則需從頭開始。如果新企業確實採用的是先進的生產技術和獨到的產品，則有可能實現迅速發展，否則需要付出比原有企業多得多的投入進行產品營銷，才有可能形成有效的產品差別讓市場接受。市場的產品差別化越大，新企業的產品被消費者認可的難度越大、所需要的銷售投入越多，產品差別化壁壘就越高。

④絕對費用

所謂絕對費用，是指由於原有企業相對於新企業具有在對原材料的排斥性佔有、專利和技術訣竅的擁有、銷售渠道的控制、運輸系統的控制、特殊經營能力和專業人才的佔有等方面的有利性，使得新企業為補齊上述短板開展與原有企業的競爭所需要額外支付的成本費用。絕對費用的存在，使得新企業的生產成本總是高於原有企業，即使新企業選擇最小有效規模產量，其成本相對原有企業也仍然處於劣勢。絕對費用對新企業進入產業所形成的障礙，稱之為絕對費用壁壘。

⑤政策法律制度

政府干預市場所制定的一些政策和法律制度，也對新企業進入市場形成了障礙。當政府認為一個產業中只適合少數幾個企業存在時，就會實行許可證制度來限制新企業的進入。在公用事業等行業中，政府會實行較為嚴格的進入規則，採用特許經營的方式限制企業的進入。為保護發明者的利益和推動創新，政府會制定專利和知識產權保護政策，為新企業的進入設置障礙。政府的差別性稅收以及其他規制政策，也對新企業進入的形成了阻礙作用。上述政策和法律制度對新企業進入市場形成的障礙，就是政策法律制度壁壘。一般來說，政策法律制度都是企業無法控制的外生變量，因此政策法律制度壁壘是企業無法逾越的絕對壁壘。

（2）退出壁壘的成因

退出壁壘的形成因素，主要包括資本專用性、退出處置、政策法律制度以及其他一些因素。第一，資本專用性。很多設備具有很強的專用性，只適宜於特定產品的生產。一旦企業轉產或破產，這些設備就不能用於其他用途而只能廢棄，使得設備的價值不能回收，形成沉沒成本。沉沒成本的存在，會給企業帶來資產的損失，這會使企業為避免損失而不敢輕言退出，增加了企業退出的難度。第二，退出處置。企業從產業退出時需要對原有生產要素進行合理的處置，由此增加了企業退出時的難度。例如，企業需要對原有設備進行拆卸、改造，需要謹慎消除安全環保隱患，需要支付辭退人員的解雇費用和安置費用乃至生活費用、福利費用，需要處理暴露的債務等資金問題，從而使企業退出的難度加大。第三，政策法律制度。有時政府顧及社會利益，會制定政策法律阻止一些企業從特定產業或領域中退出，尤其是在一些提供公共產品的行業中。第四，其他因素。如由聯合生產形成的退出障礙，短期的固定費用和可變費用比例對市場結構的影響形成的退出障礙，市場需求增長率的變動預期形成的退出障礙等。

3. 進入壁壘的衡量

綜合諸多學者的研究，對於產業進入壁壘的衡量，主要運用規模指標和利潤率指標兩種方法。第一種方法應用的規模指標，包括經濟規模與市場總規模的比例、必要資本量、絕對費用、產品差異化、專利特許數量等。其中，植草益運用經濟規模來測量產業進入的規模經濟壁壘：規模障礙系數 d=（最優規模/市場容量）×100%。據此，植草益提出的測量標準是：當 d 處於 10%~25%時，產業為高度規模經濟壁壘障礙；當 d 處於 5%~9%時，產業為較高規模經濟壁壘障礙；當 d<5%時，產業為中等或較低程度規模經濟壁壘障礙。第二種應用利潤率指標的方法，典型的是貝恩提出的衡量標準：當銷售價格比平均費用高 10%時新企業仍難以進入的行業，是高壁壘產業；當銷售價格比平均費用高 6%~8%時新企業仍難以進入的行業，是較高壁壘產業；當銷售價格比平均費用高 4%時新企業仍難以進入的行業，是中等壁壘產業；當銷售價格比平均費用高 1%~2%時新企業容易進入的行業，是低壁壘產業。

以上三種影響市場結構的主要因素中，市場集中度、產品差異化著眼於考察產業內的影響市場結構的因素，即考察產業內已有企業之間的市場關係對市場結構的影響，進入與退出壁壘著眼於考察產業外的影響市場結構的因素，主要是考察準備進入的企業與已有企業之間的關係對市場結構的影響。通過對某一產業的市場集中度、產品差異化和進入退出壁壘三個方面的分析，研究者們可以基本判斷出該產業的市場結構狀況。

三、市場結構的測量

測量產業的市場結構，主要是指測量產業市場中的壟斷與競爭程度。一般從企業、市場整體兩個角度，來對市場結構中的壟斷與競爭程度進行測量。

（一）單個企業壟斷勢力的測量

測量單個企業的壟斷勢力，主要用勒納指數和貝恩指數。

1. 勒納指數（Lerner Index）

勒納指數由美國經濟學家勒納提出，是用產品價格高出邊際成本的程度來衡量企業壟斷勢力的大小。按照經濟學的基本原理，完全競爭市場的市場均衡結果，是價格等於邊際成本。如果市場中存在壟斷，則擁有壟斷勢力的企業將抬高價格，將產品價格定在邊際成本之上。價格高出邊際成本越多，表明企業的壟斷勢力越強。因此在這個意義上，勒納指數實際上衡量的是企業「抬高價格的能力」。勒納指數的計算公式為：

$$L=(P-MC)/P$$

其中，L 代表勒納指數，P 代表產品價格，MC 表示邊際成本。由於價格總是大於或等於邊際成本，因此 $0 \leqslant L<1$。L 值越大，表明企業的壟斷勢力越大。在完全競爭條件下，L 等於 0。

2. 貝恩指數

貝恩提出的貝恩指數，是以產品價格高出平均成本的程度來衡量企業壟斷勢力的大小。相對於勒納指數，此一指標更具有現實意義，因為在現實生活中大多數企業均是採用平均成本定價法。顯然，具有壟斷勢力的企業能將價格定在平均成本之上，且確定的價格高出平均成本越多，表明企業的壟斷勢力越強。貝恩指數的計算公式為：

$$I_B=(P-AC)/P$$

其中，I_B 代表貝恩指數，AC 代表平均成本。由於價格總是大於或等於平均成本，因此 $0 \leqslant I_B<1$。I_B 越大，表明企業的壟斷勢力越大。貝恩指數實際上是根據績效指數來測量壟斷勢力，它測量的是企業獲得超額利潤（$P-AC$）的程度。

需要說明的是，勒納指數和貝恩指數均把造成企業產品價格偏離邊際成本和平均成本的原因，歸結於壟斷並以此來測量企業的壟斷勢力是不全面的。事實上，有很多原因比如企業的營銷策略，會使得產品價格偏離邊際成本和平均成本。

（二）市場整體壟斷勢力的測量

從整體來測量市場的壟斷勢力，主要是通過考察產業內的企業規模及其分佈來進行。常用的指標，包括市場集中度、洛倫茨曲線與基尼系數、赫芬達爾—赫希曼指數和熵指數。

1. 市場集中度（Concentration Ration）

市場集中度是指在特定的市場或產業中，買賣雙方各自的供求規模及其分佈。市場集中度是反應某一市場或行業的壟斷和競爭程度的重要指標，產業組織理論往往把其視為考察市場結構的首要因素。一般來說，市場集中度以產業內規模最大的幾家企業的有關數值（如產值、產量、銷售額、銷售量、職工人數、資產總額等）占整個市場或行業的比重來表示。其計算公式為：

$$CR_n = \sum_{i=1}^{n} X_i / \sum_{i=1}^{N} X_i$$

其中，CR_n 表示 X 產業中規模最大的前 n 位企業的市場集中度，X_i 為 X 產業第 i 位企業的某相關數值（如產值、產量、銷售額等），N 為 X 產業的全部企業數，$\sum_{i=1}^{n} X_i$ 表示 X 產業中前 n 位企業的某相關數值之和，$\sum_{i=1}^{N} X_i$ 表示 X 產業某相關數值的總和。CR_n 值越大，表明前 n 個大企業所占的市場份額越大，對市場的操縱能力越強；反之，表明市場被操縱的可能性越小，競爭性越強。

CR_n 指標是反應市場集中度的絕對指標，測量的數據比較容易收集，能直觀地反應產業內生產集中的狀況，因此是使用最為廣泛的市場集中度指標。CR_n 指標反應市場集中度也存在不足，主要是不能很好地反應最大的幾家企業的規模情況，從而可能對市場的壟斷性程度做出錯誤判斷。比如同樣的 CR_n 值 80%，有可能這 n 家企業規模差不多大，有可能其中一家特別大其他幾家較小，兩種情況下企業對於市場的實際支配能力顯然是存在很大差別的。此外，CR_n 指標無法反應產業內全部企業的規模分佈狀況。最早應用這一指標對產業的壟斷和競爭程度進行分類研究的是貝恩教授，他將市場集中度分為 6 個等級，並對美國的產業進行了集中程度的分類，如表 2-4 所示。

表 2-4 **產業壟斷與競爭程度分類**

類型		CR_4	CR_8	產業內企業總數	代表性產業
Ⅰ極高寡占型	A	75%以上	—	20 家以內	轎車、電解銅、氧化鋁
	B	75%以上	—	20~40 家	卷菸、電燈、石膏製品、平板玻璃
Ⅱ高集中寡占型		65%~75%	85%以上	20~100 家	輪胎、洋酒、變壓器、洗衣機
Ⅲ 中(上)集中寡占型		50%~65%	75%~85%	企業數較多	粗鋼、鋼琴、軸承
Ⅳ中(下)集中寡占型		35%~50%	45%~75%	企業數很多	食用肉類製品、壁紙、殺蟲劑
Ⅴ低集中寡占型		30%~35%	40%~45%	企業數很多	面粉、男女式鞋、塗料、水果和蔬菜罐頭
Ⅵ原子型		—	—	企業數量極其多，不存在集中	女裝、紡織、木製品中的大多數

備註：分類產業樣本為美國產業

◇**案例** 2.1[①]

中國汽車工業集中度

寡頭壟斷市場結構是主要汽車生產國汽車工業成熟的標誌，2002 年汽車市場 CR_3 日本為 80%，美國為 90%，韓國為 96%，德國為 91%。世界汽車工業發展歷史充分證明，高產業集中度是世界汽車工業發展的必然結果。到 2009 年，國際主要汽車企業經過不斷兼併重組，整車製造企業驟減到 9 家，形成 6 大跨國集團（通用、菲亞特戴克、福特、豐田、大眾雷諾）和 3 家獨立汽車公司（本田、寶馬、PSA）的比較穩定的「6+3」格局。

推動企業兼併重組，提高產業集中度，早已成為中國汽車產業界的共識。1994 年國務院同意國家計委會同經貿委、機械部等有關部門制定《汽車工業產業政策》，重點解決生產廠多、投資分散等問題，在 20 世紀內支持 2~3 家汽車生產企業迅速成長為具

① 引自：王俊豪. 產業經濟學［M］. 2 版. 北京：高等教育出版社，2012.

有相當實力的大型企業。2009 年國務院通過了《汽車產業調整和振興計劃》，再次明確支持大型汽車企業集團進行兼併重組，鼓勵 4 大（上汽、一汽、東風、長安）和 4 小（北汽、廣汽、奇瑞、中國重汽）分別在全國範圍內和區域範圍內兼併重組。

2011 年國務院正式發布中國《工業轉型升級規劃（2011—2015）》，明確提出未來 5 年中國工業的主攻方向不再追求更高增速，而是下大力氣優化產業結構，加快工業轉型升級。其中，再度提出了提高汽車行業產業集中度問題。與以往不同，此次規劃給出了明確指標，指出汽車行業前 10 家企業的集中度到 2015 年需要超過 90%。

與發達國家相比，中國汽車市場集中度長期處於較低水平（如表 2-5 所示）。CR_3 遠低於發達國家水平，即使 CR_{10} 也比發達國家 CR_3 的集中度要低。2011 年中國汽車總銷量為 1,850.51 萬輛，銷量排名前 10 的企業分別是上汽、東風、一汽、長安、北汽、廣汽、奇瑞、華晨、江淮和長城，銷量分別為 396.6 萬、305.86 萬、260.14 萬、200.85 萬、152.63 萬、74.04 萬、64.17 萬、56.68 萬、49.48 萬、48.68 萬輛，10 家企業合計共銷售汽車 1,609.14 萬輛，占總銷量的 87%。其中最大的三家企業上汽、東風、一汽共銷售 972.6 萬輛，占全部汽車總銷量的 52%。

表 2-5　　2002—2011 年中國汽車市場集中度　　單位:%

年份	2002	2003	2004	2005	2006	2007	2008	2009	2010	2011
CR_3	49.0	48.0	48.0	45.7	46.1	46.9	48.7	48.0	48.96	52.0
CR_4	82.3	79.85	83.6	83.6	83.9	83.1	83.0	87.0	84.1	87.0

資料來源：中國汽車工業年鑒。

表 2-5 反應了中國汽車市場集中度持續在低位徘徊，對於其未來發展的趨勢也存在爭議。一種觀點認為，目前的低集中度是中國歷史上特殊的政治經濟條件的產物，隨著市場競爭的深化，中國汽車工業不可避免地將形成高集中度的市場格局。另一種觀點認為，在「市場換技術」的政策下，中國主要汽車生產企業已經與世界主要汽車企業合資生產，中國已成為汽車國際市場的一部分，中國汽車市場集中度不過是世界汽車市場集中度的一個縮影而已，仍將維持相對分散的格局。

【案例討論】

1. 中國汽車市場集中度相對較低的主要原因是什麼？
2. 影響中國未來汽車市場集中度的主要因素有哪些？

2. 洛倫茨曲線和基尼系數

洛倫茨曲線和基尼系數是反應市場集中度的相對指標。洛倫茨曲線表示市場佔有率與市場中從小到大的企業的數量累計百分比之間的一一對應關係。顯然，隨著從小到大的企業數量累計百分比的增加，市場佔有率不斷增加，因此二者是正比例關係，從而洛倫茨曲線是一條從下向上傾斜的曲線。具體如圖 2-4 所示。

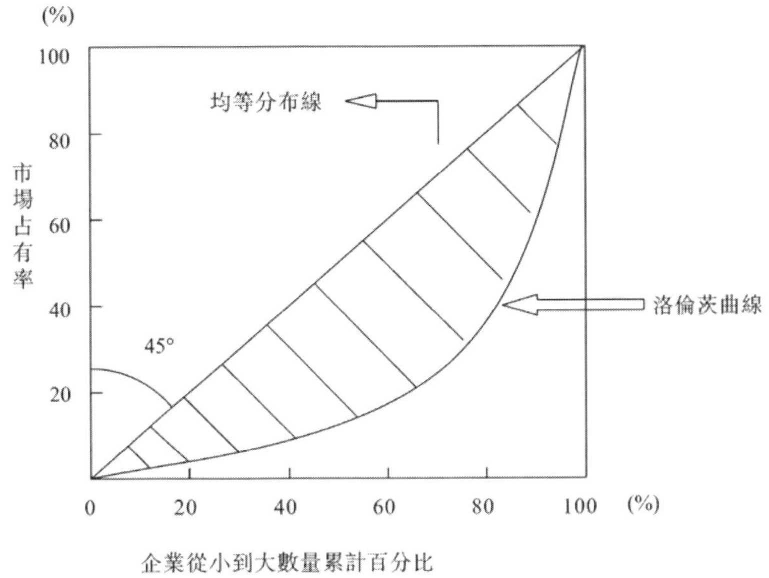

圖 2-4　洛倫茨曲線

圖 2-4 中，橫軸表示從最小的企業開始的企業數量的累計百分比，縱軸表示這些企業的銷售額占市場銷售總額的百分比。洛倫茨曲線從原點出發，向上延伸至右上方的對角點。洛倫茨曲線上的每一個點，都表示從小到大企業的數量的累計百分比所對應的累計市場佔有率。隨著企業數量的增加，所佔有的市場比率也在遞增。遞增的速率，取決於洛倫茨曲線斜率的變動快慢。洛倫茨曲線的彎曲程度（斜率變化的快慢），反應了市場企業規模分佈的均勻程度，即壟斷與競爭程度。曲線越彎曲即越偏離對角線（均等分佈線）、斜率變化越慢，表明企業規模的分佈越不均勻，越有可能存在壟斷勢力；曲線越直即越趨近對角線、斜率變化越快，反應企業規模的分佈越均勻，市場競爭越激烈。當市場上所有企業的規模完全相同時，洛倫茨曲線與對角線（均等分佈線）重合。

基尼系數建立在洛倫茨曲線基礎之上，與洛倫茨曲線一起，分別用圖形、數量相結合來反應市場的不均勻程度。如圖 2-4 所示，基尼系數等於對角線和洛倫茨曲線之間的面積，與對角線下的三角形面積之比。基尼系數在 0 到 1 之間變動，系數越小說明企業規模分佈越接近於平均，反之說明企業的規模分佈越不平均。基尼系數為 0 時，表明產業內企業的規模分佈完全均等，為 1 時表明單個企業壟斷了整個產業市場。

用洛倫茨曲線和基尼系數來測量市場集中度，也存在局限性。特殊情況下，洛倫茨曲線和基尼系數對於市場集中度的衡量會產生歧義。例如，兩家各佔有 50% 市場份額的企業所構成的產業市場，與 100 家分別佔有 1% 市場份額的企業所構成的產業市場，具有相同的洛倫茨曲線（即對角線）和基尼系數（為 0），而顯然這兩種情況下的市場結構是完全不一樣的。又例如，只要對角線與洛倫茨曲線之間的面積相等，所計算出的基尼系數就是相等的，而事實上這時市場中的企業規模分佈是不一樣的。

3. 赫芬達爾—赫希曼指數

為彌補上述指標對於市場結構測量的不足與缺陷，赫芬達爾和赫希曼在 1964 年提出赫芬達爾—赫希曼指數（Herfindahl-Hirschman Index），簡稱 HHI 指數。H 指數是某特定市場上所有企業的市場份額的平方和，其公式為：

$$HHI = \sum_{i=1}^{N}(X_i/X)^2 = \sum_{i=1}^{N}S_i^2$$

其中：X 表示產業市場的總規模，X_i 表示第 i 位企業的規模，S_i 表示產業中第 i 位企業的市場佔有率，n 表示產業內的企業數。由上式可知，HHI 指數在 0 到 1 之間變動，數值越大，表示企業規模分佈的不均勻程度越高，從而市場集中度越高。當市場由一家企業完全壟斷時，HHI 指數等於 1；當產業內企業的數量很多且規模差不多時，HHI 指數接近於 0。

HHI 指數能較為準確地反應市場集中的狀況。一方面，計算公式中包含了所有企業規模的信息，另一方面，指數是用相對規模的平方和來進行計算，使得計算結果對於規模較大企業的市場份額比重的變化特別敏感，而對規模較小企業的市場份額比重的變化反應不明顯，從而可以真實地反應市場中各個企業之間規模的差別大小。由於在實際應用中 HHI 指數計算得到的系數往往很小，不便於比較，所以常常用 10,000 乘以份額平方和來表達 HHI 指數。目前，HHI 指數是最常用的測量市場結構類型的方法。

4. 熵指數

熵指數（Entropy Index）是借用信息理論中熵的概念，來反應市場中所有企業的規模分佈狀況，簡稱 EI 指數。EI 指數計算公式為：

$$EI = \sum_{i=1}^{n}S_i\log(1/S_i)$$

其中：S_i 指產業中第 i 位企業的市場份額，n 指產業內的企業數。上式表明，熵指數的值某種程度上取決於行業內企業的數量。當只有一個企業實施完全壟斷時，EI 指數等於 0。

EI 指數與 HHI 指數存在某些共同點：二者均屬綜合指數，即反應市場中所有企業的情況；二者均為企業的市場份額之和。同時，兩者也存在某些不同點：二者分配給各個企業市場份額的權數不同，HHI 指數的權數是市場份額的平方，而 EI 指數根據的是市場份額的對數；二者都對大企業分配較重的權數，但重要程度有所區別。

第三節　市場行為

產業的市場結構狀態和特徵，制約著企業的市場行為，市場行為反過來影響和改變市場結構的狀態和特徵。所謂市場行為，是指企業在市場上為實現其特定的經營目標（如利潤最大化、最高市場佔有率等）而採取的適應市場要求的調整行為。本節主要介紹企業的各種市場行為，包括市場的競爭行為和市場協調行為兩類，其中競爭行為主要是價格行為、廣告行為、兼併行為和創新與研發行為。

一、價格行為

現實生活中企業的價格行為多種多樣，根據市場的變化而隨機變化。概括起來，企業主要的價格行為一方面包括價格歧視（差別定價）、限制性定價、掠奪性定價等定價行為，另一方面包括價格卡特爾、價格領導、有意識的平行調整等價格協調行為。

（一）價格歧視

1. 價格歧視的內涵

泰勒爾提出，「當兩個單位的同種商品對同一消費者或者不同消費者售價不同時，我們就可以說生產商實行了價格歧視」。企業實施價格歧視的目的是獲取超過正常利潤之外的超額利潤，通過對具有較強偏好的消費者制定高於市場均衡價格的價格，企業得以實現這一目的。

企業能夠順利實現價格歧視，需要具備三個條件：第一，具有一定的壟斷勢力，能夠一定程度操縱市場價格；第二，具有對於消費者的足夠完備的信息，準確把握消費者的消費能力、消費偏好；第三，市場能有效分割，從而能夠防止消費者通過轉售謀取差價的行為。其中，限制轉售是實施價格歧視的必要條件。

企業就相同的商品或服務在沒有正當理由的情況下對相同的消費者實施不同的價格，本質上是一種壟斷定價行為。由此，使得消費者處於不公平地位，妨礙了他們之間的正當競爭。因此，各國政府都對限制競爭的價格歧視行為做出了限制。

2. 價格歧視的類型

根據價格差別的程度，價格歧視可以分為一級價格歧視、二級價格歧視和三級價格歧視三種。

一級價格歧視也叫完全價格歧視，是企業根據消費者對每個產品所意願支付的最大貨幣量，對每個產品都制定等於最大意願支付貨幣量價格的價格歧視行為。由此可見，一級價格歧視掠取了每個消費者的全部消費剩餘，是最高程度的價格歧視。顯然一級價格歧視是一種理想中的極端情況，事實上企業不可能做到對於每個消費者信息的完全掌握。現實中，若干特定市場比如國庫券拍賣市場中，投標者在不同數量上每次都要提交他們對投標的整個需求表，從而使國庫券的定價比較接近於一級價格歧視。

二級價格歧視是根據消費者對產品不同的購買數量來進行差別化定價的價格歧視行為。消費者購買量越小價格越高，購買量越大價格越優惠。本質上，二級價格歧視是依據購買量的不同來劃分市場，最終對每個市場即每批產品確定一個不同的價格。相較一級價格歧視中每個產品就是一個市場（從而每個產品都確定一個完全剝奪消費者剩餘的價格）的情況，二級價格歧視對於消費者剩餘的掠取程度要低，壟斷企業只剝奪了消費者的部分剩餘。二級價格歧視是現實生活中常見的價格歧視，公共事業部門如煤氣、電力、自來水、電話通信等普遍採用這種形式的價格歧視。二級價格歧視最通常的做法是數量折扣，即企業對購買量較大的消費者提供低價格。例如，蘋果攤攤主賣 0.5 千克蘋果定價為 5 元，但賣 2.5 千克蘋果時總共收取 20 元的價格。

三級價格歧視是指企業對同一種產品在不同市場中（或對不同的消費者群體）收

取不同的價格的一種定價行為。實施三級價格歧視時，消費者被分為若干個不同的群體，企業不止在一個市場上銷售商品，並且這種商品不能從一個市場轉移到另一個市場上再銷售，因此企業可以在不同的市場上制定不同的價格。某市場或某消費群體的需求價格彈性越大即對價格越敏感，企業確定的價格就越低，反之則越高。由於是按照市場或消費者群體來差別定價，相對於二級價格歧視，三級價格歧視對消費者剩餘的掠取程度進一步降低了。三級價格歧視是日常生活中最常見的一種定價方式，如機票、演唱會都有專門的學生票，各種各樣的優惠券、會員票價也都屬於三級價格歧視的方式。

◇**案例** 2.2

因特網拍賣：Priceline. com

Priceline. com 是一家因特網服務公司，它讓潛在的買主把不同的出價貼在網上，從而詳細瞭解每一個消費者的需求狀況以及願意支付的價格。例如飛機票的買主並不具體確定乘哪個航班、出發的時間或者停降次數。這種「反向拍賣」過程會形成提前規劃的成本、不方便的旅程以及賣方是否會接受這個出價的不確定性。但某些顧客要求大幅度打折才會購買，否則機票就會賣不掉。其他顧客把時間、不方便和不可靠性都作為支付航空公司自己公布的更高價格的理由。實際上在 Priceline 分銷渠道中的每一個顧客都支付了一個不同的加成額，同時也沒有機會把機票轉售給那些願意支付更高價格的人。從原則上講，Priceline 的系統使完全的價格歧視成為可能。

資料來源：干春暉. 產業經濟學教程與案例 [M]. 北京：機械工業出版社，2007. 原資料出處：詹姆斯・R 麥圭根，等. 管理經濟學 [M]. 李國津，譯. 北京：機械工業出版社，2003.

（二）限制性定價

限制性定價指市場中的在位企業將其價格和產量定在某一水平上，使潛在進入者因進入後不能獲利而不願進入，在位企業獲得較原來低的壟斷利潤的定價行為。企業實施限制性定價的目的，就是阻止競爭對手的進入。20 世紀 50 年代以來，限制性定價成為產業組織理論研究的一個熱點，形成了幾個經典的限制性定價模型。

1. 靜態限制性定價模型

該模型假定潛在的進入者相信進入後在位企業不會改變產量，因此潛在進入者相信它進入後行業的總產量是它的產量與在位企業現行產量之和，超過需求的產量將導致價格下降。在位企業知道潛在進入者的想法，會調整它的產量水平及相應的價格水平，以此影響潛在進入者的看法，達到消除潛在進入者進入的誘因的目的。此時的價格水平，會基於在位企業對潛在進入者信息的掌握，而盡量定在潛在進入者的成本相等處，並同時保證在位企業能獲得壟斷利潤，以此阻止潛在進入者的進入。顯然，在位企業採取的這一定價行為，是以犧牲部分短期利潤為代價而著眼於長期利潤最大化。同時，為使限制進入定價可信和有效，不讓潛在進入者以為這種價格和產量只是在位企業的權宜之策而無法持久，在位企業需要向潛在進入者發出可置信的威脅。主要的做法是在位企業主動顯示出可以操縱市場的信號，使得潛在進入者相信在位企業確實具備持續實施限制性定價的動機和能力。

2. 動態限制性定價模型

長期內企業設定價格或產量以減少或消除競爭對手進入市場動機的定價策略，稱為動態限制性定價策略。學者們研究了主導企業模型、連續進入模型等企業行為模型，揭示潛在進入者在不同進入速度下，在位企業所採取的最優限制性定價行為。

（1）主導企業模型

面對潛在進入者的進入威脅，作為行業領導者的主導企業會基於自己利益最大化的原則，進行最優的價格決策。此時，主導企業有三種選擇：第一種，是主導企業在短期內制定一個極高的價格，以使自己在潛在進入者進入之前攫取盡可能高的利潤。此種選擇的後果，是會導致在極短的時間內大量潛在進入者進入，導致主導企業的主導地位迅速喪失，以至於長期內不能獲得壟斷利潤。第二種，是主導企業為阻止潛在進入者進入而將價格定得過低。此種選擇的後果，固然維持了主導企業的長期主導地位，但會使其短期和長期內的利潤都將非常低。上述兩種選擇，都不是主導企業所想要的。第三種，是主導企業先制定一個較高的價格，然後隨著潛在進入者的進入逐漸降低價格。此時，主導企業先獲得一個較高的利潤，然後隨著競爭對手的進入而逐漸失去壟斷地位，利潤率也逐漸降低。不過主導企業會在逐漸降價的過程中，在當前利潤和未來利潤之間進行平衡，合理把握降價的節奏，以實現跨時期利潤最大化。顯然，主導企業會做出第三種定價策略的選擇。

主導企業模型表明，一個理性的主導企業並不會不惜代價地阻止潛在進入者的進入或把所有的競爭性企業逐出市場，這不符合它的利益。

（2）連續進入模型①

連續進入模型描述了潛在進入者在一段時間內逐漸但持續進入市場的情形。此時，在位企業的最優對策是開始也制定壟斷高價，然後隨著潛在進入者的進入和逐漸增加，慢慢降低價格，直到降至限制進入價格以下，迫使潛在進入者逐漸退出市場。當潛在進入者全部退出後，在位企業再將價格提高並維持在限制進入價格，以防止發生新的進入。

3. 不完全信息下的限制性定價

在真實的市場環境中信息往往是不完全的，企業之間的信息很大程度上相互隔離。此時，潛在進入者不知道在位企業的成本以及收益，只有一個先驗概率對此進行估計，然後在與在位企業的博弈過程中逐漸對先驗概率進行修正，並以此修正在位者的成本和收益估計。在位企業知道潛在進入者不掌握自己的成本和收益信息，從而利用限制性定價方式，制定低於壟斷價格水平的價格，向潛在進入者發出自己是個低成本企業的干擾信息。這干擾了潛在進入者的判斷，使之得出在位企業是個低成本企業的估計，進入後的價格戰將使自己虧損，從而進入無利可圖，也就不再試圖進入。顯然，在不完全信息情況下限制性定價成為一種信號干擾的手段，造成潛在進入者的判斷失真最終達到限制進入的目的。

與完全信息假設下的限制性定價相比，不完全信息下的限制性定價策略執行難度

---

① 劉樹林. 產業經濟學［M］. 北京：清華大學出版社，2012.

相對要大得多。因為此時在位企業和潛在進入者均不具備對方的完全信息，在位企業不太清楚應該制定何種限制性價格，才能對潛在進入者具有可置信的威脅，潛在進入者也不清楚在位企業制定的這個價格是否是虛張聲勢，從而遊移不定，不會輕易打消進入的念頭。

（三）掠奪性定價

掠奪性定價是指在位企業不惜遭受短期損失，將產品價格降至競爭對手的平均成本之下，以便將競爭對手逐出市場或限制競爭對手進入，然後再提高價格以彌補掠奪期損失的定價行為。此時，在位企業承受的短期損失大小，視競爭對手的成本而定。競爭對手成本越低，在位企業所受的短期損失越大。相較限制性定價，掠奪性定價主要針對已經進入的企業，以將其排擠出市場為唯一目的，因此稱為掠奪。這種掠奪的最終實現，是以承擔短期損失來換取長期高收益。掠奪性定價在現實生活中時有發生，如案例 2.3。

◇**案例** 2.3

美國菸草行業的掠奪性定價行為

19 世紀末至 20 世紀初，美國菸草托拉斯運用掠奪性定價來對抗它的競爭對手，逼迫它的競爭對手以低價將其公司賣給它。例如，1901 年菸草托拉斯在北卡羅來納州有個香菸品牌叫「美國麗人」，它與該州溫司頓的威爾斯白頭菸草公司的類似品牌相競爭。「美國麗人」的價格是每千支 1.50 美元，恰好與要求繳納的稅金一樣多，可見這個價格是明顯低於生產成本的。不過菸草托拉斯聲稱低價是產品導入期的優惠措施。在 1903 年，菸草托拉斯就順利地收購了無法與其競爭的威爾斯白頭菸草公司。在 1881 年至 1906 年間，菸草托拉斯收購了 40 家競爭對手，並且在菸餅、香菸、鼻菸和緊扣菸的銷售上控制了很大的市場份額。

資料來源：干春暉. 產業經濟學教程與案例［M］. 北京：機械工業出版社，2007.

1. 實行掠奪性定價的條件

掠奪性定價的實施，需要具有一定的條件。首先，在位企業需要具有足夠強的價格控制力和市場影響力，即具有較強的市場壟斷實力。因為在位企業的降價行為要能影響到競爭對手的產品銷售，在實現成功驅逐後又要能提高價格以彌補損失。其次，在位企業需要能承受一定時期較大損失的能力。因為實施掠奪性定價時，價格下降幅度一般比較大，甚至會低於在位企業的成本導致在位企業虧損，而且維持低價位的時間可能會較長（視競爭對手的抵抗能力而定），這要求在位企業擁有良好的財務狀況，能夠承受足夠長時間的低價位營運和虧損。最後，在位企業制定的掠奪性定價行為，應具有可置信性，使競爭對手充分相信在位企業的決心和能力。對此，在位企業可以在一個或若干個分割市場上做出示範，充分展示自己的決心。長此以往，逐漸累積自己此類行為的威懾力。

2. 掠奪性定價的市場競爭後果

在市場競爭態勢日益複雜和激烈的現代經濟中，掠奪性定價行為的實施越來越難，有時候達不到預期的目的。第一，隨著各種促進市場信息充分化措施的實施，市場信息的公開化、透明性越來越凸現，很大程度上杜絕了在位企業通過僞裝策略來實施掠奪性定價的空間。而且由於競爭對手對於在位企業的財務狀況也有一定程度的瞭解，從而對於在位企業決定何種價位、實施低價的時期長短會有較準確的預判，從而完全可以採取針對性行為來化解或部分化解掠奪性定價的威脅，不退出市場或不放棄進入市場。第二，假如在位企業不佔有特別的市場競爭優勢，市場中還存在其他規模較大的企業。此時如果在位企業實施掠奪性定價，這會造成對規模較大的企業的衝擊。對這些企業而言，它們也必須跟隨降價，不然會直接遭受喪失市場份額的損失。但是，這些規模較大的企業對於短期虧損的承受能力可能不如在位企業，這樣它們會確定較小的降價幅度或者較短的降價時間（以盡可能減少虧損和維持最低的市場存在為原則），從而減弱了掠奪性定價的實施效果。極端情況下，這些規模較大的企業會合謀，共同反對在位企業的掠奪性定價行為。第三，如果市場退出障礙足夠大，有可能在面臨在位企業的掠奪時，被掠奪企業無法退出或寧願忍受虧損不願退出，最終導致掠奪性定價的失敗。第四，如果市場足夠大或產品需求價格彈性大，則在位企業降價時必然面對競爭對手退出帶來的空餘需求或新增需求，如果此時在位企業沒有足夠的生產擴張能力來滿足這些需求，則市場價格必定又會上升，造成掠奪性定價的失敗。第五，隨著反壟斷、促進競爭規制的不斷完善，掠奪性定價的實施會受到政策的阻礙，使得實施的空間越來越小。

（四）價格協調行為

價格協調行為是指企業在價格決定和調整過程中相互協調而採取的共同行為。顯然，企業相互之間的價格競爭行為，對於彼此都會造成損害。而進行價格共謀，採取協調一致的行為，能減少價格競爭，共同控制市場，獲取壟斷利潤，最大程度避免這種損害。因此，企業都有非常強烈的採取價格協調行為的動機，由此使得價格協調成為企業主要的定價行為之一。

1. 價格卡特爾

價格卡特爾是指企業以限制競爭、控制市場和謀求利潤最大化為目的而採取的共同定價行為。通常，價格卡特爾採取的行動包括三種：一是共同提價；二是市場形勢不好時穩定價格，不競相降價；三是必要時，協調降價，獲得較高的利潤和排除競爭。價格卡特爾一般是在寡頭壟斷市場發生，因為寡頭壟斷者實力相差不懸殊，打價格戰一般是兩敗俱傷，而且也因為寡頭壟斷者數量不會很多，易於協調。價格卡特爾包括有文字記錄的明確協定卡特爾和只是口頭意向的秘密協定卡特爾兩種形式。

顯而易見，卡特爾操縱價格，損害消費者的利益，損害公平競爭，所以一般被認為是違背公平交易原則的違法行為。除了一些特殊原因經政府批准的合法卡特爾外，一般情況下卡特爾是被明令禁止的。美國制定的反托拉斯法中，價格卡特爾被給予最嚴厲的限制。只要企業被發現參與此類行為，即使沒有達成一致意見或是協議達成後沒有成功實施和對消費者造成任何損失，也會被認定構成違法行為，會被判有罪。如美國 Archer Daniels Midland 案，該跨國公司在 1996 年 10 月 14 日承認它曾在兩種農產品價格上與競爭對手合謀提價從而被美國司法部判罰 1 億美元罰款，這形成了美國反托拉斯歷史上最高的判罰。

2. 價格領導

由於價格卡特爾常常是違法的，企業便努力尋求暗中串謀來操縱價格，其最主要的形式是價格領導。價格領導是指某一產業市場中某個企業作為價格變動的領導者率先調整價格，其他企業根據自己的經營目標跟隨確定價格的行為。作為價格領導者的企業，一般是產業內具有較強影響力、較高聲譽、對於市場變化把握能力較強的企業。

價格領導行為具體可分三種情況：第一種，主導企業領導定價。一般在具有較高集中度的市場中實施，主導企業的規模很大，占據 50%~90%的市場份額。由於是行業主導者，主導企業率先定價後，一定會帶動其他企業跟隨定價。第二種，串謀領導定價。一般在市場集中度中等以上的產業市場實施，規模較大的主導企業的市場份額多為 20%~30%，而且它們的成本結構大致相似，由它們彼此協調共同決定價格水平，其他小企業進行跟隨。第三種，晴雨表式領導定價。市場集中度較低的產業市場適合運用此定價方式。由於企業之間的實力差距不大，共同行動很難協調，領導企業經常發生變換，猶如天氣陰晴變化不定一樣。臨時結盟的若干主導企業協調實施統一的價格行為，其他小企業跟進。

3. 有意識的平行調整

有意識的平行調整是指價格調整時沒有明顯的追隨調價現象，只體現為比較默契的配合行為。此種價格協調行為比較隱密，不容易讓人感知到，領導企業們憑著彼此間的信任來實施隱性協調行動。例如，人們一般認為美國三大汽車公司的定價，就是最典型的有意識的平行調整方式，這就最終能使三家公司都可以獲得壟斷利潤。

二、廣告行為

市場中普遍存在的信息不對稱，使得企業的廣告行為成為必然。通過廣告，企業將自己產品的信息傳遞給消費者，使消費者瞭解本企業產品，同時力圖使消費者形成對自己產品的偏好。對於消費者而言，廣告使其增加對產品信息的掌握，懂得產品是否符合自己的需求，並基於效用最大化原則做出自己的購買決策。因此，廣告對於企業的產品銷售具有十分重要的作用，是企業一種重要的競爭行為。目前，國際平均水平的廣告支出占 GDP 的比例為 1.5%，發達國家可達 2%以上。很多情況下，廣告行為的實施，直接關係到企業經營狀況的好壞。

(一) 最優廣告水平的決定

廣告費用的支出與企業產品的銷售存在著密切的聯繫。一般情況下，廣告投入的增多將帶來銷售收入的增加。但是企業的廣告投入不是無止境的，廣告投入的效用增長也是有限度的，超過一定值後效用反而降低。也就是說，企業的廣告投入有一個最合適的量，即有一個最優廣告水平。企業實施廣告行為時，首先需要明確最優廣告水平。

設企業的需求函數為 $Q=Q(P,A)$，即需求是產品價格 P 和廣告投入 A 的函數，由兩者共同決定。又設企業的利潤函數為 $\pi = P \cdot Q - C(Q) - A$，即利潤是銷售收入減去成本（是產量 Q 的函數），再減去廣告投入。

將利潤函數 π 分別對價格 P 和廣告投入 A 求偏導數，並令偏導數等於 0，可推導出下式：

$$\frac{A}{Q \cdot P} = \frac{a}{e}$$

其中：e 為需求價格彈性，即產品需求量變化率與價格變化率之比；a 為需求廣告彈性，即產品需求量變化率與廣告費變化率之比。

由上式可以得出結論：當廣告費與銷售收入的比率（稱為廣告密度）等於需求廣告彈性與需求價格彈性之比時，企業得到最大利潤。此時的廣告費與銷售收入之比即是最優廣告投入比例，企業按照此比率來確定最優廣告水平。

在現實經濟生活中，需求廣告彈性與需求價格彈性的數據獲取較難，企業常常根據市場調查和經驗來確定最優廣告水平。

（二）不同產品的廣告行為

由於產品的不同，企業採取的廣告行為也有所不同，所確定的廣告密度也不同。

1. 非耐用消費品

非耐用消費品損耗快，更新換代快，從而消費數量大，產品變化快，且一般都是屬於較低技術、較低資金密集的產業，進入退出壁壘低。因此，非耐用消費品競爭特別激烈，企業想方設法要培養出消費者對產品的忠誠度。從而，非耐用消費品市場上企業常常通過大量的廣告投入來建立品牌知名度，引導消費者形成偏好，形成產品差別化。

2. 耐用消費品

耐用消費品一般使用週期較長，產品更新換代速度較慢，產品的差異程度主要來自產品性能、質量和銷售服務水平等方面，因而消費者做出的購買決策比較謹慎，受廣告影響的程度較非耐用消費品要低。所以對於耐用消費品，企業往往將廣告投入控制在一定數量範圍內，大部分的銷售費用主要用於銷售渠道的建立和完善上。

3. 工業品

工業品是指那些購買者購買後以社會再生產為目的的產品，包括商品和服務，其主要銷售對象是企業。因此，工業品一般是標準化產品，或者完全根據客戶需求開發的定製品，同時購買人員也一般是富有經驗和鑑別能力的專家，因而消費品市場上的廣告行為不適用於工業品的銷售，企業的廣告投入可以很少。少量的廣告，主要是做企業形象和品牌宣傳，銷售費用的大部分主要是用於人員推銷。

（三）廣告行為對市場結構的影響

1. 廣告行為與市場集中度

企業相互之間開展的廣告競爭，實質上是一個消費者重新分配的過程，對於市場集中度具有複雜的影響。在位企業可能通過成功的廣告行為，提升自己產品的市場佔有率，從而提高市場集中度。非在位企業也有可能通過成功的廣告行為，從在位企業那裡搶占一部分市場份額，從而降低集中度。但總體上，大企業在廣告競爭中占據優勢地位，有能力開展高強度的廣告競爭，因而往往成為廣告競爭的優勝者，從而俘獲更多的消費者，提高自己產品的市場佔有率，促進市場集中度的提升。

2. 廣告行為與產品差異化

企業廣告行為的目的，就是將自己產品的信息傳遞給消費者，讓消費者認可自己的產品，購買自己的產品而不是其他企業的產品。這就是一個將差異化的產品塑造成消費者偏好的過程。因此在這個意義上，廣告行為就是將產品差異化予以實現的過程，通過廣告使產品的差異在消費者心中形成特殊印象。同時，廣告行為本身也是產品差異化的一個內容、一種形式。相同或類似的產品，會由於廣告行為的不同導致銷售效果也不同。獨特的廣告行為，能幫助企業在同類產品企業中樹立競爭優勢，占領更多的市場份額。

3. 廣告行為與進入壁壘

一般而言，廣告行為會增強進入壁壘。產業內原有企業通過前期大量的廣告，已經成功在消費者心目中樹立起對自己產品的偏好。潛在進入企業要想扭轉這種狀況，必須要實施高強度、持久性的廣告，花費大量的廣告投入，才有可能實現。龐大的廣告費用，無疑會使潛在進入者形成在競爭上的成本劣勢，成為其進入市場的障礙。

◇**案例** 2.4

中國最成功的 10 大廣告

自 21 世紀初到現在的十多年中，是中國營銷傳播發展最快的階段，而廣告在其中扮演了非常重要角色。下面列出十個最容易被人記住的廣告。

1. 恒源祥絨線羊毛衫，羊羊羊

「恒—源—祥—絨線羊毛衫，羊、羊、羊」，簡單的一句話挽救了一個企業，成就了一個品牌。連續三片的重複也開創了廣告的一種新方式，被稱為「恒源祥模式」。可愛的童音「羊、羊、羊」成了恒源祥廣告的記憶點。

2. 保護嗓子，請選用金嗓子喉寶

自 1995 年以廣告方式成功打開市場的金嗓子喉寶，其廣告操作極其簡單但很實用。這條即沒有詩情畫意，又沒有大腕明星的廣告，不厭其煩地播放了 10 多年，使其家喻戶曉。

3. 孔府家，叫人想家

如果說孔府家當年借《北京人在紐約》而作的廣告使其一炮走紅的話，那麼廣告中的這句話卻真真為品牌的延續發展預留了足夠的空間。當然，也成了品牌的第一記憶點。

4. 英特爾，噔噔噔噔

絕對強烈的廣告記憶點還來自英特爾的聲音識別。一提英特爾，那四聲蘊涵了堅定、信心、品質的聲音，是不是又一次回響在我們耳畔？

5. 高露潔，沒有蛀牙

有一個笑話，大學老師講完微積分後問大家：學習微積分，我們的目標是——

「沒有蛀牙！」學生回答道。雖然是一個笑話，卻反應出了高露潔的深入人心。「沒有蛀牙」，顯然成了高露潔廣告的最大記憶點。

6. 農夫山泉有點甜

或許正是人們因為對「甜」的懷疑使得該廣告深入人心。這句簡單得不能再簡單的廣告語成了農夫山泉的第一記憶點。暗示品質的「甜」字則成了其品牌價值的集中體現。

7. 收禮只收腦白金

雖然很多人都在批評腦白金的廣告，但它的廣告卻真正讓大家記了個牢固。直白的表述傳達了堅定的定位概念：禮品。

8. 喂，小麗呀

步步高的這支廣告因為幽默而被大家記住。在電視上千篇一律的叫賣式廣告時，突然的幽默一下子贏得的觀眾的好感。該片在成就步步高的同時也成就了一個廣告明星。「喂，小麗呀？」是幽默廣告的點睛之筆，成了該廣告的記憶點。

9. 希望工程的大眼睛

「希望工程」也是一次經典的營銷傳播運動。而在這規模浩大的營銷傳播中，被人記住的恐怕當那位廣告中失學女孩的「大眼睛」莫屬。「大眼睛」成了希望工程的第一記憶點。「大眼睛」強烈的視覺衝擊不但讓人們記住了，而且還觸發人們內心深處的愛心，震撼人心。

10. 沙市日化，活力 28

雖然活力 28 早已失去了往昔的「活力」，然而該廣告詞卻依然印在人們的心海裡，雖然它已經沒有什麼意思了。然而沒有意義的記憶對我們啓發或許更大。

上述成功的廣告，對於中國廣告的發展帶來了深深的啟示。

第一，廣告貴在堅持。大量投放是廣告被人記住的基礎。廣告貴在堅持，如果不堅持，隔幾日換一個，大家還是記不住的，上面的十個廣告且不談創意本身，卻都因做到了「數十年如一日」才被大家記住的。你的品牌堅持了嗎？片子天天換，要讓大家記住什麼呢？

第二，叫賣式廣告依然有效。大多數的中國老百姓在消費方面還不成熟，所以說中國的市場一定程度上還是「大忽悠」市場，你一忽悠，你一叫賣，大家就認你了。近來批評「金嗓子」十多年一個聲音的人不少，但是為什麼不換？根本上還在於廣告對市場有效，最起碼企業自己認為是。

第三，沒有記憶點的廣告不是好廣告。廣告首先要讓人記住，但如何讓人記住，你得提供一個讓人記住的東西，觀眾不可能記住廣告的全部，只會記住最突出的一點，這就是廣告中的記憶點。哈六藥的廣告奇猛，但試想，廣告一聽還有誰會記住？不能提供讓人記住的記憶點，這是廣告最大的失敗。

第四，「煽情」的廣告怎麼做？「大眼睛」是很煽情的一個畫面，直達觀眾內心深處，震撼人心。「媽媽，洗腳」篇和「媽媽，我能幫你干活了」篇是「共鳴論」的實踐，應該說贏得了部分天下父母心之共鳴。而相較之下，雕牌牙膏的「我有新媽媽了」篇卻是失敗之筆。首先新產品上市不宜做情感訴求，其次「後媽」畢竟很少，普通觀眾卻「共鳴」不起來。中國的消費者文化素質還不夠高，「煽情」廣告要慎用，不要創作者自己在那兒感動得痛哭流涕而觀眾卻不以為然。一切從消費者出發才會有效，不要讓創作成為個人的自我陶醉。

第五，廣告的幽默何在？幽默向來是廣告表現最主要的方式之一，步步高的幽默廣告為大家引了一條好路。而為什麼我們還是不經常看到幽默的出現？為什麼片子出來之後又是平淡如水？幽默廣告在國外歷來是倍受重視的，然而，我們還沒有學會去幽默。廣告時，請考慮，是否可以幽默一些呢？

第六，廣告需要在堅持中創新。喜新厭舊是人之本性，雖然「數十年如一日」的堅持讓大家記住了你，但是大家不一定會喜歡你，用專業術語來講就是只得到了品牌知名度卻缺少美譽度。這樣的品牌是缺少生命力的。「金嗓子」廣告打了這麼多年，是不是還能繼續一成不變地再打 8 年呢？懸。

第七，品牌的核心價值如何在廣告中得到體現和延續？為什麼「活力 28」的廣告雖然被人記住但卻沒有了價值？因為其廣告記憶點沒有品牌價值的體現。同樣的經營不善，為什麼孔府家的品牌依然堅固——雖然企業不值錢了但品牌價值依然很高？因為同樣的廣告傳播，孔府家在這個過程中傳播了價值。這是廣告中對品牌價值體現與延伸的差距。相較之下，國內其他酒類品牌雖然有的經營很好，但在品牌方面卻比孔府家差了，如五糧液、茅臺、沱牌、景芝、燕京等。

資料改編自：廣告買賣網，2016 年 1 月 7 日，http://www.admaimai.com/zhuanti /Detail24992. htm。

三、兼併行為

企業的成長方式主要分為兩大類型：第一類是內部發展方式，即通過引進先進的技術和管理經驗，提高產品質量和勞動生產率，降低生產成本和經營成本，從而實現利潤最大化；另一類是外部擴張方式，即企業不斷加大投資，擴大企業規模，生產更多的產品，增加產品的市場佔有率使企業實力更為雄厚。這兩種方式有機地結合在一起，內外協同成長使企業實力不斷增強，產生了無限擴張的衝動。企業的兼併行為是企業擴張的一種主要手段和方式。企業經常通過兼併的手段，吸納競爭不利企業的資產，不斷擴大自己的資產規模，提高自己的市場佔有率，以此實現對產業資產的重組和資源配置的優化。最終隨著兼併行為的不斷實施，優勢企業不斷發展壯大，導致產業市場集中度不斷提升，形成現代產業中常見的壟斷競爭、寡頭壟斷兩種主要的市場結構形式。所謂兼併，是指一家企業以現金、債券、股票或其他有價證券，通過收購債權、直接出資控股以及其他多種方式，購買其他企業的股票或資產，取得其他企業的資產的實際控制權，使其失去法人地位或對其擁有控制權的行為。①

(一) 兼併的類型

從兼併過程來看，兼併分為三類：新設合併，指相關企業協商同意解散原企業，共同組建一個新企業；吸收合併，指參加合併的企業中有一個吸收企業，其他企業宣

① 鄔義鈞，胡立君. 產業經濟學 [M]. 北京：中國財政經濟出版社，2002.

布解散並被該企業吸收；控股式兼併，指一個企業通過購買目標企業一定比例的股票或者股權，達到控股以實現兼併的方式，被兼併企業的法人資格仍然存在。

從兼併的產業領域來看，企業兼併分為橫向兼併（又稱為水平兼併，Horizontal Merger）、縱向兼併（又稱為垂直兼併，Vertical Merger）和混合兼併（Conglomerate Merger）。

1. 橫向兼併

橫向兼併是指同一產業內生產同種產品或處於同一加工工藝階段以及提供相同服務的企業間的兼併。通過橫向兼併，企業能夠擴大規模，通過提升規模經濟效益而獲得更強的市場競爭能力。

2. 縱向兼併

縱向兼併是指處於同一（或相似）產品不同生產階段、具有投入產出關係的企業間的兼併。當兼併是從上游環節向著下游環節擴展，如原材料生產企業兼併加工環節企業或者加工環節企業兼併經營流通環節企業時，稱為前向兼併（前向一體化）。當兼併是從下游環節企業向著上游環節企業擴展，如加工環節企業兼併原材料生產企業時，稱為後向兼併（後向一體化）。縱向兼併不一定會帶來生產規模的增加，但會幫助企業增強市場支配力、獲取資源、降低成本和降低銷售的不確定性。

3. 混合兼併

混合兼併是指不同行業生產不同產品的企業間的兼併。混合兼併具體包括三種形式：產品擴張型兼併，即產品功能具有互補關係的企業間的兼併，如汽車整車生產企業與輪胎生產企業間的兼併；市場擴張型兼併，即市場或顧客群體不同的企業間的兼併；純混合型兼併，即生產經營活動幾乎沒有任何聯繫的企業間的兼併。企業進行混合兼併的主要目的，是實施多元化經營戰略，追求經營組合效應，降低風險。

（二）兼併的動機

兼併的實施，是在主兼併企業和被兼併企業具有共識、均能從中實現各自的特定目的的情形下進行的。一般而言，主兼併企業在兼併行為中發揮著積極、主動和主導性作用，被兼併企業往往處於被動和消極的地位。被兼併企業同意被兼併的動機相對簡單，主要是降低經營風險、避免破產和回收投資。對於主兼併企業而言，其實施兼併的動機主要有幾方面的考慮。

1. 提高經濟效益

通過兼併，主兼併企業可以擴大規模，提升規模經濟效益，可以形成壟斷勢力，獲取超額利潤，可以影響原材料價格，降低成本，可以控制銷售渠道避免被第三方利潤壓榨，從而可以增加主兼併企業的利潤。

2. 提高市場支配能力

通過兼併，主兼併企業能提高市場佔有率，控制原材料、關鍵生產、銷售等環節，從而增大對產業市場的支配能力，提高壟斷的可能性。

3. 突破市場進入壁壘

企業進入新市場一般採用兩種方式：直接進入和迂迴進入。企業如果採取直接進入的方式，可能會遭受原有企業的全力對抗，原有企業會從技術、產品、產量、營銷等方面開展全方位的競爭，從而對進入企業形成巨大的壁壘。特別是新企業進入後帶來的產量提升，往往使價格戰成為必然，有可能給進入企業帶來很大的損失。如果採用兼併某企業的方式迂迴進入，則一方面可以利用既有的生產設施降低投入的資本量，另一方面不會帶來產量的大幅提高，維持現有的競爭格局，避免價格戰等激烈競爭的爆發，因而不會給進入企業帶來太大的壓力，企業面臨的壁壘較低。

4. 戰略性動機

激烈的市場競爭中，企業有分散經營風險的戰略考慮，有尋找新的利潤來源點的戰略考慮，有發掘新的增長空間的戰略考慮，為實現上述戰略目標，兼併新企業就成為可能的選擇。

（三）西方國家的企業兼併

自 19 世紀末 20 世紀初發展至今，全球企業兼併已經歷了 5 次浪潮。

第一次企業兼併浪潮發生在 19 世紀末和 20 世紀初，高峰期為 1898—1903 年。此次兼併浪潮，使得西方國家的工業逐漸形成了現代工業結構，並首次出現了壟斷。兼併的主要類型是橫向兼併，兼併的主要目的是擴大規模，追求壟斷地位。這一輪兼併，使得歐美的經濟集中度大幅度提高，誕生了一批大型壟斷企業，比如美國菸草公司、美國鋼鐵公司、杜邦公司、美國橡膠公司等，100 家最大的公司控制了全美近 40%的工業。

第二次兼併浪潮發生在 20 世紀 20 年代，主要的兼併形式是縱向兼併，同時也出現了混合兼併，主要是工業企業與銀行相互兼併，如洛克菲勒公司控制了美國花旗銀行，摩根銀行創辦了美國鋼鐵公司。第二次兼併浪潮也產生了許多著名的大公司，如英國電器、GEC、ICI 公司。

第三次兼併主要發生在第二次世界大戰結束後的 20 世紀 50 年代和 60 年代，在 60 年代後期達到高潮。此輪兼併的主要形式是混合兼併，兼併的主要目的是開展多元化經營，降低經營風險。

第四次兼併浪潮始於 20 世紀 70 年代中期，到 80 年代末達到高潮。此輪兼併的形式，包括橫向兼併、縱向兼併和混合兼併，沒有哪一種兼併形式占據主導地位。同時兼併呈現兩個明顯的特徵，一是跨國兼併得到迅速發展，導致跨國公司對全球經濟的影響力進一步加強；二是伴隨著知識產業、新興產業的發展，出現了小企業併購大企業的現象，「小魚吃大魚」。

第五次兼併始於 20 世紀 90 年代中期，在 2008 年全球性金融危機爆發後達到高潮。此輪兼併具有四個特點：第一，橫向兼併與縱向兼併並存，大量企業剝離自己的非核心業務，同時加快對核心業務的併購，使得生產經營大幅度趨向集中。第二，兼併的規模巨大，一般都是「強強聯合」，產生了一批巨型跨國企業。如：1995 年迪士尼公司收購美國廣播公司；1998 年戴姆勒奔馳公司和克萊斯勒公司合併，涉及金額高達 920 億美元，創當時歷史最高紀錄；2004 年聯想集團以 12.5 億美元的現金和股票收購知名品牌 IBM 的全球臺式電腦和筆記本業務，組建起世界第三大個人電腦廠商；2009

年德國大眾公司支付 39 億歐元，收購保時捷 49.9%的股份。第三，跨國兼併占很大比重，進一步推進了全球化。

◇**案例** 2.5

吉利收購全球第二大汽車自動變速器公司 DSI

澳大利亞當地時間 2009 年 3 月 27 日，吉利汽車收購澳大利亞自動變速器公司簽字儀式在澳大利亞新南威爾士州政府大廈舉行。

DSI 自動變速器公司是一家集研發、製造、銷售為一體的自動變速器專業公司，是全球僅有的兩家獨立於汽車整車企業之外的自動變速器公司之一。受全球金融危機的影響，DSI 的部分客戶在市場上受到嚴重衝擊，2009 年 2 月中旬，DSI 公司進入破產程序，其經營存續面臨歷史性選擇。福特在澳大利亞的整車企業也因此受到影響。吉利汽車成功收購 DSI 自動變速器公司後，將給 DSI 提供一套適合全球發展的新戰略。首先，恢復對福特的供貨；然後，把 DSI 的產品和技術引入中國汽車行業，向中國汽車企業提供先進的自動變速器產品；同時為 DSI 在中國尋求低成本採購零部件的途徑，並為 DSI 的新產品研發提供資金支持，確保 DSI 公司在國際市場上的領先地位。

顯然，吉利收購 DSI 的行為屬於縱向兼併的後向一體化兼併。上述兼併行為的動機包括：

兼併動機一：掌握核心技術、促進產品升級的戰略考慮

作為一家新興的民營企業，吉利汽車的技術進步累積時間短，諸如變速器之類的關鍵核心環節技術與世界先進水平相差較大，這不利於吉利汽車盡快實現提升產品檔次、扭轉價廉質次市場印象的戰略發展目標。快速收購 DSI，成為吉利變速器技術水平快速趕超的一條捷徑。按照吉利集團董事長李書福的說法，吉利全資收購 DSI，更重要的是看重 DSI 公司 80 多年來累積下來的變速器完整的設計和製造能力。

兼併動機二：提高企業利潤

吉利汽車相當部分產品的高質量變速器，依賴於國際大牌汽車廠商的供貨。這些廠商憑藉著技術優勢，攫取了較大比例的利潤份額，降低了吉利汽車的利潤水平。兼併 DSI，可以減少吉利汽車對國際廠商變速器的購買支出，保留了更多的利潤留成。

資料來源：消費質量報，2010 年 4 月 9 日。

四、創新與研發行為

工業時代以來，創新與研發的重要性越來越凸顯。各國學者在長期研究中發現，發達國家的經濟增長有 40%~90%可以歸功於創新帶來的技術進步。美國經濟學家索洛（Robet Solow）的研究表明，1909 年至 1949 年間，美國經濟增長的 87.5%來自技術進步的貢獻，只有 12.5%是由資本和勞動投入的增加引起的。

（一）創新與研發的概念

最早對創新進行研究的是美籍奧地利經濟學家熊彼特（Joseph Schumpeter），其對創新理論做出了開拓性的貢獻。熊彼特在 1912 年出版的《經濟發展理論》一書中系統提出，創新是「一種新的生產函數的建立（the setting up of a new product in function），

即實現生產要素和生產條件的一種從未有過的新結合，並將其引入生產體系」。創新一般包括五個方面的內容：引進新產品或提供一種產品的新質量；採用新技術或新生產方法；開闢新市場；獲得原材料的新來源；實現企業組織的新形式。由此可見，熊彼特的創新包含了技術創新、市場創新和組織創新等方面的創新，產業經濟學裡所指的創新主要是技術創新（下同）。創新的類型具有幾種通常的分類法：按照創新的內容分，創新可以分為產品創新、工藝創新和組織創新三種；按照創新節約的生產要素分類，創新包括節約勞動的創新和節約資本的創新兩類；按照創新的技術變化強度分，創新主要包括漸進性創新和突破式創新兩種；按照創新的技術來源分，創新包括自主創新和二次創新（即引進創新）。

研發（R&D）是指為了進行知識創造和知識應用而進行的系統的創造性工作。研發包括三種類型：基礎研究、應用研究與開發。基礎研究主要是揭示客觀事物的本質和運動規律，不以商業用途為目的。應用研究以特定問題為目標，利用基礎研究所發現的知識，探索新工藝或新產品的技術基礎，不直接產生新的或改進的產品和工藝。開發主要是利用基礎研究、應用研究和實際經驗所獲得的知識，建立新的工藝、系統或服務，以及對已建立的系統和服務進行實質性的改進而進行的系統性工作。開發的成果形式，主要是新的生產系統和可達到設計定型的新產品、新工藝。

研發本質上就是一個知識生產過程，而創新是將研發創造發明出來的知識（新工藝、新產品、新組織等知識）商業化的過程。因此，研發是創新的基礎，研發為新技術和新產品的商業化提供了可能性，只有存在研發創新才能實現；創新將新技術和新產品的商業化變為現實，是研發的目的，研發可以理解為創新過程中的一個環節。現實中，企業的研發與創新過程融為一體，中間沒有明顯的界線，開發活動是研發與創新對接的關鍵。

（二）市場結構、企業規模與創新

大量的既有研究，聚焦於創新的市場環境與企業條件。熊彼特曾認為，完全競爭條件下企業沒有利潤來支持創新，而壟斷企業能夠承擔創新風險，壟斷利潤是技術創新資金的主要來源，對壟斷利潤的預期可以成為創新的激勵機制，因此壟斷的市場結構有利於技術創新。這就是所謂的熊彼特假說。其他學者的研究，得出了與熊彼特假說相似的一些結論，也提出了不同的觀點。

1. 市場結構與創新

四種類型的市場結構中，創新活動開展的程度各不一樣。完全壟斷市場結構中，壟斷企業創新的動力明顯不足，創新活動很少，除非社會消費水平升級或者替代產品給予壟斷企業巨大的生存壓力。完全競爭市場中，出於競爭的需要企業創新的動力最強，但由於不擁有超額利潤，企業創新的能力最弱，整個市場的創新活動受到抑制。寡頭壟斷市場結構中，壟斷企業創新的動力比在完全壟斷市場結構中要強，且企業也具有較強的創新能力，但出於避免過度競爭導致兩敗俱傷的目的，壟斷企業會有意識地控制創新競爭的強度，從而市場中創新活動開展的程度不是非常踴躍。壟斷競爭的市場中，企業創新的動力強，創新能力也有一定保障，且壟斷企業很難達成控制創新強度的默契，因而壟斷競爭的市場結構中創新最為活躍。上述四種市場結構中的創新狀況總結如表 2-6 所示。

表 2-6　　不同類型市場結構中的創新程度

市場結構類型	創新動力	創新能力	創新活躍程度
完全競爭	強	弱	較強
壟斷競爭	強	較強	強
寡頭壟斷	一般	強	較強
完全壟斷	弱	強	弱

2. 企業規模與創新

對於企業規模與創新的問題，存在兩種分歧的觀點：一種如熊彼特假說，認為壟斷大企業創新更有優勢，另一種則認為中小企業的創新更有效率。事實上，大企業、中小企業各自均具有創新的優勢與劣勢。

壟斷大企業在創新上的優勢，主要來自創新的規模經濟性和創新能力。這主要體現在幾方面：第一，大企業擁有壟斷利潤，能夠保證創新資金的充足和穩定投入；第二，大企業能夠組織開展系統、全面、大規模的專門性研究活動，包括建立完善的實驗室體系，購買昂貴、完備的專用性設備，聘請大量的專家進行分工協作，從而實現創新的規模經濟性；第三，大企業擁有較大的市場份額、專用的銷售渠道，能夠保障獲得創新的預期收益回報。大企業在創新上具有的優勢，使之對人類社會的技術進步做出了巨大貢獻。比如，著名的 AT&T 公司的研究機構——貝爾實驗室，完成了一些在 20 世紀最重要的發明，如晶體管和激光器。據 OECD（經濟合作與發展組織）統計，全部工業技術創新支出的 2/3 都是由雇員人數超過 1 萬的大企業完成的。壟斷大企業在創新上的劣勢，主要表現在兩方面：第一，由於其具有的壟斷優勢，大企業缺乏競爭壓力和技術創新動力；第二，企業和研發規模的擴大，導致研發管理效能降低，研發的效率不高。

中小企業也具有創新上的優勢，包括：第一，激烈的市場競爭壓力，促使企業對於創新保持充分的激勵與動力；第二，中小企業具有對市場和需求變化的敏銳嗅覺，且具有很大的靈活性，能捕捉稍瞬即逝的市場機會；第三，中小企業管理層級較少且靈活，有利於實現較高的創新效率。事實上 20 世紀以來，中小企業對於一些新興產業技術的發展做出了巨大貢獻。諸如飛機、計算機、機器人、複印機等，都是由中小企業發明創造的。中小企業在創新上的劣勢，主要是投入不充足、不具有創新上的規模經濟性、承擔風險能力較差等。

大企業和中小企業各自具有的優劣勢，使之均對創新做出了自己的貢獻。總而言之，既有研究在以下幾點上取得了共識①：①大企業在創新領域與項目上，相對中小企業更能體現產業技術發展的潮流與方向，其技術創新的不確定性更大；②在創新效率上，大企業相比中小企業更容易出現低效率問題；③在創新投入包括資金、智力、信

① 干春暉. 產業經濟學［M］. 北京：機械工業出版社，2007.

息等資源投入上，大企業普遍要比中小企業具有優勢。

(三) 創新與研發競爭

企業為了打造核心競爭力獲得市場競爭優勢，會開展激烈的創新與研發競爭。一般而言，創新與研發競爭主要有兩種形式：專利競賽和標準競賽。

1. 專利競賽

由於知識產品具有很強的外部性，能以較快的速度外溢到競爭對手手中，因而對於知識產權的保護很重要，否則沒有企業願意進行創新與研發活動，專利制度由此而生。專利制度，實質上也就是企業獲得合法壟斷地位的制度壁壘，這激勵著企業為擁有這種壁壘而開展專利競賽。吉伯特和紐伯瑞（1982）討論了在位企業與進入企業進行專利競賽的情形，最終的結果表明搶先獲得專利是競賽成敗的關鍵。在位企業搶先獲得專利，可能成功地限制潛在進入企業的進入，保持住壟斷地位；潛在進入企業搶先獲得專利，則可以憑此順利進入市場，給在位企業帶來強烈的競爭與威脅。

很多情況下即使專利最終尚未成功研發出來，只要潛在進入企業認為在位企業會努力進行研發並搶先獲得專利，潛在進入企業將放棄在研發上的努力，終止專利競賽。這取決於在位企業搶先獲得專利的威脅是否可信。威脅是否可信，往往受到在位企業創新與研發支出的影響。當在位企業不需要花太大的成本支出或時間投入，就能加速其研發的進程來回應潛在進入企業的研發行動時，在位企業將肯定會進行研發，從而其搶先獲得專利的威脅是可信的，潛在進入企業會退出專利競賽。相應的，當在位企業需要花較大的成本支出或時間投入來回應潛在進入企業的研發行動時，在位企業不會立即進行研發而是選擇等待，直到等待成本超過搶先獲得專利的收益時，在位企業才開始被迫進行研發，與潛在進入者展開專利競賽。此時，專利競賽非常激烈，因為誰搶先獲得專利不可預期，這會受到在位企業和潛在進入企業的研發能力、管理效率、經驗累積等等複雜因素的影響。

其他學者如斯賓塞、波特（1977），建立了不同的數學模型來分析不確定性、多種競爭威脅下的專利競賽行為。

◇**案例** 2.6

中國企業如何面對國際專利競爭

國際專利競爭越演越烈，中國企業應該如何取得專利戰場的主動權？中興已經交出了一份令人滿意的答卷。

在專利申請和專利保護方面，國內這一領域做得最好的企業當屬中興。中興通訊數百億元的研發經費，為其累積了大規模高質量的知識產權資產。數據顯示，到 2013 年中興已經累積起 5 萬餘件全球專利、1.4 萬件已授權專利，領先松下、華為等企業，甚至遠超愛立信、諾西、阿朗等老牌歐美通信廠商。其為迎接 4G 時代申請的 LTE 專利已有 800 件，全球占比超過 10%，取得了領先優勢。

2011 年 4 月，中興遭遇了愛立信在歐洲三國發起的專利訴訟，中興通訊隨後給予了強硬回應，稱愛立信侵犯了中興的知識產權，宣布將在中國、西歐以及其他地區起訴愛立信。經過長達一年多的較量後，雙方最終達成和解並簽署了全球範圍內的專利交叉許可。中興與愛立信一戰，開創了國內通信企業反訴跨國企業專利侵權成功的第一案。之後在美國，中興還連勝了3起由Inter Digital、TPL、Flashpoint專利營運公司發起的調查。

中興的勝利給了中國企業三個啟示。首先，做好專利儲備是贏得專利戰最重要的基礎，在自主研發、自主創新的同時，還要重視專利的申請和保護。其次，積極應對專利紛爭累積經驗。一般而言，所有新產品都不可能完全避免專利問題，面對專利訴訟，一定不能軟弱求饒、賠錢了事。在贏得多次專利訴訟後，中興已經具備了與任何相關國際企業進行專利競爭的經驗。最後，在橫向上要聯合國內、國際業界的合作夥伴組建專利聯盟，形成「專利池」，利用更為簡單的許可模式在保護和尊重知識產權的同時，降低專利支出成本，促進行業整體生態的和諧與健康發展。

2. 標準競爭

標準競爭即技術標準競爭，在後工業化時代已日益成為市場競爭的一個新特徵，也是建立企業核心競爭優勢的一個重要途徑。在產品進入大規模生產前，企業如果讓自己的技術標準變成為普遍使用的標準，則意味著其他企業必須按照自己的技術標準來進行生產，企業無疑會在市場聲譽、生產成本、技術儲備等各方面占據非常有利的地位。因此常有這樣的說法：一流企業賣標準，二流企業賣品牌，三流企業賣產品。產業組織理論主要探討處於同一水平的企業之間的標準競爭，此時競爭對手之間的主要考量，是是否讓自己的產品與對手的產品兼容。

後工業時代的市場，由於價值鏈分工環節的不斷細化、深化而呈現出網絡狀的市場特徵。網絡市場具有兩個明顯的性質。一是傾覆性，即競爭中獲勝的標準將主宰市場，傾覆原有消費者、企業所在的網絡市場，不存在穩定的不兼容產品共存情況。一個典型例子，是VHS制式的錄像機將其對手完全逐出市場。二是繼承性，消費者希望以後的產品能和現在已有的產品兼容，更好的產品進入市場後，不會馬上替代以前的產品和標準。典型案例，是FM技術（用調制信號控制載波的振蕩頻率的技術，簡稱調頻技術）出現後，說服AM技術（用調制信號控制載波的振幅的技術，簡稱調幅技術）的用戶轉向FM技術就存在很大的困難。網絡市場的性質，意味著產品之間的競爭勝負不完全取決於產品的質量、成本，而在於企業是否贏得標準競爭，只要控制了標準就能獲得巨額利潤。

標準如此重要，使得企業爭奪標準的競爭非常激烈。一般而言，企業的標準競爭存在三種情況。第一種情況，是競爭雙方實力「半斤八兩」，但由於預期技術不兼容下的收益大於兼容情況下的收益，雙方均會選擇不與競爭對手產品兼容的策略。如此，雙方將會展開激烈的標準競爭，最終獲勝者獲得大部分市場和利潤。第二種情況，是「性別之戰」，即實力同樣差不多的每個企業都希望自己的技術能成為標準，但同時也希望與對手的技術兼容。其原因，一方面可能是此時兼容性非常重要，如果廠商之間不形成統一的標準則市場需求量很少，市場成長的過程會很慢（緣於消費者對於誰會獲得標準競爭勝利的觀望），從而不利於市場規模從而銷售量的擴大；另一方面可能是激烈的標準競爭的結果，會使雙方均消耗大部分的潛在利潤，導致兩敗俱傷。由於存在上述兩方面的原因，進行「性別之戰」的企業們會明智地選擇通過合約來使產品相互兼容，共同制定標準，然後再在統一的標準下開展標準內的競爭。第三種情況，是某一企業（「哥哥」）努力繼續將自己的技術保持為標準，另一企業——主要指實力相對較弱的「煩人的小兄弟」，希望加入對手的網絡。此時的標準競爭，猶如一個想獨自行動的實力強大的「哥哥」和想跟隨其的煩人的「小兄弟」之間的博弈，小兄弟一心想要產品兼容，哥哥則努力抵制產品的兼容。對「哥哥」而言，抵制產品的兼容性有兩種策略：第一種，使用知識產權限制對手接近其標準，如軟件廠商運用知識產權保護其代碼；第二種，經常變換產品生產技術使對手無所適從，如 IBM 曾使用過這一策略。這時，「小兄弟」的策略是至少使其產品與「哥哥」的產品部分兼容，如 Sun 的一些軟件產品允許 Microsoft 的產品在其上運行。

第四節　市場績效

市場績效反應了特定的市場結構下和市場行為下市場運行的效率。無論什麼樣的市場結構、什麼樣的市場行為，只有具有較好的市場績效，才能說明產業組織的狀況是合理的。良好的市場績效，是各產業市場運行參與主體共同追求的目標所在。如果說市場結構是產業組織關係的表現形式、市場行為是產業組織關係形成和變動的推動力量，則市場績效是產業組織關係綜合作用的最終效果，是產業組織合理化的基本判斷標準。

一、市場績效的內涵

市場績效是指在一定的市場結構下，由一定的市場行為所形成的市場在價格、產量、費用、利潤、產品、質量和品種以及技術進步等方面所達到的最終經濟成果。上述市場運行的成果，歸納起來主要反應為資源配置成果和技術進步成果。其中，資源配置成果又包括市場的資源配置效率、產業的規模結構效率和企業的資源利用效率三個方面內容。表 2-7 總結了市場績效的內容及其測度指標。

表 2-7　市場績效的內容

市場績效	內容	測度指標
資源配置成果	市場的資源配置效率	利潤率、勒納指數、托賓的 q 值
	產業的規模結構效率	經濟規模實現程度、規模生產能力利用率
	企業的資源利用效率	X 效率
技術進步成果	技術進步	年技術進步速度、全要素生產率

二、市場績效的測度

（一）市場的資源配置效率

按照西方經濟學理論，資源配置的最佳效率是實現社會總效用或者社會總剩餘最大。但現實的產業市場中，往往做不到對於資源的最優化配置，因而社會總效用或者社會總剩餘往往低於最大值。於是，產業組織理論便用社會總效用或者社會總剩餘的大小，來測度市場資源配置效率的高低。由於在實際中社會總效用或社會總剩餘均不方便測度，因此產業組織理論選取一些替代指標來間接衡量社會總效用或總剩餘的大小，以此測度市場的資源配置效率。這些指標，主要包括利潤率、勒納指數和托賓的q值。

1. 利潤率

利潤率主要從企業的角度來評價市場的資源配置效率。西方經濟學理論指出，完全競爭條件下各種資源在產業間、企業間自由流動，價格機制、競爭機制等市場機制的自發作用將使各產業的利潤率趨於平均化，所有的企業都只能獲得正常利潤，不存在壟斷利潤。因此，可以用企業的利潤率水平來測度市場的資源配置效率。如果某一產業的企業長時期得到高利潤，則意味著該產業存在過度壟斷，阻礙了資源的流入，導致資源配置不合理，社會資源配置和利用效率低水平。

最常見的企業利潤率計算，採用稅後股本收益率公式：

$$R=(\pi - T)/E$$

其中：R 表示稅後股本收益率，π 表示稅前利潤（一般指會計利潤），T 表示稅收額，E 表示自有資本和股本。

2. 勒納指數（Lerner Index）

勒納指數（Lerner Index，用 L 表示）是指產品價格與邊際成本的偏離率。指數具體的計算公式為：

$$L=(P - MC)/P$$

其中：P 表示產品價格，MC 表示產品生產的邊際成本。因為企業利潤最大化的條件是邊際成本等於邊際收益（MR），即 $MC=MR$，則勒納指數可以寫為：

$$L=\frac{P - MC}{P}=\frac{P - MR}{P}=1-\frac{MR}{P}$$

又 $MR/P=1+\frac{1}{\varepsilon}$（$\varepsilon$ 表示產品的需求價格彈性），因此 $L=-\frac{1}{\varepsilon}$。此式表明，在完全競爭市場下企業的需求價格彈性 ε 無窮大或價格等於邊際成本，因而勒納指數為0，市場的資源配置效率最高。然後，需求價格彈性越小，勒納指數越大，表明市場的競爭程度越低、壟斷實力越強（壟斷使得產品價格剛性，不容易受需求變動的影響），因而資源配置效率越低，市場績效越差。

3. 托賓的 q 值

托賓的 q 值是指一家企業資產的市場價值與這家資產的重置成本的比率。用公式表示為：

$$q=\frac{(R_1 + R_2)}{Q}$$

其中：q 為托賓值，R_1 值是股票的市值，R_2 是債券的市值，Q 是企業資產的重置成本。q 值的概念由托賓於1969年提出來，公式分子表示投資所帶來的現金流入現值，分母表示投資所需要的現金流出現值，則 q 值反應同一時點上每單位投資所帶來的收益，即利潤率。經濟學家用這一概念來測度市場績效的高低。當 $q>1$ 時，表明該企業以賣出的股票和債券計量的市場價值（可以理解為投資帶來的現金流入現值），大於以當前市場價格評估的資產重置成本（可以理解為投資所需的現金流出現值），意味著該企業在市場中能夠獲得超額利潤（如是完全競爭市場中則企業的利潤為 0）。顯然 q 值越大，表示企業獲得的超額利潤越多，該企業造成的社會福利損失就越大，市場績效越差。

（二）產業的規模結構效率

產業的規模結構效率也稱為產業組織的技術效率，反應產業經濟規模和規模效益的實現程度。顯然，產業市場越能充分利用規模經濟和獲得越好的規模效益，意味著產業的市場績效越好。對產業的規模結構效率的測度，通常用兩種方法。第一種方法，考察經濟規模（MES，最小經濟規模）的實現程度，用達到或接近經濟規模的企業的產量占整個產業產量的比例來表示。比例越高，表明對規模經濟和規模效益的實現程度越好，從而產業的規模結構效率越高；反之則反。第二種，考察企業規模生產能力的利用程度，主要考察產業內過剩的生產能力占整個產能的比例。比例越高，表明生產能力過剩的情況越嚴重，此時不僅無法獲得規模效益，還意味著資源的過度配置。

現實的產業市場中，產業的規模結構效率存在三種情形。第一種情形，是低效率狀態，市場上未達到規模經濟效益所必需的經濟規模的企業是市場的主要供給者，從而該產業市場未能充分利用規模經濟效益，存在著低效率的小規模生產。第二種情形，過度集中狀態，即市場的主要供給者是超過經濟規模的企業。由於過度集中，大企業的市場力量得到了過度增強，無法使產業的長期平均成本降低，反而不利於提高產業的資源配置效率。改革開放之前中國的電信、電力、石油等產業都處於過度集中的狀態。第三種情形，是理想情形，達到或接近 MES 的企業是市場的主要供給者。這表明該產業市場已經充分獲得了規模經濟效益，產業的規模結構效率處於理想狀態。

（三）企業的資源利用效率

企業的資源利用效率是從單個企業的角度來反應市場績效的資源配置成果。測度企業的資源利用效率的指標是 X 非效率，與之對應概念是 X 效率。X 非效率概念最早由哈維·勒伯斯坦於 1966 年提出。壟斷性大企業的外部市場競爭壓力小，內部的組織層次多，機構龐大，關係複雜，加上所有權和經營權分離，使企業難以形成利潤最大化和費用最小化的共同行為，導致企業利潤費用化，企業內部的資源配置效率很低，這種狀態就稱為 X 非效率。相反的情況就是 X 效率。如果一個企業的管理者能夠使企業在每一產出水平上達到低成本，該企業就實現了 X 效率。一般說來，壟斷性企業和競爭性企業都存在 X 非效率，但比較起來壟斷性企業更容易產生 X 非效率。

X 非效率可以用來測度企業資源利用效率的高低。X 非效率帶來的後果，是使實際成本超過可能的最低成本，即生產一定數量產品的實際成本高於最低平均成本，用公式表達為：

X 非效率的程度=超額成本/最低成本

X 非效率的程度越大，表明實際成本高於最低成本越多，從而表明企業的資源利用效率越低。如果一個產業市場中企業的 X 非效率程度均較低，則企業的資源利用效率均較好，從而表明該產業市場的市場績效較好。

需補充說明的是，資源配置成果所涵括的三方面內容中，企業的資源利用效率是從單個企業內部的角度考察市場的資源配置成果，產業的規模結構效率是從企業之間的角度來考察資源成果，市場的資源配置效率是從企業之間相互作用的結果角度來考察資源配置成果。

(四) 技術進步

產業經濟學中的技術進步主要包括兩方面：一是產業內的發明、創新和技術擴散行為；二是勞動生產率的提高，不僅指勞動生產率而且指全要素生產率的提高。技術進步動態地反應了各種經濟資源利用的效率，因而也成為市場績效的一個重要內容。顯然，技術進步帶來的各種經濟資源的利用效率提升速度越快、幅度越大，表明市場績效越好。

1. 技術進步的三種類型

技術進步帶來的經濟資源利用效率的提高，意味著相同資源的投入帶來較大的產出或者較小的投入帶來同樣的產出，即節約了經濟資源。假設生產中只投入勞動和資本兩種要素，則按照技術進步帶來的對勞動和資本的節約情況，可以劃分三種類型的技術進步。

(1) 中性技術進步：指技術進步帶來生產相同產量所需投入的勞動和資本兩種生產要素的同比例減少。由於技術進步並沒有改變勞動和資本的投入比例，此種技術進步被看作是中性的。

(2) 勞動節約型技術進步：指技術進步帶來生產相同產量所需投入的勞動的減少幅度，大於資本減少的幅度。由於技術進步使得相對於同量資本只需要使用較少勞動，此種技術進步被看作是勞動節約型的。

(3) 資本節約型技術進步：指技術進步帶來生產相同產量所需投入的資本的減少幅度，大於勞動減少的幅度。由於技術進步使得相對於同量勞動只需要使用較少資本，此種技術進步被看作是資本節約型的。

2. 產業內技術進步的測度

產業內的技術進步，主要包括發明（即研發）、創新和擴散三種形式。所謂擴散，是指新產品或新的生產方法被廣泛採用時所帶來的技術模仿和技術擴散。這三種技術進步形式，分別採用不同的測度方法。發明狀況即研發狀況往往採用專利數量的增減程度來進行測度，創新狀況主要採用創新支出數量來進行測度，擴散狀況可以用科研機構、技術市場交易數量的增長幅度以及技術引進項目數量等來進行測度。

3. 勞動生產率提高的測度

對於企業和產業，勞動生產率提高的測度主要運用全員勞動生產率指標如人均產量、人均產值等指標。宏觀層面上勞動生產率的提高，一般採用全要素生產率（TFP）指標。全要素生產率又稱技術進步率，是指因技術進步而提高了的所有生產要素的生產效率。全要素生產率的測算，一般是通過柯布—道格拉斯生產函數進行，其基本函數形式是：

$$Y=AL^{\alpha}K^{\beta}$$

其中 Y 表示產量，L、K 分別表示勞動和資本的投入量，A 代表技術，參數 α、β 分別表示勞動和資本在收入中的份額權數。對上式經過簡單的數學推理，得：

$$\frac{\Delta Y}{Y}=\alpha\frac{\Delta L}{L}+\beta\frac{\Delta K}{K}+\frac{\Delta A}{A}$$

其中 Δ 表示相應變量的改變量。上式為經濟增長的因素分解式，表明經濟增長是由勞動投入增長率、資本投入增長率和全要素生產率三部分共同構成。上式再簡單變形，得：

$$\frac{\Delta A}{A}=\frac{\Delta Y}{Y}-(\alpha\frac{\Delta L}{L}+\beta\frac{\Delta K}{K})$$

此式即為全要素生產率的測算公式，表明全要素生產率等於經濟增長率減去勞動、資本對增長的貢獻後的差額。

如設 α 為 0.6、β 為 0.4，勞動投入增加 1.5%、資本投入增加 3%，經濟增長率為 4.6%，則可以算出全要素生產率為：

$$\frac{\Delta A}{A}=4.6\%-(0.6\times1.5\%+0.4\times3\%)=2.5\%$$

◇**案例** 2.7

運用勒納指數測算美國製造業市場結構

1954 年經濟學家卡萊斯基、1985 年經濟學家邁倫・戈登，分別對美國製造業 1897—1937 年、1939—1982 年的勒納指數進行了估算，以衡量美國寡頭壟斷市場結構的變動。估算結果如表 2-8 所示。

表 2-8　美國製造業的勒納指數

卡萊斯基的估算（1897—1937 年）		邁倫・戈登的估算（1939—1982 年）	
年份	勒納指數	年份	勒納指數
1897	1.23	1939	1.38
1899	1.32	1947	1.31
1923	1.33	1950	1.33
1929	1.39	1954	1.35
1937	1.36	1958	1.39
		1963	1.45
		1967	1.48
		1972	1.49
		1977	1.46
		1980	1.45
		1981	1.45
		1982	1.46

數據來源：M J 戈登．戰後壟斷勢力的增長［J］．後凱恩斯經濟學雜誌，1985（秋）．

從表 2-8 中對勒納指數的測算，可以大概得出結論：從 19 世紀末期美國製造業形成寡頭壟斷市場結構以來，直到 20 世紀 80 年代，這種市場結構一直是美國工業和製造業的基本市場結構形態，並且寡頭壟斷市場結構的壟斷程度從長期看，具有緩慢提高的趨勢。總的看來，美國製造業的壟斷程度從 19 世紀 80 年代以來的 100 多年時間裡，得到較大程度的強化。這種強化不具有持續性，大致情況如下：從 19 世紀末到 20 世紀初，由於第一次企業併購浪潮的推動，大工業企業大量形成，市場結構由競爭型轉向壟斷型，市場集中度迅速提高，特別是在 20 世紀 20 年代發生了第二次企業兼併高潮之後，寡頭壟斷市場結構成為西方各個國家占主導地位的市場結構形態。從 20 世紀初到 1947 年，市場集中度繼續提高；1947 年之後市場集中度增速減緩。經過第二次世界大戰後 50 年代的經濟恢復和重建，製造業部門的集中度逐步提高。根據戈登的測算，20 世紀 60 年代以後的勒納指數超過 1.45，而在此之前勒納指數始終沒有達到 1.40 的水平。總之，戰後六七十年代西方國家市場結構的壟斷程度明顯高於戰前水平，尤其是大大高於 19 世紀末 20 世紀初壟斷市場結構剛剛形成的時期。

資料來源：吳漢洪. 產業組織理論［M］. 北京：中國人民大學出版社，2007.

思考題

1. 請選擇一產業，運用某一市場結構分類法分析其市場結構類型。
2. 針對上述所選擇的產業，分析其市場集中度。
3. 分析上述所選擇產業的價格行為、廣告行為和研發與創新行為。

【推薦閱讀書目】

1. 丹尼斯・W 卡爾頓，杰弗里・M 佩洛夫. 現代產業組織［M］. 王立平，等譯. 北京：經濟科學出版社，2009.

2. 喬治・J 施蒂格勒. 產業組織和政府管制［M］. 潘振民，譯. 上海：上海三聯書店，上海人民出版社，1989.

3. 讓・泰勒爾. 產業組織理論［M］. 馬捷，等譯. 北京：中國人民大學出版社，1997.

【參考文獻】

1. 干春暉，姚瑜琳. 策略性行為研究［J］. 中國工業經濟，2005（11）.
2. 干春暉. 產業經濟學教程與案例［M］. 北京：機械工業出版社，2007.
3. 簡新華，楊豔琳. 產業經濟學［M］. 2 版. 武漢：武漢大學出版社，2009.
4. 劉樹林. 產業經濟學［M］. 北京：清華大學出版社，2012.
5. 鄔義鈞，邱鈞. 產業經濟學［M］. 北京：中國統計出版社，1997.
6. 鄔義鈞，胡立君. 產業經濟學［M］. 北京：中國財政經濟出版社，2002.

7. 魏塤，蔡繼明，劉駿民，等. 現代西方經濟學教程［M］. 2 版. 天津：南開大學出版社，2001.

8. 吳漢洪. 產業組織理論［M］. 北京：中國人民大學出版社，2007.

9. 夏大慰. 產業組織與公共政策［J］. 外國經濟與管理，1998（8）.

10. 周茂榮，辜海笑. 新產業組織理論的興起對美國反托拉斯政策的影響［J］. 國外社會科學，2003（4）.

11. M J 戈登. 戰後壟斷勢力的增長［J］. 後凱恩斯經濟學雜誌，1985（秋）.

12. DENNIS W CARLTON，JEFFREY M PERLOFF. Modern Industrial Organization［M］. 4th edition. New York：Addison Wesley，2005：350.

13. RICHARD SCHMALENSEE. Industrial Economics：An Overview［J］. The Economic Journa l，1998（98）：676.

第三章　產業規制

產業經濟學理論中，與對「市場失靈」進行干預相關的理論，主要是產業政策理論和產業規制理論。產業政策理論主要從宏觀的角度，探討政府如何制定和實施產業政策對市場失靈進行干預；規制理論從更微觀的角度，主要探討政府如何直接針對企業實施規制，以對產業組織領域中存在的市場失靈進行干預。基於此，本書將對產業規制理論的闡述安排在產業組織理論之後。產業規制理論來源於西方的規制經濟學，1970 年卡恩的《規制經濟學》著作出版，標誌著西方規制經濟學作為一門學科的誕生。之後一段時期，施蒂格勒的《經濟規制論》(1971 年)、貝利的《法規性制約的經濟理論》(1973 年)、鮑莫爾和奥茨的《環境政策理論：外部性、公共部門、支出與生活質量》(1975 年)、佩爾兹曼的《走向更一般的規制理論》(1976 年)、托里森的《規制與利益集團》(1991 年)、植草益的《微觀規制經濟學》(1992 年) 等一系列著作的出版，共同完善、豐富與構築了西方規制經濟學的學科基礎和理論體系。

第一節　產業規制理論概述

一、產業規制的理論基礎

施蒂格勒提出，產業規制理論的「中心任務是解釋誰從管制得益，誰因管制受損，管制會採取什麼形式，以及規制對資源配置的影響」①，即解決為什麼規制、怎樣規制、規制如何有效等問題。圍繞著上述任務的研究，先後發展和形成了幾種代表性的規制理論。

(一) 公共利益理論和規制俘獲理論

公共利益理論和規制俘獲理論是為解釋規制的目的而發展起來的兩派理論。

在存在公共物品、外部性、自然壟斷、不完全競爭、不確定性、信息不對稱等市場失靈的行業中，為了糾正市場失靈的缺陷，保護社會公眾利益，應由政府對這些行業中的微觀主體行為進行直接干預，從而達到保護社會公眾利益的目的。這就是政府管制的「公共利益理論」。由此可見，公共利益理論認為規制的目的就是增加公眾福利，彌補市場缺陷帶來的效率損失。公共利益理論脫胎於福利經濟學，由於其堅持的

① 喬治·J施蒂格勒. 產業組織與政府管制 [M]. 潘振民，譯. 上海：上海三聯書店，上海人民出版社，1989.

「保護公眾利益」原則而在很長一段時期內在規制經濟學中居於統治地位。該理論的中心結論，是政府規制是對社會的公正和效率需求所做出的無代價、有效而仁慈的反應，政府規制針對私人行為的公共行政政策，是從公共利益出發而制定的規則，目的是為了控制企業對價格進行壟斷或者對消費者濫用權力。並且，政府在規制時可以代表公眾對市場做出一定理性的計算，使規制過程符合帕累托最優原則。這樣，規制不僅能在經濟上富有成效，而且能促進整個社會的完善，使收入分配更加公平，增加公眾福利。公共利益理論的主要局限，是其主要適用於存在外部性的自然壟斷產業的規制，而現實世界大量被規制的產業既不是自然壟斷產業，也不具有外部性。

規制俘獲理論是在對公共利益理論的批評中發展起來的。規制經濟學家們發現，諸多產業規制的實踐表明規制是在朝著有利於生產者的方向發展，規制提高了生產者的利潤，反而損害了社會公眾的利益。即使在自然壟斷行業，規制對於價格的作用也甚微，生產者還是能賺取正常利潤之上的利潤。這與公共利益理論是相違背的。基於上述事實結合自己的分析，施蒂格勒在 1971 年發表的《經濟規制論》一文中提出：規制通常是產業自己爭取來的，規制的設計和實施主要是為規制產業自己服務的。也就是說，規制主要不是政府對社會公共需要的有效和仁慈的反應，而是產業中部分企業利用政府權力為自己謀取利益的一種努力，規制過程被個人和利益集團利用來實現自己的慾望，政府規制是為適應利益集團實現收益最大化的產物。以施蒂格勒的上述思想為基礎，逐漸發展形成了規制俘獲理論。政府規制是為滿足產業對規制的需要而產生的——即立法者被產業所俘虜，而規制機構最終會被產業所控制——即執法者被產業所俘虜，這就是政府管制的「規制俘獲理論」。該理論的基本觀點是：由於難以杜絕的「尋租」與「創租」存在，不管規制方案如何設計，規制機構對某個產業的規制實際是被這個產業「俘虜」，最終規制提高了產業利潤而不是社會福利。規制俘獲理論的主要缺陷，是沒有解釋規制如何逐漸被產業所控制和俘虜。

（二）完善性規制理論

完善性規制理論是在研究怎樣規制、規制是否有效等問題上發展起來的規制理論，旨在解決「規制失靈」問題。此處介紹兩個典型的完善性規制理論：規制博弈理論和激勵性規制理論。

1. 規制博弈理論

基於博弈論方法運用發展起來的規制博弈理論認為，規制的產生可以是一個增值的博弈。在這個博弈中，各方都可以成為贏家。在李立威的研究中①，政府召集參與方協商，在共同妥協的基礎上制定有效的規制政策，使得消費者可以因價格降低獲得好處，壟斷企業則由國家保護它的專營權而不受競爭者的困擾，避免殘酷的競爭而帶來的損失，所獲得的利益可能大於為消費者降低價格而帶來的損失。如此，消費者、企業和政府實現多贏。之所以能實現多贏，是因為具有強制性權力的政府能夠迫使各方合作，進行合作博弈思想指引下的規制政策設計，並監督合同的執行。

---

① LI WAY LEE. A theory of Just Regulation [J]. The American Economic Review, 1908 (5): 848-862.

2. 激勵性規制理論

激勵性規制理論主要研究規制中的激勵問題，是在信息不對稱的假設條件下，運用機制設計的理論和工具，以最優規劃為目標，探求規制的激勵機制。其目的，是設計合理的制度來克服傳統規制的缺陷，給予被規制企業提高內部效率的激勵，提高規制的有效性。規制經濟學家們已經提出了一系列的規制激勵理論模型，代表性的是法國著名經濟學家拉豐和泰勒爾的「利益集團政治的委託代理理論」①。該理論承認規制者可能被受規制的企業或其他利益集團俘獲而與之合謀，提出了包括企業等利益集團、規制機構、國會在內的三層機構規制體系，在更複雜的體系框架中探討規制激勵機制。該理論認為，利益集團之所以要干預政治決策或規制是因為這關係到他們的切身利益，當切身利益大於俘獲規制機構的成本時，他們就會採取干涉政治決策或規制的行為。此時為使規制有效，需要制定一套減少或阻止規制機構被俘獲的激勵機制。拉豐和泰勒爾構思了多種具體的激勵機制模型，包括利益集團與規制機構無合謀的規制模型、利益集團與規制機構合謀下的規制模型、多重利益集團存在的規制模型等。激勵性規制主要有幾種形式：特許投標制度、區域競爭（標杆競爭）制度、價格上限規制、社會契約制度等。

（三）可競爭性市場理論

傳統的規制經濟學理論認為，當產業中由於規模經濟從而壟斷存在時，會干擾市場機制的運行，無法實現完全競爭的效率，需要進行規制。美國著名新福利經濟學家威廉·鮑莫爾（William·Baumol）於1981年提出的可競爭性理論，對這個觀點提出了挑戰。

可競爭市場的基本假設條件是：①企業進入和退出市場（產業）是完全自由的，相對於現有企業，潛在的進入者在生產技術、產品質量、成本等方面不存在劣勢；②潛在進入者能夠採取「打了就跑」（Hit-and-Run）的策略，甚至一個短暫的盈利機會都會吸引潛在的進入者進入市場參與競爭，而在價格下降到無利可圖時它們會帶著已獲得的利潤離開市場。即它們具有快速進出市場的能力，退出時不存在沉沒成本等任何障礙。在以上的基本假設條件下，可競爭市場理論認為：由於潛在進入者能夠迅速進出市場，威脅是可信的，在位公司由於擔心潛在進入者的進入而不得不制定一個接近生產成本的合理價格，並維持一個近似於競爭性市場的產量。即使在自然壟斷產業，只要是可競爭的，壟斷者也會制定一種合理的價格以獲得平均利潤，而不是制定壟斷高價。

可競爭市場分析的基本收穫，是使我們認識到壟斷並不必然導致福利損失。相反，在一定的假定條件下，在可競爭市場的壟斷均衡中，企業能在其財務可行性約束下實現福利（生產者和消費者剩餘之和）最大化。從而，自由放任能夠比通過行政手段或者反托拉斯手段主動管制更有效地保護公共利益。由此，可競爭性市場理論的主要政

① LAFFONT J-J, J TIROLE. The Politics of Government Decision-making: a Theory of Regulatory Capture [J]. Quarterly Journal of Economics, 1991, 106 (4): 1089-1127; LAFFONT J-J, J TIROLE. A Theory of Incentives in Procurement and Regulation [M]. Cambridge: MIT Press, 1993.

策主張是：政府無須對企業進行規制或者應該放松規制，只需要減少或消除產業的進入退出障礙，形成可競爭性的市場環境。

二、產業規制的內涵及相關理論範疇

（一）產業規制的內涵

規制（Regulation）是指政府根據一定的法規對市場活動所做的限制或制約，產業規制則是政府對產業經濟主體及其行為的規制。具體而言，所謂產業規制是指政府為實現某些社會經濟目標，對產業經濟主體做出的各種直接的和間接的具有法律約束力的限制、約束、規範，以及由此引出的政府為督促產業經濟主體活動符合這些限制、約束、規範而採取的行動和措施。產業實施規制的目的，在於維持正當的市場經濟秩序，限制產業內的市場勢力，提高資源配置效率，保護大多數社會公眾的利益。

（二）產業規制的作用

產業規制的作用主要是：維護市場公平競爭，防止不正當的競爭行為；限制或者消除壟斷，規範壟斷企業的行為，解決規模經濟與競爭的矛盾，實現有效競爭，促進資源的有效配置；克服壟斷帶來的供給不足、價格過高等缺陷，維護消費者的利益；提供良好的產業環境，保障企業順利發展。

但是，由於政府規制機構和人員存在著信息不完全和利益局限性（指政府機構和人員有著自己的個體利益，不一定總能代表社會、全局利益），再加上相關利益集團的遊說、公關影響，產業規制有可能出現「規制失靈」現象。這主要表現在：不該限制的限制了，該限制的沒有限制；應該多限制的少限制了，應該少限制的多限制了；規制成本大於規制收益，規制得不償失；沒有有效地解決規模經濟與競爭之間的矛盾，對於市場機制過多的限制了，保護了壟斷者的利益，損害了社會和消費者的利益。克服規制失靈，要求政府機構及人員盡可能克服信息不完全和利益局限性問題，提高規制政策的科學性和實施水平，加強對利益集團遊說、公關的監管，以此盡量保證規制的有效性。

（三）產業規制的成本和收益

產業規制需要付出成本，同時也會帶來收益，規制是否有效取決於規制收益與收益成本的比較。

產業規制的過程通常包括規制立法、規制執法、法規的修改與調整、放松或解除規制四個階段[①]，每個階段都會發生一定的成本，產業規制的成本就是規制的立法成本、執法成本、法規修改與調整成本以及放松或解除成本之和。其中，規制執法成本即規制運行成本所占比重最大。規制運行成本的發生，主要原因在於規制者（管制機構）和被規制企業的目標不一致。規制者強調社會分配效率以實現社會經濟福利最大化，被規制企業則偏重於生產效率，以盡可能少地承擔社會責任以實現利潤最大化。

---

① 王俊豪. 政府管制經濟學導論——基本理論及其在政府管制實踐中的應用［M］. 北京：商務印書館，2001.

兩者目標的不一致，導致規制者和被規制企業在規制過程中行為的偏離：規制者的規制效率很大程度上取決於其所掌握的規制信息的完備程度，但由於其與被規制者之間存在的嚴重信息不對稱問題，規制者與被規制企業之間會發生「政府規制博弈」（Regulatory Game）。政府規制機構總是要求被規制企業提供盡可能多的信息，而被規制企業則往往採取一定的策略應付規制者的信息要求，以壟斷真實信息。例如，在 1984 年英國電信產業規制體制改革前，作為壟斷企業英國電信公司曾公布許多成本、質量指標，但規制體制改革後私有化的該公司，就以這些信息涉及商業秘密為由拒絕提供。如此，規制機構得不到被規制者的合作，就只能通過雇傭大量的工作人員去收集這些信息，從而產生大量費用開支。此外，作為被規制對象的企業，也總是採取一些對規制者的遊說、談判、行動預判活動，以盡可能減輕規制對自己的影響，這也帶來較大的費用投入。上述兩方面成本使得規制運行成本保持一個較高的數量。

理論上，規制收益等於規制實施後消費者剩餘和生產者剩餘的總增加量。但由於作為心理感覺的剩餘難以測量，實際中常常用實施規制後消費支出的減少數量和生產者因效率提高而增加的收益數量的加總數來衡量規制收益。

對規制進行成本和收益分析的意義，在於評價某項規制是否有效。施蒂格勒提出①，如果規制成本小於消費者剩餘增量和生產者剩餘增量之和，則規制增加了社會福利，規制的社會成本是負的，那麼規制是有效的；相反，如果規製造成壟斷，管制的社會成本就是正的，即管制是無效的。

（四）放松規制與加強規制

產業規制的實踐中，經歷了加強規制——放松規制——放松規制與加強規制並存的過程。20 世紀 70 年代以前是傳統的規制時期，以公共利益理論為支撐的產業規制得到較廣泛的實施。但是隨著產業規制實施的深入，人們逐漸認識到規制存在的局限性。第一，規制制約了企業的經營自主權，不利於發揮企業的創新能力，阻礙了資源使用率的提高。第二，進入規制和數量規制會導致企業間過度的「配額」交易，使資源難以達到規制目標所要求的最佳配置狀態。所謂配額交易，是指企業之間為謀求特定經濟利益，而從事的公開或暗中買賣政府有關規制分配指標或允許進入的有關文件等行為。比如在政府實施進入規制的產業中，未獲準進入的企業往往傾向於公開或暗中收買獲準進入企業的有關進入特權，以謀取由這種進入特權所可能獲得的經濟利益。第三，規制往往容易帶來「尋租」（Rent Seeking）行為。所謂「尋租」是指存在產業規制時，企業通過種種合法或是非法手段謀求政府有關部門或是負責官員的某種「照顧」，以獲得非直接生產利潤。第四，規制有時存在著規制的不經濟性，使得規制成本超過規制收益。上述問題的存在，使得產業規制失效。

規制實踐中出現的規制無效問題，使得 20 世紀 70 年代以後理論界產生了放松規制的理論主張，如前述規制俘獲理論、可競爭市場理論。放松規制是指減少或取消原有的規制，放松規制的首要目的是引入競爭機制、減少規制成本、促使企業提高效率。

① 喬治·J 施蒂格勒. 產業組織和政府管制［M］. 潘振民，譯. 上海：上海三聯書店，上海人民出版社，1989.

20 世紀 70 年代以後美國、日本、英國等西方國家，對電信、運輸、金融、能源等許多產業都實行了放松規制措施。如英國採取了伴隨私有化進程的放松規制，部分或全部將英國電信公司、英國煤氣公司、自來水公司出售。20 世紀 80 年代以來，隨著經濟發展水平的提高，對生活質量、社會福利等問題關注的加強，全球範圍內出現了放松規制與加強規制並存的現象。一方面，各國在逐步完善經濟規制，對經濟性規制產業放松規制；另一方面將關注點更多地投向了社會性規制領域，社會性規制在政府規制中的地位與作用逐步提高，規制的領域不斷擴展，規制的方法與手段也在不斷改進。未來，社會性規制將成為政府規制中一個日益重要的組成部分。

三、產業規制的內容

產業規制的初期，主要關注被規制企業的市場進入與產品定價問題，這些是屬於經濟性規制的範疇。但隨著社會的發展，產業規制越來越重視環境保護、產品質量安全等社會問題的規制，這些屬於社會性規制的範疇。產業規制主要包括經濟性規制和社會性規制。

（一）經濟性規制

經濟性規制主要針對存在自然壟斷和不正當競爭行為的產業，主要包括自然壟斷產業，也包括一些競爭性產業。經濟性規制主要通過以下方式實施：一是對企業進入退出產業或對產業內競爭者的數量進行規制，規制方式如發放許可證、實行審批制、制定較高的進入標準等；二是對所規制企業的產品或服務定價進行規制，即費率規制；三是對企業產量進行規制；四是對產品質量進行規制；等等。第二節和第三節將對自然壟斷產業和競爭性產業的規制進行具體分析。表 3-1 列舉了中國幾個產業經濟性規制的部分內容。

表 3-1　　中國產業規制概要

產業	進入規制	價格規制	主要規制法規	主要規制機構
電力	供電營業許可證、營業執照	核准	電力監管條例（2005）	國家、地方發改委、電力司（局）、物價司、電監會
城市供水	資質審查、工商登記	地方政府定價	城市供水條例（1994）	建設部、地方政府
郵政	國家壟斷	法定價格	郵政法（1986）及實施細則（2015 年修訂）	信息產業部
電信	國家壟斷或寡頭壟斷	法定價格或地方政府定價	中華人民共和國電信條例（2016 年修訂）	信息產業部、物價司（局）
商業銀行	許可、營業執照	法定指導利率	商業銀行法（2015 年修訂）	中國人民銀行、銀監會
保險	審批、營業執照	法定	保險法（2015 年修訂）	中國人民銀行、保監會

資料來源：修訂自干春暉編著的《產業經濟學教程與案例》（2007 年 3 月第 1 版）。

（二）社會性規制

社會性規制是以保障居民生命健康、防止公害和保護環境等為目的所進行的規制。這一規制不針對某一特定產業，是為實現某一社會目標而實施的超行業規制。社會性規制的方式如下。

1. 直接限制

具體的規制手段包括：①禁止特定行為，是直接禁止因公共物品、外部性、信息不對稱所帶來的消費者受害的行為及不良社會行為，如禁止排污、發布非法廣告、持有毒品等；②限制經營性活動，通過批准、認可制度對提供某些產品或服務的對象進行營業場所的限制，如禁止未成年人進入某些營業場所；③資格制度，是指從事與健康、安全、環保有關的經營活動，必須通過有關部門對其專業知識、經驗、技能等的認定和證明，包括執行資格限制（如醫生、律師等）、業務必備資格（如危險管理等）、專業技能資格（如程序員）等；④檢查與鑒定制度，是為了確保產品的安全和設備的安全運轉而規定有關部門或對象有義務進行各種檢查（如定期檢查、事前事後檢查等）；⑤基準與認證制度，是指從確保產品的安全性和設備運轉的安全性出發，制定其結構、強度、爆炸性、可燃性等安全標準，沒有經過鑒定或沒有表明通過認證標誌的產品，則禁止銷售和使用。

2. 行政手段

行政手段是指政府依據安全、健康與環境等社會性規制的基本政策，結合商法、民法等相關法律規章，運用行政權力向規制對象的違反法規行為予以罰款、賠償等制裁。行政手段是一種比較常見的社會規制方式，強調對違反法規的行為進行懲罰，因此又稱為「規章性規制」。

3. 經濟手段

經濟手段是指利用經濟利益關係對規制對象的活動進行調節的規制政策措施。社會性規制的經濟手段，又包括「誘導型規制」和「誘因型規制」兩類。誘導型規制具體包括：稅收和收費，如稅收優惠；補貼，如財政補助、低息貸款、獎勵等。誘因型規制具體包括：市場的開創，如排污權交易市場；押金返還制度。

4. 信息提供與公開

針對信息不對稱問題，政府可以利用行政法規手段，強制企業向市場提供完備的信息，如公開產品質量等級、適用範圍等。政府還可以通過產品質量檢查、市場調查等方式收集信息，向市場展示有信譽的企業的信息。

◇**案例** 3.1

中國擬規定汽車尾氣超標或要求企業召回

大氣污染防治法（修訂草案）昨天經十二屆全國人大常委會第十五次會議二審。一審時草案規定，地方政府可根據大氣污染防治需要制定限行政策，曾被指該政策為地方政府機動車限行常態化開綠燈。二審稿在此基礎上增加了門檻，政府對限行的類型、區域、時間應當徵求行業協會、企事業單位、專家和公眾等意見，還增加不達標汽車將召回，駕駛人停車三分鐘應熄火等規定。

尾氣污染實施限行前需徵民意

提請進行二審的大氣污染防治法修訂草案中擬將對機動車限行規定更加嚴格的程序。

2014年12月，全國人大常委會首次審議大氣污染防治法修訂案草案。修訂草案一審稿規定，省、自治區、直轄市人民政府根據大氣污染防治的需要和機動車排放污染狀況，可以規定限制、禁止機動車通行的類型、排放控制區域和時間，並向社會公告。

首次審議中，有些常委委員、部門、地方和社會公眾提出，對機動車採取限行、禁行的措施，涉及對公民財產權的限制，建議對此規定更加嚴格的程序。也有專家提出，這個條款給了地方政府一個很大的權力。如果這個條款作為法律正式規定下來，有可能成為地方單雙號限行常態化的依據。專家認為，向地方政府授權，應對授權條款有所規制，補償機制更加明確、完善，防止地方保護和部門利益法制化。全國人大法律委員會經研究，建議可先增加規定，限制機動車通行的類型、區域和時間應當徵求有關行業協會、企業事業單位、專家和公眾等方面的意見。這意味著，對於地方政府實施機動車限行增加了徵集公眾意見的一道門檻兒。此外，全國人大常委會法律委員會還表示，將對這個問題再繼續深入研究。根據全國人大常委會審議法規「三審四通過」的慣例，該法條可能會繼續做出調整。

停駛三分鐘車應熄火

除了上述法條以外，二審稿在多處修改中體現了大氣污染治理中公眾參與的精神。在一審時，有委員建議應引導社會公眾減少機動車出行中的污染排放。

對此，草案增加規定：國家倡導環保駕駛，鼓勵機動車駕駛人在不影響道路通行且需停車三分鐘以上的情況下熄滅發動機。此外，草案明確，編製大氣環境質量限期達標規劃，應當徵求有關行業協會、企事業單位、專家和公眾等意見。

在一審中，有的常委會委員、部門和社會公眾提出，目前多數城市大氣環境質量不達標，應當完善限期達標規劃的考核監督機制，強化這一制度的作用。對此，法律委員會經研究建議增加規定，國務院環境保護主管部門應當對國務院確定的重點城市大氣環境質量限期達標規劃執行情況進行考核；各省、自治區人民政府應當對本行政區域的其他城市大氣環境質量限期達標規劃執行情況進行考核。考核結果應當向社會公開。此外，城市政府應當每年向本級人代會或者人大常委會報告大氣環境質量限期達標規劃執行情況。

汽車尾氣超標應召回

在一審期間，有觀點認為，機動車船和非道路移動機械的燃油污染是霧霾的主要成因，建議採取措施加強監管。

對此，二審稿規定，國家建立機動車和非機動車移動機械環境保護召回制度。生產企業獲知機動車或者非道路移動機械超標排放，屬於設計、生產缺陷或者不符合規定的環境保護耐久性要求的，應當召回。未召回的，由國務院質監部門會同國務院環境保護主管部門責令其召回。在用重型柴油車、非道路移動機械未安裝污染控制裝置或者污染控制裝置不符合要求，不能達標排放的，應當加裝或者更換符合要求的污染控制裝置。對於違反規定，使用排放檢驗不合格的非道路移動機械，或者在用重型柴油車、非道路移動機械未按照規定安裝、更換污染控制裝置的，由縣級以上人民政府環境保護等主管部門按照職責責令改正，處5,000元的罰款。二審稿還規定，在用機動車經維修或者採取控制技術後，大氣污染排放仍不符合標準的，應當強制報廢。除此之外，還規定內河和江海直達船舶應當使用符合標準的普通柴油，遠洋船舶靠港後應當使用符合環境保護要求的船舶用燃油。而對於使用不符合標準或者要求的船舶燃油的，將最高責處10萬元罰款。

資料來源：京華時報，2015年6月26日。

【案例討論】

1.《大氣污染防治法（修訂草案）》對於汽車尾氣的防治，涵括了哪些規制手段？

2. 你對於中國限制汽車尾氣污染的規制有何建議？

第二節　自然壟斷產業的規制

規制經濟學發端於對自然壟斷產業的規制實踐，至今，對於自然壟斷產業的規制已進行了大量的理論與實踐探索。

一、自然壟斷產業相關理論概念

（一）自然壟斷產業的內涵

傳統意義上的自然壟斷，是指一個企業能以低於兩個或者更多的企業的成本為整個市場供給一種產品或勞務，以此形成的對整個產品或勞務市場的壟斷。這種傳統意義上的自然壟斷是指強自然壟斷，即一個企業相比兩個或多個企業供給整個市場的產品或勞務，將降低平均成本，從而總成本降低。

20世紀80年代，西方經濟學對於自然壟斷的認識發生了變化，鮑莫爾、潘澤和威利格用成本部分可加性重新定義了自然壟斷。假設某個產業中有多種產品、多個生產企業，其中任何一個企業可以生產任何一種或者多種產品。如果單一企業生產所有各種產品的成本小於多個企業分別生產這些產品的成本之和，則稱該產業的成本就是部分可加的（即成本不是各企業生產成本的全部累加）。如果在所有有關的產品生產上企業的成本都是部分可加的，則該產業就是自然壟斷的。也就是說，即使平均成本上升，只要單一企業生產所有產品的成本小於多個企業分別生產這些產品的成本之和，則由單一企業壟斷市場的成本依然最小，該行業就是自然壟斷行業。由此可見，平均成本下降只是自然壟斷的充分條件，但不是必要條件。新定義擴大了自然壟斷的範圍，它不僅包括傳統的自然壟斷即強自然壟斷，還包括了弱自然壟斷。

通俗的理解，自然壟斷產業是指由於某些特定的經濟要求而自然形成壟斷的產業。這些特定的經濟要求主要是規模經濟、範圍經濟和成本部分可加性。

（二）自然壟斷產業的形成原因

1. 規模經濟

長期平均總成本隨著產量增加而降低的經濟現象，稱為規模經濟。在一些日常生活用品產業，由於消費者需要長期穩定的低價產品供應，政府為維護社會穩定也有此需求，從而全社會對這些產業的規模經濟性具有強烈要求，自然壟斷就成為這些產業最好的選擇。規模經濟解釋了產品單一領域產業的自然壟斷的產生。

2. 範圍經濟

一個企業生產多種產品的成本低於幾個企業分別生產它們的成本的經濟現象，稱為範圍經濟。範圍經濟是企業開展多元化經營的內在動力來源。由於範圍經濟的存在，從事聯合生產的企業具有相對單獨生產某一種產品的企業的競爭優勢，市場競爭的最終結果，是前者兼併後者，形成壟斷局面。範圍經濟解釋了聯合生產領域產業的自然壟斷的產生。

3. 成本次可加性

如上文所述，成本部分可加性即成本次可加性的存在，使得獨家壟斷經營的總成本小於多家分散經營的成本之和。從而，即使產業中規模經濟不存在，或即使平均成本上升，只要存在成本弱增性，該產業仍然可能是自然壟斷產業。平均成本下降一定造成自然壟斷，但自然壟斷不一定就會使平均成本下降。成本次可加性的存在，增加了自然壟斷產業形成的產業來源。

（三）自然壟斷產業的特徵

1. 壟斷性

自然壟斷產業一般都是規模經濟效益顯著的行業，而且均為一次性投資行業，規模愈大，生產成本愈低。例如，煤氣公司要輸送煤氣，就必須鋪設管道，而鋪設管道的成本是非常高的，但一旦鋪設完畢，向管道泵注入更多的煤氣則不需要更多的資金注入，以至於邊際成本趨向於零。如果多個企業之間進行競爭，勢必導致重複建設，造成資源的大量浪費。因此，一般要求由一家企業進行壟斷性經營。

2. 網絡經濟性

自然壟斷產業一般具有網絡經濟的特徵，依賴一定的產業網絡為市場提供商品和服務。如果沒有這些產業網絡，企業的產品則無法流轉到社會消費領域。網絡經濟性的存在給產業帶來的好處，是規模經濟效益突出，網絡越龐大，邊際成本越低、邊際投資效益越大。

3. 資產專用性

自然壟斷產業所投資的產業網絡設施，折舊時間長、變現能力差，形成了巨量固定資產。這種固定資產往往具有專用性，很難用於其他用途，所以資金一旦投入就很難收回，大量轉變為資本沉澱。

4. 公益性

自然壟斷行業主要是為社會公眾提供公共服務的行業，它所提供的私人邊際效用小於其社會邊際效用。比如電力產業所提供的效用，就不僅僅為電力消費者所享有，而且還對整個社會的生活和生產、整個社會的正常運轉具有至關重要的作用。

二、自然壟斷產業的規制

對自然壟斷產業的規制，已經具有非常豐富的實踐做法和經驗。總體上，對自然壟斷產業的規制主要包括進入規制、價格規制、質量規制、聯網規制、對企業內部業務交叉補貼行為的管制等。

（一）進入規制

出於維護自然壟斷的需要，規制機構會對自然壟斷產業的進入做出較強規制，以此保障一家或極少數幾家企業獲得經營權，承擔產業的供給責任，且不能自由退出。進入規制的主要方式包括許可制、註冊制、申報制。

1. 許可制

許可制指對在法律上被禁止的企業行為如卡特爾，規制機構根據其實際情況予以有限的解除，具體措施包括頒發許可證、政府特別的許可文件等。

2. 註冊制

註冊制是由規制機構先審查申請進入某產業或某領域的企業的資格，然後准許其進入，並在履行有關工商註冊程序後進入。如果經審查發現企業不具備有關資格條件，則政府拒絕註冊，不允許其進入。具體的措施，包括頒發工商營業執照等。比如，2015 年 12 月 9 日，國務院常務會議審議通過了擬提請全國人大常委會審議的《關於授權國務院在實施股票發行註冊制改革中調整適用有關規定的決定（草案）》，目的是讓符合條件的優質企業不受排隊限制盡快上市，以滿足經濟轉型對資金的需要，從而達到金融資源的優化配置。

3. 申報制

申報制是指準備進入某產業的企業，必須按照一定的程序向規制機構提出申報，如果申報被接受即可進入，否則不準進入。具體的措施，主要有政府頒發的有特定格式的申報文件等。

（二）價格規制

自然壟斷產業中如無外部的限制，為攫取壟斷利潤，企業必然會給產品定高價。對自然壟斷產業的價格規制，通常採取公平報酬率規制。公平報酬率是以完全競爭條件下形成的均衡價格中所包含的正常利潤為基礎的概念，計算公式為：

公平報酬率=（負債資本/資本總量）×負債資本率+（自有資本/資本總量）×自有資本的合理利潤率

其中，負債資本率按長期資金的借入利率來確定，自有資本的合理利潤率按長期資金的存款利率來確定。

確定公平報酬率後，規制機構根據其來對企業的定價進行規制。如果企業的實際報酬率高於公平報酬率，規制機構則要求企業修正價格。公平報酬率規制的弊端，是會產生所謂的「A-J 效應」（阿巴契—約翰孫效應），即有保障的報酬率使得企業投入資本越多所獲得的報酬也越多，由此導致自然壟斷企業過度資本化，降低資本資源的利用效率。

除公平報酬率規制，自然壟斷企業價格規制的內容，還有規定成本核定方法、規定價格的上下限、規定價格變動的審批程序等。

(三) 質量規制

隨著對自然壟斷產業的價格規制的實施，在確定的利潤率水平下，壟斷企業可能會想方設法降低產品質量以減少成本支出，因為需要對壟斷企業實施質量規制。政府為促進壟斷企業提高產品質量的管制措施是多方面的，例如：在價格管制中考慮服務質量因素，把企業的最高限價與質量水平掛勾；對低質量的服務進行經濟懲罰；等等。例如，英國自來水服務辦公室為維護自來水產業消費者利益，在 1997 年制定了一個「服務標準保證方案」，主要服務標準包括：遵守與顧客的約定、答復顧客的帳單疑問、對顧客意見的反應、中斷自來水供應、安裝水表、排除溢水和處理自來水低壓問題等許多方面。如果自來水公司不能滿足這些標準，顧客有權要求經濟賠償。企業每次不能履行服務標準的賠償額一般為 10 英鎊，企業應主動向顧客提供賠償。如果企業和顧客發生賠償糾紛，雙方可以要求自來水服務總監做出仲裁。英國的這種質量規制措施，對於提高英國自來水公司的服務質量產生了很大的作用。

(四) 聯網規制

具有網絡經濟特徵的自然壟斷產業，聯網的範圍越大越有利於提高資源的使用效率。但是，由於壟斷因素的存在，產生了阻礙聯網的非市場化行為。如果是完全競爭的市場，為了使盡可能多的消費者通過自己的網絡獲得服務，以此占據更多市場份額，企業之間的聯網行為是自發、主動的市場競爭行為。如果是完全壟斷的市場，則聯網行為只是壟斷企業組織內部的事情。但當網絡市場上是一種不完全競爭的狀態時，具有壟斷能力的企業，會採取非市場化措施排斥其他企業的聯網要求，這時需要政府對其聯網行為進行規制。新企業進入壟斷性產業時，與產業內原有的主導性企業之間的競爭效果取決於企業之間的聯網條件。擁有龐大網絡的壟斷企業完全有能力拒絕其他企業的聯網，或者指定盡可能高的聯網成本價格而排斥其他競爭者，這不利於社會資源優化配置，因此政府需要對壟斷企業的聯網條件進行規制。政府聯網規制的主要措施是制定有關聯網管制價格和聯網條件，保證企業有同等權利並以合理的價格使用網絡，使網絡成為壟斷型產業的公共通道。對於聯網行為的規制，在電信行業中最為典型。

(五) 對企業內部業務交叉補貼行為的管制

現實中，許多壟斷性產業既存在壟斷性業務，也存在競爭性業務，不少企業同時經營著這兩類不同性質的業務。這些企業為了增強競爭性業務的優勢，會通過內部轉移各種業務的成本贏得競爭。這就是企業內部業務間交叉補貼（Cross-subsidization），即企業以壟斷性業務的高利潤彌補競爭性業務的微利或者虧損。壟斷性產業中，企業內部業務間交叉補貼的行為普遍存在。如在電力產業中，電網營運業務是壟斷性的，但發電、電力設備供應、電力銷售業務是競爭性的；在電信產業中，有線通信網絡業務（指市內電話和長途電話）是壟斷性的，而通信設施供應業務是競爭性的。如果允許有關企業對所有業務實行垂直一體化經營，這些企業就會採取內部業務間交叉補貼戰略。這是一種不正當的競爭行為。並且，企業內部業務間交叉補貼行為還使接受壟斷性服務的消費者承擔過高的價格，而使接受競爭性服務的消費者享受過低的價格，由此造成的消費者之間收入再分配效應扭曲了社會分配效率。因此，政府應對這種行為進行規制。有效的規制措施，可以對壟斷性業務和競爭性業務進行分離。根據垂直一體化經營的範圍經濟性，對垂直一體化經營企業可以採取不同業務間財務上的分離，也可以採取「經營權」的分離。

◇**案例** 3.1

中國自然壟斷產業的規制改革

中國處在經濟轉型期的特殊國情使中國的自然壟斷產業的規制有很多與外國不同的約束特性，這些不同的特點決定了中國自然壟斷產業規制改革的特殊性與複雜性。探索一條適合中國國情的自然壟斷產業的規制改革之路，是中國當前規制改革的當務之急。

一、中國自然壟斷產業的規制約束

中國自然壟斷產業長期實行的是政府直接規制的體制，產業主管部門既是規制的制定者，又是規制執行的監督者與實際業務的經營者，規制的不同機制——規制立法、執法機構和被規制對象三位一體、政企同盟，行政性壟斷特徵十分明顯。由於行政性壟斷是通過各級政府或行業部門實施的，因此產生了地區性壟斷、行業壟斷以及混合壟斷。雖然政府規制的初衷是限制壟斷，可是，最後的結果卻往往是以行政壟斷代替了市場壟斷。中國自然壟斷產業的反壟斷遇到了諸多的約束與困境。

（一）壟斷經營與生產效率的約束

自然壟斷產業由於其生產技術和市場需求量的特殊要求，往往需要獨家壟斷經營其生產成本才最低。如果不對這種壟斷進行規制，壟斷廠商為了實現企業利潤最大化，會根據 MC=MR 決定的產量進行生產，這樣的產量水平就會低於社會的需求水平，社會福利達不到最優。但如果對其進行規制，引入競爭，市場需求的有限就會使每一個企業都達不到最優的生產規模，致使生產成本大幅增加，從而偏離生產效率。從生產效率來看，獨家生產成本最低，企業數量越多，生產成本就越高。例如，在現實生活中，每家每戶通常只有來自一個自來水公司的水管，對於自來水的消費者來說，自來水公司是個壟斷者，消費者只能購買這家公司的產品。由於不存在競爭，生產者就有可能操縱價格以侵犯消費者的利益。但是，要用競爭的方法來取消壟斷，社會將付出極高的代價，這意味著在同一個地區要有若干個足以能夠形成相互競爭的自來水公司，每個公司都要有自己的供水管道，每個用戶家中要有不同公司的供水管，以便讓消費者進行選擇。而這麼多供水管道所完成的任務是一套供水管道就能完成的。

（二）公共定價與信息約束和道德約束

公共定價指的是，政府可以根據壟斷企業的邊際成本規定其產品的價格，只要這一規定能夠得到切實的執行，壟斷者為了實現利潤的最大化就不得不增加產量，使它達到產品組合效率所要求達到的水平，從而消除壟斷所造成的效率損失。但準確的公共定價的前提是政府清楚地知道企業的邊際成本。如果壟斷企業的邊際成本能清楚地呈現出來，規定合理的價格就是一件輕而易舉的事。但在現實中，這些信息必須通過詳盡的調查才能取得。對壟斷企業來說，政府規定怎樣的價格對企業的利益影響巨大。如果能使政府將價格定得高於企業的邊際生產成本，企業的壟斷利潤就可以得到法律的保護。因此，當政府試圖瞭解企業成本情況時，企業會有意地誇大成本。在政府調查與企業反調查之間存在著信息不對稱。這樣政府所規定的價格就有可能高於實際的邊際成本。

規制機構工作人員的道德問題也是一個重要的約束。能否保證他們在調查過程中遵循公平、公正的原則，能否使他們在客觀地調查出了企業的邊際成本後做出符合社會福利最大化的決策，這裡存在一個道德風險的問題。按照西方經濟學裡的「經濟人」假設，每個人都有實現個人利益最大化的動機。那麼在缺乏相應監管的情況下，當規制人員在做出決策時，很難避免他們的「尋租」行為。而被規制對象也會很樂意地主動尋租，因為他要付出的經濟租金只是他將要得到的經濟收益的一小部分。在這種情況下，規制失靈就不可避免了。中國現在的自然壟斷產業多是政府在經營，政府為了照顧壟斷企業也會在公共定價上有所保留，主動地將價格定在邊際成本以上。這時，公共定價就違背它消除壟斷的初衷，反而使得壟斷租金得以保留。在這方面典型的例子就是中國移動通信收費上的漫遊費問題。產儘相關電信專家已經指出手機實現漫遊幾乎是零成本，消費者取消漫遊費的呼聲也從未停止過，但 2008 年舉行的調整手機漫遊費的價格聽證會的最終結果也只是稍微下調，離公共定價的要求相差甚遠。

（三）壟斷規制者自身的利益約束

在中國現階段，由於規制機構大多並不獨立，規制者也是壟斷利益所得者的現象尤為突出，壟斷的規制面臨來自規制者自身的利益約束。原因之一是政府部門既是規制的制定者，又是具體業務的實際經營者。規制機構本身便是經營行業的主管部門，政企不分的現象較為嚴重，這種政企合一的體制使經營企業產權不清，部門內企業與部門外企業在進入市場發展經營業務等方面發生矛盾時，作為主管部門的政府機構難以公正地做出規制決策。20 世紀 90 年代中國聯通成立初期一直難以生存，直到 1998 年信息產業部取代原郵電部履行電信產業的管理職能時聯通才開始快速發展，這就是一個典型的例子。原因之二是政府規制缺乏社會監督。政府規制俘虜理論告訴我們，規制結果有利於受規制部門，雖然消費者利益集團由數以億計的個體組成，但政府規制對其造成的影響由無數個消費者分散承擔，對個人影響不大，消費者個體便存在一種「搭便車」現象，缺乏為本集團利益積極努力的動力。而中國各壟斷產業並無社會監督組織，在缺乏社會監督的情況下，政府部門（規制機構）更容易侵害消費者利益，制定有利於生產部門的政策。

二、中國自然壟斷產業的規制改革取向

從中國自然壟斷產業規制情況看，在過去政企不分的計劃體制下，優先發展生產，政府利益和企業利益是一致的，規制機構所考慮的社會福利是以企業利益為重的，這一點從過去電信產業所採取的收取高額電話初裝費政策就可以很清楚地看出來。隨著經濟發展水平的提高和自然壟斷產業的發展，再以企業利益為重而不考慮廣大消費者的利益，將有悖於中國發展經濟的最終目的。今後中國自然壟斷產業的改革應以廣大消費者的利益為重。

（一）保持規制機構的獨立性，割斷規制機構與被規制對象的利益聯繫

中國現階段的規制機構由於本身仍與被規制對象有千絲萬縷的利益關係，因此政

府規制失靈的現象不時發生。規制機構為了維護被規制對象的利益而出現了大量的侵害消費者利益的行為，對相關產業的改革也造成了極大的負面影響。保持規制機構的獨立性，建立一套使規制者以實現社會福利最大化的規範體系，實行政企分離的營運機制是必要的。實踐證明，長期政企不分的經營體制導致了效率低下，只有實行政企分離，企業才能形成作為市場主體所必需的經營機制，提高政府規制的效率。20 世紀 90 年代以來，政企不分的體制有了較大改變。但國際經驗表明，有效的政企分離不僅要把政府職能從企業中剝離出去，而且要求政府職能的進一步分離，主要是政府作為自然壟斷產業規制者的政策制定權、調控權和作為這些產業中國有企業所有者代表享有的所有權三種職能的分離。成立獨立的規制機構並實現企業的商業化營運已經成為壟斷產業規制體制進一步改革的重要思路。

（二）關注規制失靈問題，克服改革過程中的隱性成本

在中國自然壟斷產業的規制改革過程中，由於被規制企業過大的經濟實力從而使其在與政府的討價還價中擁有更大的話語權，而且由於現階段的政企不分，自然壟斷產業裡可能有政府人員的交叉任職，更會增強其與政府討價還價的能力。相反，消費者群體人數雖多，但過多過散造成彼此之間利益相關度不高，「搭便車」現象嚴重，使得對壟斷企業侵害消費者的行為缺乏應有的監督，造成消費者利益的損失，產生了大量的隱性改革成本。這種成本主要體現在自然壟斷產業對中國快速發展的國民經濟的制約作用上，以及改革方案的反覆所帶來的多方面損失，這些成本也是由整個社會承擔的。

（三）消除信息不對稱，實施激勵性規制

由於現行的規制制度不能解決企業內部無效率的產生、規制關聯費用的增加、規制滯後使企業損失產生、規制部門的自由裁決權和尋租成本的產生，中國自然壟斷產業的行業特點和社會地位決定其實行壟斷經營，在短期內無法改變，所以，結合中國國情的激勵性規制是可以借鑑的。激勵性規制方法主要包括：特許投標制度、價格上限規制、標尺競爭的規制方法和社會契約制度。

資料來源：馬雲澤著「中國自然壟斷產業的規制約束與改革取向」，載於《桂海論叢》2009 年第 3 期。

【案例討論】

結合上述案例材料中所提出的中國自然壟斷產業的規制改革取向，分析如何對中國電網系統實施有效規制。

第三節　競爭性產業的規制

產業規制不僅僅應用於自然壟斷產業，同時也被應用於競爭性產業。其原因是克服信息不對稱導致的市場失靈，限制市場中的過度競爭，以及保障產品質量以維護消費者利益。不過，不同於自然壟斷產業，對於競爭性產業的規制，一直處於實施規制與放松規制兩種方向的爭論與實踐之中。

一、金融業

(一) 金融業規制的必要性

首先，政府通過金融業規制可以糾正金融市場在市場失靈情況下出現的資源配置低效率和分配不公正等問題，以提高整體的社會福利水平。

其次，金融業存在著顯著的規模經濟性，導致企業有著無限度擴張的動力，現代金融企業往往成為「巨無霸」式企業。這使其他企業進入障礙加大，競爭減少，帶來金融從業人員素質下降、服務質量不高、運行效率低下等一系列不完全競爭帶來的問題。通過政府的規制，可以克服這些問題。

再次，金融業往往具有顯著的外部性。比如，銀行的破產會使相關企業和個人蒙受經濟損失，並有可能引發社會恐慌，導致擠兌的發生；上市公司因為虛假信息披露被停牌和調查，會影響投資者對股票市場的預期，導致大盤指數下跌。基於此，需要政府的干預來限制金融業的負外部性。

最後，金融業存在著廣泛的信息不對稱問題。信息不對稱，使得金融業中的道德風險和逆向選擇現象大行其事，嚴重損害消費者的利益，需要政府施加干預來盡可能減少信息不對稱帶來的危害。

(二) 金融業規制內容

1. 市場准入和合併規制

市場准入規制是有效規制金融業的首要環節，主要針對企業的開業審批和管理。各國金融法一般規定，銀行或其他金融機構開業必須先向金融規制機構提出申請，經審核批准發給執照後，方可開業經營，否則不能作為合法金融機構經營。重要審核標準一般包括：資金是否充足；從業人員任職資格；資本結構；經營管理的專業化程度等。合併規制主要對帶來集中度顯著提高和不合理競爭的金融業合併行為進行限制。

2. 業務範圍規制

各國對金融機構的業務範圍進行了嚴格的限制，特別是對銀行的非銀行業務予以不同的限制。在美國，美聯儲負責制定銀行的貸款政策，並嚴格劃分了商業銀行和投資銀行及銀行業與證券業、保險業的界限；在法國，法蘭西銀行（中央銀行）受命於國家信貸委員會對一定時期各銀行貸款數量加以控制，並根據銀行法對金融機構之間或者外匯業務實施嚴格的監管。

3. 資本充足率和存款準備金規制

各國金融監管機構都通過立法或其他形式，規定了金融機構資本的構成和充足率標準。《巴塞爾協議》規定，凡經營國際業務的金融機構，總資本與風險資本比率最低為8%，其中核心資本要占全部資本的50%。由於資本充足率與銀行的準備金存在著內在的聯繫，各國金融監管機構都制定了存款準備金制度，合理規定和允許適時調整商業銀行和其他金融機構上繳中央銀行的存款準備金率，並確保銀行的準備金是在充分考慮謹慎經營和真實評價業務質量的基礎上提取的。

4. 金融市場利率規制

利率規制通常由中央銀行依法規定基準利率及其浮動區間，各銀行可根據實際情況靈活調整利率水平。

二、高新技術產業

高新技術產業從生產投資到最終成果轉化需要較長時間，這一過程中的各個環節都存在著信息不對稱問題；高新技術產業一般擁有某些技術的專利權或某項知識產品的知識產權，從而在一定時間內擁有壟斷權和排他性使用權；高新技術產業均具有不同程度的技術外溢性，即外部性。上述特徵，使得有必要對高新技術產業實施規制。

第一，信息不對稱規制。信息不對稱主要存在於兩個方面：一是研究機構與企業之間缺乏通暢的信息通道；二是企業與孵化器之間信息不對稱，出現孵化器選擇不當和孵化企業選擇不當現象。對於前者，主要是推動建立產、學、研合作機制。對於後者，政府一方面要建立企業與孵化器之間的仲介評估機構，減少雙方的信息不對稱；另一方面要加快相關法律的制定，規範孵化器市場，確保雙方信息的真實性。

第二，外部性規制。高新技術具有較強的外部性，如果不加以合理規制，保障高新技術企業的合理利益，則會影響到企業研發技術的積極性。政府一般會對高新技術創新者的專利權、專有權、收益權施加保護，以此激勵高新技術的研發。政府還會通過提供相關公共產品和服務，如建立研發基礎設施、提供智力保障等，來支持高新技術的研發活動。此外，政府還會對高新技術企業提供稅收優惠、給予適當的財政補助，以扶持高新技術企業的發展。

第三，法律規制。法律規制是政府運用法律手段對被規制產業進行限制、約束和規範以及督促經濟行為主體符合這些限制、約束和規範的行為和措施。為保障、扶持高新技術產業的發展，很多國家都制定了相關法律法規。如中國，制定了《技術成果轉化法》《專利法》《科技進步獎勵條例》等法規。

三、美國地面運輸[①]

美國鐵路在發展初期處於自由放任狀態，在 1865 年以後逐漸確立了在運輸業中的壟斷地位，成為「鐵老大」，由此導致價格歧視盛行，賄賂醜聞不斷，這使得社會要求對鐵路進行規制的呼聲日益高漲。從 19 世紀 70 年代開始，幾個農業州開始實施對鐵路進行限價等規制措施。接著規制範圍擴大到全國，聯邦政府在 1887 年頒布州際商業法，設立州際貿易委員會（ICC），開始對鐵路進行規制。隨後聯邦政府繼續加強對鐵路的管制，於 1890 年通過謝爾曼反托拉斯法，1906 年通過 Hepburn 法，1910 年通過 Mann-Elkins 法，使得 ICC 的權力越來越大，對鐵路公司的要求越來越嚴格。ICC 制定最高限價，終止認為不合適的鐵路公司定價措施，直至取消公司自由定價權。

但自第二次世界大戰後開始，美國鐵路行業的地位不斷下降，由於受到高速公路網絡發展和航空業成長的衝擊，鐵路舉步維艱，旅客英里數從 1940 年的 500 億下降到 1960 年的 220 億和 1975 年的 100 億。到 1960 年，美國鐵路行業陷入嚴重的財務危機之中，雖然 ICC 制定了相關扶持措施如鼓勵兼併、允許減少服務等，但由於並未改變長期以來限制鐵路降價等的規制政策，上述措施並未給鐵路行業帶來立竿見影的效果。

---

① 唐・E 瓦爾德曼，伊麗莎白・J 詹森. 產業組織：理論與實踐［M］. 4 版. 李寶偉，等譯. 北京：中國人民大學出版社，2014.

在此情況下，鐵路行業極力要求ICC放松規制。在鐵路行業反規制的壓力下，1976年美國國會通過了《振興鐵路和改善干預法》，放松了對鐵路的管制，包括：①提高了價格的靈活性；②加快了批准合併的速度；③加速了低運輸量路線的關閉。但1976年的法律做得並不徹底，1980年美國國會進一步頒布實施《斯塔克斯鐵路法》，給予鐵路更多補助，取消反托拉斯豁免條款，並允許更高的價格靈活性。

美國政府取消對鐵路的規制，立即導致了鐵路行業的經濟行為的改變。首先，鐵路取消了許多不盈利的路線，1975年到1982年拋棄了17.2%的運輸里程。其次，鐵路在具有比較優勢的市場如大宗商品的運輸市場提高價格，同時在競爭性的市場降低價格，1975年到1983年間鐵路價格降低了17.5%。這樣做的最終結果，是提高了鐵路行業的經濟效率，增加了鐵路行業的利潤。

四、美國航空業[①]

美國對航空業的規制始於20世紀20年代，當時由美國郵政管理局對航空業進行確定郵政運輸里程和確定價格兩方面的規制。1934年，ICC接管了對航空業郵政運輸線路的規制權力，並設定了一個競爭性競價系統來分配路線。此一競爭性競價系統的運用，導致航空業展開激烈的價格競爭，以低於成本的價格以獲得郵政運輸。美國國會及時對這一情況做出了反應，於1938年通過了《民用航空法》（Civil Aeronautics Act）建立了民用航空局，1940年民用航空局變為民用航空委員會（CAB）。到20世紀80年代初期CAB一直控制著航空業，實施嚴格的價格、進入和退出規制。

CAB設定了獲得目標投資回報率的價格，避免了價格競爭，使得各航空公司的價格變化趨於全面一致。只有當進入不損害現有承運公司利益時，進入才會被允許。持續承受經濟損失而陷入危機的無效率公司會給予新的、有利可圖的運輸路線，以避免它們因倒閉而退出。上述規制措施，使得1949年至1969年期間，航空業的旅客英里數平均每年以14%的速度增加，而每英里的平均價格卻下降了2%（考慮到通貨膨脹的影響，實際價格下降了22%）。但隨著規制的深入實施，到20世紀60年代末期美國航空業遇到了嚴重的問題。首先，未受規制的州內路線的價格大大低於類似的受規制的州際路線的價格，對受規制公司帶來了競爭上的不利。其次，由於不能進行價格競爭，航空公司轉而採取各種非價格競爭形式，包括增加航班頻率、提高舒適度等。隨著航空公司持續增加航班，出現了載客量的下降，1969年載客率只有50.3%。低載客率增加了平均成本，降低了利潤。

1976年CAB開始進行取消規制的嘗試，主要是放松價格規制，允許包機經營商在最小停留期的要求下降低提前購買機票的收費。1977年，CAB允許在一定的條件下主要的經營商降低「超級節省」（Super Saver）跨州際航班收費的45%。當經濟學家艾爾弗雷德·卡恩在1977年6月成為CAB主席時，他宣稱他的目標是消除對收費和進入的所有規制，實際允許收費減少多達70%。其後，通過主要航空公司的抗爭，美國國會在1978年10月通過了《航空解除規制法》（Airline Deregulation Act，簡稱ADA）。

① 唐·E瓦爾德曼，伊麗莎白·J詹森．產業組織：理論與實踐［M］．4版．李寶偉，等譯．北京：中國人民大學出版社，2014.

DAD 在 1980 年 12 月結束了 CAB 規定航線的權力，1983 年 1 月結束了 CAB 確定收費的權力，1984 年完全廢除了 CAB，並將其在反托拉斯和國際事務方面的剩餘權力移交給了運輸局（DOT）。

航空業規制的取消，產生了很多積極的影響，收費有所降低，航班數量增加，效率得到改善，負載量也增加了。但是也帶來了問題，主要是行業集中度提高了。因為產儘取消了進入規制，但 DOT 也並沒有阻止相當數量的反競爭的合併。近年來美國航空業發生了三起強強聯手的合併：達美航空公司與西北航空公司在 2008 年合併；聯合航空公司和大陸航空公司在 2010 年合併；西南航空公司與穿越航空公司在 2011 年合併。同時，反托拉斯機構和 DOT 還允許幾大主要航空公司加入一系列的聯盟和夥伴組織，並且反托拉斯機構在打擊進入壁壘方面表現得也不積極。由此可見，航空業的規制與放松規制都在解決一些問題的同時，帶來一些新問題，對航空業規制與放松規制的爭論會一直持續下去，政策的實施也會一直搖擺下去。

思考題

1. 試舉例闡述產業規制的作用。
2. 試闡述中國政府對電信行業的規制實踐。

【推薦閱讀書目】

1. 馬雲澤. 規制經濟學［M］. 北京：經濟管理出版社，2008.
2. 王雅莉，畢樂強. 公共規制經濟學［M］. 北京：清華大學出版社，2011.
3. 丹尼爾·F 史普博. 管制與市場［M］. 餘暉，等譯. 上海：上海人民出版社，1999.

【參考文獻】

1. 王俊豪. 政府管制經濟學導論——基本理論及其在政府管制實踐中的應用［M］. 北京：商務印書館，2001.

2. 喬治·J 施蒂格勒. 產業組織和政府管制［M］. 潘振民，譯. 上海：上海三聯書店，上海人民出版社，1989.

3. 唐·E 瓦爾德曼，伊麗莎白·J 詹森. 產業組織：理論與實踐［M］. 4 版. 李寶偉，等譯. 北京：中國人民大學出版社，2014.

4. LI WAY LEE. A theory of Just Regulation［J］. The American Economic Review, 1908（5）：848-862.

5. LAFFONT J-J，J TIROLE. The Politics of Government Decision-making：a Theory of Regulatory Capture［J］. Quarterly Journal of Economics，1991，106（4）：1089-1127.

6. LAFFONT J-J，J TIROLE. A Theory of Incentives in Procurement and Regulation［J］. Cambri-dge：MIT Press，1993.

第四章　產業結構

本章對於產業經濟理論的闡述從產業內部轉到產業外部，分析產業之間的結構關係。產業結構是經濟結構的重要組成部分，產業結構的合理水平直接決定著一國產業發展的水平高低，進而影響一個國家經濟發展水平的高低。本章首先闡述產業結構演變的一般規律，然後探討產業結構優化的理論，最後分析政府在對產業結構演變實施干預時如何選擇主導產業。

第一節　產業結構的概念及演變規律

隨著社會分工的深化，產業體系不斷趨向複雜、龐大，使得產業之間的結構不斷衍化。產業結構演變的過程，總體上呈現出一定的規律性。

一、產業結構的含義

（一）含義

狹義的產業結構是指在社會再生產過程中，國民經濟各產業之間的生產、技術、經濟聯繫和數量比例關係，即產業間比例關係及其變化形態。產業之間的生產、技術、經濟聯繫，主要反應產業間相互依賴、相互制約的程度和方式。產業之間的數量比例關係，主要反應各類經濟資源在產業間的配置情況，比如資金、勞動力在各產業之間的分佈。產業間比例關係反應國民經濟總產出在各產業間的分佈情況，如一定時期內的總產值、總產量在各產業間的分佈。廣義的產業結構，包括產業的質態關係即狹義的產業結構、產業數量關係即產業聯繫、產業空間關係即產業佈局、產業內部關係即產業組織。本課程中的產業結構，主要取狹義的產業結構概念。

（二）類型

隨著產業結構的不斷演變，不同地區、不同時期的產業結構狀況是不一樣的，按不同的標準產業結構可以劃分成不同的類型。這裡主要介紹按照三次產業構成劃分的產業結構類型。

按照第一、第二、第三次產業在國民經濟中所占的比重、所處的地位不同進行排序（排在前面的產業所占的比重越大，地位越重要），產業結構可以劃分為1、2、3型（1、2、3分別代表第一、第二和第三產業），2、1、3型，2、3、1型，1、3、2型，3、1、2型和3、2、1型六種不同的類型。用圖形表示，共表現為金字塔型、鼓型（橄欖型)、啞鈴型（工字型）和倒金字塔型等四大類型。如圖 4-1 所示。

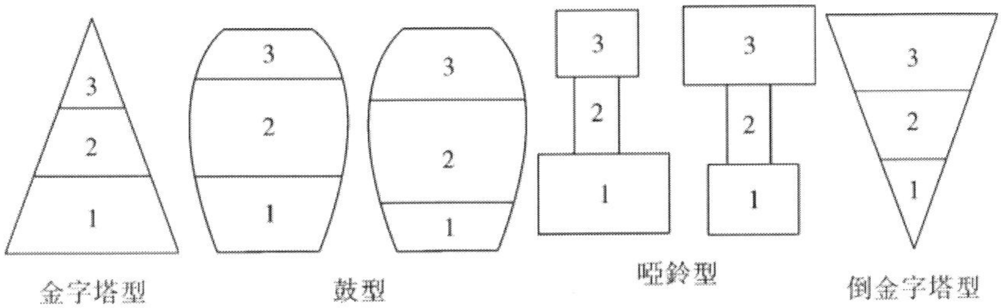

圖 4-1　三次產業構成不同的產業結構類型

圖 4-1 中，金字塔型結構是指 1、2、3 型產業結構，即第一次產業在國民經濟中所占的比重最大、工業（主要是手工業）和服務業所占的比重很小、以第一次產業為主的產業結構。金字塔型產業結構是農業社會的典型產業結構。鼓型結構（橄欖型結構）包括 2、1、3 型和 2、3、1 型兩種產業結構，是指第二次產業在國民經濟中所占的比重最大、第一和第三次產業所占的比重比較小（又分第一次產業比重比第三次產業大、第一次產業比重比第三次產業小兩種情況)、以第二次產業為主的產業結構。這是工業社會的產業結構。所謂啞鈴型（工字型）結構，包括 1、3、2 型和 3、1、2 型產業結構，是指第二次產業在國民經濟中所占的比重比較小，第一、第三次產業所占的比重比較大（又分第一次產業比重比第三次產業大、第一次產業比重比第三次產業小兩種情況）的特殊型產業結構。這是部分發展中國家和地區在特定條件下形成的產業結構，如依賴資源出口和依賴旅遊、工業比較落後的國家和地區。所謂倒金字塔型結構，是指 3、2、1 型產業結構，即第三次產業在國民經濟中所占的比重最大、第二次產業次之、第三次產業最小、以服務業為主的產業結構。這是後工業社會或發達的工業化國家的產業結構。

二、產業結構演變的一般趨勢

錢納里通過對 34 個準工業國的經濟發展進行實證研究，發現這些國家和地區的工業化進程，一般可以歸納為六個階段：傳統社會時期、工業化初期、工業化中期、工業化後期、後工業化社會時期和現代化社會階段。上述程式化的工業化進程，主要由程式化的產業結構演變來推進的。這種程式化的產業結構演變，就是產業結構演變的一般趨勢。

(一) 工業化進程階段

第一階段是傳統社會時期：產業結構以農業為主，絕大部分人口從事農業生產活動，沒有或極少有現代化工業，生產力水平很低。

第二階段是工業化初期階段：產業結構由以落後農業為主的傳統結構逐步向以現代化工業為主的工業化結構轉變，工業中則以食品、菸草、採掘、建材等初級產品的生產為主。在這一階段，開始走上工業化的發展道路，人民生活水平逐步提高。

第三階段是工業化中期階段：工業內部由輕工業的迅速增長轉向重工業的迅速增

長，非農業勞動力開始占主體，第三產業開始迅速發展，這就是所謂的重化工業階段。重化工業都是規模經濟效益顯著的產業，也大部分屬於資金密集型產業。此一階段，社會生產力水平開始快速提高，城市化水平顯著提升，市場穩步擴張。

第四階段是工業化後期階段：在第一、第二產業協調發展的同時，第三產業開始由平穩增長轉入持續的高速增長，成為區域經濟增長的主要力量。

第二、第三、第四階段合稱為工業化階段，是一個地區由傳統社會向現代社會過渡的階段。

第五階段是後工業化社會階段：製造業內部結構由資本密集型產業為主向以技術密集型產業為主轉換，同時生活方式現代化，高檔耐用消費品得到推廣普及。技術密集型產業的迅速發展，是這一階段的主要特徵。此一階段，生產的專業化和社會分工已經廣泛發展，在全世界範圍內進行生產的組織活動。

第六階段是現代化社會階段：第三產業開始分化，知識密集型產業開始從服務業中分離出來，並占據主導地位，人民的消費呈現出多樣性和多變性，追求個性。現代化社會是一個用知識和智能來滿足個性發展的社會，投資的領域主要是知識密集型和現代化的生產、生活服務業。

(二) 產業結構演變一般趨勢

考察工業化進程中產業結構的演變，可以總結出其一般趨勢。從三次產業內部看，產業結構的演變體現為從低級不斷向高級發展的趨勢。從產業發展的資源結構看，產業結構的演變經歷了從勞動密集型產業為主→資本密集型產業為主→技術知識密集型產業為主的演變歷程。從產業發展的市場方向看，產業結構的演變經歷了從封閉型→進口替代型→出口導向型→全球化開放的演變歷程。從產業結構演變的順序看，是從低級階段不斷向高級階段發展的歷程，前一階段是後一階段的基礎，後一階段是前一階段的內在要求和自然邏輯。

三、產業結構演變規律

諸多研究，深入分析了經濟發展過程中產業結構的演變現象，湧現出如下反應產業結構演變規律的理論。

(一) 配第—克拉克定理

英國經濟學家克拉克在分析了 20 個國家的各部門勞動投入和總產出的時間序列數據後，提出了有關經濟發展中就業人口在三次產業中分佈變化的配第—克拉克定理，反應了勞動力在三次產業中的分佈規律。所謂配第—克拉克定理，是：隨著經濟的發展、人均國民收入水平的提高，勞動力首先由第一產業向第二產業轉移；當人均國民收入水平進一步提高時，勞動力便向第三產業轉移；勞動力在產業間的分佈狀況，為第一產業將減少，第二、三產業將增加。

克拉克認為，勞動力從第一產業轉向第二、三產業，是由經濟發展中各產業間出現收入（附加價值）的相對差異造成的。人們理性選擇的結果，總是由低收入的產業向高收入的產業移動。人均收入水平越高的國家，第一產業勞動力在全部勞動力中所占的比重就越小，而第二、三產業中勞動力所占的比重就越大；反之，人均收入水平越低的國家，第一產業勞動力所占的比重相對越大，而第二、三產業勞動力所占比重相對越小。

（二）庫茲涅茨法則

庫茲涅茨在1971年由於其在研究產業結構理論方面的成就，獲得過諾貝爾經濟學獎。庫茲涅茨在繼承克拉克研究成果的基礎上，研究了勞動力和國民收入在產業間分佈結構演變的一般趨勢。根據各產業相對國民收入（即比較勞動生產率，某產業的比較勞動生產率=該產業的國民收入的相對比重/該產業的勞動力的相對比重）的變化趨勢，庫茲涅茨在其1941年的著作《國民收入及其構成》中闡述了以下結論：

第一，農業部門實現的國民收入，隨著年代的延續，在整個國民收入中的比重以及農業勞動力在總勞動力中的比重均不斷下降。

第二，工業部門國民收入的相對比重大體上是上升的，但綜合各國的情況看，工業部門中勞動力的相對比重是大體不變或略有上升。在工業內部，一些新興產業部門增長最快，無論是收入相對比重還是勞動力相對比重都處於上升階段。

第三，服務部門的勞動力相對比重呈現上升趨勢，但國民收入的相對比重，卻並不必然與勞動力的相對比重的上升趨勢同步，綜合起來看是大體不變或略有上升。

（三）霍夫曼定理

霍夫曼在其1931年出版的《工業化的階段和類型》一書中，闡述了其對工業化演進規律的開拓性研究，尤其是詳盡分析了工業化進程之中的重工業化問題。霍夫曼採用近20個國家的時間序列數據，分析了消費工業和資本資料工業的比例關係，得出了著名的霍夫曼定律。

令消費資料工業淨產值與資本資料工業淨產值之比稱為霍夫曼系數，霍夫曼定律表明，隨著工業化進程的加深，霍夫曼系數是不斷下降的。霍夫曼根據霍夫曼系數的變化趨勢，把工業化的過程分成4個階段，如表4-1所示。霍夫曼認為，在工業化的第一階段，消費資料工業的生產占據著統治地位；在第二階段，雖然消費資料工業生產的規模仍然遠遠大於資本資料工業，但就發展水平而言，資本資料工業開始加速；在工業化的第三階段，資本資料工業在規模上已經與消費資料工業並駕齊驅了；到了第四階段，資本資料工業的規模已經超過了消費資料工業。

表4-1　霍夫曼對工業化階段的劃分

工業化階段	霍夫曼系數
第一階段	5（±1）
第二階段	2.5（±1）
第三階段	1（±0.5）
第四階段	1以下

資料來源：楊治．產業經濟學導論［M］．北京：中國人民大學出版社，1985.

(四) 羅斯托理論

羅斯托（Walt Whitman Rostow）是美國經濟史學家、發展經濟學先驅之一，其在 1960 年出版的《經濟成長的階段》一書中，提出人類社會發展共分為 6 個經濟成長階段，較好地解釋了西方國家的經濟發展歷程。

第一，傳統社會階段。此階段沒有現代科學技術；資源過多配置在農業，而非工業，農業在國民經濟中占絕對優勢；生產力水平很低，人均實際收入僅夠維持生存。

第二，起飛準備階段。這是從傳統社會階段向起飛階段轉變的過渡階段。此階段，近代科學知識開始在工業生產和農業革命中發揮作用；金融業開始發展，並為新的投資提供資金；商業也隨著交通運輸業的改進而正在擴大。農業的發展具有基礎性的作用，它既要提供更多的糧食來養活迅速增長的城市人口，又要為工業的發展提供資金累積和銷售市場。

第三，起飛階段。此階段阻礙經濟增長的問題得到解決，增長成為各部門的正常現象。農業勞動力逐漸從農業中解脫出來，進入城市，人均收入大大提高。實現起飛需要三個條件：①較高的累積率，即累積占國民收入的 10%以上；②要有起飛的主導部門；③建立能保證起飛的制度，如建立能代替私人資本進行巨額投資的政府機構等。一國只要具備上述三個條件，經濟就可實現起飛，一旦起飛經濟就可以自動持續增長。起飛階段大致為 30 年。

第四，成熟階段。此階段，經濟中已經有效地吸收了當時技術的先進成果，並有能力生產自己想要生產的產品。新的主導部門逐步建立，代替舊的主導部門，國民收入中有 10%~20%穩定地用於投資。一般來說，鐵路建築、鋼鐵工業以及大量使用鋼鐵的通用機械、採礦設備、化工設備、電力工業和造船工業等部門的發展，是一國經濟「成熟」的標誌。

第五，高額群眾消費階段。此階段工業高度發達，經濟的主導部門轉向耐用消費品的生產，社會對高額耐用消費品的使用普遍化。技術工人和城市人口的比重比前階段有一定提高，用來供社會福利和保障之用的一部分資源逐漸增大，人們的生活方式發生了較大變化。

第六，追求生活質量階段。此階段以服務業為代表的提高居民生活質量的有關部門成為主導部門。這些部門的特點是提供勞務，而非生產物質產品。居民追求時尚與個性，消費呈現出多樣性和多變性，人類社會將不再只以物質產量的多少來衡量社會的成就，而還包括以勞務形式、環境狀況、自我實現的程度所反應的「生活質量」的高低程度。

(五) 主導產業轉換規律

主導產業是在產業結構中處於主導地位，發揮對其他產業的引導和支撐作用，對國民經濟增長貢獻較大的產業。在不同的經濟發展階段，產業結構中的主導產業不同。

根據錢納里的工業化[1]階段理論，隨著工業化進程的進行，產業結構中的主導產業轉換會經歷六個階段。

第一階段，傳統農業社會階段，農業在國民經濟中占據主導地位，製造業和服務業都很落後，產業結構是以農業為主的結構。

第二階段，是工業化初期階段。以紡織機、蒸汽機的發明和大規模應用為標誌的第一次產業革命發生，工業化進程開始，輕紡工業（如食品、菸草）得到快速發展，重工業（主要是採掘業）和服務業也有一定程度的發展，農業比重減少，產業結構轉變為以輕紡工業為主導的結構。這一時期的產業主要是以勞動密集型產業為主。

第三階段，是工業化中期階段。以內燃機、電力的發明和應用為主要標誌的第二次產業革命發生，輕紡工業繼續得到發展，以原材料、燃料、動力、交通運輸等基礎工業為主要內容的重工業加快發展，並取代輕紡工業成為主導產業，農業比重繼續下降，產業結構轉換成以重工業（主要是基礎工業）為主的結構。此一階段也就是所謂的重化工業階段，產業大部分屬於資本密集型產業。

第四階段，是工業化後期階段。以電子計算機、原子能、新材料、航空航天業發展為主要標誌的第三次產業革命發生，飛機、汽車、精密機械、電子計算機、機器人製造、石油化工等加工製造業迅速發展，產業結構轉換成以高加工度重工業為主的結構。技術密集型產業的迅速發展是這一時期的主要特徵。

第五階段，是後工業化社會階段。在高加工度重工業趨向自動化、勞動生產率大幅度提高的同時，社會需求結構發生重大變化，高層次、多樣化需求迅速增長，使得現代商業、金融保險、房地產、通信、物流、交通、旅遊服務業在內的第三次產業高速發展，取代工業成為主導產業，產業結構轉換為以第三次產業為主的結構。

第六階段，是現代社會階段。以信息產業為核心的高新技術產業快速發展，形成所謂的「第四產業」——知識密集型產業，信息產業成為國民經濟的主導產業和支柱產業，社會由工業經濟時代向知識經濟、信息經濟時代邁進，產業結構演變成以「第四次產業」為主的結構。

◇案例 4.1

改革開放以來中國產業結構的演變

改革開放以來，中國的產業結構經歷了比較大的變化。從長期的變動趨勢來看，三次產業之間的比例關係有了明顯的改善，產業結構正向合理化方向變化（見圖 4-2）。

① 所謂工業化，是指工業在國民收入和勞動人口中所占的比重持續上升的過程。衡量工業化水平，一般運用工業化率（工業 GDP/總 GDP，或工業勞動力/總勞動力）、農業比重（農業 GDP/總 GDP，或農業勞動力/總勞動力）、人均收入水平（按照世界銀行根據各國 2007 年的人均 GNI 劃分標準，人均 GNI 在 935 美元以下為低收入國家，在 936~3,705 美元為中下等收入國家，在 3,706~11,455 美元為中上等收入國家，在 11,456 美元以上為高收入國家）等。

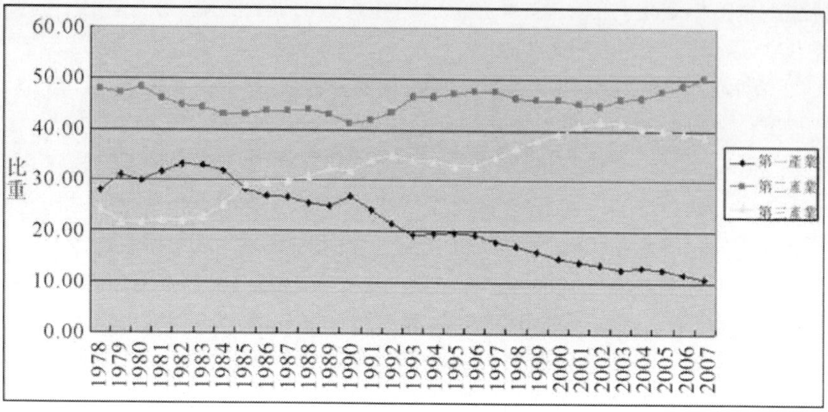

圖 4-2　1978—2007 年中國三次產業結構的變動

改革開放以來中國三次產業結構變動情況具有如下特點:

第一，從總體上看，第一產業的比重呈不斷下降的趨勢。在改革開放初期，第一產業占全國 GDP 的比重約 30%，但是到 2007 年第三季度，已經下降到 10.97%，降幅非常明顯。需要注意的是，從改革開放初期到 20 世紀 80 年代中期以前，第一產業在國內生產總值的比重呈現上升趨勢，到了 20 世紀 80 年代中期以後才轉為下降，進入 20 世紀 90 年代以後，呈現出明顯下降的趨勢。第一產業在 20 世紀 80 年代中期以前的上升趨勢，與當時在全國推廣家庭聯產承包責任制、極大地釋放了農業生產力有關。由於制度性釋放勞動生產率是一次性的，因此在 20 世紀 80 年代中期以後，第一產業在國內生產總值中所占的比重就呈現出不斷下降的趨勢。

第二，第二產業在 GDP 中所占的比重呈出先降後升的趨勢，但總體上看，沒有發生大幅度的變化。在 GDP 結構中，第二產業的比重從 1980 年的 48.22%下降到 1990 年的 41.34%，到 2007 年，再次回升到 50.27%。從整體上看，第二產業始終在 GDP 結構中占據最重要的地位，自改革開放以來，第二產業在 GDP 中的比重沒有發生大的變化。

第三，第三產業占 GDP 的比重總體呈現上升趨勢。但是 2002 年以來，卻呈現出緩慢下降的趨勢。由圖 4-2 可以看出，自改革開放到 20 世紀 80 年代前期，第三產業在 GDP 結構中所占比重一直沒有發生變化，而在 1983 年以後，第三產業的比重迅速上升，在 1985 年超過了第一產業。2002 年，第三產業和第二產業的差距最為微小，僅相差 3.07 個百分點，但是自 2002 年以後，第三產業在 GDP 結構中的比重卻開始呈現下降的趨勢。

表 4-2 反應了改革開放以來中國的三次產業的就業結構情況。

表 4-2　　1978—2005 年中國三次產業就業人數和結構

年份	實際人數（萬人）					比重構成（%）		
	經濟活動參與人數	就業人數	第一產業	第二產業	第三產業	第一產業	第二產業	第三產業
1978	40,682	40,152	28,318	6,945	4,890	70.5	17.3	12.2

表4-2(續)

年份	實際人數（萬人）					比重構成（%）		
	經濟活動參與人數	就業人數	第一產業	第二產業	第三產業	第一產業	第二產業	第三產業
1979	41,592	41,024	28,634	7,214	5,177	69.8	17.6	12.6
1980	42,903	42,361	29,122	7,707	5,532	68.7	18.2	13.1
1981	44,165	43,725	29,777	8,003	5,945	68.1	18.3	13.1
1982	45,674	45,295	30,859	8,346	6,090	68.1	18.4	13.5
1983	46,707	46,436	31,151	8,679	6,606	67.1	18.7	14.2
1984	48,433	48,197	30,868	9,590	7,739	64	19.9	16.1
1985	50,112	49,873	31,130	10,384	8,359	62.4	20.8	16.8
1986	51,546	51,282	31,254	11,216	8,811	60.9	21.9	17.2
1987	53,060	52,783	31,663	11,726	9,395	60	22.2	17.8
1988	54,630	54,334	32,249	12,152	9,933	59.3	22.4	18.3
1989	55,707	55,329	33,225	11,976	10,129	60.1	21.6	18.3
1990	65,323	64,749	38,914	13,856	11,979	60.1	21.6	18.3
1991	66,091	65,491	39,098	14,015	12,378	59.7	21.4	18.9
1992	66,782	66,152	38,699	14,355	13,098	58.5	21.7	19.8
1993	67,468	66,808	37,680	14,965	14,163	56.4	22.4	21.2
1994	68,135	67,455	36,628	15,321	15,515	54.3	22.7	23
1995	68,855	68,065	35,530	15,655	16,880	52.2	23	24.8
1996	69,765	68,950	34,820	16,203	17,927	50.5	23.5	26
1997	70,800	69,820	34,840	16,547	18,432	49.9	23.7	26.4
1998	72,087	70,637	35,177	16,600	18,860	49.8	23.5	26.7
1999	72,791	71,394	35,768	16,421	19,205	50.1	23	26.9
2000	73,992	72,085	36,043	16,219	19,823	50	22.5	27.5
2001	74,432	73,025	36,513	16,284	20,228	50	22.3	27.7
2002	75,360	73,740	36,870	15,780	21,090	50	21.4	28.6
2003	76,075	74,432	36,546	16,077	21,809	49.1	21.6	29.3
2004	76,823	75,200	35,269	16,920	23,011	46.9	22.5	30.6
2005	77,877	75,825	33,970	18,084	23,771	44.8	23.8	31.4

從表 4-2 可以觀察到，第一，就勞動力投入的變動趨勢而言，和產業結構的變動趨勢是基本一致的。第一產業的勞動力占總勞動力的比重自改革開放以後就不斷下降，從 1978 年超過 70%下降到 2005 年不足 50%；與之相對的，第二產業和第三產業的就業人員不斷增加，分別從 1978 年的 17.3%和 12.2%提升到 2005 年的 23.8%和 31.4%。第二，雖然就業結構的變動趨勢和產出結構的變動趨勢是一致的，但在構成比重上，兩者仍然有巨大的差異。表 4.2 顯示了這種對比性差異。第一產業在 GDP 結構中所作

出的貢獻和其吸納的勞動力數量是不成比例的，即使考慮到第一產業的勞動生產率相對較低，人均勞動生產率低於第二產業和第三產業，這樣反差巨大的勞動力投入水平和產出水平仍然非常驚人。同時，必須注意的是，中國第三次產業吸納的勞動力人數非常有限，單位勞動力產出遠遠低於第二產業，通常情況下，這和通常的觀點存在差異。

資料來源：中國網，china.com.cn，2008 年 11 月 18 日。

第二節　產業結構優化

經濟的可持續發展，需要具有完善、科學的產業結構，實現產業結構的優化是經濟發展的題中之義。但在經濟發展的歷程中，產業結構的演變雖具有一定的規律性，但並不必然會趨向優化，而是往往存在著這樣或那樣的結構問題。各國經濟發展的歷史已經表明，依靠市場機制的自發作用是很難單獨實現產業結構的優化的，而是需要在掌握產業結構優化理論的基礎上，結合主動和科學的政府干預去共同實現。

一、產業結構優化的內涵

產業結構優化是指產業體系結構完整、配套協調，產業整體層次、發展水平較高，產業綜合效益較好的產業結構狀況。首先，產業結構優化是一個相對的概念，即在現有地理環境、資源條件、發展階段、科技水平、人口規模、對外合作等環境與條件下，產業結構所能實現的一種最優狀況，而不是產業結構水平的絕對高低。其次，產業結構優化是一個動態的概念，在不同的發展階段和時點上有不同的優化要求、優化水平，因而產業結構優化總處在一個不斷達到最優的過程之中。產業結構優化的實質，是指資源在各個產業之間實現優化配置與高效利用，推動產業整體協調、穩定和高效發展。

根據產業結構優化概念，產業結構優化的內容包括產業結構合理化、高級化和高效化[①]三個方面。產業結構合理表明各個產業之間的資源配置合理、優化，產業結構高級表明資源在各個產業部門內得到高效利用，產業結構高效化表明產業結構整體實現較好的效益，包括經濟效益、社會效益、生態效益等。產業結構合理化、高級化和高效化之間存在緊密的內在關聯：合理化、高級化是高效化的基礎，只有產業結構實現了合理化、高級化才有可能達到高效化；高效化是合理化、高級化的結果和最終目的，高效化反過來會促進產業結構的合理化和高級化。因此，在產業結構優化過程中，應該把合理化、高級化和高效化有機結合起來，以產業合理化、高級化促進產業結構高效化，以產業結構高效化帶動合理化、高級化。

產業機構的上述三個方面的內容分別有相應的衡量標準，由此共同構成產業結構優化的評價體系。

---

① 產業結構高效化概念由惠寧在其主編的《產業經濟學》（高等教育出版社，2012 年 12 月第 1 版）中第一次提出。

二、產業結構合理化

(一) 產業結構合理化的內涵

產業結構合理化是指資源在產業間配置合理，各產業發展協調配套，形成超越各產業能力之和的整體發展能力的產業結構狀態。產業結構合理化同樣是一個相對和動態的概念。從相對的角度說，產業結構的絕對合理是不可能的，只是在一定範圍和條件下的相對合理。從動態的角度講，隨著經濟社會發展水平的不斷提升，產業結構合理化水平總處於一個不斷提升的過程中，即由不合理向合理發展的過程。

總體上，產業結構合理化涉及三個方面的問題：一是供給結構和需求結構的相互適應問題，二是三次產業間以及各產業內部部門之間的協調問題，三是產業結構效應如何充分發揮的問題。社會供需結構越適應，產業之間的相互作用越是協調，產業結構的整體運行質量越高，產業結構就越合理。

(二) 產業結構合理化的衡量方法

第一，比較法。比較法是指選定一個參照標準（國家或地區），通過比較來說明被衡量對象產業結構是否合理的方法。運用此方法，參照標準的選擇合理與否十分關鍵。一般而言，應選擇與被衡量對象大體情況相同、具有較強可比性的國家或地區作為參照物。同時，一般應選擇較被衡量對象產業結構合理化化水平要高的國家或地區作為比較的參照對象。例如，發展中國家或地區產業結構合理化水平的衡量，主要是選擇條件大體相同的發達國家或地區來進行對比分析，以此判斷產業結構的合理化水平。

第二，影子價格法。所謂影子價格，是指每增加一單位稀缺資源所能增加的收益，即邊際收益（邊際產量）。這是通過線性規劃方法對有限資源進行最合理分配時所得出的一種價格，反應某種資源合理利用的經濟效果價格。如果經濟系統中各產業利用同種資源的影子價格即邊際收益（邊際產量）相等時，則說明該經濟系統中的產業結構是合理的；反之，則不合理。

(三) 產業結構合理化的評價指標

產業結構趨於合理化的標準是：能夠充分有效地利用本國資源（自然資源、人力資源、物力資源、財力資源）以及技術資源和國際分工的好處；產業協調發展，實現國民經濟各部門協調互動、社會擴大再生產順利進行，使國民經濟持續穩定增長；經濟效益不斷提高；社會需要得以滿足。基於此，可以確定產業結構合理化的評價指標。

第一，自然資源利用狀況指標。包括各種礦藏資源的開採率、水能的開發率、土地資源的利用率等。

第二，勞動力結構指標。主要是勞動力的產業結構、文化素質結構、職稱技能結構等指標。

第三，結構效益指標。通常採用勞動力生產率指標、投入產出比率來說明產業結構的結構效益狀況。

第四，滿足社會需要的指標。這是評價產業結構合理化的關鍵指標，可以使用需求結構、各種需求滿足程度指標來進行評價。

三、產業結構高級化

(一) 產業結構高級化的內涵

產業結構高級化是指高加工度、高附加值與知識技術集約產業占據主體地位，產業整體發展水平較高的產業結構狀態。產業結構的高級化，體現在幾個方面：從三大產業發展的方向看，是由第一產業占優勢向第二、第三產業占優勢的方向演進；從產業的資源結構發展方向看，是由勞動密集型產業占優勢依次向資本密集型、知識技術密集型產業占優勢發展；從產品結構來看，是由初級產品占優勢向中間產品、最終產品占優勢方向發展。產業結構高級化同樣是一個相對和動態的概念。

(二) 產業結構高級化的標準

第一，高加工度化：是指產業結構由以加工程度較低的產業如資源型產業、原材料產業為主，發展成為以加工程度高、深的製造業為主的結構。

第二，高附加值化：是指附加價值更大的產業，在產業結構中占的比重較大、具有優勢地位。

第三，技術集約化：是指產業結構的技術水平較高、技術密集型產業成為主導產業。

第四，知識化：是指知識越來越成為決定產業發展的最重要因素，生產和傳播知識的產業在產業結構中越來越成為主導產業。

第五，服務化：是指服務業在國民經濟中所占的比重較大，取代第二產業成為主導產業。

上述標準分別從五個方面衡量產業結構的高級化。一般而言，隨著經濟發展水平的提高，對於大的經濟系統而言，產業結構會同時從這五個方面趨向高級化。但對於較小型的經濟系統而言，可能不是全部而是在某一個或幾個方面，表現得更加明顯。

(三) 產業結構高級化的評價

本書主要介紹三種評價方法。

1. 標準結構法

庫茲涅茨提出了經濟發展不同階段的產業「標準結構」，據此可以判斷一國經濟發展的階段以及產業結構高級化的程度，此辦法稱為標準結構法。庫茲涅茨的「標準結構」具體如表 4-3 所示。

表 4-3　**產業發展的「標準結構」**

—	1964 年幣值的人均國民生產總值的基準水平（美元）								
—	<100	100	200	300	400	500	800	1,000	>1,000
產值部門構成（部門產值占國內生產總值的比例）									
第一次產業	52.5	45.2	32.7	26.6	22.8	20.2	15.6	13.8	12.7
製造業	12.5	14.9	21.5	25.1	27.6	29.4	33.1	34.7	37.9
基礎設施	5.3	6.1	7.2	7.9	8.5	8.9	9.8	10.2	10.9

表4-3(續)

服務業	30.0	33.8	38.5	40.3	41.1	41.5	41.6	41.3	38.6
勞動力部門構成									
初級產業	71.2	65.8	55.7	48.9	43.8	39.5	30.0	25.2	15.9
製造業	7.8	9.1	16.4	20.6	23.5	25.8	30.3	32.5	36.8
服務業	21.0	25.1	27.9	30.4	32.7	34.7	39.6	42.3	47.3

資料來源：周振華. 產業結構優化論［M］. 上海：上海人民出版社，1992.

2. 相似系數法

相似系數法是以某一參照國的產業結構為標準，通過相似系數的計算，將本國的產業結構與參照國產業結構進行比較，以確定本國產業結構高度化程度的一種方法。

設 A 是被比較的產業結構，B 是參照系，X_{Ai}、X_{Bi} 分別是產業 i 在 A 和 B 中的比重，則產業結構 A 和參照系 B 之間的結構相似系數 S_{AB} 為：

$$S_{AB}=\frac{(\sum_{i=1}^{n}X_{Ai}X_{Bi})}{(\sum_{i=1}^{n}X_{Ai}^{2}X_{Bi}^{2})}$$

中國曾有學者利用相似系數法，以日本為參照系，對中國的產業結構高度化進行估計，認為中國 1992 年產業結構中的勞動力結構與日本 1930 年的結構高度相似（相似系數達到 0.984,6），1989 年的產值結構與日本 1925 年的水平基本相等（相似系數為 0.926,8）①。

3. 高新技術產業比重法②

在工業內部衡量產業結構高度化程度，可以用高新技術產業比重法。因為產業結構高度化過程，也是傳統產業比重不斷降低、高新技術產業比重不斷提升的過程。通過計算和比較不同年代高新技術產業（產值、銷售收入等）在全部工業中的比重，可以衡量產業結構高度化的程度。發展中國家也可以以發達國家為參照物，通過比較高新技術產業比重來評價發展中國家產業結構高度化的水平和與發達國家的差距。

四、產業結構高效化

（一）產業結構高效化的內涵

產業結構高效化是指實現良好宏觀效益包括宏觀經濟效益、社會效益、生態效益等的產業結構狀態。良好的經濟效益，要求產業結構系統以最小的投入，獲得盡可能大的產出；良好的社會效益，要求產業結構系統有利於推進就業、稅收等民生事業，並有利於收入的公平分配；良好的生態效益，要求產業結構系統實現與人口、資源、環境的良性循環。產業結構優化的最終目標是實現產業結構高效化，產業結構合理化和高級化可以看作是實現產業結構高效化的基礎與途徑。產業結構合理了，雖然有利

① 劉偉. 工業化進程中的產業結構研究［M］. 北京：中國人民大學出版社，1995.

② 惠寧. 產業經濟學［M］. 北京：高等教育出版社，2012.

於提高產業結構效益，但不一定能實現高效化；產業結構達到高級化了，也不一定能實現高效化，比如一些發達國家由於競爭力的衰退，雖然產業結構高級化了但也沒能帶來良好的經濟效益。因此，產業結構合理化、高級化是高效化的必要條件，而非充分條件。

（二）產業結構高效化的評價

評價產業結構高效化一般有下述兩種方法，或單獨或兩者結合使用。

1. 横向比較法

横向比較法是指在相同的技術經濟水平條件下（比如相同的人均國民收入），通過比較不同國家之間的相關宏觀效益指標（如資金利稅率、勞動生產率、就業彈性系數、能源消耗強度等），來判斷一個國家或地區產業結構高效化的相對水平。

2. 縱向比較法

縱向比較法是指對同一國家在不同發展階段下產業結構效率水平的比較。例如，可以分別求出人均國民收入 1,000 元、3,000 元、10,000 元時的產業結構效率水平（如資金利稅率、勞動生產率、就業彈性系數、能源消耗強度等），通過比較不同時期產業結構效率水平的變化，來衡量產業結構高效化的程度。

五、產業結構成長模式

在市場經濟和政府干預雙重力量的作用下，產業結構不斷朝著優化目標演進、成長。產業結構的成長模式，主要分為均衡發展模式、非均衡發展模式、產品循環發展模式、雁行發展模式。

（一）均衡發展模式

均衡發展模式認為，經濟的發展和投資的流向應使各產業保持平衡，不能因某一產業的停滯而阻礙其他產業的發展，因而，各產業應同時進行大規模的投資，使產業得到全面發展，從而使產業結構實現均衡的成長。均衡發展模式有兩種代表性理論：羅森斯坦・羅丹的大推進理論和納克斯的貧困惡性循環理論。

1. 大推進理論

羅森斯坦・羅丹在 1943 年發表的《東歐和東南歐國家的工業化問題》一文中指出，發展中國家要從根本上解決貧窮與落後的問題，關鍵在於實現國家的工業化，而實現工業化的首要障礙是資本形成不足。在資本形成的過程中，由於資本的供給、儲蓄和市場需求具有「不可分性」[①]，小規模的、個別部門的投資不能從根本上解決問題，必須對各個工業部門進行大規模投資，實行「大推進」式的經濟發展戰略，使各個工業部門一起發展，才能保證形成各工業部門的產品相互依賴、互為市場的局面，克服「不可分性」，最終取得工業化的成功。並且，在進行投資時應按同一投資率投向各個

① 資本供給的不可分性：資本供給特別是基礎設施的資本供給必須要有一個最小規模才能形成生產能力，否則資本就不能大規模和實際形成。儲蓄的不可分性：儲蓄不是隨收入增長而增長，發展規模必須大到足以保證收入增長超過一定限度，否則儲蓄將不夠充分。需求的不可分性：必須廣泛、大規模地在各部門各行業投資，才能使各部門同時發展和相互吸收、互為市場，使各部門產品都有有效需求。

工業部門，只有這樣才能避免某些部門發展過快、某些部門發展滯後，導致存在供給大於需求的情況，以此保證各部門之間的發展協調和平衡。「這意味著現有資源應……均等地分配於一切工業，以便實現投資的最優格局。」①

2. 貧困惡性循環理論

納克斯在 1957 年出版的《欠發達國家的資本形成問題》一書中，認為發展中國家之所以不易擺脫貧窮的原因在於陷入了一個惡性循環的圈子：一方面，從供給的角度看，低收入導致了低儲蓄，而低儲蓄引起了資金的短缺，資本的短缺又造成只能發展生產率不高的產業，而這樣的產業發展帶來的又只能是較低的收入；另一方面，從需求的角度看，低收入使人們的購買力十分有限，而有限的購買力又使得投資引誘不足、資本數量過小，從而導致生產率低下，最終的結果又回到了較低的收入。要突破這一困境，只有對國民經濟各部門進行大量投資，使經濟增長率迅速地上升到一定高度，這樣，才能形成廣大而充足的市場，產生足夠的投資刺激，為投資規模的進一步擴大，經濟的進一步增長創造條件。

不過，雖然納克斯主張同時全面投資和發展一切部門，但並不認為各部門都要按同一比率發展，而主張按不同的比率來投資和發展各部門。如何確定這一比率呢？納克斯認為，應該以各部門產品的需求價格彈性和收入彈性的大小作為確定其投資比率的依據。需求和收入彈性大的部門投資的比率應較大，因為需求和收入彈性大表示這個部門發展不足，是經濟發展中的瓶頸，但生產的擴大卻有潛力，對這種部門多投資不僅投資回報高，重要的是能消除發展的瓶頸，以獲得經濟的協調發展，實現供求均衡。

（二）非均衡發展模式

非均衡發展模式的主要理論思想是：由於資金短缺等方面的原因，發展中國家不可能在所有的產業部門而應當選擇合適的重點產業進行投資，然後通過關聯效應和誘發性投資等作用，帶動其他產業發展，最後達到經濟發展和產業結構升級的目標。非均衡發展模式包括兩種代表性理論：赫希曼的理論和羅斯托的理論。

1. 赫希曼的非均衡發展理論

赫希曼在 1958 年出版的《經濟發展戰略》中提出：發展中國家應當集中有限的資源，首先發展一部分重點產業，然後以此為動力，逐步擴大對其他產業的投資，帶動其他產業的發展。赫希曼認為，「誘發性投資最大化」是選擇重點產業的一個重要基準，投資的「有效順序」是按照各備選產業的「誘發投資」大小進行。同時，由於「直接生產活動」的「誘發投資」相對更大，在選擇投資的「有效順序」時，應首先投資於「直接生產活動」產業，而非一些服務業、基礎性產業。而在眾多的「直接生產活動」產業中，又可以按照產業關聯效應的大小來確定產業投資的順序。因為產業無論是後向關聯還是前向關聯，都能誘發投資。

---

① ROSENSTEIN RODAN. Problems of industrialization of Eastern and South - Eastern Europe [J]. Economic Journal, 1943, 53: 202-211.

2. 羅斯托的非均衡發展理論

羅斯托關於非平衡發展的理論，與其主導產業的理論相關聯。羅斯托認為，「近代經濟增長實質上是一個部門增長的過程」，就是充當「領頭羊」的主導產業部門首先獲得增長，再通過回顧影響、旁側影響和前瞻影響，對其他產業部門施加誘發作用，以此帶動整個經濟的增長和產業結構的成長。因此，應該首先扶持主導產業率先成長，使主導產業在整個產業結構系統中占據優勢地位。

對發展中國家而言，是採取均衡發展模式還是非均衡發展模式，在20世紀50年代曾引起理論界的激烈爭論。從現實的情況看，在發展中國家發展的初期階段，還是適宜採取非均衡發展模式，以此實現發展的突破，產儘由此會帶來產業結構的不合理問題。但是，在發展中國家渡過起飛階段之後，就應該有意識地採取均衡發展模式，以此促進產業結構實現優化目標。

（三）產品循環發展模式

產品循環發展模式描述的是歐美工業發達國家的產業發展模式，由美國經濟學家雷蒙德·弗農（Raymond Vernon）1966年在其《產品週期中的國際投資與國際貿易》一文中提出。產品的生命週期，分為「導入期」「成熟期」和「標準化期」。一些工業先行國家率先對新產品進行開發和生產，進入產品「導入期」，占領國內市場。隨著生產規模的擴大和生產技術的成熟，該產品逐漸進入「成熟期」。此時，國內市場趨於飽和，產品逐漸向國際市場銷售，出口到工業後發國家。隨著技術的不斷擴散，競爭越來越激烈，工業先行國家為了維持在國外的市場份額，開始從出口產品轉向出口技術，在工業後發國家就地進行生產（通過建立獨資或合資企業），發揮本地化優勢進行銷售。當該產品從「成熟期」進入「標準化期」後，由於在國外生產該產品具有顯著的成本優勢，工業先行國家就逐步放棄在國內的生產，轉而從工業後發國家進口產品來滿足本國需求，自己則研製更新和更高技術的產品，進入新一輪的產品循環。就這樣，通過一輪又一輪的產品循環，工業先行國家的產品不斷升級，推動產業結構不斷高級化、高效化，最終實現優化目標。

（四）雁行發展模式

雁行發展模式揭示了工業後發國家通過參與國際分工實現產業結構升級的路徑。20世紀60年代日本經濟學家赤松要考察了日本棉紡工業貿易的發展軌跡後提出了該理論，然後經小島清、山澤逸平等人對日本紡織工業、鋼鐵工業和汽車工業的研究，對該理論進行了驗證和拓展。

由於工業起步較晚，後發國家對一些工業產品的需求不得不依賴進口解決，這是第一個階段；然後，後發國家開始引進技術和設備自己進行產品的生產，在國內形成新的產業，通過產品國產化替代進口，這是第二個階段；隨著對引進技術的消化、吸收和再創新，後發國家該產品的生產質量不斷得到提高、產品成本不斷下降（基於後發國家的廉價勞動力或資源優勢），導致市場競爭力提高，最終得以出口到國際市場，這是第三個階段。後發國家正是通過上述進口、國內生產和出口三個階段，實現了新產業的形成、成長和成熟。最終，通過一輪一輪的上述過程循環，後發國家的產業依次發展成熟，從而推動產業結構不斷升級和優化。由於上述「進口—國內生產—出口」三個階段，就像三只展翅飛翔的大雁，故稱之為產業結構雁行發展模式，如圖 4-3 所示。小島清和山澤逸平進一步對雁行理論進行了拓展，提出「引進—進口—替代—出口—產業成熟—逆進口」六個發展階段，更加全面地詮釋了工業後發國家這一產業結構升級之路。

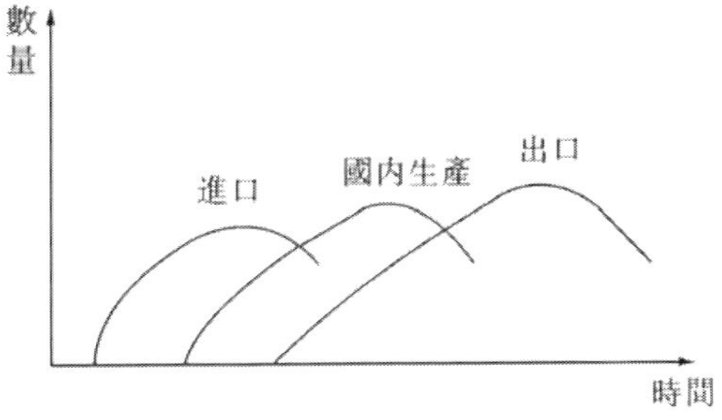

圖 4-3　雁行發展模式

本質上，產品循環發展模式、雁型發展模式也屬於產業結構成長的非均衡發展模式。

第三節　主導產業的選擇

對國民經濟發展起舉足輕重作用的主導產業，其形成既是一個市場經濟自發作用的過程，也是一個政府干預的過程。特別是對於實施追趕型發展戰略的發展中國家而言，主導產業的產生是一個在政府精心選擇基礎上加以大力扶持發展的結果。對於主導產業及其選擇理論的研究，羅斯托發揮了先驅者的作用。

一、主導產業與產業發展

（一）主導產業的特徵

主導產業具有四個典型特徵：第一，技術先進，引入了新技術，或獲得了創新性成果；第二，高成長率，具有大大超過國民經濟總增長率的持續高增長速度；第三，擁有巨大的市場潛力和光明的發展前景；第四，顯著的關聯帶動效應，對其他產業具有極大的引導和帶動作用。

（二）主導產業與產業發展

主導產業與其他產業之間存在著密切的技術經濟聯繫，主導產業具有對其他產業強烈的引導和帶動作用，同時也受到其他產業的影響，彼此相互促進、相互影響、相互制約。主導產業的性質和發展水平，決定著整個產業體系的性質和發展水平；主導產業的變化發展，決定著整個產業體系的變化發展，至而影響著國民經濟的總體發展；主導產業的發展，離不開產業結構體系中其他產業的支持，必須與其他產業部門保持協調發展。

主導產業對經濟發展和其他產業的引導和帶動作用，主要通過其帶動和擴散效應實現的。主導產業的帶動和擴散效應，包括三方面內容：一是回顧效應，即主導部門的增長對那些向自己供應投入品的供應部門產生的影響；二是前向效應，即主導部門的增長對新技術、新產業產生的誘導作用影響；三是旁側效應，即主導產業的增長對地區經濟社會發展的影響、對其他產業引起的一系列變革的影響。圖 4-4 揭示了汽車工業的擴散效應。

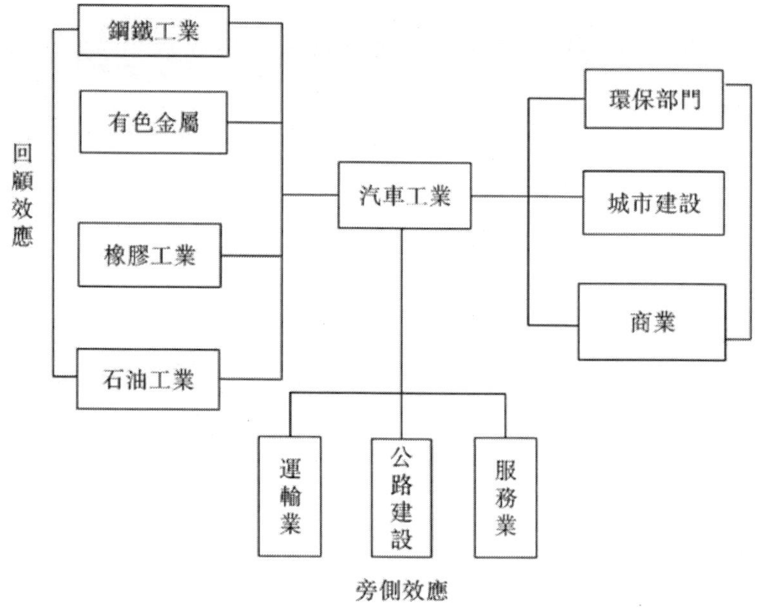

圖 4-4　汽車工業的擴散效應

二、主導產業的選擇基準

選準主導產業，對於促進產業升級和結構優化，保障經濟穩定持續增長，實現經濟發展戰略目標具有十分重要的意義。科學選擇主導產業，應堅持下述基準。

(一) 赫希曼基準

赫希曼在其專著《經濟發展戰略》中，依據投入產出的基本原理，對產業間關聯度與工業化的關係做了深入研究，認為對資本相對不足和國內市場相對狹小的發展中國家而言，應當優先發展後向關聯度較高的最終產品產業，並提出了依據後向聯繫水平確定主導產業的基準。其理由是：①在發展中國家經濟不發達，資本投資能力差，產業間相互依存度低的情況下，必須採取不均衡發展戰略；②前向關聯不能獨立形成發展的誘導機能，後向關聯的效果則要強得多，因此在初級產品、中間產品產業未充分發展的情況下，優先建立從國外進口原件進行組裝的最終產品加工業，既可以累積資本，又可以對其他產業產生關聯誘發作用，為中間產品製造業規模經濟的發展提供市場需求。現實中，很多國家的工業化正是從發展「最後加工」階段開始的，繼而從事中間產品製造，最後發展基本原料工業。

(二) 筱原基準

日本產業經濟學家筱原三代平在20世紀50年代中期為日本規劃產業結構時，提出了規劃日本產業結構的兩個基準：收入彈性基準和生產率上升基準。

1. 收入彈性基準

產品收入彈性是指在價格不變的前提下，產業的產品需求的增加率和人均國民收入的增加率之比。即：

某一產業的產品收入彈性系數=某一產業的產品的需求增長率/人均國民收入的增加率

不同時點上，各產業的產品收入彈性是不一樣的。高收入彈性的產業，意味著該時點上社會對其的需求增長較快，從而產業發展的前景和空間較好，能夠在產業結構中占據更大的比重。反之則反。因此，產品的收入彈性揭示了各產業在不同時點上的發展變化趨勢，各產業的發展變化趨勢綜合，也就意味著揭示了工業結構在某一時點上變化的趨勢和方向。顯然，主導產業應偏向於選擇高產品收入彈性的產業。

2. 生產率上升基準

生產率上升較快的產業，意味著產業技術進步速度較快，投入產出效率較高，因而需要社會資源向這個產業轉移。從而，這個產業能以較快的速度增長，在產業結構中會佔有越來越大的比重。主導產業需要優先選擇這樣的產業，生產率上升基準是主導產業選擇的另一個重要基準。

綜合而言，產品收入彈性基準是基於社會需求對產業結構的影響而言的，生產率上升基準是從社會供給對產業結構的影響而言的，兩者不是孤立的，存在著內在聯繫。產品收入彈性高的產業，需要有較快的生產率增長為基礎，才能實現快速發展；同樣，生產率上升速度快的產業，需要有較高的產品收入彈性即較快的市場需求增長為基礎，才能實現快速發展。因此，高產品收入彈性和高生產率上升速度並重，才能使產業實現快速增長成為可能。一般情況下，兩個基準往往結合使用，共同構成主導產業選擇的依據。

(三) 過密環境基準和豐富勞動內容基準

此標準是日本產業結構審議會在20世紀70年代提出來的。過密環境基準要求選擇能滿足提高能源的利用效率、強化社會福利和改善公共服務的能力，並具有擴充社會資本能力的產業作為主導產業。其出發點，是實現經濟發展與社會利益之間的協調。豐富勞動內容基準要求在選擇主導產業時，要考慮到發展能為勞動者提供舒適安全和穩定的勞動場所的產業。其出發點，是認識到經濟發展的最終目的是提高社會成員的滿足度，是促進人的全面發展。

(四) 動態比較優勢標準

各國由於資源稟賦和經濟發展狀況的不同，具有不同的比較優勢。而且隨著經濟發展階段的不同和對資源稟賦的開發利用，比較優勢是動態地變化的。經濟學理論已經指出，各國需要發展能充分利用本國比較優勢的產業，才能實現產業的快速持續發展。主導產業的選擇也應堅持這一原則，盡可能選擇更能發揮本國比較優勢的產業，並且隨著比較優勢的變化進行調整。

（五）短缺替代彈性基準、增長後勁基準和「瓶頸效應」基準

根據中國的主導產業選擇與發展實際情況，學者周振華提出了適合發展中國家選擇主導產業的三個標準。第一，短缺替代彈性基準，即重點選擇和扶植那些短缺情況下需求替代彈性小（需求替代的靈活度小）的產業，也就是無法替代的短缺性產業，以滿足社會最迫切而又必不可少的需求。第二，增長後勁基準，即重點選擇和支持那些對整個產業體系的發展具有深刻和長遠影響的產業，也就是增長潛力大、後勁足的產業，以保持整個經濟的持續穩定的增長後勁。第三，「瓶頸效應」基準，即重點選擇和發展那些「瓶頸效應」大的產業，也就是其短缺影響整個國民經濟發展的產業，以減少因「瓶頸」而造成的妨礙效應。

◇ **案例** 4.2

日本主導產業演進及其對中國主導產業選擇的啟示

一、日本主導產業的變遷

（一）第一波主導產業

早在1955年經濟迅速增長之初，由於經濟規模的擴大，日本電力不足的問題就發生了。由於建立水力發電站需要很長時間，採用傳統的水力發電為主方式來應付電力不足，無論如何也滿足不了當時的短期需要。而建立火力發電則不需要那麼長時間，再加上當時的原油價格比較便宜，所以日本開始轉向以火力發電為中心的電力能源結構。結果，大容量火力發電站的建設加速了，規模擴張了，同時也帶動了日本儀表工業和自動化機械工業的發展。

（二）第二波主導產業

火力發電站的大型化，促使建設投資一次又一次擴大；石油加工和石化產品成本的降低，也開拓了新的市場，吸引了新的建設投資。上述產業的發展，同時引起了對運輸工具即船舶的需要。這樣，造船產業大規模發展起來。造船產業的發展，帶來對鋼鐵產品大量的需要，要求建設大型鋼廠，生產現代化的鋼鐵設備。這樣，鋼鐵工業也發展起來了。如此，被稱為第二波主導產業的石油加工、鋼鐵、造船等部門螺旋式地成長與發展起來。

（三）第三波主導產業

1970年以後，隨著日本居民收入水平的提高，人們的慾望也發生了巨變，在這個過程中，最強烈的慾望是購買轎車和電器。這樣，使得作為第三波主導產業的汽車產業和家電產業迅速發展起來，並對日本經濟增長起到「導火索」的作用。

二、日本扶持主導產業的政策與措施

（一）實行必要的行政干預

在20世紀60年代中期以前，日本政府為扶植主導產業部門的發展，以保護關稅、制定有利於本國產品的物品稅、實施外匯集中管理和配額限制進口等手段和措施，限

制歐美產品打入日本市場和日本同類產品進行競爭。同時，又以提供優惠貸款、提供各種補助金、加速折舊和減免法人稅、免徵關鍵設備進口設備稅、加大對技術引進的外匯分配、加強基礎設施公共費用支出、擴大政府採購的行政指導等措施，對主導產業給予扶植。

（二）建立「官民協調體制」

這是為克服日本產業組織的弱點和產業金融方式的弊端而提出來的，其內容如下：①代替價格機制的調整機能，在產業界、金融界、專家學者和政府之間建立協調意見的場所，通過官民協調對產業活動進行人為的調節；②積極運用作為「體制金融」承擔者的日本開發銀行貸款的誘導機能，對為促進批量生產體制、集中生產體制的建立和合併所必需的設備資金，給予重點貸款；③以日本開發銀行為軸心，改革政府與企業的關係。如此，這種「官民協調體制」通過補充價格機制的調節機能和利用政府的金融機構進行貸款的誘導作用，重點地將資金分配給主導產業部門，推動產業的成長、培育和發展。

（三）大力實施「政策金融」

主導產業政策的核心是把有限的資金和外匯優先分配給主導產業，以保證發展重點。這項工作，主要是通過日本開發銀行和民間銀行進行協調貸款而實施的，這種方式被日本稱之為「政策金融」。在日本經濟高速增長時期，日本銀行盡量根據通產省制定的主導產業發展大綱，以低息優惠貸款為主要方式，為主導產業提供更多的資金，甚至當民間銀行發生「超貸」和企業「超借」時，不惜搞人為信用膨脹，以保證資金的需求。

資料來源：張銳，郭濤. 日本主導產業演進及其對中國主導產業選擇的啟示［J］. 當代經濟，2005（11）.

【案例討論】

1. 閱讀相關資料結合上述日本主導產業的變遷，總結、分析日本主導產業的選擇基準。

2. 日本扶持主導產業的政策措施，對於中國發展主導產業有何啟示？

思考題

1. 收集相關資料，分析某地區的產業結構演變是否與配第—克拉克定理、庫茲涅茨法則、霍夫曼定理以及主導產業轉換規律相吻合？

2. 試分析現階段中國的產業結構是否實現了優化？

3. 試闡述改革開放以來中國的主導產業選擇歷程。

【推薦閱讀書目】

1. 赫希曼. 經濟發展戰略［M］. 成都：四川人民出版社，1998.

2. 納克斯. 欠發達國家的資本形成問題［M］. 牛津：牛津大學出版社，1953.

3. 羅森斯坦・羅丹. 東歐和東南歐國家的工業化問題 [J]. 經濟學雜誌, 1943 (6-9).

【參考資料】

1. 惠寧. 產業經濟學 [M]. 北京: 高等教育出版社, 2012.

2. 劉偉. 工業化進程中的產業結構研究 [M]. 北京: 中國人民大學出版社, 1995.

3. 劉樹林. 產業經濟學 [M]. 北京: 清華大學出版社, 2012.

4. 周振華. 產業結構優化論 [M]. 上海: 上海人民出版社, 1992.

5. 張銳, 郭濤. 日本主導產業演進及其對中國主導產業選擇的啟示 [J]. 當代經濟, 2005 (11).

6. 中國網, http:china.com.cn, 2008 年 11 月 18 日.

第五章　產業佈局與集群

廣義的產業結構包括產業的空間結構，即產業在地域空間上的分佈結構。產業的空間結構是產業佈局的結果，產業佈局理論是產業結構理論的重要組成部分。合理的產業佈局，有助於改善產業結構和產業關聯狀況。產業集群（Industry Cluster）是一種典型的產業佈局形式，推動產業集聚發展，是產業佈局的主要取向。

第一節　產業佈局

本節主要闡述產業佈局的基本理論，產業佈局理論是研究產業空間分佈規律的理論。

一、產業佈局的內涵

產業佈局是指產業在一定地域空間上的分佈與組合。具體而言，產業佈局是通過市場機制和政府干預的作用，推動產業發展要素在地域空間上的優化分佈、合理組合，形成產業體系互促互動、協調配套、持續高效發展的良性格局。產業佈局概念有狹義和廣義之分[①]。狹義的產業佈局是指工業佈局，廣義的產業佈局是指包括農業、工業、服務業在內的所有產業在地域空間上的分佈與組合。

產業佈局的內涵可以從兩方面進行考察。一方面，是從橫向和縱向的角度進行考察：從縱向看，產業佈局是指同一產業發展要素、價值環節在各地區的配置與關聯；從橫向看，產業佈局是指聚集於同一地域空間的各產業發展要素、價值環節的關聯與組合。另一方面，是從靜態與動態的角度考察：從靜態方面看，產業佈局是指一定時期內產業發展要素在一定地域空間內的分佈狀態；從動態方面看，產業佈局是指產業發展要素在空間上的不斷調整的過程，主要是政府對產業在空間上的規劃、部署、協調和組織[②]。

產業佈局的實質，是確定資源的空間分佈。產業佈局合理與否，決定著資源能否實現地理空間上的優化配置與高效利用，也決定了國民經濟能否實現協調持續發展。

---

① 簡新華，楊豔琳. 產業經濟學［M］. 武漢：武漢大學出版社，2009.

② 江曼琪. 城市空間結構優化的經濟分析［M］. 北京：人民出版社，2001.

二、產業佈局的理論基礎

產業佈局理論在歐洲被稱為經濟區位理論（Economic Locational Theory）或空間經濟學（Spatial Economics），在日本被稱為國土規劃和立地論，在蘇聯被稱為生產力配置學。區位理論是產業佈局的核心理論基礎，其發展經歷了古典區位論、近代區位論和現代區位論三個階段。

(一) 古典區位論

古典區位論主要指德國經濟學家杜能（Johann Heinrich Vhunen）在1826年提出的農業區位論以及韋伯（Alfred Weber）在1909年提出的工業區位論。

1. 農業區位論

杜能於1826年出版了《孤立國同農業和國民經濟之關係》一書，首次系統地闡述了農業區位理論的思想，奠定了農業區位理論的基礎。杜能農業區位理論是19世紀德國（普魯士）特殊社會經濟背景下的產物。19世紀初普魯士進行了農業制度改革，取締了所有依附於土地所有者的隸屬關係，所有的國民都可擁有動產，並可自由分割及買賣，農民在法律上成了自由農民。這次農業制度改革，取消了貴族階級的許多特權，但也促使貴族成為大的土地所有者和獨立的農業企業家。同時，大量獲得了人身自由的農民成為能夠自由出賣勞動力的農業勞動者。於是，出現了由農業企業家和農業勞動者構成的農業企業式經營。杜能的「孤立國」正是試圖解釋企業型農業時代的農業生產方式問題。

在構建其農業區位理論體系時，杜能採用科學抽象法，設定了「孤立國」這樣一個假想空間。這種假想的「孤立國」，有六個假定條件：第一，肥沃的平原中央只有一個城市；第二，不存在可用於航運的河流與運河，馬車是唯一的交通工具；第三，土質條件一樣，任何地點都可以耕作；第四，距城市50英里之外是荒野，與其他地區隔絕；第五，人工產品供應只來源於中央城市，而城市的食品供應則只來源於周圍平原；第六，礦山和食鹽坑都在城市附近。在上述假定條件下，「孤立國」的農業生產需要解決兩個問題：第一，在這樣一種關係下，農業將呈現怎樣的狀態；第二，合理經營農業時，距離城市的遠近將對農業產生怎樣的影響。換句話說，即為了從土地取得最大的純收益，農場的經營隨著離城市距離的增加將如何變化。

杜能認為，企業經營型農業是追求利益最大化（即合理的）的農業，企業純收益最大主要是指地租收入最大。為此，杜能設定一般地租收入的公式如下：

$$R=pQ-CQ-KtQ=(P-C-Kt)Q$$

式中：R 為地租收入；P 為農產品的市場價格；C 為農產品的生產費；Q 為農產品的生產量（等同於銷售量）；K 為距城市（市場）的距離；t 為農產品的運費率。

上式揭示了地租收入和農業生產點距城市距離、運費率的關係。地租收入 R 對同樣的作物而言，隨離市場距離增加的運費增多而減少。當地租收入為零時，即使耕作技術可能但經濟上也不合理，因而成為某種作物的耕作極限。市場運費為零點的地租收入和耕作極限連結的曲線被稱為地租曲線。每種作物都有一條地租曲線，其斜率大小由運費率所決定，不容易運輸的農作物一般斜率較大，相反則較小。杜能運用上述公式進行計算，得出各種方式的地租曲線的高度及其斜率（如圖 5-1 的上部）。由於農產品的生產是追求地租收入最大化的合理活動，所以農場主選擇能獲得最大的地租收入的農作物進行生產，從而形成了農業土地利用的杜能圈結構。如圖 5-1 所示，以城市為中心，在城市的周圍形成在某一圈層以某一種農作物為主的同心圓結構，由裡向外依次為自由式農業、林業、輪作式農業、谷草式農業、三圃式農業、畜牧業同心圓結構。

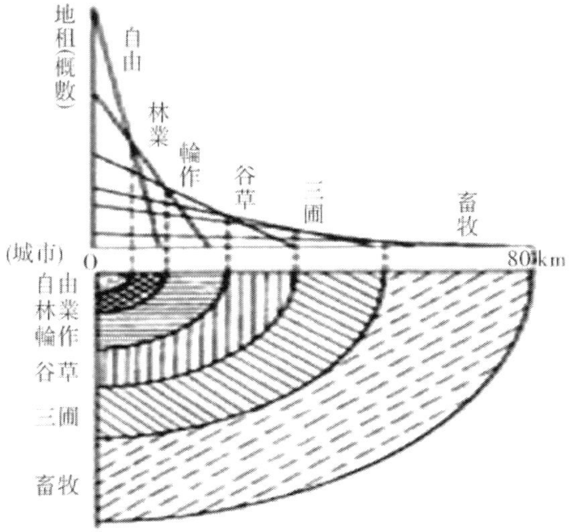

圖 5-1　杜能圈

第一圈——自由式農業圈：為最近的城市農業地帶，主要生產易腐難運的產品，如蔬菜、鮮奶。由於運輸工具為馬車，速度慢，且又缺乏冷藏技術，因此需要新鮮時消費的蔬菜，不便運輸的果品（如草莓等）以及易腐產品（如鮮奶等）等就在離城市最近處生產，形成自由式農業圈。

第二圈——林業圈：供給城市用的薪材、建築用材、木炭等，由於重量和體積均較大，從經濟角度考慮必須在城市近處（第二圈）種植和生產。

第三圈——輪作式農業：此圈內沒有休閒地，在所有耕地上種植農作物，以穀物（麥類）和飼料作物（馬鈴薯、豌豆等）的輪作為主要特色。杜能提出每一塊地進行六區輪作，第一區為馬鈴薯，第二區為大麥，第三區為苜蓿，第四區為黑麥，第五區為豌豆，第六區為黑麥。其中耕地的 50% 種植穀物。

第四圈——谷草式農業圈：為穀物（麥類）、牧草、休耕輪作地帶。杜能提出每一塊地進行七區輪作。同第三圈不同的是總有一區為休閒地，七區輪作為第一區黑麥，第二區大麥，第三區燕麥，第四區、五區、六區為牧草，而第七區為荒蕪休閒地。全耕地的 43% 為穀物種植面積。

第五圈——三圃式農業圈：離城市最遠的谷作農業圈，也是最粗放的谷作農業圈。三圃式農業將農家近處的每一塊地分為三區，第一區黑麥，第二區大麥，第三區休閒，三區輪作，即為三圃式輪作制度。遠離農家的地方則作為永久牧場。本圈內全部耕地中僅有 24% 為穀物種植面積。

第六圈——畜牧業圈：杜能圈的最外圈，生產谷麥作物僅用於自給，而生產牧草用於養畜，以畜產品如黃油、奶酪等供應城市市場。本圈層位於離城市 51km ~ 80km 處，主要分佈在城市郊外，為城市提供日常所需的肉類和奶類製品。此圈之外，地租為零，為無人利用的荒地。

總體而言，農業生產方式的空間配置，一般在城市近處種植相對於其價格而言笨重而體積大的作物，或者是生產易於腐爛或必須在新鮮時消費的產品。而隨著離城市距離的增加，則種植相對於農產品的價格而言運費小的作物。

2. 工業區位論

韋伯 1909 年出版《工業區位理論：區位的純粹理論》一書，提出了工業區位論的最基本理論。以後他又於 1914 年出版了《工業區位理論：區位的一般理論及資本主義的理論》，對工業區位問題和資本主義國家人口、工業分佈進行了綜合分析。工業區位論的中心思想，是區位因子決定生產區位，應將工業生產吸引到生產費用最低的地點。

如同杜能，韋伯將複雜的社會簡化為一個「孤立國」，假設條件為：第一，探討這一孤立的國家或地區的工業區位時，只探討其經濟因素；第二，孤立國的氣候、地質、民族、工人技能都相同；第三，主要的生產條件固定不變；第四，只分析同一類產品；第五，運輸費用是重量和距離的函數，且唯一的運輸方式是火車。在這個「孤立國」中，影響工業區位選擇的經濟因素——區位因子，主要是勞動力費用、運輸費用和集聚。在上述假設條件下，根據區位因子就可以進行合理的工業區位定位，具體的定位過程包括三個步驟：

第一步，根據運輸費用因子，運用運輸區位法則確定工廠的最小運輸費用點，以此為基礎勾畫出地區工業的區位網絡（基本格局）；

第二步，根據勞動力因子，運用勞動力區位法則修改上述結果，使工業由運費最低點引向勞動費用最低點，產生工業區位網絡的第一次變形；

第三步，根據集聚因子，運用集聚法則進一步修改上述區位網絡，使工業趨向集中（分散）於其他地點，產生工業區位網絡的第二次變形，並最終確定合理的工業區位定位。

通過上述三個步驟確定的工業區，位於運輸費用、勞動力費用和集聚效果最好的地點。上述過程中的三個定位法則，具體如下：

（1）運輸區位法則

為了確定最小運輸費用點，將原料、燃料和消費地的分佈作為決定工廠區位的基本圖形。當多個原料、燃料產地和消費地不重合時，區位圖形為一多邊形，據此多邊形可以推定最小運費點，如圖 5-2 所示。

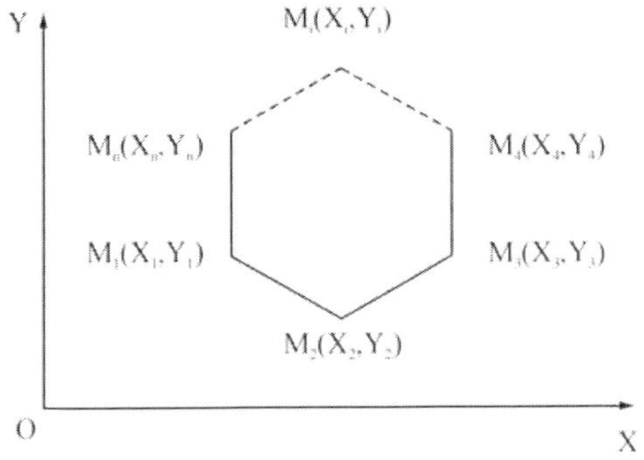

圖 5-2

假設原料、燃料和市場有 M_1、M_2，…，M_n個，運量分別為 m_1，m_2，…，m_n，距最小運費點的距離分別為 r_1，r_2，…，r_n，總費用（總噸千米）為 S，則總運費的計算公式為：

$$S=\sum_{i=1}^{n} m_i r_i=\sum_{i=1}^{n} m_i \sqrt{(X-X_i)^2+(Y-Y_i)^2}$$

欲使 S 達到最小值，只需 S 對 X 和 Y 分別求導並令其等於 0，通過求解方程組，求得最小運費點。

（2）勞動力區位法則

當原材料和成本的追加運費小於節省下來的勞動力費用時，可使一個工廠的區位選擇離開或放棄運費最小的地點，轉向有廉價勞動力的地區。

（3）集聚法則

如果企業因集聚所節省的費用，大於因離開運費最小或勞動力費用最小的位置需追加的費用，則其區位由集聚因素決定。集聚往往是在集聚效應最為顯著的地區。

杜能的農業區位理論和韋伯的工業區位理論，均是從成本最低的角度來探討產業區位問題，均沒有考慮市場銷售因素和消費因素，故又被稱為西方產業區位理論的最低成本學派。

（二）近代區位論

20 世紀 30~60 年代，是西方第二次產業革命成熟時期，第二、第三產業先後取代第一產業成為國民經濟的主導產業，市場因素成為決定產業發展的關鍵因素。這使得工業區位由立足單一的產業中心轉變為立足於城市或地區，工業區位分析由主要進行生產成本和運輸費用因子分析，轉變為進行生產成本、運輸費用和市場因子分析，從而古典工業區位理論發展成為以市場學派為代表的工業區位理論，以及以地理區位學派為代表的商業區位理論，統稱為近代區位理論。

1. 市場區位學派理論

20 世紀 30 年代，隨著工業的大發展市場已經由賣方市場轉變為買方市場，商品銷售問題成為決定企業生死的最突出問題。這要求工業企業在佈局時，在考慮生產成本和運輸費用的同時充分考慮市場因子的因素。市場區位學派針對這一新情況，認識到工業區位理論最根本的問題是找到能產生最大利潤的市場區位。德國經濟學家奥古斯特·廖什（August Losch）1939年出版《經濟的空間分析》一書，建立了最為系統的市場區位理論。廖什認為大多數最佳區位不是費用最小點，也不是收入最大點，而是收入和費用的差最大點即利潤最大點，工業區位選擇在能夠獲取最大利潤的市場地域。

廖什區位理論的假設條件是：第一，在均質的平原上，沿任何方向運輸條件都相同，生產所必要的原料充足，且均等分佈；第二，在平原中均等地分佈著農業人口，最初他們的生產是自給自足，且消費者的行為相同；第三，在整個平原中居民都具有相同的技術知識，所有的農民都可能得到生產機會；第四，除經濟方面的作用外，其他因素都可不考慮。在上述假設條件所設定的區域中，各個工業企業積極開展生產和市場銷售活動。對於每一個企業而言，產品銷售範圍最初是以產地為圓心、最大銷售距離為半徑的圓形。隨著更多工廠的介入，每個企業都有自己的銷售範圍，由此形成了圓外空當，即圓外有很多潛在的消費者不能得到市場的供給。但是這種圓形市場僅僅是短期的，因為通過自由競爭，每個企業都想擴大自己的市場範圍，因此圓與圓之間的空當被新的競爭者所占領，圓形市場被擠壓，最後形成了六邊形產業市場區，構成整個區域以六邊形地域細胞為單位的市場網絡。此網絡在競爭中不斷調整，最終會產生兩種地域變異：

第一種，在各種市場區的集結點，隨著總需求的滾動增大，逐步成長為一個大城市，而且所有市場網絡都交織在大城市周圍。

第二種，大城市形成後，交通線將發揮重要作用。距離交通線近的扇面條件有利，距離交通線遠的扇面不利，工商業配置大為減少。如此形成了近郊經濟密度的稠密區和稀疏區，構成一個廣闊的地域範圍內經濟景觀。

2. 地理區位學派理論

產業佈局區位理論產生於農業區位理論，然後隨工業區位理論的發展而發展，並派生出商業區位理論。德國地理學家克里斯塔勒（W. Christaller）1933年發表《德國南部的中心地》一書，系統地闡明了中心地的數量、規模和分佈模式，建立起了中心地理論，成為商業區位理論的代表性理論。

中心地理論的具體內容如下①：

第一，中心地模式存在的假定條件。克里斯塔勒繼承了「孤立國」的均質、封閉區域假設，並提出了一些新的假設條件：該地域是一個均質平原，各處自然條件、資源都一樣；該地域上經濟活動的移動不受時間、方向的限制，可以常年在任何一個方向進行；該地域人口均勻分佈，人們在生產技能和經濟收入上均無差異，對消費品的需求及消費方式是一致的；生產者和消費者都是具有經濟行為理性的人，生產者為了獲得最大利潤而尋求佔有盡可能大的市場區，消費者根據最短距離原則即購物最近原則尋求消費行為在空間上的合理性。

第二，中心地被劃分為不同等級，並具有特定的排列規律。克里斯塔勒界定了中心地、中心地功能和中心度的概念，提出了不同等級的中心度劃分的基本依據。中心

① 蘇東水. 產業經濟學［M］. 2版. 北京：高等教育出版社，2006.

地的功能就是向周圍提供商品和服務，中心地提供服務時應維持在空間上的銷售範圍（最大距離）和市場規模上的需求門檻（最低利潤值），這樣，銷售利潤與需求門檻和銷售範圍之間存在著盈虧關係。也就是說，中心地的生產規模取決於兩個主要因素：一是「門檻人口」或需求門檻，這是保證經營者取得正常利潤的前提條件；二是能提供最大距離的服務（以「服務半徑」表示），在此範圍內居民願意前往該中心地購買商品或享受服務，這是保證經營者獲得正常利潤的基本條件。

一個區域的發展必須有若干大小不同的中心地（城鎮），中心地的大小與排列有一定規律：高級中心地只有一個，次一級的中心地較多，等級越低的中心地數目越多、規模越小。一般來說，中心地規模越大、級別越高、服務半徑越大，其數目越少，就越有能力提高種類齊全、檔次較高的商品和服務。此外，中心地排列規律還表明，同一等級中心地的市場區是完全相等的，兩個相鄰的同一等級中心地之間的距離是相等的，中心地級別越低，相鄰兩個中心地之間的距離就越短。

第三，中心地模式體現了六邊形銷售服務區的經濟合理性。根據假定，一個區域內的每個中心地的理想服務範圍應該是圓形服務面，但是當一個區域內存在著多個同等級的圓形服務面的中心地之間的競爭時，就會使圓形服務面之間出現空當，處於空當區的居民就得不到最佳服務。這樣，在空檔地區的中心會產生次一級的中心。從大到小的中心地共有五級，並形成相應等級中心區域界線。由於同等級中心地之間都以同等強度向外擴張，因此每個中心地與周圍其他中心地市場區之間有重疊地區；根據消費者行為的最短距離原則，重疊地區內的消費者將選擇最近的中心地，使相鄰兩中心地的重疊地區被兩個中心地平分。其結果是，各中心地圓形市場就變為具有最穩定空間結構的六邊形。每一級中心地六邊形市場區的六個頂角處分佈著次一級的中心地，依此類推，就形成一個多級中心地及其市場區域相互有規律地重疊組合的複雜的空間結構，參見圖5-3所示四級中心地空間結構（略去第五級中心地）。此即克里斯塔勒所謂的均衡狀態下的中心地模式，它能充分體現六邊形銷售服務區的經濟合理性。需指出的是，廖什的市場區位理論借鑑了這一中心地模式框架思想。

第四，中心地體系不同形成機制下的結構形態。不同等級的中心地可以按三種不同的功能控制關係（市場原則、交通原則和行政原則）構成不同的等級體系，在空間分佈上也具有不同的結構形態。這實際上是中心地分佈的三種變化模式：一是按照市場原則形成的中心地體系。在市場作用較突出的地區，中心地分佈要以最有利交通原則形成的產品銷售為原則，即應根據市場原則形成合理市場區。二是根據交通原則形成中心地體系。在交通作用較突出的地區（如公路、鐵路、水運交通樞紐地區），中心地分佈要以最有利於交通為原則，即各級中心地均應分佈在上一級中心地六邊形市場根據行政原則形成的中心地體系。三是根據行政原則形成的中心地體系。在行政職能較突出的地區，任何次一級中心地必須在上一級中心地勢力範圍內，而不允許同時接受兩個或多個高一級中心地的控制。

克里斯塔勒中心地理論的基本內容，是將商業服務區的佈局區位和中心城鎮聚落地分佈進行了有機的統一探討，並推導出一定區域內中心地（或城市）職能等級、數量和空間分佈的系統理論，故它也稱為城市區位論。

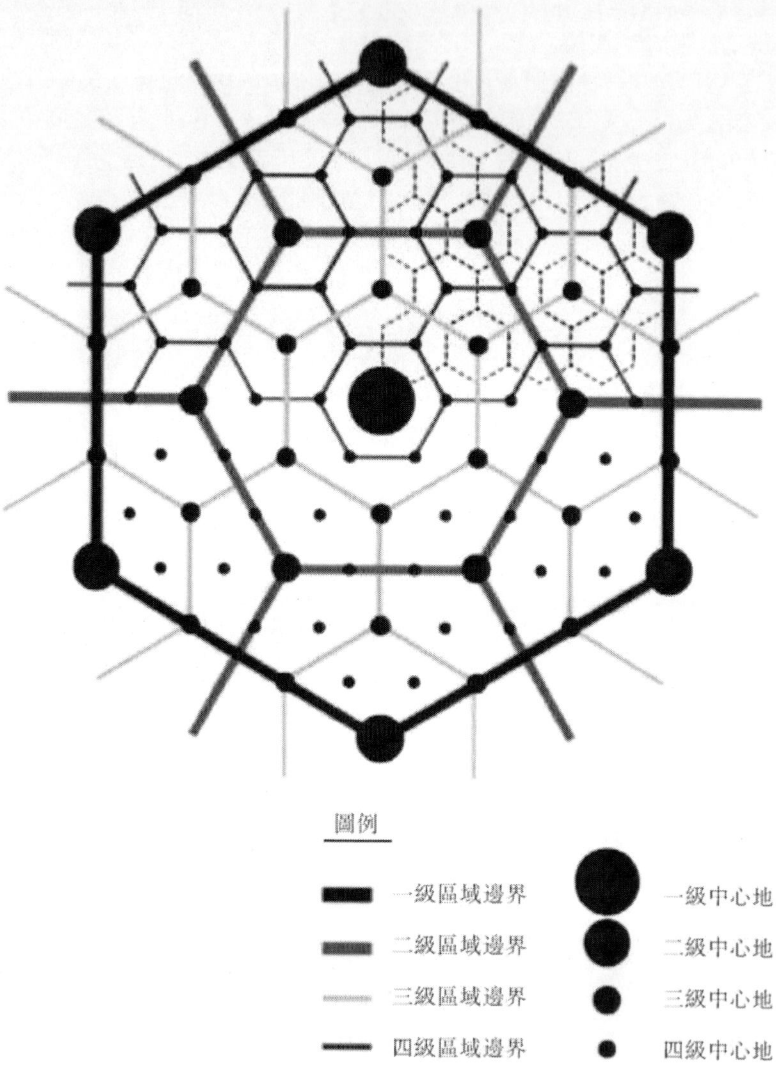

圖 5-3　四級中心地空間結構

（三）現代區位論

20 世紀 60 年代以來，隨著工業化、城市化和全球化趨勢的加強，西方區位理論進一步得到修正和發展，形成了主要包括成本—市場學派、修正的地理學派和發展經濟學學派在內的現代區位理論。特別是發展經濟學的興起和發展，如增長極理論和點軸佈局理論等，為西方區位理論提供了新的理論基礎。

1. 增長極理論

增長極（Development pole）理論由法國經濟學家佩魯（Francois Perroux）於 1955 年首先提出來，然後也經過了其他學者的完善。增長極理論的核心內容，是指在經濟增長過程中，某些主導部門或有創新能力的企業或行業在區域某些特定的地區聚集，使這些地區率先發展起來，形成具有強大輻射作用的「增長極」，再通過這些增長極帶動相鄰地區乃至於整個區域經濟的發展。一般而言，增長極的發展具有兩種效應：極化效應和擴散效應。極化效應是指增長極對周邊地區的勞動力、資金、技術等生產要素產生強大的吸引力，使這些要素集聚到增長極，通過集聚效應使增長極的經濟實力和規模迅速擴大。擴散效應是指增長極的勞動力、資金、技術等生產要素向周邊地區擴散，以此帶動周邊地區經濟的發展。增長極發展的初期，極化效應超過擴散效應，當增長極擴張到足夠強大時，就轉變為以擴散效應為主了。事實證明，發展中國家和地區要實現經濟快速發展，往往都要建立增長極，通過增長極的率先發展來帶動整個經濟的起飛。

2. 點軸理論

點軸理論是增長極理論的延伸。從區域經濟發展的過程看，經濟中心總是首先集中在少數條件較好的區位，成斑點狀分佈，這種經濟中心就是點軸理論中的「點」。隨著經濟的發展，「點」與「點」之間由於生產要素交換需要，就通過交通線路以及動力供應線、水源供應線等相互連接起來，形成點軸理論中的「軸」。由此，構成區域經濟增長的點軸系統。軸線首先是為增長點服務的，但軸線一經形成，對人口、產業也具有吸引力，吸引人口、產業向軸線兩側集聚，從而產生新的增長點。上述過程不斷進行，使得整個區域中「點」「軸」不斷增加和充實，以「點」帶「軸」、以「軸」促「點」「點」「軸」貫通，以此推動點軸系統不斷擴張、膨脹，最終帶動整個區域的經濟增長。

3. 梯度發展理論

梯度發展理論是建立在產業生命週期理論基礎之上的。產業具有成長、成熟和衰退三個生命週期階段，處於產業生命週期不同階段的產業，有著自己的最優發展區位。成長期的產業，具有高風險，需要研發、生產、營銷、融資等各環節配套體系的完善支持，往往只有發達地區才能提供，因而最優產業區位一般集中於發達地區。成熟階段的產業，技術比較成熟，生產開始標準化，知識密集度開始下降，往往開始向具有成本優勢的相對落後地區轉移，因而相對落後地區是其最優區位所在。隨著產業進入衰退期，產業進一步向經濟落後地區轉移，因而衰退產業往往需要選擇在經濟落後地區存在。

三、產業佈局的影響因素

區位理論為產業佈局提供了理論指引，但是對於理論不能機械地照搬，而應結合各地的實際情況來做出科學的決策。影響產業佈局的實際情況，需要考慮地理、資源、經濟、技術、社會等主要方面的因素。

(一) 地理位置

地理位置對於產業的發展具有十分重要的影響。一個特定地區的農業生產條件，對於該地區農業起著關鍵性的作用，很大程度上決定著是否發展現代農業、種植何種農業作物、採取何種種植技術。地理位置對於工業的發展也有至關重要的影響，影響著工業的發展速度、狀況。工業化的歷史表明，率先發展、實現工業化的地區，往往都是交通便利、臨近區域功能性中心、具有某種地理優勢的地區，如港口、交通中心、經濟中心等。改革開放以來中國工業化進程最快的地區，一是沿海地區，二是傳統工業底蘊深厚的地區，三是擁有毗鄰港澳臺地區這一特殊地緣優勢的珠三角地區。美國工業化最早的地區，也是類似的大西洋沿岸地區、五大湖地區。因此，產業佈局時應充分考慮各地區的地理位置，考察該地區是否適宜、適合哪些產業的發展。

(二) 資源

歸根究底，任何產業活動所必需的勞動對象和勞動資料都直接、間接地來自自然，以自然資源的形式提供。因此產業活動開展的狀況，與資源狀況緊密相關。毋庸置疑，農業的發展依賴於水、土、光、熱等自然資源條件。最早的工業，都是誕生在資源地區，依靠資源發展起來的。現代工業中的很多產業，仍然高度依賴於資源的存在，如依賴於工業資源的採掘業、材料工業、重型機械業，以及依賴於農業資源的輕工業和食品工業。第三產業中，越來越具有戰略意義的旅遊業，依靠旅遊資源而存在。因此，應根據產業對於資源的依賴、使用狀況，考慮相關產業的佈局。

(三) 經濟因素

區域經濟、社會系統中的諸多因素，對於決定產業佈局具有非常重要的影響。

第一，產業發展基礎對產業佈局的影響。產業的發展往往需要建立在一定的前期發展基礎之上，包括本產業和協作配套產業前期發展基礎，而且產業的發展也一般具有路徑依賴性，這要求區域產業佈局，應充分考慮前期的產業發展基礎，盡量利用好前期的發展累積。同時，前期的產業佈局也往往存在不適應時代發展變化要求的情況，在新的產業佈局時也應考慮對既有的產業佈局不良狀況進行調整和優化。

第二，區域分工對產業佈局的影響。社會化大生產體系，就是一個區域分工協作體系。在市場機制以及政府干預的作用下，各個區域在空間上進行分工，共同組成社會化大生產體系。所謂區域分工，是指各地區利用自身優勢，發展專業化產業部門，開展地區間協作和交換，由此而形成的技術分工和社會分工在地域空間的表現形式。根據區域之間存在的產業梯度和經濟交換關係的不同，區域分工可以分為三種類型：垂直型分工、水平型分工和混合型分工。垂直型分工是在產業梯度存在一定差距的區域的一種分工，分工建立在雙方經濟發展和產業結構存在較大差距的基礎上，發達地區主要發展技術密集、資金密集的高附加值產業，不發達地區主要發展原材料和初級加工產業。水平型分工是在基本不存在產業梯度的區域之間的分工，分工方經濟發展和產業結構基本處於同一水平上，所分工的產業的生產技術水平基本接近。混合型分工是指一個區域的區域分工中，既有與其他發達地區之間的分工合作，也有與不發達地區之間的分工合作，即既有垂直型分工成分也有水平分工成分。在現有國際層面的分工中，發達國家一般為混合型分工：與發達國家之間為水平型分工，與發展中國家為垂直型分工。

區域分工是區域產業發展的前提，區域產業既是區域分工發展的必然結果，也是進一步促進區域分工發展與變化的條件。因此在既有的區域分工格局下，產業佈局需要盡量遵循既有的產業佈局狀況，以此推進區域產業的繼續發展。同時也應與時俱進，把準新的經濟發展狀況下區域間由於實力此消彼長而導致的產業佈局不協調情況，通過新的產業佈局予以調整和完善。

第三，經濟發展水平對產業佈局的影響。經濟發展水平是生產力發展水平的直接體現，生產力發展水平的高低決定著經濟發展的水平。在生產力發展水平較低的農業社會，農業主要按照自然資源狀況進行分佈，少量的手工業主要按照地理位置進行分佈，一般分佈在沿江沿河地區。進入工業社會以來，第一次產業革命時期隨著蒸汽機的出現，工業開始擺脫依水而設的格局而趨向燃料指向，使各主要煤炭產地和交通樞紐成為產業分佈中心。在以內燃機、電力的應用為主要標誌的第二次產業革命時期，生產力水平得到顯著提高，產業得以擺脫對於燃煤動力的依賴分佈於遠離燃料產地的大城市，工業生產趨向集中，城市成為產業中心。在以電子計算機等高新技術應用為主要特徵的第三次產業革命時期，生產力高度發展，產業佈局主要向具有比較優勢的最適宜地區集中。在以信息技術的應用為典型表現的知識經濟時代，產業佈局則主要向知識密集地區集中。

第四，生產要素稟賦對產業佈局的影響。生產要素稟賦主要指勞動力要素和資本要素，對產業佈局具有不同的影響。勞動力要素的數量、質量、價格、結構（如年齡、性別結構）對於產業佈局具有綜合影響，比如：勞動力要素充裕、質量和價格較低的地區，適宜佈局勞動密集型產業；勞動力質量較高的地區，適宜佈局技術密集和知識密集型產業；勞動力平均年齡較小、質量較高的地區，適宜佈局創新型較強、滿足個性化需求的新興產業；如此等等。

第五，市場因素對產業佈局的影響。距離市場的遠近、市場規模、市場結構、市場競爭、市場體系等市場相關因素，都會對產業佈局產生影響。對於運輸成本占比較大、市場反應時間要求快的產業，盡量配置在距離市場較近的地區。市場規模大的地區，應作為產業佈局的主要集中地。市場結構主要指商品和服務的種類結構，顯然，產業的佈局應有針對性地趨向商品和服務的主要需求地區。市場競爭可以促進生產的專業化協作和產業的合理集聚，使產業佈局趨向更有利於商品流通的合理區位，地區政府可以基於本地的經濟、產業發展戰略目標，為市場競爭程度不同的地區配置相應產業。市場體系建設的完善程度，對於產業發展至關重要，產業結構成長好且快的地區一定是市場體系建設完備的地區。其中，資本市場對產業佈局的影響在現代社會特別突出。資本市場發達、體系完備、融資渠道暢通的地區，適宜配置風險高、對資金要求高的現代產業。

第六，基礎設施條件對產業佈局的影響。基礎設施主要包括道路、機場、港口、橋樑、通信、供電、供水等設施，以及提供無形產品或服務於科教文衛等部門所需的固定資產，是一切經濟、社會活動所需的共同物質基礎。顯然，基礎設施的完備程度直接關係到產業活動能否順利開展。對欠發達地區而言，基礎設施水平普遍較低，而且區域建設不均衡。為了實現產業的順利發展，產業應優先佈局於基礎設施水平較高的地區，以此保障產業順利、快速發展，帶動形成地區的增長點、增長極。

(四) 技術因素

技術是指生產過程中所運用的各種操作方法、工具設備、工藝流程、生產技能和管理水平。科技是第一生產力。自產業革命爆發以來，技術的進步推動著產業實現一波波發展高潮。產業技術進步狀況，日益成為決定產業生死存亡的關鍵。技術因素對產業佈局的影響，主要來自產業本身技術進步狀況以及產業技術進步所要求的外部技術環境與條件狀況。不同技術水平的產業，對於佈局要求的重點不一樣。勞動密集型、部分資金密集型等技術水平相對較低的產業，佈局時應更多考慮勞動力和資金要素稟賦豐裕、綜合成本較低的地區；技術密集型、知識密集型產業，佈局時應更多考慮區域創新環境較好、能力較強的地區，比如靠近研究中心、高等學校的地區。當然，時至今日的信息化、智能化時代，傳統產業、勞動密集型產業對於技術進步的要求也日趨提高，從而佈局時也應越來越多地考慮地區對其技術進步的支撐度。

(五) 政策因素

中央政府和各級政府制定的相關政策，也對產業佈局發揮著重要的影響作用。一般而言，這類政策主要包括三類：直接的產業佈局政策、隱性的產業佈局政策和導出的產業佈局政策①。

政府直接制定的產業佈局政策，是指為刺激特定區域經濟發展，政府制定的以某種方式引導產業佈局於該區域的政策。激勵手段一般包括政府直接投資、許可證制度、配額制、優惠的財稅政策等。很多國家包括美國、英國等西方國家也經常制定類似政策，以期影響產業佈局的走向，尤其是20世紀50年代到20世紀70年代為吸引快速發展的跨國公司在特定地區設廠，各國競相推出相關方面的政策。政府政策往往會有重要的隱性空間佈局影響，這類政策稱為隱性的產業佈局政策，具體包括貿易與關稅政策、國防政策、融資支持政策等。例如，加拿大的關稅政策被用於保護安大略省和魁北克省；美國的國防政策，使得大部分軍費開支都花到了位於加利福尼亞州以及東北部製造產業帶的企業身上；英國軍費開支的流向也在某種程度上與特定地區相聯繫。當各級地方政府制定不同的產業政策時，會形成所謂導出的空間佈局政策。各級地方政府對於吸引投資，開發本地經濟的意願、方法和政策往往存在不同，這種差異實際上產生了類似產業佈局政策的效果，因而被稱為導出的產業佈局政策。

四、產業佈局的基本原則

對產業佈局的影響因素進行分析，是科學決策產業佈局的前提和基礎。合理的產業佈局，應契合地理、資源、經濟、技術、社會等因素對產業佈局的影響，並遵循一定的原則。

(一) 經濟效益優先原則

產業佈局的首要原則是經濟效益優先原則。市場經濟社會中，一切生產活動均應以經濟效益第一為原則，「效率優先、兼顧公平」。產業佈局關係到能否實現資源配置

① 楊公樸，夏大慰，龔仰軍．產業經濟學教程［M］．3版．上海：上海財經大學出版社，2008．

的優化與高效利用，能否以最小的投入獲得最大的產出，因此需要秉持經濟效益優先原則，將經濟效益放在首位。

(二) 比較優勢原則

遵循比較優勢原則，針對各個地區的比較優勢進行產業佈局配置，有利於發揮各地優勢，降低產業發展的不確定性，促使產業獲得較快的發展速度，並形成錯位發展、互促互動的良性格局，從而保障產業實現較好的發展效益，擁有良好的發展前景。

(三) 分工協作原則

產業佈局應堅持分工協作原則，立足於區域資源稟賦及差異，體現勞動地域分工與地區綜合發展相結合、地區生產專門化與多樣化相結合的關係。根據分工協作進行產業佈局，不僅能充分發揮各地區優勢，最大限度地節約社會勞動，促進商品的流通和交換，而且可以加速各地區經濟一體化的進程，促進整個經濟的快速發展。

(四) 全局性與長遠性結合原則

產業佈局需要從全局、長遠的角度來進行。產業佈局的全局性視角，要求充分發揮各地區的比較優勢，同時協調地區發展與全局發展的關係，處理好局部利益與全局利益的矛盾與衝突。產業佈局的長遠性視角，要求協調當前與長遠的關係，根據各個發展時期、階段的要求來進行產業佈局，同時又要兼顧長遠的發展需要，在當前利益與長遠利益存在矛盾時做到前者服從後者。

(五) 可持續發展原則

產業的可持續發展是經濟可持續發展的基礎，合理的產業佈局有利於產業實現可持續發展。這要求產業佈局在堅持經濟效益優先原則的前提下，實現經濟效益、生態效益和社會效益的統一。也就是說，產業佈局不僅應追求最佳經濟效益，而且還要重視對生態環境的保護與治理，重視產業發展的社會效益。

五、地區主導產業的選擇

相對於全國性意義上龐大、複雜的產業體系的佈局，地區（包括一些小型經濟體）產業佈局相對簡單。對一個地區而言，往往一個或幾個主要產業就構成其經濟的主體，決定著地區經濟的發展方向、速度、性質和規模。所以地區產業佈局的核心工作，是在合理選擇主導產業的基礎上，圍繞主導產業及其產前服務、協作配套和產後深度加工、資源綜合利用，來進行產業鏈的空間佈局，以此形成高效率的產業經濟有機體。主導產業選擇是地區產業佈局的重中之重。

(一) 選擇基準

第四章闡述了主導產業選擇的一般基準，這更多適用於全國層面的主導產業選擇。對地區而言，基於主導產業選擇的一般基準結合地區層面經濟的特點，可以應用如下主導產業選擇的指標體系：

第一，市場潛力，選取的指標有需求收入彈性、市場佔有率、產品淨調出能力；

第二，相對優勢度，是指由地區的區位優勢所產生的相對優勢的大小，包括比較勞動生產率、年技術進步速度、創匯能力、產業經濟效益等衡量指標；

第三，產業規模，主要是指以專門化率表示的產業規模指標，專門化率是某一產業在區域產業結構中所占的比重與該產業在上一層區域產業結構中所占的比重之比；

第四，產業關聯度，主要是指影響力系數和感應度系數，下一章將述及。

(二) 選擇步驟

地區主導產業的選擇是一個定性分析與定量分析結合、地區分佈與全國佈局相結合的過程，具體的步驟包括：①確定經濟區劃的層次與方案，作為地區主導產業分析的空間基礎；②以綜合經濟區為單元，分別計算出各地區不同產業的上述評價指標，用幾何平均法匯總，求出各綜合經濟區的綜合評價值；③根據地區經濟所處的階段及地區具體條件，按各行業綜合評價值的順序，選出靠前的若干個行業；④進行區間評比篩選，根據全國綜合平衡、國家產業政策、產業佈局指向以及地區的有關條件，選擇本地區發展條件最好的產業，列為主導產業；⑤作進一步分類調整，在更細的產業分類層次上，明確入選的主導產業。

確定地區主導產業後，可以縝密分析地區的產業佈局影響因素，運用前述產業佈局的規律、原則，對於主導產業以及其關聯配套產業進行合理的佈局。

◇**案例** 5.1

中國的區域經濟與產業佈局

中國經濟已經進入一個新的發展階段，但生產要素空間結構安排不合理的情況也越來越突出，對中國工業化、城市化未來的進程形成極大阻礙。如何認識中國經濟空間結構的特點，找出符合國情與客觀規律的區域經濟戰略思路，是當前經濟發展的一個重要問題。

1. 中國區域經濟的歷史沿革與現狀

在西方列強撬開中國大門之前，中國是一個自給自足的農業社會，鴉片戰爭以後，中國近代工業開始形成並發展。但直到 1949 年中華人民共和國成立以前，中國經濟的絕大部分還停留在古代水平，屬於現代工業的不到 10%，這些現代工業又有 70%集中在面積不到全國 12%的東部沿海地帶。

新中國成立 60 多年來，中國工業經濟的空間佈局發生了很大變化。「一五」時期，國家建設重點放在以東北為主的三北地區。「二五」時期，由於大躍進打亂了原定的加強沿海發展的戰略部署，加上國家要求各大協作區和各省市都建立起各自獨立完整的工業體系，因此沿海地區優先發展戰略未能得以實施。「三五」和「四五」時期，工業佈局以備戰為中心展開，重點是開展「大三線」建設。這樣，建設重點還是內地。改革開放以來，國家制定了沿海地區加快發展的戰略，使整個經濟發展呈現出由東向西逐步推進的態勢。由於改革開放依賴的時期是中國工業發展最快的時期之一，因此很大程度上決定了目前中國工業總量的佈局，即明顯表現出自東向西逐級衰減的梯度分佈格局。概括起來，每平方千米的工業產值，全國平均為 38.6 萬元，東部為 515 萬元，中部為 53 萬元，西部為 5.7 萬元，即大約每個梯度相差 10 倍。

此外，這種情況的一個最顯著的特點，是中國工業區域分佈具有「南輕北重」「東輕西重」的特徵。如果以長江為界將中國劃分為南北區域，則北方大部分省區的重工業比重均超過全國平均值，南方大部分省區尤其是沿海地區的輕工業比重大大超過全國平均值。如果將中國劃分為東中西三區，則超過全國重工業平均比重的省區，四分之三以上是中西部省區。東西南北地區間產業結構存在明顯差別，說明以省為單位的產業結構並不獨立，而是在省區間展開分工。

2. 中國經濟地理的總體格局

中國面積與美國、歐洲差不多，但可耕地面積只有美國或歐洲的一半，其原因是第四紀以來「阿爾卑斯—喜馬拉雅造山運動」在中國形成了世界第三極——青藏高原，整個西部的隆起使中國成為山地和丘陵占全部國土面積的2/3的國家。青藏高原及其向東部延伸的幾條山地決定了中國的地勢西高東低，「一江春水向東流」，這不僅規定了東亞季風的形成和地理範圍，而且規定了中國雨熱同期的氣候特徵和降水量從東南向西北遞減的趨勢。青藏高原的高高隆起徹底阻礙了印度洋濕潤氣流對中國西北地區的影響，使那裡形成了干旱、半干旱氣候以及這種氣候條件下相當脆弱的生態環境；與隆起過程相符合，第四紀以來的全球氣候變暖、亞洲大陸中心地帶的荒漠化使其與青藏高原交接的邊緣地帶沉積了厚重的黃土，形成了環境同樣脆弱的黃土高原。

工業革命以來，雖然人類的技術手段越來越先進，但大自然自身的規律無法改變。即使擁有了現代手段，地形和水分條件的地理格局依然是制約人類活動的基本因素，因此，區域性的地理環境在某種程度上可以限定一個地區的人口和產業發展的規模。

根據上述對中國地理環境基本格局的分析，對照古代文明的時空進程，我們可以發現一個中國經濟地理格局演變的基本規律。中國古老的農業文明幾乎同時起源於黃河和長江流域，但隨著人口的不斷增長，經濟中心逐漸向南移。其根本原因，是氣候變暖使北方的水分條件惡化，限制了該地區的農作物產量，從而限制了中國北部的人口增長。

青藏高原和西部地區嚴酷的自然環境，則將該地區少數民族人口長期限制在很低的數量級上。明清以來，由於美洲高產作物（玉米、薯類）的引入，中國東部地區人口迅速增加，但是在自然災害年份，東部的國土承載力仍然無法支持相對增加的人口規模，於是產生了下南洋、闖關東、走西口等近代人口流動。傳統農業繼續向中國所有適宜於農業墾殖的地區擴散，同時也使東北、西北和西南等地區的原生態環境遭到不斷的破壞。農業文明的地理擴散至此基本宣告結束，這個在自然地理環境的規定下所形成的農業文明的地理格局，也奠定了以後中國工業化和城市化的基本格局。

3. 影響中國區域經濟的基本要素

首先是地理環境因素。幅員遼闊和人口密集，使得中國東部很多地區都有可能形成相對獨立的區域市場和產業群體。沿青藏高原的橫斷山脈，經秦嶺、太行山、燕山、遼西山地到大興安嶺可以畫一條線，即所謂的「胡惟庸線」。此線以東，除雲貴高原以外，大都是適合工農業發展的平原地區，產業選擇的餘地很大。山地和丘陵構成了天然的邊界市場，河川則成為區域市場之間的自然紐帶。此線以西，除大河流域附近的少數地區，大都只適合發展畜牧業。產儘礦產資源豐富，城市位置和人口規模的選擇餘地卻很小。地理環境條件、自然資源稟賦上的差異，不僅決定了不同地區城市人口密度和區域市場規模上的差異，而且強化了各地區之間的相互依賴。

其次是人口遷移。歷史上多次的人口向東南遷移，使江南地區聚集了深厚的華夏文明遺存。其中包括細作農業技術、精湛的手工技能和勤儉、執著的經商傳統。近代以來，西方的工業文明通過海洋向世界各地擴散，中國東部地區的農業文明積澱和有利的地理位置使之最早受到西方文明的影響。這種歷史上所形成的地理格局至今對長三角、珠三角地區經濟的率先發展，依然發揮著重要的作用。

第三，外部力量的推動。外部推動成為中國東北地區工業化的重要因素。從19世紀末開始，日本和俄羅斯就開始了對東北地區的爭奪，並啓動了那裡的工業化。到20世紀40年代，東北地區已經成為中國重工業最為發達的地區。新中國建立以後，蘇聯工業化對中國最直接的作用地區仍然是東北，東北因此成為中國工業化的基地。另一個決定中國區域經濟格局的因素是中國內在的因素——計劃經濟對地區公平和全國一盤棋的要求。這種制度性要求與後來國際政治地理格局對中國東部沿海、東北地區產生的外部威脅相結合，使得我們大力建設中部地區和三線建設成為必然，並成為中西部省份今天工業發展的決定性因素，為那裡創造了技術和人員方面的條件。

最後，政府政策。改革開放以來，由於實行了多種形式的財政「分級包干」，放松了中央對經濟生活的管制，調動了地方發展經濟的積極性，沿海地區的區位優勢也得到了充分的發揮。特別是加入WTO以來，東部地區的經濟越來越深地捲入了國際經濟大循環中，進一步拉大了與中西部地區的差距。另一方面，家庭農作制大大提高了農業效率，農村勞動力過剩的問題逐漸顯露出來。大量中西部農村青年源源不斷地流入東部地區打工，使這些地區外向型經濟的低成本優勢得以長期保持，延緩了出口加工業向內陸地區的梯度轉移。因此，中國已經從產業分均衡（重工業優先）的經濟發展模式，轉變為區域非均衡的經濟發展模式。

【案例評析】

資本主義的發展給傳統經濟學提出了許多區位方面的問題，由此產生了多種多樣的區位與運輸方式的比較與選擇問題。自19世紀起，先後形成了四個有代表性的理論：杜能的農業區位理論、韋伯的工業區位理論、克里斯泰勒的中心地理論以及廖什的市場區位論。通過對這些理論的學習，有助於我們瞭解區域經濟問題的幾個基本要素：尋求最低成本的合理佈局問題、集聚效果與集聚規模問題、居民點體系的空間形態及以城市為中心的土地利用空間結構問題、社會經濟發展個階段空間演變的特點問題；等等。

對於中國來說，農業過熟、城市化不足，是長期以來中國的一個老問題。那時的政策出現在歷朝、歷代皇帝的「重本抑末」上。改革開放以來，沒有人再反對發展工商業了，但是在如何選擇城市化道路上，卻存在兩種截然不同的意見：

一些人希望中國能夠避免西方國家工業化過程中出現的大都市病，設計出一條「離土不離鄉」、以中小城鎮為主的城市化發展道路。但是，這種思路不符合西方各國現代化的歷史經驗，也被改革開放以來中國的社會實踐所否定。實行家庭承包制以後解放出來的農村勞動力，毫不猶豫地流入東部大城市找工作，完全不理會鄉村學者們「離土不離鄉」的理性召喚。

中國是一個人均耕地不足的國家，城市化又不可能不占用耕地，問題是如何盡可能少占用。根據中小城市戰略家們的設計，一個鄉鎮的城區規劃面積為2~9平方千米。中國有約5萬個鄉鎮，如果其中的一半變成中小城市，則需要至少占用一個江蘇省那麼大的面積。主張都市化發展的學者們指出，只有大城市產生的集聚效應，才有可能減少耕地的占用。因地制宜、規劃得當的都市化方案，至少比中小城鎮方案節約一半左右的耕地。

此外，在環境保護上與鄉村學者的設想也不一樣。工業廢料和生活垃圾並不因為城市規模小而少產生。大城市雖然污染集中，但由於污染治理設施同樣存在規模經濟問題，治理起來反而具有明顯的優勢。

現代工業文明的一個顯著特點是生產的集約化。這一點決定了城市化的方向。中小城鎮方案滿足不了生產集約化的要求。只有大城市才能產生現代產業發展所需要的集聚效應，帶動整個產業鏈以及整個地區經濟的發展。都市化並不是要消滅中小城鎮，而是根據區域經濟發展的規律，幫助各個地區的增長極成長為大城市，並利用快速交通線將大中小城市連接起來，形成聯繫緊密、分工明確的產業鏈和城市帶。要防止出現西方式的大城市病，根本出路是在城市帶的規劃中，明確城市間的分工，同時對大城市實現功能分區。如果能在珠三角、長三角、環渤海等地區形成若干城市帶和城市圈，聚集全國三分之一的人口，中國的現代化問題就好辦多了。

另外，中國人口增長先於經濟增長，使得中國在現代化的初級階段，就面臨西方後工業化才遇到的種種問題。為了緩解中國人口與資源之間的矛盾，除了更多地採用國際大循環的方式來利用國外資源外，合理利用本國的資源也非常重要。根據以上分析，考慮中國的自然地理特徵和整體發展的需要，必須採取地區非均衡發展戰略，鼓勵生態脆弱的地區人口向東部地區流動，根據江河流域特點進行國土規劃和整治。所有這些，都需要中央政府明確承擔起自己的責任來。

需要指出的是，改革開放以來，大家在批評政府過多地干預經濟的同時，往往忽略了中央政府在協調區域發展方面所起的作用和承擔的責任。例如，首鋼的搬遷問題，不應由北京去和各個省市談判，如果中央政府出面解決問題，問題會解決得更快。振興東北老工業區問題，也不是省一級的層次能解決的。總之，區域經濟的佈局問題，無論是戰略規劃、利益協調還是組織實施，很大程度上都是中央政府的責任。忽視了這一點，整體發展就要付出沉重的代價。

【案例討論】

經濟發展能否消除區域經濟發展不平衡的問題？如能，給出理由。如不能，如何才能更快更好地促進區域經濟的協調發展？

第二節　產業集群

產業體系自發運行的結果，往往會趨向於發展要素的集聚，形成一個個產業集群。合理的產業佈局，也必須順應這一規律，有利於或推動產業集聚的發生。所謂產業集群，是以某一特定產業（主導或優勢產業）中的大量企業及相關企業高度集群為中心，企業、行業協會、金融機構、培訓機構、科研機構以及地方政府之間相互作用的空間集合。

一、產業集群的基本理論

針對產業集群的研究是一個跨學科的研究，包括經濟地理、產業組織、技術創新以及社會學等多領域。現有研究主要集中在三個方面：第一，探討集群內涵；第二，探討集群的形成機理；第三，探討集群的發展問題。下面主要介紹三種代表性理論。

（一）「新工業區」（NID）研究

「新工業區」（NID）理論起源於馬歇爾的產業區位理論，研究主要對諸如美國硅谷等產業集聚地區的持續增長現象進行瞭解釋。首先，新技術的引入使得生產柔性化。尤其是信息技術的引入，降低了資產的專用性，提高了資產的靈活性，使得生產柔性化能夠生產多規格產品以滿足顧客的多種需求，企業能夠快速靈活應對市場變化，根據顧客的需要組織生產。其次，集群促進勞動分工，使得不同企業可以從事產品價值鏈上不同環節的生產，形成外部經濟、範圍經濟。最後，集群可以產生「集體效率」，即通過區域合作和共同行動獲取額外好處。上述三方面，使得產業集群能夠實現持續發展。

（二）保羅・克魯格曼的觀點

20 世紀 90 年代以克魯格曼為代表的新經濟地理學，揭示了產業集群的形成原因。克魯格曼強調，密切的經濟聯繫而非比較優勢導致集群的產生，並且認為技術外溢是產生集群的次要因素，因為低技術產業也能形成集群。集群的產生有三個方面的主要原因：第一，市場需求。有最大需求的地方會吸引大公司的到來，形成規模經濟，也會吸引其他公司，從而提高集聚程度。規模經濟潛力越大，運輸費用越低，形成集群的可能性也越大。這種現象一般出現在有大型經濟單位的地區內部。第二，外部經濟。外部經濟來源於三個方面：勞動力市場的共享、專業化投入與服務、知識和信息的流動。外部經濟的這三方面來源，形成了空間集聚的向心力。第三，產業地方化。地方專業化可能只是歷史的偶然結果，但一旦形成，就會由於累積循環的自我實現機制而被鎖定。所謂累積循環自我實現機制，指生產活動集中於市場大的地方，而市場會因為生產活動的集中進一步擴大，由此形成一種累積循環因果關係。最終，地區會把所有的資源集中於單一的產業之上。

當然，克魯格曼認為產業集群不是在任何情況下都能產生。當貿易成本很低、接近自由貿易時，各個地區因素價格區域均等化，因而集群不可能出現；當貿易成本很高，各個地區只服務於本地消費者，集群也不會發生；只有在中等貿易成本下，一方面存在較大的因素價格差，另一方面服務面向全部地區，互有投入產出聯繫的廠商之間前後向聯繫效應最強、最緊密。這種前後向聯繫產生強大的向心力，集群才得以發生。

（三）波特的新競爭優勢理論

1990 年，邁克爾・波特在《國家競爭優勢》一書中，首次提到產業集群

(Industrial Cluster) 一詞，並在後來的研究中分析了集群現象。他認為，「集群是特定產業中互有聯繫的公司或機構聚集在特定地理位置的一種現象」。集群包括一連串上、中、下游產業以及其他企業或機構，涵括了零件、設備、服務等特殊原料品的供應商以及特殊基礎建設的提供者。集群通常會向下延伸到下游的通路和顧客上，也會延伸到互補性產品的製造商以及和本產業有關的技能、科技，或是共同原料等方面的公司上。另外，集群還包括了政府和其他機構，如大學、職業培訓中心、貿易組織等，為之提供專業的訓練、教育、資訊、研究以及技術支援。

波特對產業集群的研究是結合其對國家競爭優勢的研究展開的。波特認為，創新是企業競爭優勢獲得的根本途徑，也是企業保持持續競爭能力和國家保持競爭優勢的核心，而產業集群正是企業實現創新的一種有效途徑，因為產業集群本身就是一種良好的創新環境。在這個意義上，波特認為國家競爭優勢主要不是體現在比較優勢上而是體現在產業集群上，產業集群是國家競爭優勢的主要來源，國與國在經濟上的競爭主要表現在產業集群的競爭上。有三個原因可以解釋為什麼產業集群對競爭優勢至關重要。第一，產業集群能夠提高集群內企業的生產率，使每個企業在不犧牲大規模企業所缺少的韌性的條件下從集群中獲益，集群內企業之間的競爭及相互模仿推動了成本的下降與操作方法的優化；第二，產業集群能夠提高集群內企業的持續創新能力，並日益成為創新的中心；第三，產業集群能夠降低企業進入的風險，促進企業的產生與發展。

二、產業集群的基本特徵及形成類型

作為一種產業發展的空間地理現象，各國各地的產業集群具有一些共同的顯著特徵，也形成了幾種典型的模式。

(一) 產業集群的基本特徵

產業集群的核心是企業之間及企業與其他機構之間的聯繫及互補性，這種關係既有利於規模經濟的獲得，也比垂直一體化的大企業具有更大的靈活性，而且有利於互動式學習過程的進行，加速了創新過程的實現。具體來看，產業集群主要表現為四個方面的特徵。

1. 空間集聚性

產業集群是大量企業、機構在特定地理區域內聚集的經濟過程和現象，空間上的集聚是產業集群的外在表現形式和首要特徵。

2. 柔性專業化

集群也是柔性生產的地域系統，即集群內企業對市場需求、產品結構和產品設計方面的快速變化具有較強的適應能力。這種柔性專業化主要表現在兩個方面：第一是集群內企業間的柔性關係，產業鏈上下游企業之間的協作具有高度的靈活性，能夠實現生產的柔性，滿足市場需求的變化；第二是集群內企業具有柔性的勞動過程，學習的存在、勞動力使用的柔性機制，使員工能與企業外部進行快速的知識、信息、技術交流，加快了企業的創新速度，也增大了企業創新的可能性，使生產能適應市場的多變。

3. 社會網絡化

產業集群是一種產業網絡體系，包括企業之間、企業與政府部門之間、企業與各類仲介服務組織之間等等的各種正式和非正式網絡。網絡的存在，有利於擴散和傳播默示知識，加速知識、技術、管理的創新速度，保持和提高集群的總體競爭力。

4. 植根性

產業集群是一種積極參與全球分工又與本地社會文化高度融合的本地化產業集群。集群內企業不僅在地理上靠近，還具有很強的本地聯繫，包括經濟、政治、社會和文化的聯繫。這使得集群內企業的行為深深植根於相互熟悉的社會文化環境下，產生信任、理解與相互合作。這是集群內最有價值的資源。

（二）產業集群的形成類型

目前，在世界各主要國家的產業發展中均形成了一些具有較大影響的產業集群，如美國的硅谷、德國斯圖加特的機床產業群、法國巴黎森迪爾區的網絡產業群、印度旁遮普邦德海阿那的金屬加工和紡織產業群等。這些集群並無固定的模式，大致可以分為三類。

1. 縱向集聚

縱向集聚指由產業縱向關聯形成的集群。集群內企業屬於一個產業的上中下游，彼此間存在投入產出關係，產業鏈成為集群生存與發展的動力，每個企業占據產業鏈上合適的位置，形成一種合理的分工與協作狀態。

2. 橫向集聚

橫向集聚指由產業橫向關聯形成的集群。通常以區域內某一主導產業為核心，通過企業間的橫向聯繫，外部形成多層次的產業群體，例如美國加州的葡萄酒業集群。該集群以釀酒為主導產業，外圍形成第二層次的輔助性產業如葡萄種植業、釀酒設備加工業，第三層次的服務型產業，如科研、教育機構，最外圍是旅遊業、仲介服務、金融服務業。

3. 區位指向集聚

區位指向集聚是由同一產業或不同產業的眾多中小企業組成，充分利用區位優勢如地理環境、資源稟賦等，形成各種專業化的小型產業集群。如義大利，長期以來一直是小農形態，農民從事副業生產並形成了手工業傳統，產生大量的企業群。這些企業群分佈於工業區，涉及的行業領域十分廣泛，包括汽車及零部件產業區、紡織服裝專業區、制革皮鞋專業區、家具專業區、眼鏡專業區等，顯示出「一區一業」「一鎮一品」的特色。

三、產業集群的集聚效應

通過產業發展要素的不斷集聚，產業集群從孕育到形成再到成熟，最終形成一個個具有強烈集聚效應的產業集群。產業集群的集聚效應，彼此糅合、相互作用，產生一種「1+1>2」的力量倍增效應，促使整個集群形成超越於單個產業發展力量之和的整體能力，推動產業、企業快速發展。

（一）規模經濟效應

產業集群具有良好的規模經濟效應。產業集群的形成，不僅能夠擴大相關產業的規模，也有利於擴大相應企業的規模，從而使產業和企業實現規模經濟，降低成本，享受到單獨發展難以實現的規模經濟效益。

（二）關聯效應

產業集群的本質，就是關聯性強的各個行業通過專業化分工協作共同促進、共同發展，從而獲取規模經濟效益。由於集群內的企業都是屬於相關產業或者支持性產業，這使得企業之間會因為生產、銷售或服務關係而形成一種網絡。這種網絡相當於一種有組織的市場，並有一套相對固定的規則，企業間的經濟、技術等交流活動都會在這個網絡裡進行。這樣一種全方位的體系使得集聚區整體效應大於部分之和，企業可以贏得更及時、更集中、更方便、更低廉的生產要素供給，減少獲得信息的成本，加速配套產業的發展從而完善集聚區的配套服務體系。

（三）知識外溢效應

知識包括技術知識、需求信息、供給信息、經營經驗等，具有公共物品屬性，一旦被創造並經擴散，對產業、企業的發展具有正的外部性。但是很多知識是憑經驗累積起來的，沒有人際間的頻繁接觸和耳濡目染很難傳播或者傳播速度慢。在產業集群裡，同行業的生產人員、供應商、重要的客戶、相關輔助和服務業人員集中生活在一起，人際間的頻繁接觸和交流，增加了經營的透明度，行業的秘密不再是秘密，「空氣中彌漫著產業的氣味」（馬歇爾語），從而極大地有利於知識的傳播和擴散，使得集群中的企業很容易獲得研發、人力資源、信息等方面的外溢知識。

（四）創新帶動效應

創新資源越容易獲取，創新越有優勢。創新資源主要包括人才、資金和技術。產業集群的形成，極大地促進了人才、資金和技術資源的聚集，為處於其中的企業獲得各種創新要素提供了一個便利的專業化供應源。例如對於創新最重要的風險投資，由於產業集聚能使風險投資者便捷地瞭解產業發展的動態，判斷擬投資企業的發展前景，很大程度上降低投資的風險，因而越是產業集聚的地區風險投資越多，越是能為創新提供資金保障。

（五）模仿效應

產業集群內企業的接近和瞭解，使它們之間的相互影響加強。由於競爭的需要，某個企業一旦採用某種新技術、管理新方法或銷售新方式，就很有可能在集群內產生連鎖反應，引發其他企業紛紛跟進學習、模仿。這也意味著產業集群是一個典型的學習型組織，集群內企業能夠通過相互學習和模仿，實現新知識、新技術的快速推廣與普及，從而始終維持較高的競爭力。

（六）集聚擴散效應

產業集群猶如一個磁場，對生產要素產生強大的吸引力，使企業向集群聚集，促進集聚地區的發展。集聚地區的發展，又會引起地域擴張，產生強大的擴散效應，輻射和帶動周圍地區的發展。

◇案例 5.2

浙江永康五金產業集群的形成與發展[1]

浙江省是中國塊狀經濟最活躍的省份，也是產業集群最為集中的地區。據統計，浙江省 2010 年銷售收入 10 億元以上的塊狀經濟達到 312 個，年銷售收入 100 億元以上的塊狀經濟共有 72 個，占據全省經濟總量的半壁江山。2010 年銷售收入超過 100 億元以上的產業集群數量有 5 個，分別是杭州裝備製造、紹興紡織、蕭山化纖紡織、永康五金及寧波服裝產業集群，另有 4 個產業集群年收入超過 500 億元。其中，永康五金產業集群是歷史最悠久，並且保持較強競爭力的產業集群之一。

永康有「五金之鄉」的美譽，素有「打銅打鐵走四方、府府縣縣不離康」的說法。永康五金冶煉歷史源遠流長，「皇帝鑄鼎」被認為是永康五金冶煉的起點，春秋時代的青銅器製作，漢代的鐵刀以及「五代」時期的錫器工藝表明，永康有著悠久的五金冶煉文化與技術淵源。

改革開放以來，在一些具有企業家意識的能工巧匠的帶領下，永康湧現了一批家族式企業，個體私營經濟迅猛發展，企業數量快速增加，企業規模不斷擴大，逐漸形成了頗具特色的五金產業集群。目前，永康是中國最大的五金產品集散地，有五金企業 1 萬多家，從業人員約 30 萬人，已形成以五金為核心的八大支柱行業：汽車摩托車整車及配件、休閒運動車、金屬安全門、電動工具、金屬冶煉壓延、不銹鋼製品、小家電、衡器等。主導產品有五金機械、電動工具、保溫杯、防盜門、滑板車、化工、建材等，其中電動工具、保溫杯、防盜門、休閒運動車等的產量占全國 70%左右。同時，永康打造了中國最大的五金專業市場「中國科技五金城」，雲集全國 4,600 多家五金商戶。永康還是中國最大的五金出口供貨基地、最大的電動工具生產基地等。

「十五」以來，以汽車整車、輪轂、電機為代表的汽車及汽車零部件生產為標誌，永康開始不斷升級產業，由傳統五金、小五金向大五金轉變。眾泰汽車於 2005 年投產並熱銷，2008 年泰龍集團、鄭泰集團等公司生產輪轂分別達到 80 萬只、60 萬只，2008 年全市汽車及汽摩配生產企業達 720 多家，產值 117 億元，占全市工業產值的 12%。

為進一步推動永康五金產業集群升級，永康著手打造「總部經濟」，實現企業價值鏈與區域資源的最優空間耦合。永康建設服務於五金產業發展的區域性總部、產業特色總部，將生產加工基地向武義、縉雲等地轉移，同時吸收眾多在武義、縉雲周邊地區的企業在永康設立總部，享受永康總部中心各種配套服務，彌補企業在人才、技術、信息等方面資源供應的不足，實現區域間互惠互利的合作局面。

2008 年全球金融危機爆發以來，產儘浙江省不少產業集群遭遇困境，但永康五金產業集群表現良好。2009 年年初，永康統計公布數據顯示，八大五金行業的產品產量都有 10%左右的增長，全市實現總產值 257.36 億元，按可比價增長 9.5%。2010 年，

---

① 衛龍寶，阮建青，傅昌鑾．產業集群升級、區域經濟轉型與中小企業成長［M］．杭州：浙江大學出版社，2011.

實現總產值307.43億元，按可比價增長12.7%。

但是，永康五金產業集群仍面臨一些制約因素：①集群企業生產成本上升，利潤空間縮小。②土地要素制約嚴重，部分集群企業外遷。土地價格不斷上漲，企業經營成本隨之上漲，據調查永康60%的五金企業存在用地緊張的問題，一些永康五金製造企業逐步將生產基地外遷至武義、縉雲、東陽等周邊縣市。③集群內企業主要是勞動密集型和粗放型經營，多數企業以產品模仿和技術模仿為主，許多產品是同類產品或競爭性很強的替代產品，而且產品加工工藝簡單、科技含量低、附加值低。另外，集群內許多企業缺乏創新意識，缺乏獨立開展產品開發和工藝設計的能力，加上創新風險大，導致一般企業沒有動力進行自主創新，只是停留在低水平的來料加工和代工生產階段，缺乏自主生產核心部件的能力。

資料來源：王俊豪．產業經濟學［M］．2版．北京：高等教育出版社，2012.

【案例討論】

1. 永康五金產業集群有哪些特徵？
2. 結合相關區位理論，論述永康打造「總部經濟」的現實意義。
3. 政府、企業應如何克服永康五金產業集群面臨的制約。

思考題

1. 試搜集相關資料，分析某地區的產業佈局現狀、問題與改進對策。
2. 中國產業集群發展現狀如何？存在什麼問題？如何進一步推進中國的產業集群發展？

【推薦閱讀】

1. 保羅・R克魯格曼，安東尼・J維納布爾斯，藤田昌久．空間經濟學——城市、區域與國際貿易［M］．北京：人民大學出版社，2013.
2. 邁克爾・波特．國家競爭優勢［M］．李明軒，邱如美，譯．北京：華夏出版社，2002.

【參考文獻】

1. 江曼琪．城市空間結構優化的經濟分析［M］．北京：人民出版社，2001.
2. 簡新華，楊豔琳．產業經濟學［M］．2版．武漢：武漢大學出版社，2009.
3. 蘇東水．產業經濟學［M］．2版．北京：高等教育出版社，2006.
4. 王俊豪．產業經濟學［M］．2版．北京：高等教育出版社，2012.
5. 鄔義鈞，胡立君．產業經濟學［M］．北京：中國財政經濟出版社，2002.
6. 衛龍寶，阮建青，傅昌鑾．產業集群升級、區域經濟轉型與中小企業成長［M］．杭州：浙江大學出版社，2011.

第六章　產業關聯

產業結構理論側重於運用定性分析方法，從「質」上闡述產業之間的相互聯繫和變化發展的規律，產業關聯理論則側重於採用定量分析方法，從「量」上說明產業之間的數量聯繫關係。本章首先對產業關聯理論進行一個概述，然後分析產業關聯分析的主要方法——投入產出表及其數學模型，最後運用投入產出表及其數學模型來進行產業關聯分析。

第一節　產業關聯概述

一、產業關聯的含義

產業關聯又稱為產業聯繫，是指產業之間在經濟技術上的數量比例關係，主要包括投入產出、供給需求的數量關係。產業關聯理論描述了國民經濟活動中各個產業之間廣泛、複雜和密切的經濟技術聯繫，其實質是揭示了如何在數量上對各個產業進行優化配置資源的問題。通過產業關聯分析確定了國民經濟中各個產業間的投入產出數量，也就決定了各個產業應該配置的資源數量。

二、產業關聯的種類

按照不同的分類方法，產業關聯可以劃分若干不同的種類。

(一) 按聯繫的內容分

按照各個產業之間聯繫的內容，產業關聯可以分為產品或勞務聯繫、生產技術聯繫、價格聯繫、勞動就業聯繫和投資聯繫。

1. 產品或勞務聯繫

國民經濟活動中，各個產業之間必須相互提供產品或勞務，才能維持社會再生產的進行，這種聯繫就是產品或勞務聯繫，是產業關聯中最基本、最廣泛的聯繫形式。例如煤炭業向電力業提供煤，電力業向鋼鐵業提供電，鋼鐵業向機械製造業提供鋼材，機械業又為煤炭業、電力業、鋼鐵業提供各種機械設備，如此等等。

2. 生產技術聯繫

國民經濟活動中，各個產業都有自己特定的生產技術要求和標準，這使得為某個產業提供產品或勞務的相關產業需要滿足這個產業的生產技術要求和標準，以這個產業的產品或勞務為投入品的相關產業也要適應這一生產技術要求和標準，這種聯繫就是生產技術聯繫。某一產業生產技術的變化，必然引致其與相關產業的投入產出比例的變化。

3. 價格聯繫

市場經濟中，各個產業間的投入產業聯繫表現為以貨幣為媒介的等價交換關係，即產業間的價格聯繫。產業之間的價格聯繫使不同產業之間不同質的產品或勞務聯繫，用價格這種仲介形式進行統一度量和比較，從而為價值型投入產出模型（見後文）的建立打下了基礎。此外，某個產業的價格發生變動，必然會引發相關產業發生連鎖反應，帶來產業比例關係的變化。

4. 勞動就業聯繫

國民經濟活動中的各個產業，彼此存在著相互促進而又相互制約的關係，一個產業發展或衰退了，必然帶來相關產業（主要指替代產業而非互補產業）的衰退或發展。表現在勞動就業上，一個產業發展或衰退會帶來就業的增加或減少，伴隨的是相關產業就業的減少或增加。這種聯繫就是勞動就業聯繫。

5. 投資聯繫

產業的發展，很大程度上依靠增加投資來實現。但在投資總量一定的情況下，一個產業的投資增加，必定帶來其他產業投資的減少。產業之間投資此消彼長、此長彼消的聯繫，就是投資聯繫。

上述產業關聯的各種聯繫中，產品或勞務聯繫是最基本的一種聯繫，其他聯繫都是在其基礎之上派生而來的。

（二）按聯繫的方向分

按產業之間聯繫的方向分，可以分為前向聯繫、後向聯繫和環向聯繫。前向聯繫是指一個產業向其他產業提供產品或勞務而發生的關聯。當 A 產業向 B 產業提供產品時，A 產業與 B 產業的關聯就是前向關聯關係，B 產業就是 A 產業的前向產業或下游產業。相應，後向聯繫是指一個產業需要其他產業的產品或勞務而發生的關聯。當 A 產業需要 B 產業提供產品時，A 產業與 B 產業的關聯就是後向關聯關係，B 產業就是 A 產業的後向產業或上游產業。經濟活動中，各產業通過前向、後向關聯關係組成了產業鏈，很多產業通過複雜的技術經濟聯繫會形成一個「環」，這種「環」狀的產業關聯，稱之為產業的環向關聯關係。如煤炭採掘業→鋼鐵冶煉業→採礦設備製造業→煤炭採掘業。

（三）按照聯繫的特點分

按照產業之間聯繫的特點分，可以分為單向聯繫、雙向聯繫和多向聯繫。

1. 單向聯繫

單向聯繫是指 A 產業為 B 產業提供產品或勞務參與其生產過程，但 B 產業的產品或勞務不再返回 A 產業的生產過程的產業之間的聯繫。例如，棉花→棉紗→棉布→服裝，這種產業間的聯繫就是單向聯繫。

2. 雙向聯繫

雙向聯繫是指 A 產業為 B 產業提供產品或勞務參與其生產過程，B 產業也為 A 產業生產過程提供產品或勞務的產業之間的聯繫。例如，煤炭業←→電力業，這種產業間的聯繫就是雙向聯繫。

3. 多向聯繫

在一系列的產業間，先行產業為後續產業提供產品或勞務，參與其生產過程，同時後續產業的產品或勞務通過一系列的產業鏈條又返回相關先行產業的生產過程，這種產業間的聯繫就是多向聯繫。例如，煤炭業←→鋼鐵業←→機械製造業←→煤炭業，煤炭業為鋼鐵業、機械製造業提供能源，鋼鐵業又為機械製造業、煤炭業提供鋼材，機械製造部門則為煤炭業、鋼鐵業提供機械設備，這種產業間的聯繫就是多向聯繫。

三、產業關聯分析的方法

產業關聯分析的主要方法是投入產出分析方法，由里昂惕夫在 20 世紀 30 年代提出。1936 年里昂惕夫發表「美國經濟制度中的投入產出數量關係」論文，標誌著投入產出理論的誕生。下一節將詳細介紹投入產出分析法。

投入產出分析方法的理論基礎是瓦爾拉斯的一般均衡理論。里昂惕夫曾說過，「投入產出法是用新古典學派的一般均衡理論，對錯綜複雜的經濟活動之間在數量上的相互依賴關係進行經驗研究」①。在一般均衡理論中，瓦爾拉斯用聯立方程組來描述一般均衡狀態，方程組的解就是均衡價格體系。但是，瓦爾拉斯一般均衡模型是一種純粹的理論抽象，無法對實際的經濟活動進行實證分析。里昂惕夫通過一些假定，將瓦爾拉斯一般均衡模型進行簡化，從聯立方程組中推導出比較簡單的線性方程組，並以此為基礎建立投入產出分析方法。因此有人說，里昂惕夫的最大貢獻在於把一般均衡模型成功地應用於實證分析。

由於投入產出分析法具有很強的解決現實問題的實用性，能精準度量國民經濟內部各個產業之間的數量比例關係，為經濟計劃、經濟管理提供良好的參考價值，因而受到了各國的普遍重視。20 世紀 50 年代，西方世界曾出現過編製投入產出表的熱潮，包括美國、日本、英國等在內的許多國家都編製了投入產出表，定時、按需進行投入產出分析。1968 年，聯合國在普及推廣國民經濟計算體系的新標準中，將投入產出表作為其重要的組成部分。至今，除少數經濟不發達、與國際市場聯繫較少的小國外，各國基本上編製了投入產出表。中國對於投入產出分析方法的研究，始於 20 世紀 60 年代，到 70 年代末和 80 年代初，投入產出分析開始被應用於實踐。中國第一個投入產出表是在 1974 年至 1976 年間，由原國家計劃委員會編製的 1973 年全國 61 種產品的實物型投入產出表。1982 年，國家統計局和原國家計劃委員會一起，會同國務院有關部門實編了 1981 年全國價值形態的投入產出表。

---

① 里昂惕夫. 投入產出經濟學 [M]. 崔書香，等譯. 北京：商務印書館，1980.

第二節　投入產出表與數學模型

投入產出分析中的投入，是指產業從事某種經濟活動所必須耗用的物質資料和必須使用的勞動力，產出是指產業從事某種經濟活動所得到的成果，即產品和勞務。國民經濟活動中，一個產業的產出就是另一個或一些產業的投入，一個產業的投入就是另一個或一些產業的產出。投入產出方法就是運用投入產出表，從數量上分析產業之間在投入產出上的相互依存關係，其分析結果是一國制定經濟計劃、制定產業政策和進行經濟預測的重要依據。

一、投入產出表的結構

國民經濟活動中，各產業部門之間在投入與產出、生產和分配上存在著極密切的生產技術聯繫和經濟聯繫，形成一個非常複雜的網絡系統。在一張表格中將各產業的投入來源及其產品去向概括進去，從中分析各產業投入與產出之間數量的規律性，這張表就稱為投入產出表。其中，投入是生產性的消費，產出是產品的生產及其分配和使用。投入產出表有兩種類別，按各種產品的實物單位來進行計量的就是實物型投入產出表，按貨幣為計量單位的就是價值型投入產出表。由於價值型投入產出表的應用更為廣泛，這裡重點介紹價值型投入產出表。如表 6-1 所示。

表 6-1　　投入產出綜合平衡表（價值型）

產品分配去向（產出）／消耗物資來源（投入）		物質生產部門（中間產品）				中間產品	最終產品（最終需求）				總產品
—		1	2	…	N	合計	累積	消費	淨出口	合計	—
物質生產部門（中間投入）	1	X_{11}	X_{12}	…	X_{1n}	$\sum X_{1j}$	Inv_1	CS_1	TS_1	Y_1	X_1
	2	X_{21}	X_{22}	…	X_{2n}	$\sum X_{2j}$	Inv_2	CS_2	TS_2	Y_2	X_2
	…	…	…	…	…	…	…	…	…	…	…
	N	X_{n1}	X_{n2}	…	X_{nn}	$\sum X_{nj}$	Inv_2	CS_n	TS_n	Y_n	X_n
物耗合計		$\sum X_{i1}$	$\sum X_{i2}$	…	$\sum X_{in}$	—	$\sum Inv_n$	$\sum CS_i$	$\sum TS_i$	$\sum Y_i$	$\sum X_i$
折舊大修		D_1	D_2	…	D_n						
淨產值	工資	W_1	W_2	…	W_n						
	稅金+利潤+其他	M_1	M_2	…	M_n						
	合計	W_1+M_1	W_2+M_2	…	W_n+M_n						
總產值		X_1	X_2	…	X_n						

表6-1給出了投入產出表的一般格式。表6-1中，X_i（i=1，2，…，n）表示國民經濟第i個物質生產部門的年產品總量或總值，即第i個部門的年產出總量；Y_i表示國民經濟中第i個物質生產部門的年最終產品數量。從表中可知，Y_i是從第i個部門的年總產品中扣除生產性消耗後不參加本期生產週轉的那部分年產品數量。X_{ij}（i、j=1，2，…，n）表示第i部門在一年內分配給部門j的產品數量，也就是生產過程中所消耗的第i個部門產品的數量，稱為部門間流量。

從表6-1的水平方向各行看，可以建立產品按用途分配的聯立方程組：

$$\begin{cases} X_{11}+X_{12}+X_{13}+\cdots+X_{1k}+\cdots+X_{1n}+Y_1=X_1 \\ X_{21}+X_{22}+X_{23}+\cdots+X_{2k}+\cdots+X_{2n}+Y_2=X_2 \\ \cdots\cdots\cdots\cdots\cdots\cdots\cdots\cdots\cdots\cdots\cdots\cdots \\ X_{n1}+X_{n2}+X_{n3}+\cdots+X_{nk}+\cdots+X_{nn}+Y_n=X_n \end{cases}$$

或：

$$\sum_{j=1}^{n} X_{ij} + Y_i = X_i \qquad (i=1,\ 2,\ 3,\ \cdots,\ n) \qquad (6.2.1)$$

式6.2.1稱作分配方程，表示每一個生產部門分配給各個部門的中間產品加上該部門的最終需求產品，等於該部門的總產品。

在表6-1中，D_j（j=1，2，3，…，n）是第j部門的折舊額，W_j（j=1，2，3，…，n）是第j部門勞動者在一年內的勞動報酬，M_j（j=1，2，3，…，n）是第j部門的純收入（利潤+稅金+其他）。

從表6-1的垂直方向各縱列看，其表示了縱列各物質生產部門對橫向諸種產品和勞動的投入，可建立如下聯立方程：

$$\begin{cases} X_{11} + X_{21} + \cdots + X_{k1} + \cdots + X_{n1} + V_1 = X_1 \\ X_{12} + X_{22} + \cdots + X_{k2} + \cdots + X_{n2} + V_2 = X_2 \\ \cdots\cdots\cdots\cdots\cdots\cdots\cdots\cdots\cdots\cdots\cdots\cdots \\ X_{1n} + X_{2n} + \cdots + X_{kn} + \cdots + X_{nn} + V_n = X_n \end{cases}$$

或：

$$\sum_{i=1}^{n} X_{ij} + V_j = X_j \qquad (6.2.2)$$

式中：

$$V_j = D_j + M_j + W_j \qquad (6.2.3)$$

V_j為第j個生產部門折舊額和勞動新創造價值之和。

式6.2.2稱為生產方程，表示對每一個生產部門來說，各個部門為其投入的產品（物耗價值）加上該部門新創造的價值（淨產值），等於該部門的總投入量價值。式6.2.3反應了社會產品在社會再生產中的實物運動過程，即社會產品在社會再生產過程中的價值形成和價值增值過程。

考察投入產出表（表6-1）的結構，我們可以將其分成三個組成部分。如表6-1中的粗實線框住的三個部分，按照左上、右上、左下的順序，分別稱為第Ⅰ、第Ⅱ、第Ⅲ象限。

1. 第Ⅰ象限

第Ⅰ象限主要反應了各部門之間的技術經濟聯繫，故稱之為部門交易象限。它由n

個物質生產部門縱橫交叉組成一個正方矩陣，橫行和縱列由同名稱同順序的生產部門組成。在該象限，從水平方向看，表明各個部門的產品除了自用之外還要分配給其他部門作為中間產品的情況；從垂直方向看，其表明各個部門為生產一定的產品而消耗其他部門（包括本部門）產品的情況。第Ⅰ象限主要反應國民經濟各物質生產部門之間的生產與分配的聯繫，這種聯繫主要是由國民經濟的生產技術結構決定的，但也與部門的劃分及各部門產品的價格變動有關係。借助本象限的有關資料，通過計算各部門之間的消耗系數進而計算完全消耗系數，可以反應部門之間的直接和完全的生產技術系數。

2. 第Ⅱ象限

第Ⅱ象限反應了各物質生產部門的年總產品中可供社會最終消費或使用的產品，故稱為最終產品象限。該象限從水平方向看，表明各部門的生產品作為最終產品的使用去向，或用於消費、或用於累積、或用於出口等。從垂直方向看，表明不同類型產品最終使用的規模及其實物構成。第Ⅱ象限除了取決於社會產品總規模及其構成外，在一定程度上是與國家經濟政策聯繫在一起的。因此，該矩陣反應的不是部門間的生產技術聯繫，而是部門間的社會經濟聯繫，體現國民收入的實物構成。

3. 第Ⅲ象限

第Ⅲ象限主要反應各物質生產部門淨產出價值，說明增加值是由哪一個部門提供的，以及各部門所提供的增加值的構成，故又稱為增值象限。增值象限揭示了國民收入的初次分配以及各部門的固定資產的價值補償情況，同時揭示了必要勞動與剩餘勞動比例的情況。

將投入產出表的水平方向與垂直方向結合起來，可以得到下述平衡關係：

第一，橫行各物質生產部門的總產量與對應同名稱的縱列物質生產部門的總產品價值相等，用公式表示為：

$$\sum_{i=1}^{n} X_{ij} + V_j = \sum_{j=1}^{n} X_{ij} + Y_i,\ j = i$$

第二，對整個國民經濟來講，第Ⅱ象限與第Ⅲ象限在總量上相等，用公式表示為：

$$\sum_{j=1}^{n} V_j = \sum_{i=1}^{n} Y_i$$

第三，從某一個部門流向其他部門的產品流出量加上最終產品等於該部門從別的部門得到的產品加上增值。

二、投入產出數學模型[①]

投入產出模型是指用數學方法來表示投入產出表中所反應的經濟部門內在聯繫的數學模型。現結合表 6-2 所示的五個部門的投入產出關係，介紹如何將投入產出表轉化為實用的數學模型。

（一）價值型投入產出模型

價值型投入產出模型可以用上述分配方程和生產方程，轉化為實用的數學模型。

① 劉志迎. 現代產業經濟學教程［M］. 2 版. 北京：科學出版社，2014.

1. 分配方程

根據表 6-2 和分配方程式（6.2.1），可以得出五個部門的分配方程的一般形式：

$$\begin{cases} x_1 = x_{11} + x_{12} + x_{13} + x_{14} + x_{15} + y_1 \\ x_2 = x_{21} + x_{22} + x_{23} + x_{24} + x_{25} + y_2 \\ x_3 = x_{31} + x_{32} + x_{33} + x_{34} + x_{35} + y_3 \\ x_4 = x_{41} + x_{42} + x_{43} + x_{44} + x_{45} + y_4 \\ x_5 = x_{51} + x_{52} + x_{53} + x_{54} + x_{55} + y_5 \end{cases}$$

上式簡寫為：$x_i = \sum_{j=1}^{5} x_{ij} + y_i$， i、$j = 1, 2, 3, 4, 5$

代入五個部門的實際數據，可得數據形式的分配方程為：

$$\begin{cases} 125 = 15 + 0 + 20 + 0 + 10 + 80 \\ 40 = 0 + 0 + 0 + 0 + 0 + 40 \\ 100 = 10 + 0 + 25 + 15 + 5 + 45 \\ 75 = 5 + 15 + 15 + 0 + 15 + 25 \\ 50 = 5 + 10 + 15 + 0 + 5 + 15 \end{cases}$$

表 6-2　　　　五個部門的投入產出表

投入 產出		物質生產部門(中間產品)					中間產品	最終產品(最終需求)					總產品
		農業	採礦業	製造業	電力業	運輸業	合計	投資	非投資性開發	消費	出口	合計	—
物質生產部門（中間投入）	農業	15	0	20	0	10	45	10	5	35	30	80	125
	採礦業	0	0	0	0	0	0	10	0	0	30	40	40
	製造業	10	0	25	15	5	55	20	5	15	5	45	100
	電力業	5	15	15	0	15	50	10	10	5	0	25	75
	運輸業	5	10	15	0	5	35	8	2	5	0	15	50
物耗合計		35	25	75	15	35	185	58	22	60	65	205	390
淨產值	進口	15	0	10	30	5	60	5	0	5	0	10	70
	納稅	20	5	3	7	2	37	0	0	(35)	(20)	(55)	92
	工資	40	5	6	5	2	58	0	12	1	0	13	71
	投資消耗	5	3	5	12	4	29	0	0	0	0	0	29
	自然資源	10	2	1	6	2	21	0	0	0	0	0	21
	合計	90	15	25	60	15	205	5	12	1	0	13	218
總產值		125	40	100	75	50	390	63	34	66	65	218	608

註：此表與表 6-1 的差別是：（1）淨產值中增加了進口項目，減少了折舊項目。（2）累積被分成了兩個部分：一部分是投資，一部分是非投資性開發。

2. 生產方程

根據表 6-2 和生產方程式（6.2.2），可以得出五個部門的生產方程的一般形式：

$$\begin{cases} x_1 = x_{11} + x_{21} + x_{31} + x_{41} + x_{51} + v_1 \\ x_2 = x_{12} + x_{22} + x_{32} + x_{42} + x_{52} + v_2 \\ x_3 = x_{13} + x_{23} + x_{33} + x_{43} + x_{53} + v_3 \\ x_4 = x_{14} + x_{24} + x_{34} + x_{44} + x_{54} + v_4 \\ x_5 = x_{15} + x_{25} + x_{35} + x_{45} + x_{55} + v_5 \end{cases}$$

上式簡寫為：$x_j = \sum_{i=1}^{5} x_{ij} + v_j$，$i$、$j$=1，2，3，4，5

代入五個部門的實際數據，可得數據形式的生產方程為：

$$\begin{cases} 125 = 15 + 0 + 10 + 5 + 5 + 90 \\ 40 = 0 + 0 + 0 + 15 + 10 + 15 \\ 100 = 20 + 0 + 25 + 15 + 15 + 25 \\ 75 = 0 + 0 + 15 + 0 + 0 + 60 \\ 50 = 10 + 0 + 5 + 15 + 5 + 15 \end{cases}$$

（二）直接消耗系數投入產出模型

直接消耗系數又叫投入系數，是指 j 部門生產 1 單位產品所消耗的 i 部門的產品量。直接消耗系數可以從投入產出表中直接求出，即：

$$a_{ij} = \frac{x_{ij}}{x_j}，i、j = 1，2，3，\cdots，n \qquad (6.2.4)$$

其中：a_{ij} 表示直接消耗系數（稱 j 部門對 i 部門的直接消耗系數），x_{ij} 表示 j 部門實際投入 i 部門產品的數量，即位於投入產出表第 i 行第 j 列的數字；x_j 表示第 j 部門的總投入量（總產值），即投入產出表中第 j 列最後一個數字。根據上式（6.2.4），可以計算出各個部門的直接消耗系數。

根據上式（6.2.4）可得 $x_{ij} = a_{ij}x_j$，將其代入分配方程式（6.2.1），可得到直接消耗系數分配方程：

$$\begin{cases} x_1 = a_{11}x_1 + a_{12}x_2 + a_{13}x_3 + \cdots + a_{1n}x_n + y_1 \\ x_2 = a_{21}x_1 + a_{22}x_2 + a_{23}x_3 + \cdots + a_{2n}x_n + y_2 \\ x_3 = a_{31}x_1 + a_{32}x_2 + a_{33}x_3 + \cdots + a_{3n}x_n + y_3 \\ \cdots \\ x_n = a_{n1}x_1 + a_{n2}x_2 + a_{n3}x_3 + \cdots + a_{nn}x_n + y_n \end{cases}$$

簡寫為：

$$x_i = \sum_{j=1}^{n} a_{ij}x_j + y_i，i = 1，2，3，\cdots，n \qquad (6.2.5)$$

設 A 表示直接消耗系數矩陣，X 表示總產品列向量，Y 表示最終需求列向量，它們分別為：

$$A=\begin{bmatrix} a_{11}a_{12}a_{13}\cdots a_{1n} \\ a_{21}a_{22}a_{23}\cdots a_{2n} \\ a_{31}a_{32}a_{33}\cdots a_{3n} \\ \cdots \\ a_{n1}a_{n2}a_{n3}\cdots a_{nn} \end{bmatrix},\ X=\begin{bmatrix} x_1 \\ x_2 \\ x_3 \\ \cdots \\ x_n \end{bmatrix},\ Y=\begin{bmatrix} y_1 \\ y_2 \\ y_3 \\ \cdots \\ y_n \end{bmatrix}$$

則可以得到矩陣形式：

$$X=A\cdot X+Y \text{ 或 } (E-A)\cdot X=Y \qquad (6.2.6)$$

此即最常用的矩陣形式投入產出模型，即用直接消耗系數表示的矩陣形式投入產出模型。矩陣（$E-A$）稱為里昂惕夫矩陣。

式（$E-A$）$\cdot X=Y$ 兩邊同除（$E-A$），可得：

$$X=(E-A)^{-1}\cdot Y \qquad (6.2.7)$$

此式中，$(E-A)^{-1}$稱為里昂惕夫逆矩陣。求出里昂惕夫逆矩陣，即可進行經濟預測和經濟計劃制訂。

【例 6.1】運用表 6-2 所示五個部門的投入產出數據，已知 A 矩陣、Y 矩陣，求 X 矩陣，以此驗證矩陣形式的直接消耗系數投入產出模型。

第一步：求 A、X、Y 矩陣。

由表 6-2，可以得出 A、X、Y 矩陣分別為：

$$A=\begin{bmatrix} 0.12 & 0 & 0.2 & 0 & 0.2 \\ 0 & 0 & 0 & 0 & 0 \\ 0.08 & 0 & 0.25 & 0.20 & 0.1 \\ 0.04 & 0.375 & 0.15 & 0 & 0.3 \\ 0.04 & 0.25 & 0.15 & 0 & 0.1 \end{bmatrix},\ X=\begin{bmatrix} x_1 \\ x_2 \\ x_3 \\ x_4 \\ x_5 \end{bmatrix}=\begin{bmatrix} 125 \\ 40 \\ 100 \\ 75 \\ 50 \end{bmatrix},\ Y=\begin{bmatrix} y_1 \\ y_2 \\ y_3 \\ y_4 \\ y_5 \end{bmatrix}=\begin{bmatrix} 80 \\ 40 \\ 45 \\ 25 \\ 15 \end{bmatrix}$$

第二步：求里昂惕夫矩陣（$E-A$）。

$$E-A=\begin{bmatrix} 0.88 & 0 & -0.2 & 0 & -0.2 \\ 0 & 1 & 0 & 0 & 0 \\ -0.88 & 0 & 0.75 & -0.2 & -0.1 \\ -0.04 & -0.375 & -0.15 & 1 & -0.3 \\ -0.04 & -0.25 & -0.15 & 0 & 0.9 \end{bmatrix}$$

第三步：求里昂惕夫逆矩陣 $(E-A)^{-1}$。

$$(E-A)^{-1}=\begin{bmatrix} 1.19 & 0.11 & 0.4 & 0.08 & 0.34 \\ 0 & 1 & 0 & 0 & 0 \\ 0.16 & 0.19 & 1.5 & 0.3 & 0.3 \\ 0.1 & 0.5 & 0.32 & 1.06 & 0.41 \\ 0.08 & 0.31 & 0.27 & 0.05 & 1.18 \end{bmatrix}$$

第四步：求總產出矩陣 X。

運用式（6.2.7），可求出：

$$X=(E-A)^{-1}\cdot Y=\begin{bmatrix}1.19 & 0.11 & 0.4 & 0.08 & 0.34\\ 0 & 1 & 0 & 0 & 0\\ 0.16 & 0.19 & 1.5 & 0.3 & 0.3\\ 0.1 & 0.5 & 0.32 & 1.06 & 0.41\\ 0.08 & 0.31 & 0.27 & 0.05 & 1.18\end{bmatrix}\times\begin{bmatrix}80\\40\\45\\25\\15\end{bmatrix}=\begin{bmatrix}124.7\\40\\99.9\\75\\49.9\end{bmatrix}$$

由此得到的矩陣 X，與由表 6-2 直接列示的矩陣 X 相等，表明直接消耗系數投入產出模型合理，可以應用於投入產出分析。

【例 6.2】如表 6-2，已知 A 矩陣，假設 $\Delta y_1=0$、$\Delta y_2=0$、$\Delta y_3=10$、$\Delta y_4=0$、$\Delta y_5=0$（即製造業最終需求增加 10 個單位），那麼五個部門的總產出量各增加多少（Δx）？

由於 A 矩陣已知，同前例前三步，可以求出里昂惕夫逆矩陣 $(E-A)^{-1}$。運用式 (6.2.7)，可得總產出增量 Δx：

$$\Delta x=(E-A)^{-1}\cdot \Delta y=\begin{bmatrix}1.19 & 0.11 & 0.4 & 0.08 & 0.34\\ 0 & 1 & 0 & 0 & 0\\ 0.16 & 0.19 & 1.5 & 0.3 & 0.3\\ 0.1 & 0.5 & 0.32 & 1.06 & 0.41\\ 0.08 & 0.31 & 0.27 & 0.05 & 1.18\end{bmatrix}\times\begin{bmatrix}0\\0\\10\\0\\0\end{bmatrix}=\begin{bmatrix}4\\0\\15\\3.2\\2.7\end{bmatrix}$$

這表明，當製造業最終需求增加 10 單位（其他四個部門沒有增加）時，農業總產出增加 4 個單位，採礦業總產出不變，製造業總產出增加 15 個單位，電力業總產出增加 3.2 個單位，運輸業總產出增加 2.7 個單位。

（三）完全消耗系數投入產出模型

國民經濟各部門之間除了發生直接聯繫、產生直接消耗外，還存在著間接聯繫，產生間接消耗。直接消耗與間接消耗之和，就是完全消耗。衡量間接消耗的是間接消耗系數，間接消耗系數指 j 部門生產 1 單位產品所間接消耗的 i 部門的產品量。衡量完全消耗的是完全消耗系數，完全消耗系數指 j 部門生產 1 單位產品所直接消耗和間接消耗的 i 部門的產品量，用 b_{ij} 來表示，稱 j 部門對 i 部門的完全消耗系數。顯然，完全消耗系數等於直接消耗系數和間接消耗系數之和，用公式表示為：

$$b_{ij}=a_{ij}+\sum_{k=1}^{n}b_{ik}\cdot a_{kj}\ ,\ i、j=1,\ 2,\ 3,\ \cdots,\ n$$

其中，a_{kj} 表示 j 部門生產 1 單位產品所直接消耗的 k 部門的產品量，b_{ik} 表示 k 部門生產 1 單位產品所完全消耗的 i 部門的產品量，兩者之積表示 j 部門生產 1 單位產品通過中間產品 k 所間接消費的 i 部門的產品量，則 $\sum_{k=1}^{n}b_{ik}\cdot a_{kj}$ 表示 j 部門生產 1 單位產品通過 n 個中間產品（部門）所間接消費的 i 部門的產品量，即 j 部門對 i 部門的間接消耗系數。

將上式代入分配方程 (6.2.1)，得到完全消耗系數分配方程：

$$\begin{cases} x_1 = b_{11}x_1 + b_{12}x_2 + b_{13}x_3 + \cdots + b_{1n}x_n + y_1 \\ x_2 = b_{21}x_1 + b_{22}x_2 + b_{23}x_3 + \cdots + b_{2n}x_n + y_2 \\ x_3 = b_{31}x_1 + b_{32}x_2 + b_{33}x_3 + \cdots + b_{3n}x_n + y_3 \\ \cdots \\ x_n = b_{n1}x_1 + b_{n2}x_2 + b_{n3}x_3 + \cdots + b_{nn}x_n + y_n \end{cases}$$

此方程簡寫為：$x_i = \sum_{j=1}^{n} b_{ij}x_j + y_i$，$i=1, 2, 3, \cdots, n$

設 B 表示直接消耗系數矩陣，X 表示總投入列矩陣，Y 表示最終需求矩陣，分別為：

$$B=\begin{bmatrix} b_{11} & b_{12} & b_{13} & \cdots & b_{1n} \\ b_{21} & b_{22} & b_{23} & \cdots & b_{2n} \\ b_{31} & b_{32} & b_{33} & \cdots & b_{3n} \\ \vdots & \vdots & \vdots & & \vdots \\ b_{n1} & b_{n2} & b_{n3} & \cdots & b_{nn} \end{bmatrix}, \quad X=\begin{bmatrix} x_1 \\ x_2 \\ x_3 \\ \vdots \\ x_n \end{bmatrix}, \quad Y=\begin{bmatrix} y_1 \\ y_2 \\ y_3 \\ \vdots \\ y_n \end{bmatrix}$$

則 $x_i = \sum_{j=1}^{n} b_{ij}x_j + y_i$ 用矩陣形式表示為：

$$X=B \cdot X+Y \text{ 或 } (E-B) \cdot X=Y \tag{6.2.8}$$

此式即為用完全消耗系數表示的矩陣形式投入產出模型。

在運用式（6.2.8）進行產業關聯相關分析時，完全消耗系數 B 矩陣計算比較麻煩，為簡化起見，一般利用里昂惕夫逆矩陣 $(E-A)^{-1}$ 來求完全消耗系數 B 矩陣。經過推算，B 矩陣與里昂惕夫逆矩陣之間存在如下關係：$B=(E-A)^{-1}-E$。只要根據直接消耗系數矩陣 A，求出里昂惕夫逆矩陣 $(E-A)^{-1}$，再減去單位矩陣 E，就可以求得完全消耗系數矩陣 B。

【例 6.3】設 3 個產業的投入產出表如表 6-3 所示，試計算其完全消耗系數。

表 6-3　　3 部門價值型投入產出表　　單位：億元

產出＼投入	農業	工業	服務業	最終需求				總產出
				累積	消費	出口	合計	
農業	10	15	10	3	10	2	15	50
工業	10	40	20	8	20	2	30	100
服務業	15	25	20	4	10	1	15	75
增加值	15	20	25					[60]
總投入	50	100	75				[60]	

由表 6-3，可知：

中間產品消耗矩陣 $(x_{ij}) = \begin{bmatrix} 10 & 15 & 10 \\ 10 & 40 & 20 \\ 15 & 25 & 20 \end{bmatrix}$，最終需求向量 $Y=(Y_i)=\begin{bmatrix} 15 \\ 30 \\ 15 \end{bmatrix}$，總產

出向量 $X=(X_i)=\begin{bmatrix}50\\100\\75\end{bmatrix}$，增加值向量 $V=(V_j)=\begin{bmatrix}15\\20\\25\end{bmatrix}$，總產出（總投入）向量 $=\begin{bmatrix}50\\100\\75\end{bmatrix}$。

經計算，得出：

$$直接消耗系數矩陣A=(a_{ij})=\begin{bmatrix}\frac{50}{100} & \frac{15}{100} & \frac{10}{75}\\ \frac{10}{50} & \frac{40}{100} & \frac{20}{75}\\ \frac{15}{50} & \frac{25}{100} & \frac{20}{75}\end{bmatrix}=\begin{bmatrix}0.20 & 0.15 & 0.13\\ 0.20 & 0.40 & 0.27\\ 0.30 & 0.25 & 0.27\end{bmatrix}$$

$$里昂惕夫逆矩陣(E-A)^{-1}=\begin{bmatrix}1-0.20 & -0.15 & -0.13\\ -0.20 & 1-0.40 & -0.27\\ -0.30 & -0.25 & 1-0.27\end{bmatrix}^{-1}=\begin{bmatrix}1.62 & 0.61 & 0.50\\ 0.96 & 2.35 & 0.99\\ 0.98 & 1.04 & 1.99\end{bmatrix}$$

$$完全消耗系數矩陣B=(E-A)^{-1}-E=\begin{bmatrix}1.62-1 & 0.61 & 0.50\\ 0.96 & 2.35-1 & 0.99\\ 0.98 & 1.04 & 1.99-1\end{bmatrix}$$

$$=\begin{bmatrix}0.62 & 0.61 & 0.50\\ 0.96 & 1.35 & 0.99\\ 0.98 & 1.04 & 0.99\end{bmatrix}$$

第三節　產業關聯分析

一、產業關聯程度分析

(一) 產品投入關聯度和產品分配關聯度

產業之間的關聯在於每一個產業的生產都要消耗其他產業的產品，這種關聯就是產品投入關聯（或生產技術關聯）。產品投入關聯的程度用直接消耗系數（或投入系數）$a_{ij}=\frac{x_{ij}}{x_j}$來度量。當某產業 j 要實現一定程度的增長時，通過 a_{ij} 就知道其他產業 i（$i=1, 2, \cdots, n$）的中間產品投入應增加的程度。該系數為確定各產業之間的比例關係提供了準則。

產業之間的關聯也在於每一個產業都要向其他產業分配或提供產品，這種關聯就是產品分配關聯。產品分配關聯的程度，可以用分配系數 $d_{ij}=\frac{x_{ij}}{x_i}$來度量。分配系數 d_{ij}

表示某產業 i 的總產出，以多大比例分配給其他產業 j（$j==1, 2, \cdots, n$），從中可以看出某產業產品的流向及數量大小，同時也反應了該產業對其他產業發展的影響程度。

(二) 產業關聯廣度和深度

產業關聯廣度和深度可以用直接消耗系數 a_{ij} 和完全消耗系數 b_{ij} 來度量，存在如下幾種情形：

第一，當 $a_{ij}=0$ 時，表示 j 產業和 i 產業之間沒有直接的聯繫，但不排除有間接聯繫，進一步當 $b_{ij}=0$ 時，則表明兩者之間沒有任何聯繫；

第二，當 $a_{ij}>0$ 時，表明 j 產業與 i 產業之間有直接聯繫，當 $b_{ij}>0$ 時，表明兩產業之間存在聯繫（間接聯繫），兩個系數值越大，表明兩產業之間的關聯深度越高；

第三，在第 j 列，大於 0 的 a_{ij} 的個數越多，表明 j 產業與其他產業的直接聯繫越廣，大於 0 的 b_{ij} 個數越多，表明 j 產業與其他產業的聯繫越廣。

產業關聯深度也可以更準確地用中間投入在相應的物耗總量中的比重 r_{ij} 來度量：

$$r_{ij}=\frac{x_{ij}}{\sum_{i=1}^{n}x_{ij}} \tag{6.3.1}$$

r_{ij} 的值越大，表明 j 產業和 i 產業的關聯越深。

【例 6.4】已知 $(x_{ij})=\begin{bmatrix}10 & 15 & 10\\ 10 & 40 & 20\\ 15 & 25 & 20\end{bmatrix}$，求矩陣 (r_{ij})。

利用公式（6.3.1），得 $(r_{ij})=\begin{bmatrix}\frac{10}{35} & \frac{15}{80} & \frac{10}{50}\\ \frac{10}{35} & \frac{40}{80} & \frac{20}{50}\\ \frac{15}{35} & \frac{25}{80} & \frac{20}{50}\end{bmatrix}=\begin{bmatrix}0.285,7 & 0.187,5 & 0.200,0\\ 0.285,7 & 0.500,0 & 0.400,0\\ 0.428,6 & 0.312,5 & 0.400,0\end{bmatrix}$

(三) 產業結構

利用投入產出表，可以進行產業結構分析。主要是計算各產業的總產品占全部產業的總產品之和的比重，即可以得到產業結構的比例數據。對於第 i 產業，其比重 q_i 為：

$$q_i=\frac{X_i}{\sum_{i=1}^{n}X_i} \tag{6.3.2}$$

二、中間需求率和中間投入率分析

(一) 中間需求率

從投入產出表的橫行來看，其表明每個產業的總產品都由中間產品和最終產品兩部分構成，即每個產業產品的總需求由中間需求和最終需求所構成。中間需求和最終需求的構成比例是反應產業技術經濟特徵的一個重要數據，可以用中間需求率來表示。i 產業的中間需求率 I_i 就是 i 產業的中間需求 $\sum_{j=1}^{n} x_{ij}$ 和總需求 X_i 之比：

$$I_i = \frac{\sum_{j=1}^{n} x_{ij}}{X_i} \quad (i=1, 2, \cdots, n) \tag{6.3.3}$$

中間需求率指標反應了各個產業的產品，有多少作為原料（中間需求）為其他產業產品的生產所需要，反應了各產業在國民經濟中的地位和作用。相應的，i 產業的最終需求率為（$1-I_i$）。某產業的中間需求率越高即最終需求率越低，這個產業就越帶有原材料產業的性質；反之，就越帶有最終需求型產業的性質。

【例 6.5】已知矩陣 $(x_{ij}) = \begin{bmatrix} 10 & 15 & 10 \\ 10 & 40 & 20 \\ 15 & 25 & 20 \end{bmatrix}$，$(X_i) = \begin{bmatrix} 50 \\ 100 \\ 75 \end{bmatrix}$，則：

$$I = \begin{bmatrix} I_1 \\ I_2 \\ I_3 \end{bmatrix} = \begin{bmatrix} \frac{35}{50} \\ \frac{70}{100} \\ \frac{60}{75} \end{bmatrix} = \begin{bmatrix} 0.7 \\ 0.7 \\ 0.8 \end{bmatrix}, \quad E = \begin{bmatrix} E_1 \\ E_2 \\ E_3 \end{bmatrix} = \begin{bmatrix} 1-0.7 \\ 1-0.7 \\ 1-0.8 \end{bmatrix} = \begin{bmatrix} 0.3 \\ 0.3 \\ 0.2 \end{bmatrix}$$

（二）中間投入率

從投入產出表的縱列來看，每個產業的總投入等於中間投入和最初投入（淨產值）之和，可以用中間投入率指標反應兩者之間的構成比例關係。j 產業的中間投入率 L_j 就是 j 產業的中間投入 $\sum_{j=1}^{n} x_{ij}$ 和產業的總投入 X_j 之比：

$$L_j = \frac{\sum_{j=1}^{n} x_{ij}}{X_j} \quad (j=1, 2, \cdots, n) \tag{6.3.4}$$

中間投入率表示 j 產業生產單位產值的產品需要從其他產業購進的原材料在其中所占的比重。相應的，j 產業的淨產值率（增加值率）為（$1-L_j$）。某產業的中間投入率越高，則淨產值率越低；反之則反。

錢納里等人根據美國、義大利、日本、挪威等國的投入產出表，經計算整理，根據中間需求率和中間投入率劃分了四種產業群，如表 6-4 所示。表中，Ⅰ部分多為第一產業，Ⅱ、Ⅲ部分主要是第二產業，Ⅳ部分主要是第三產業。這四個部分在社會再生產過程中扮演著不同的角色作用。其中，Ⅰ、Ⅱ、Ⅲ部分是國民經濟中的物質生產部門。Ⅰ、Ⅱ部分基本是生產中間產品的產業，這些產業的產品中的大部分是作為Ⅲ部分中產業的投入，Ⅲ部分中的產業加工來自Ⅰ、Ⅱ部分中產業的中間產品，然後投放到最終需求中去。Ⅳ部分中的產業是產品移動的仲介產業（除漁業外）。

表 6-4　　按中間需求率和中間投入率劃分的產業群

	中間需求率低	中間需求率高
中間投入率高	Ⅲ最終需求型產業 日用雜貨、造船、皮革及皮革製品、食品加工、糧食加工、運輸設備、機械、木材、木材加工、非金屬礦物製品、其他製造業	Ⅱ中間產品型產業 鋼鐵、紙及紙製品、石油、有色金屬冶煉、化學煤炭加工、橡膠製品、紡織、印刷及出版
中間投入率低	Ⅳ最終需求型基礎產業 漁業、運輸業、商業、服務業	Ⅰ中間產品型基礎產業 農業、林業、煤炭、金屬採礦、石油及天然氣、非金屬採礦、電力

資料來源：楊治. 產業經濟學導論［M］. 北京：中國人民大學出版社，1985.

三、波及效果分析

國民經濟中產業之間存在的內在聯繫，意味著某個產業的發展變化必然會波及與之關聯的產業。由於投入產出表反應出了關聯產業之間的數量聯繫關係，這表明通過投入產出表，可以從數量上分析某個產業發展變化所帶來的對其關聯產業的波及效果。一般而言，研究者主要通過投入產出表計算感應度系數、影響力系數、產業的生產誘發系數、產業的最終依賴系數、綜合就業需要量系數、綜合資本需要量系數等，來進行波及效果分析。

（一）感應度系數和影響力系數

任何產業的生產活動通過產業之間的相互關聯，必然影響和受影響於其他產業的生產活動。一個產業影響其他產業的程度叫作影響力，受其他產業影響的程度叫作感應度。

1. 感應度系數

里昂惕夫逆矩陣 $(E-A)^{-1}$ 橫行上的數值，就是反應該產業受到其他產業影響的程度即感應度系數的系列，表明其他產業最終需求的變化而使該產業發生變化的程度。橫向系數的平均值，可看作該產業受其他產業影響的平均的程度。把里昂惕夫逆矩陣中某一產業的橫行系數的平均值與全部產業橫行系數的平均值相除，就得到該產業的感應度系數 e：

$$\text{某產業的感應度系數 } e=\frac{\text{該產業逆矩陣橫行系數的平均值}}{\text{全部產業逆矩陣橫行系數的平均值的平均值}} \quad (6.3.5)$$

2. 影響力系數

里昂惕夫逆矩陣 $(E-A)^{-1}$ 縱列上的數值，就是反應該產業最終需求的變化對其他產業的影響程度即影響力系數的系列，表明該產業最終需求的變化而使其他產業發生相應變化的程度。縱列系數的平均值，就是該產業對其他產業施加影響的平均程度。把里昂惕夫逆矩陣中某一產業的縱列系數的平均值與全部產業縱列系數的平均值相除，就得到該產業的影響力系數 f：

$$某產業的影響力系數f=\frac{該產業逆矩陣縱列系數的平均值}{全部產業逆矩陣縱列系數的平均值的平均值} \quad (6.3.6)$$

【例 6.6】已知 $(E-A)^{-1}=\begin{bmatrix}1.62 & 0.61 & 0.50\\ 0.96 & 2.35 & 0.99\\ 0.98 & 1.04 & 1.99\end{bmatrix}$，求 e 和 f。

運用式（6.3.5），得：$e=\begin{bmatrix}e_1\\ e_2\\ e_3\end{bmatrix}=\begin{bmatrix}\dfrac{2.73}{\frac{1}{3}\times 11.04}\\ \dfrac{4.30}{\frac{1}{3}\times 11.04}\\ \dfrac{4.01}{\frac{1}{3}\times 11.04}\end{bmatrix}=\begin{bmatrix}0.741,8\\ 1.168,5\\ 1.089,7\end{bmatrix}$

運用式（6.3.6），得：$f=[f_1 \quad f_2 \quad f_3]=\begin{bmatrix}\dfrac{3.56}{\frac{1}{3}\times 11.04} & \dfrac{4.00}{\frac{1}{3}\times 11.04} & \dfrac{3.48}{\frac{1}{3}\times 11.04}\end{bmatrix}$

$=[0.967,4 \quad 1.087,0 \quad 0.945,7]$

利用感應度系數和影響力系數，可以分析各產業在國民經濟中的地位和作用。某產業的感應度系數越大，說明該產業受其他產業的影響越大，從而其他產業發展對該產業發展的帶動作用越大。某產業的影響力系數越大，表明該產業對其他產業的影響越大，從而該產業的發展對其他產業的拉動作用越大。因此，在需要擴大內需、經濟不景氣的情況下，優先投資影響力系數大的產業，輔之以發展感應度系數大的產業，可以有效提高投資效應，加快經濟的發展，促進內需擴大和經濟復甦。

（二）產業的生產誘發系數與最終依賴系數

1. 最終需求誘發產值額

運用里昂惕夫逆矩陣 $(E-A)^{-1}$ 中某一行的數值分別乘以某個最終需求列向量（包括累積列向量、消費列向量、淨出口列向量），得到由每種最終需求誘發的各產業的生產額，即最終需求誘發產值額 X_i^S：

$$X_i^S=\sum_{k=1}^{n}A_{ik}Y_k^s \ (i=1,\ 2,\ \cdots,\ n;\ S=1,\ 2,\ 3) \quad (6.3.7)$$

式中，X_i^S 表示由第 S 項最終需求所誘發的第 i 產業產值額，A_{ik} 是 $(E-A)^{-1}$ 矩陣中的元素，Y_k^S 表示第 k 產業的第 S 項最終需求額，$S=1,\ 2,\ 3$ 分別代表累積、消費、淨出口三個最終需求項目。

2. 產業的生產誘發系數

揭示和認識國民經濟各最終需求（累積、消費、淨出口）對各產業生產的誘導作用程度，需要分別測算各最終需求對各產業生產的誘發系數 W_i^s，即某產業 i 關於某種最終需求 S 誘發的產值額除以該種最終需求的合計數：

$$W_i^s = \frac{\sum_{k=1}^{n} A_{ik} Y_k^s}{\sum_{k=1}^{n} Y_k^s} \quad (i=1,\ 2,\ \cdots,\ n;\ S=1,\ 2,\ 3) \tag{6.3.8}$$

3. 產業的最終依賴系數

揭示和認識國民經濟各最終需求（累積、消費、淨出口）對各產業生產的直接或間接影響程度，需要分別測算各產業生產對各最終需求的依賴系數 Z_i^s，即某產業 i 關於某種最終需求 S 誘發的產值額除以該產業的總產值：

$$Z_i^s = \frac{\sum_{k=1}^{n} A_{ik} Y_k^s}{X_i} \quad (i=1,\ 2,\ \cdots,\ n;\ S=1,\ 2,\ 3) \tag{6.3.9}$$

W_i^s 和 Z_i^s 指標具有不同的經濟含義和作用。W_i^s 的作用在於認識各最終需求項目對誘發各個產業生產的作用的大小，其經濟含義就是當某項最終需求的合計數（如各產業消費需求的合計數）增加一單位時，某一產業由該項最終需求的變化能誘發多少單位的生產額。Z_i^s 的作用在於認識各產業的生產對市場需求的依賴程度，其經濟含義是指各產業的生產受到了哪種最終需求多大的支持。需要說明的是，由於使用了里昂惕夫逆矩陣作為工具，產業的最終需求依賴度，不僅考慮了直接的而且還考慮了間接的最終需求對產業生產的影響。

有了最終需求依賴度系數，就可以瞭解各個產業的生產主要依賴的是消費、還是累積或是出口。據此，可以把產業分類為「依賴消費型」產業、「依賴累積型」產業和「依賴出口型」產業。

【例 6.7】已知 $Y=(Y_k^S)=\begin{bmatrix}3 & 10 & 2\\ 8 & 20 & 2\\ 4 & 10 & 1\end{bmatrix}$，$X=(X_i)=\begin{bmatrix}50\\ 100\\ 75\end{bmatrix}$，$(I-A)^{-1}=(A_{ij})=\begin{bmatrix}1.62 & 0.61 & 0.50\\ 0.96 & 2.35 & 0.99\\ 0.98 & 1.04 & 1.99\end{bmatrix}$

運用式（6.3.8）、（6.3.9），則得：

第 2 種最終需求對第 2 種產業生產的誘發系數為：

$$W_2^2 = \frac{\sum_{k=1}^{n} A_{2k} Y_k^2}{\sum_{k=1}^{n} Y_k^2} = \frac{0.61\times10+2.35\times20+1.04\times10}{10+20+10} = \frac{63.5}{40} = 1.587,5$$

第 2 種產業生產對第 2 種最終需求的依賴度系數為：

$$Z_2^2 = \frac{\sum_{k=1}^{n} A_{2k} Y_k^2}{X_2} = \frac{0.61\times10+2.35\times20+1.04\times10}{100} = \frac{63.5}{100} = 0.635$$

其他誘發生產系數和依賴度系數計算依此類推。

（三）綜合就業系數和綜合資本系數

1. 綜合就業系數

綜合就業系數是指某產業生產 1 單位產品，在本產業和其他產業（直接和間接）需要的就業人數。綜合就業系數的計算需要利用里昂惕夫逆矩陣，計算公式為：

$$(L_1 L_2 \cdots L_n) = (a_{v1}\ a_{v2} \cdots a_{vn}) \begin{bmatrix} A_{11} & A_{12} & \cdots & A_{1n} \\ A_{21} & A_{22} & \cdots & A_{2n} \\ \cdots & \cdots & \cdots & \cdots \\ A_{n1} & A_{n2} & \cdots & A_{nn} \end{bmatrix} \tag{6.3.10}$$

式中，L_1, L_2，…，L_n分別為 1，2，…，n 產業的綜合就業系數，A_{ij}為 $(E-A)^{-1}$中的元素，a_{v1}，a_{v2}，…，a_{vn}分別為 1，2，…，n 產業的就業系數，其計算公式為：

$$a_{vi} = \frac{i\text{ 產業的就業人數}}{i\text{ 產業的總產值}} \quad (i=1,\ 2,\ \cdots,\ n) \tag{6.3.11}$$

2. 綜合資本系數

綜合資本系數是指某產業生產 1 單位產品，在本產業和其他產業（直接和間接）需要的資本量。綜合資本系數的計算需要利用里昂惕夫逆矩陣，計算公式為：

$$(K_1 K_2 \cdots K_n) = (a_{c1}\quad a_{c2} \cdots a_{cn}) \begin{bmatrix} A_{11} & A_{12} & \cdots & A_{1n} \\ A_{21} & A_{22} & \cdots & A_{2n} \\ \cdots & \cdots & \cdots & \cdots \\ A_{n1} & A_{n2} & \cdots & A_{nn} \end{bmatrix} \tag{6.3.11}$$

式中，K_1, K_2，…，K_n分別為 1，2，…，n 產業的綜合資本系數，A_{ij}為 $(E-A)^{-1}$中的元素，a_{c1}，a_{c2}，…，a_{cn}分別為 1，2，…，n 產業的資本系數，其計算公式為：

$$A_{ci} = \frac{i\text{ 產業的資本額}}{i\text{ 產業的總產值}} \quad (i=1,\ 2,\ \cdots,\ n) \tag{6.3.12}$$

◇**案例** 6.1

中國旅遊產業關聯程度測算

有學者利用 2002 年和 2007 年的中國投入產出表資料，對中國旅遊產業的產業關聯程度進行了分析。結果表明，旅遊業有較高的後向產業聯繫，對國民經濟有較大拉動作用，且拉動作用日益增強，但旅遊業內生增長動力不足，旅遊產業屬於勞動密集型產業，其產品主要用於消費，因而具有較強的就業效應和較高的消費效應。

一、後向關聯和前向關聯

旅遊業有較高的消耗系數，說明旅遊業對上游產業的拉動能力較強，有較大的後向關聯程度。2007 年，旅遊業直接消耗系數較大的部門為運輸業、餐飲業和住宿業，說明旅遊業對這些部門的直接拉動作用較大，旅遊業的發展能有力帶動這些產業的發展。從完全消耗系數也可以看出，除工業部門外，系數值排在前列的依次是運輸業、餐飲業和住宿業，說明旅遊業對這些部門以及與這些部門相關的部門的綜合帶動作用較強。通過比較 2002 年和 2007 年的消耗系數發現，不管是直接消耗系數還是完全消耗系數，旅遊業對工業、住宿業、運輸業、餐飲業以及金融業的消耗系數都有較大程度的提高，說明旅遊業的發展對這些產業或部門的帶動能力越來越大。從總的直接消耗系數來看，2007 年旅遊業每產出 10,000 元，需要直接消耗中間投入 6,834 元，相比 2002 年，提高了 49.25%。這說明旅遊業對上游產業的拉動能力有較大幅度的提高，後向關聯程度越來越大。

總的來說，旅遊業的前向關聯程度比較低。2007 年，旅遊業總的分配系數只有 0.323,7，這說明旅遊業對其他產業發展的支撐作用不明顯。這是由旅遊產業本身的特點所決定的，旅遊產業的產品主要用於直接消費，而不是作為中間投入。

綜上，旅遊業的後向關聯大於前向關聯，說明旅遊業發展對其他產業的拉動能力大於旅遊業對其他產業發展的支撐作用。

二、影響力系數、感應度系數

不管是 2002 年的數據還是 2007 年的數據均顯示，旅遊業的影響力系數大於感應度系數，說明旅遊業對於整個國民經濟的推動作用，要大於其本身受到國民經濟發展的拉動作用，這與大多數已有文獻的研究結果基本一致。2007 年，旅遊產業的影響力系數大於 1，即影響力大於所有產業的平均水平，說明旅遊業對國民經濟發展有較大的推動能力，而且 2007 年的影響力系數大於 2002 年的影響力系數，增加幅度為 21%，說明旅遊業對國民經濟發展的推動作用加強了。從感應度系數看，旅遊業的感應度系數遠遠低於全國的平均水平，說明國民經濟發展對旅遊產業的拉動作用在下降。需要說明的是，感應度系數的下降並不說明旅遊業沒有隨國民經濟的發展而發展，它只表明旅遊業在國民經濟中地位的相對下降，而近年來旅遊業是不斷發展壯大的。旅遊業感應度系數下降的原因可能比較複雜，需要進一步研究，可能的原因之一是由於旅遊業投資週期長、旅遊業容易受到外部衝擊而具有脆弱性等特點，導致產儘旅遊業有較強的產業拉動能力和對國民經濟有較大的推動作用等優勢，但人們對旅遊業的重視程度還不夠，旅遊業的發展力度小於其他一些行業。隨著中國經濟增長方式的轉變，這一現象將會改觀。

【案例討論】

1. 如何認識旅遊業在國民經濟中的關聯作用？
2. 根據有關經濟理論，說明如何促進旅遊業的發展。

思考題

1. 闡述產業關聯的含義及其實質。
2. 如何利用投入產出分析法對產業關聯程度進行分析？
3. 試根據某年的《中國統計年鑒》中投入產出基本流量表和其他數據，計算三次產業間的直接消耗系數、完全消耗系數、產業的生產誘發系數、產業的最終依賴系數、綜合就業系數、綜合資本系數等。

【推薦閱讀】

1. 李強，劉起運. 當代中國投入產出實踐與研究［M］. 北京：中國統計出版社，1999.

2. 國家信息中心. 中國區域間投入產出表［M］. 北京：社會科學文獻出版社，2005.

【參考資料】

1. 干春暉. 產業經濟學教程與案例［M］. 北京：機械工業出版社，2007.

2. 簡新華，楊豔琳. 產業經濟學［M］. 2版. 武漢：武漢大學出版社，2009.

3. 劉志迎. 現代產業經濟學教程［M］. 2版. 北京：科學出版社，2014.

4. 鄔義鈞，邱鈞. 產業經濟學［M］. 北京：中國統計出版社，1997.

5. 里昂惕夫. 投入產出經濟學［M］. 崔書香，等譯. 北京：商務印書館，1980.

第七章　產業發展

產業發展是指產業的產生、成長和進化過程。後工業化、知識經濟和全球化時代，產業發展中技術進步因素起著越來越重要的作用，呈現出一些新特點和新趨勢如產業融合、產業生態化，同時產業安全也成為越來越需要認真對待的課題。本章將對產業發展上述領域的理論研究進展作一闡述。

第一節　產業發展基本理論

所謂經濟發展，是指一個國家或者地區按人口平均的實際福利增長過程。經濟發展包含三層含義：經濟量的增長，即一個國家或地區產品和勞務的增加，它構成了經濟發展的物質基礎；經濟結構的改進和優化，即一個國家或地區的技術結構、產業結構、收入分配結構、消費結構以及人口結構等經濟結構的變化；經濟質量的改善和提高，即一個國家和地區經濟效益的提高、經濟穩定的程度、衛生健康狀況的改善、自然環境和生態平衡以及政治、文化和人的現代化進程。產業發展是經濟發展的核心，沒有產業的發展，就不會有經濟的增長、經濟結構的優化和經濟效益的提高，經濟發展的過程就是產業發展的過程。研究產業發展對促進國民經濟的發展具有特別重大的意義。

一、產業發展與產業增長

(一) 產業發展的內涵

產業發展具有深刻的內涵。作為產業的產生、成長和進化過程，產業發展既包括單個產業的進化過程，也包括產業總體的進化過程。對於單個產業而言，產業發展是指產業從產生、成長、成熟再到死亡的過程，包含了產業規模、內部結構、組織狀態、空間佈局、經濟效益等方面的演進。對總體產業而言，產業發展是指產業組織合理化、產業結構優化、產業佈局合理化、產業運行高效化的過程，即產業發展水平不斷提高的過程。

(二) 產業發展水平評價

產業發展水平可以從四個方面進行評價。第一，產業的增長，具體指標如產業綜合生產能力指數、產業產品指數、收入的增長指數等。第二，產業的均衡發展，一方面是指產業部門間的均衡發展，另一方面是指產業發展的穩定性，即從時間序列的產業波動性評價產業的均衡發展程度。第三，產業的協調發展，主要評價產業部門、產業要素在產業發展中協調一致的程度。產業發展協調性差，各發展部門、要素會相互牽制，阻礙產業整體發展進步。第四，產業發展的效率，主要是考察產業發展的質量和效果。上述四個方面，實質上反應了一定時期產業發展的狀況。

(三) 產業發展與產業增長

產業增長是指產業產出的增加。產業發展與產業增長既有聯繫，又有區別。產業發展包含著產業增長，產業發展首先是產業產出的增加，但產業發展的內容不僅僅如此，還包括產業結構的改進與優化、產業增長的質量提升等內容。產業增長是產業發展的前提，產業發展首先必須求得產業增長，並應使增長達到一定的速度和規模，沒有增長這個前提和先導，發展的各方面將失去基礎。

二、產業生命週期[①]

從產出看，產業是同類產品及其可替代產品的集合，從生產看，產業是生產同類產品的企業的集合，因此，產業生命週期與市場營銷學研究的產品生命週期、企業管理學研究的企業生命週期存在著密切的聯繫。

(一) 產品生命週期

市場營銷理論認為，產品生命週期是指產品從最初進入市場到最終退出市場的時間週期，通常分為進入期、成長期、成熟期、衰退期四個發展階段。產品生命週期從圖形上看，是一條S形曲線。如圖7-1所示。

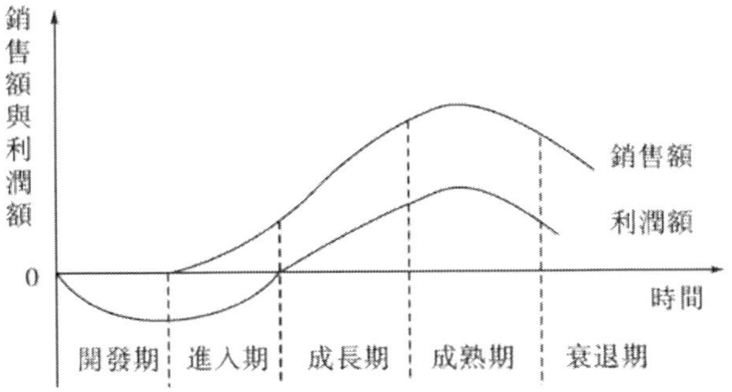

圖7-1 產品生命週期

產品生命週期各個階段具有不同的特徵。

進入期：產品開始進入市場，成本較高，銷售量少，利潤率低，一般處於虧損狀態。

成長期：產品銷售量快速增長，利潤率提升，總利潤增加。

成熟期：成本與銷售價格下降，規模經濟形成，銷售量和利潤達到最大值，然後開始下降。

---

① 劉志迎. 產業經濟學［M］. 2版. 北京：科學出版社，2014.

衰退期：市場需求量大幅下降，導致銷售量、利潤下降，產品最終退出市場。

(二) 企業生命週期

社會經濟活動中，時刻都有新企業的誕生和原有企業的停業。從生物學的角度看，企業是有壽命的。企業從其設立之日起至停業之日止的一段時期，就是企業的壽命週期。企業的壽命有長有短，不一而足。相關研究表明，日本企業的平均壽命是 30 年，美國企業的平均壽命是 40 年，西方國家還活躍著一批壽命達百年以上的企業，如美國的通用電器公司。

一般而言，企業生命週期可以劃分為四個階段：創業期、成長期、成熟期、衰退期。如圖 7-2 所示。

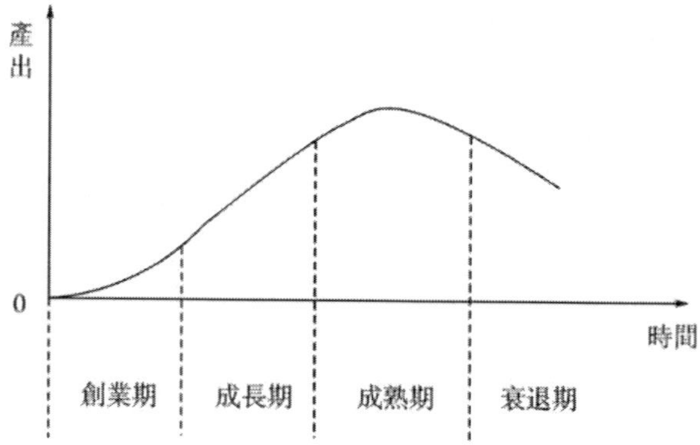

圖 7-2 企業生命週期

創業期的企業剛剛誕生，此時產品品種單一、產量低、成本高、質量不穩定，導致市場佔有率低，管理水平不高。

成長期內的企業規模迅速擴大，市場佔有率顯著提高，平均成本快速下降，管理開始規範化，企業利潤快速增加。

成熟期的企業是發展最輝煌的時期，企業規模、銷售量、利潤、市場佔有率、技術水平、社會認可度等，都處於最佳狀態。

企業處於衰退期時，技術逐漸落後，產品不能適應市場需求，市場佔有率下降，管理困難，利潤大幅度下降，財務狀況惡化，導致最終不得不停止生產或轉產。

(三) 產業生命週期

產業的發展，最初表現為投入一定的生產要素，形成一定的產出規模和市場需求，這一階段稱為形成期。隨著市場需求的增長，產業的要素投入和產出規模不斷增加，產業進入成長期。當產業的市場需求趨於飽和，經濟和社會效益趨於最大，要素投入和產出增長趨緩甚至出現一定程度的下降，但投入和產出仍然保持較大規模時，表明產業進入成熟期。當產業的市場需求和產出規模顯著減少時，產業進入衰退期。形成期、成長期、成熟期和衰退期，是構成產業生命週期的四個階段，用圖形表示也呈 S 形曲線，如圖 7-3 所示。但相對企業生命週期曲線，產業生命週期曲線要平緩得多，表明產業的整個生命週期時長要比企業長得多。

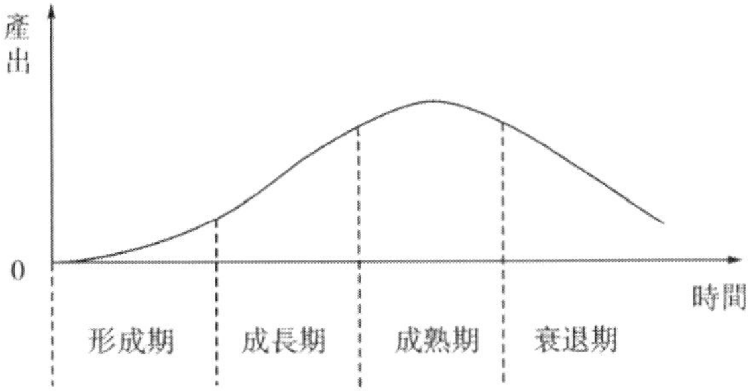

圖 7-3　產業生命週期

產業生命週期與產品生命週期、企業生命週期既有聯繫，又存區別。產業生命週期是由產品生命週期所構成，一代代產品的更替維持著產業生命的延續，產業生命週期是對眾多產品生命週期變化情況的反應。也正是如此，產業生命週期變化要比產品生命週期變化緩慢，且具有明顯的衰而不退的特徵，而產品生命週期可能很短暫。

產業生命週期之所以存在，是因為其存在的微觀基礎——企業具有生命週期。產業生命週期是同類企業生命週期的集合，是企業興衰的綜合結果。由於存在著企業的此消彼長，只要產品存在著市場需求，產業就不會消亡，某個企業的消亡並不意味著產業會衰退、消亡，因此產業的生命週期比企業生命週期要長。另外，產業生命週期對企業生命週期具有重要影響。在一個具有良好前景的產業中，如果一個企業不具有有利的競爭地位就不能充分發展；一個具有良好競爭力的企業栖身於一個前景黯淡的產業裡，也不可能獲得成功。

三、產業發展戰略

（一）產業發展戰略的內涵

產業發展戰略是指從產業發展的全局出發，分析構成產業發展全局的各個局部、因素之間的關係，找出影響並決定產業全局發展的局部或因素，而相應做出的有關產業發展的籌劃和決策或總體規劃與大政方針。產業發展戰略是政府促進產業發展的關鍵性措施，其規定了產業發展的總目標和總方針，決定了產業發展的方向，明確了產業發展的任務和措施。

產業發展戰略與國民經濟規劃不是一個概念，兩者之間既有聯繫又有區別。國民經濟規劃確定了一定時期經濟發展所要實現的目標任務和所採取的相應措施，包括產業發展的任務和措施；產業發展戰略是根據國民經濟發展規劃的要求，制定出來的具體的產業發展規劃與發展方針。

（二）產業發展戰略體系

產業發展戰略體系包含戰略思想、戰略目標、戰略重點、戰略階段和戰略對策等要素，其中戰略思想是靈魂，戰略目標是目的，戰略重點、戰略階段、戰略對策是措施，這些要素既有其各自不同的特徵，又相互依存，構成一個完整的產業發展戰略體系。

1. 戰略思想

戰略思想是指導戰略規劃的制定和實施的基本思路與觀念，包括戰略理論、戰略分析、戰略判斷、戰略推理。戰略思想具體化後就可以逐步形成戰略方針和戰略目標。

2. 戰略目標

戰略目標是在分析產業發展內外環境的基礎上，根據戰略指導思想做出的較長時期經濟活動的預期結果。戰略目標一般包括兩個層面的內容：一是戰略要解決的中心問題；二是最終要達到的發展水平。戰略目標的制訂，應注意幾方面問題。第一，目標既要切實可行，又要有激勵作用。目標太高，會變成不可能完成的任務；目標太低，會失去目標制訂的意義。第二，目標要便於衡量。這要求建立一個完整的指標體系來反應目標的實現情況，指標體系內容通常包括幾個方面：①增長速度；②結構變化，即確定重點部門和增長速度；③技術進步；④經濟效益，包括勞動力生產率、成本、利潤等；⑤提高人民物質文化生活水平；等等。

3. 戰略重點

戰略重點是指那些關係到戰略目標能否實現的重要而又薄弱的項目和部門，是構成一套完整戰略的基本要素之一。只有抓住戰略重點才能保證戰略目標的實現。

4. 戰略階段

產業發展戰略的期限較長，短的有 10 年左右，長的為 20、30 年。因此，產業發展戰略目標的實現不可能一步到位，必須經歷若干個階段，一步步向前發展。應將總的戰略目標分解成階段性目標，通過分階段目標的實現，來促成總目標的實現。戰略階段的劃分沒有統一模式，而是根據各自的戰略特點來劃分，一般來說可以分為準備階段、實施階段和完善階段。

5. 戰略對策

戰略對策是戰略目標實現的一套重要方針、措施的總稱。戰略對策是保證戰略實現的手段，即戰術。戰略對策的實施，一般要經歷「研究變化—抓住戰機—採取措施—改變態勢」的過程，最終達到實現戰略目標的目的。

(三) 產業發展戰略類型

歷經許多國家和地區發展的實踐，至今已形成了一些具有代表性意義的產業發展戰略。發展中國家可以根據自己的實際情況，選擇合適的發展戰略，在此基礎上制定自己的發展戰略體系規劃。

1. 均衡與非均衡產業發展戰略

均衡與非均衡產業發展戰略的理論基礎，分別是均衡增長理論、非均衡增長理論。前文對產業結構成長模式的闡述中，已述及均衡發展模式、非均衡發展模式。產業的均衡和非均衡發展戰略，與產業結構成長的均衡發展模式、非均衡發展模式內涵類似，此處不再贅述。

需要指出的是，均衡產業發展戰略實施具有很大的局限性，只有在資源相當豐富、資本十分充足的條件下才能有效實施，對於發展中國家而言不太合適。非均衡產業發展戰略實施的要求相對較低，比較適合發展中國家，但如何選擇優先發展的產業是一個較難的課題。

2. 進口替代與出口促進產業發展戰略

進口替代產業發展戰略是指發展國內製造業代替製成品進口的內向型產業發展戰略。進口替代戰略以實現工業化為戰略目標，以發展本國製造業為主要戰略方針，以實行貿易保護政策、抵制國外製成品的進口和競爭、保護國內市場和發展民族工業為主要戰略措施。戰略大體可以分為兩個階段：第一個階段是用國內生產的非耐用消費品代替進口的同類產品；第二個階段是用國內生產的耐用消費品、重工業產品和化工產品代替進口品。進口替代戰略適合有豐富的自然資源和勞動力資源，國內市場容量比較大，經濟結構呈現二元性特徵的國家。其缺點是需要政府實行貿易保護主義政策才能進行，不利於提升本國產業的國際競爭力。

出口促進戰略是指優先發展出口產業，通過擴大出口來增加資本累積、擴大市場和實現規模經濟，帶動整個經濟增長的產業發展戰略。出口促進戰略建立在比較利益理論基礎之上。20 世紀 60 年代，一些發展中國家通過實施出口促進戰略，較好地實現了國民經濟的發展。相對而言，出口促進戰略比較適合國內市場較小的小型經濟體國家。其缺點是往往需要集中資源來支持出口產業的發展，造成經濟發展的畸形，且同時還需要配合以促進出口的優惠政策措施如關稅保護、出口補貼，會帶來出口產業生產效率和經濟效益的低下，增加財政負擔。

對於一些幅員遼闊、資源豐富、國內市場較大的發展中國家而言，往往需要結合使用進口替代與出口促進戰略。如此，可以揚長避短、優勢互補。在借助國際市場促進本國經濟發展、提升本國產業國際競爭力的同時，維持本國經濟的獨立自主性，提高本國產業的國際競爭力，減少對國外的依賴，促進財政收支平衡。

3. 輕、重工業優先發展戰略

重工業是生產生產資料的工業，是國民經濟擴大再生產和進行技術改造的物質基礎。發展中國家要在技術進步條件下實現擴大再生產，獨立自主地發展本國經濟並實現工業化，就要優先發展重工業，使生產資料生產的增長速度超過消費資料生產的增長速度。因此，一些國家在推進工業化過程中採取了優先發展重工業的戰略。但是，在實施重工業優先發展戰略的同時，不能忽視消費資料產業（主要是輕工業和農業）的發展，兩者應至少維持基本的平衡。否則，由於消費的不足會嚴重影響人民群眾的生活水平，導致社會穩定失控，同時缺少來自輕工業、農業的有效配合與支持，重工業最終也無法維持繼續發展的格局。

輕工業需要的投資少、建設週期短、投資回收快且就業效應顯著，因此許多發展中國家會實施優先發展輕工業的戰略。但是優先發展輕工業的弊端，是生產資料如機器設備、中間投入品等主要依靠進口，容易形成對外依賴性，不利於本國產業的技術進步和升級，也不利於建立獨立自主的國民經濟體系。因此，優先發展輕工業戰略適宜在一國工業化初期採用，且在輕工業發展取得一定成效時，應及時加快重工業的發展，避免兩者的發展出現失調、不同步。

◇案例 7.1

中國產業中長期發展戰略問題

一、對當前中國產業發展的三個判斷

——產業大國

從 2009 年起，中國成為世界第一製造大國。世界 500 種主要工業品中，中國有 220 項產品產量居全球第一。中國形成了完整的工業體系，擁有聯合國產業分類規定的 39 個大類、191 個中類、525 個小類。中國是世界第一農業大國，糧食、油料、蔬菜、水果、肉類、禽蛋和水產品等產量連續多年居世界第一。中國也是世界第三服務業大國。2013 年，中國成為世界第一貨物貿易大國。在成為產業大國的同時，中國產業競爭力不斷提升。中國產品遍布世界 230 多個國家和地區，初級產品出口比重已下降到個位數，工業製成品上升到 90% 以上。2011 年，中國擁有 1,431 種出口份額排第一的產品，位居世界第一，遠高於德國 777 種、美國 589 種、日本 229 種。2013 年，中國包括中國香港和臺灣有 95 家企業入圍世界 500 強，入圍企業數連續十年上升。

——產業結構深刻變化

產業結構從長期以工業為主導，向工業和服務業並行發展轉變。2013 年第三產業占 GDP 比重首次超過第二產業，未來幾年，產業結構有可能從「二、三、一」進入到「三、二、一」階段；第一產業結構內部由以種植業為主向農林牧漁全面發展轉變，第二產業結構內部重化工業高增長態勢開始回落，第三產業結構內部生產性服務業和新興服務業發展迅速。產業結構以勞動密集型產業為主向勞動密集型、資本密集型和技術密集型共同發展轉變。近些年，新技術、新產品、新產業、新商業模式湧現加快。

——產業發展方式漸進轉型

新世紀以來，產業發展方式由主要依靠大規模勞動力、土地、資源等初級要素投入和支付高昂環境代價來獲取「數量和速度」，開始向依靠初級要素和技術、管理、知識等高級要素共同投入，更加考慮生態環境承載力，來獲取「質量和效益」的發展模式轉變。然而，受體制機制、政策、觀念、技術、人才等制約，轉型十分緩慢。

二、中國產業發展面臨的主要問題、挑戰與機遇

——國內問題

一是結構有待優化。農業基礎薄弱，現代農業發展不足；工業科技含量不高，高新技術產業發展不快；服務體系不完整，服務業供給不足；能源、交通、物流、原材料等仍是瓶頸產業；競爭性行業集中度偏低，壟斷產業競爭不足；產業佈局「結構趨同——產能過剩——惡性競爭——資源浪費」問題突出。

二是創新能力和核心競爭力弱。創新能力提升緩慢，關鍵、核心技術儲備不足，尖端技術、核心零部件製造與美歐日差距較大。製造業貿易增值程度很低，勞動生產率遠低於美歐日等發達國家；服務業缺少大企業集團和知名品牌，服務貿易逆差高；軟實力嚴重缺乏，企業治理結構不完善，管理水平有待提高，知識產權、標準意識淡薄。

三是發展不協調。農業、工業、服務業聯動不足；同一產業內、上下游產業、大中小企業之間缺乏協調；虛擬經濟對實體經濟的支撐不夠；中小和民營企業受市場壟

斷和大型企業擠壓。

四是不可持續。產業發展的能源資源消耗強度大，如鋼鐵、煉油、乙烯、合成氨、電石等單位產品能耗較國際先進水平高出10%～20%；礦產資源對外依存度不斷提高，原油、鐵礦石、鋁土礦、銅礦等重要能源資源進口依存度超過50%；隨著能源資源剛性需求持續上升，生態環境約束進一步加劇。

五是發展環境欠佳。政務、商務、法律、輿論、信用等環境並不理想，流通、物流、資金、信息和交易等成本較高，企業用工費用不斷攀升，使得產業發展的傳統比較優勢大為削弱。

六是包容性問題。食品藥品、工業交通安全事故時有發生；產業、企業和員工和諧度不高，一些企業未執行《勞動合同法》；城鄉二元結構使農民工難以成為市民；部分傳統產業吸納就業能力下降；老齡化加深使產業正失去富有活力的勞動力大軍。

——國際挑戰

一是貿易摩擦和壁壘。面對中國的崛起，某些國家心態發生了變化，不再將中國的發展看成是機遇，而是當作威脅。中國與一些國家的雙邊經貿關係變得複雜，不確定因素增多。中國連續18年成為遭受全球反傾銷調查最多的WTO成員。一些發達國家構築技術壁壘，嚴格控制高端技術向中國出口。

二是激烈的國際市場競爭。美國大力扶持製造業出口，通過加強貿易保護，限制國外產品對美國產品的競爭；德國將增加出口競爭力作為其國家優先戰略；英國將鼓勵出口當作實現經濟更加平衡發展的途徑，通過進軍主要新興市場，實現英國製造業國際化；法國通過擴大出口信貸、放松出口管制、推動對外投資等措施增加其工業品競爭力；日本將擴大新興市場出口作為製造業振興的戰略重點。

三是發達國家和發展中國家的雙重擠壓。發達國家已在一些戰略性產業取得重大突破，占據了國際競爭制高點。同時，跨國公司主導全球供應鏈，掌控全球價值鏈高端。東南亞、南亞等國依靠廉價勞動力、土地、環境等優勢，承接了大量勞動密集型產業。中國有可能陷入高端技不如人、低端又被轉移的「三明治陷阱」。

四是其他一些全球性挑戰。全球資源和人才爭奪、氣候變化、能源和糧食安全、水危機、流行性疾病、環境保護、宏觀經濟和金融穩定、恐怖主義和地區衝突等對中國產業持續發展均有不同程度影響。

——機遇

一是巨大的市場機遇。中國的工業化和城市化是在13億人口、960萬平方千米陸域面積、470多萬平方千米水域面積、地區和城鄉發展很不平衡的基礎上推進的，經濟增長潛力巨大，發展空間和回旋餘地很大。同時，新興經濟體的興起拓展了中國的國際戰略空間。

二是新一輪開放的機遇。中國將在更廣闊範圍配置要素、資源，更大範圍融入國際經濟大循環，更深層地參與國際分工，有更多機會集聚全球的資源、人才、資金、信息等。

三是世界新技術革命和產業變革為中國加快培育和發展新興產業、改造提升傳統產業、構築面向未來的現代產業體系帶來機遇。

四是國際金融危機後，西方不少企業陷入資金短缺困境，增加了中國對外投資的能力，為企業海外併購提供了機遇。

三、中國產業中長期發展的戰略目標和思路

——中長期戰略目標

中國產業發展的使命是：「造福於民、強大國家、繁榮世界」。

中國產業中長期發展目標是：到 2030 年，實現「強、綠、智、聯、特」。

「強」：全面掌握關鍵領域的核心技術，自主生產關鍵核心零部件；擁有大批世界水平的跨國企業群體、自主知識產權的關鍵產品和國際知名品牌，產品附加值高；具有國際規則和標準制定話語權，對全球供應鏈擁有控制力。

「綠」：產業單位增加值能耗、水耗、資源綜合利用率和廢氣減排達到世界先進水平；產品質量和生產流通安全有保障；產品符合消費者審美情趣。

「智」：產業發展更多基於科技、知識、信息和創新，數字化、網絡化、信息化和技術化程度高。

「聯」：一、二、三產業聯動；東、中、西部地區產業聯動；工業化與信息化聯動；產業與社會、地區良性互動；產業與文化融合發展；產學研用緊密銜接；產業鏈、產業間、企業間分工協作；基礎設施互聯互通，物物相聯、服務相聯。

「特」：中小企業專業化、精細化和特色化；區域性和本地化產業特色鮮明。

——戰略思路

為有效解決問題，應對挑戰，抓住機遇，中國產業中長期發展應將滿足需求作為產業發展出發點和落腳點，以創新作為滿足需求、由大變強的關鍵手段，通過協調來校正產業發展的不平衡，用靈活變化對創新和協調進行戰略補充，從全球範圍謀劃產業戰略佈局，實施「需求導向、創新驅動、協調發展、靈活變化和植根世界」五位一體的戰略。

需求導向戰略。需求是產業發展的原動力。產業發展要以需求為導向，從體系、結構、佈局、品種、數量、品質、價格、服務等滿足不同層次、不同維度的需求，使產業體系與國家戰略需求相吻合，產業結構與需求結構相匹配，產業發展與國內需求條件相適應，產業能力與需求質量相符合。針對不同的需求提供不同的產品、服務和解決方案，以持續提升的價值來適應、引導和創造需求。

創新驅動戰略。創新既是滿足需求的重要手段，又是解決問題、應對挑戰、提升效率和生產力、提高資源綜合利用率、改變核心技術受制於人、實現從「依附跟進」到「跨越發展」、從「中國製造」到「中國創造」的關鍵舉措。構建由技術創新、商業模式創新、管理創新、制度創新、產品創新、服務創新、流程創新、營銷創新、組織創新、品牌創新和市場開拓等組合的多維度多層次創新體系。

協調發展戰略。從國家發展最佳效率和效果的角度，完善和優化產業體系與結構，協調產業內、產業間、產業體系與外部的關聯因素。從產業各自分散發展向多產業聯動轉變，實現工業、農業和服務業協調發展，產業發展統籌國內和國際、城市和農村、民用與軍工、基礎和應用、實體與虛擬、重點與非重點、短期與長期；統籌產業與生態、環境、社會、貿易、宏觀經濟的關係；統籌傳統、新興和未來產業發展；統籌陸地、海洋和空天產業發展；統籌高增長、中增長和低增長產業發展；統籌勞動密集、資本密集、技術密集和知識密集型產業發展；統籌上下游、大中小企業發展。

靈活變化戰略。產業發展不能墨守成規、機械教條、一成不變，而應以靈活、混合、變化的方式去適應時代變遷和應對可能的不確定性，不同地區、行業和企業根據實際差別化發展。競爭力強的產業和企業實施「大規模作戰」，競爭力弱的產業和企業進行「遊擊戰」，做到「攻守兼備、內外兼顧、形式多樣、靈活自如、遊刃有餘」。

植根世界戰略。「根深才能葉茂」。中國產業要深植於世界的資源、生產、研發設計、創新、貿易、流通、金融、運輸、物流、營銷、信息和知識等體系。加強國際合作交流，以高度開放和對外連接的國內市場，集結全球資源和要素，兼收並蓄，多元融合。構建多元化國際市場，穩定擴大傳統市場，積極開拓新興市場，努力發展潛力市場。根據國際化能力、目標市場和可能的風險，分產業確定國際化戰略和策略，既反應國內需要，又順應世界潮流，「利他共生、共創共享、互利共贏、文化融合」，形成「中國與世界共同成長，中國與世界良性互動」的格局。

四、以更好的制度來保障中長期戰略的推進

——消除制約產業發展的體制性障礙

一是充分發揮市場在資源配置中的決定性作用和更好地發揮政府作用，完全確立企業的市場主體地位；完善商品、服務和要素的價格形成機制，徹底放開競爭性領域價格；消除市場進入壁壘，形成統一開放、競爭有序的市場體系，實現要素自由流動；建立公平、開放、透明的市場規則，保障公平競爭，優勝劣汰。

二是進一步放寬金融准入，鼓勵金融工具創新，發展穩定、高效的資本市場，提高金融服務實體經濟的能力和水平，使金融服務於產業發展要求，促進金融與產業的深度融合。

三是形成激勵創新的科技制度。打破科技資源的部門和地區分割，完善科技計劃和評價機制，推進產業與科技相結合。提高科技投入績效，加大政府對研發的支持，加強基礎領域研究，拓展應用研究。完善知識產權保護制度，促進創新投資。

四是建立產業導向的教育和培訓制度，將21世紀的知識和技能傳授給學生，培養世界一流的勞動力大軍。創新人才培養體制，造就大批高層次、通曉國際規則、熟悉現代經營和管理的專門人才。著力將中國建設成為技工大國和人力資源強國。

——調整和優化產業政策

制定《中國產業中長期發展規劃（2015—2030年）》，對產業中長期發展做出全面戰略部署，構建「結構優化、技術先進、清潔安全、附加值高、吸納就業能力強」的現代產業體系；制定嚴格的質量、節資節能節地節水、環境、技術、安全、信用等監管標準；發揮企業主體作用，促進產學研用結合，提升產業創新能力；支持產品、流程、功能、價值鏈和集群升級；優化投資結構，財政投資主要集中於戰略性、基礎性、公共性領域，促進企業對知識、信息、技能、網絡、軟件、數據庫、設計、品牌、組織結構和知識產權等無形資產投資，提升中國產業在全球價值鏈中的地位；提高承接國際產業轉移的水平，推動國內產業合理有序轉移，深化區際產業分工，優化產業空間佈局；推動跨地區、跨部門、跨所有制兼併重組；淘汰落後產能；深化壟斷行業改革；促進相關產業聯動發展；消除產業發展薄弱環節和瓶頸制約；修訂過時的部門性地方性政策；加強對產業未來發展的風險和預警研判等。

——加強產業政策與相關政策協調

一是注重產業政策與宏觀政策協調。宏觀調控政策應符合產業中長期發展要求，為產業發展創造良好的宏觀環境。合理確定企業稅賦水平，實施結構性減稅政策，進一步降低中小企業稅費負擔，著力形成有利於產業轉型升級、創新、競爭力提升、國際化和可持續發展的稅收結構。

二是注重產業政策與對外政策協調。推進中國與重要區域和貿易夥伴經貿一體化，加快推進自貿區建設，推動貿易便利化，減少貿易摩擦和進入限制。積極參與全球治理，提升中國在國際經濟和貿易規則的話語權。加強產業政策與貿易政策協調，促進「產貿互動，產貿結合」。

三是注重產業政策與區域政策協調。產業空間分佈要考慮資源環境承載力、發展基礎和發展潛力，明晰不同地區的產業定位；產業發展戰略和產業政策要考慮地區經濟一體化、城市群發展、城鄉一體化，充分發揮地區比較優勢，區域規劃、區域政策要考慮產業集聚、產業配套、產業鏈、供應鏈等現代產業運行特點，引導和促進有地區特色的產業結構形成。

四是注重產業政策與社會政策協調。社會政策要充分考慮產業發展階段、產業戰略目標以及業界接受程度，產業政策同樣要考慮社會可接受度。建立產業政策與社會政策有效協調機制。

——為產業發展提供良好法律保障

公正的法律制度，完善的法律體系，公平的執法，對產業持續健康發展至關重要。加快修改不合時宜的法律條文和規定，完善制定產品品質、服務水平、安全、能效、排放等法律法規和標準，完善保護和激勵生產力以及創新的法律法規。以立法形式確保產業中長期發展戰略的實施。

——為產業發展注入強大文化動力

在全社會大力倡導和樹立「以人為本」「開放、創新」「開拓、進取」「包容、責任」「誠信、合作」「綠色、生態」等社會觀、倫理觀和價值觀，全面激發產業發展的持久內在動力。

資料來源：魏際剛. 中國產業中長期發展戰略問題［N］. 中國經濟時報，201-05-05.

【案例討論】

請思考採取什麼樣的戰略對策，以推動上述產業中長期發展戰略目標的實現？

第二節　產業技術：創新與擴散

技術創新是產業技術進步的核心內容，是塑造產業核心競爭優勢的主要手段。凡具有強大競爭力的產業，均具有強大的技術創新能力。

一、創新的特點與作用

產業經濟學裡使用的創新是熊彼特的創新概念，創新是一種新的生產函數的建立，即實現生產要素和生產條件的一種從未有過的新結合，並將其引入生產體系。此概念具有兩層含義：第一層含義，是發明一種新知識或技術；第二層含義，是將新知識或技術應用於生產。

（一）創新的特徵

創新就是一個發明新知識或技術並應用於生產的過程，這個過程的存在使得創新具有幾方面的特徵。

1. 創新具有高風險性

創新活動是一個系統工程，涉及許多環節和眾多影響因素，這使得創新過程和結果均不可控，創新具有不確定性。首先，發明新知識或技術是一個複雜、艱難的過程，或許成功只是一個偶然的結果，多數時候大量的付出並不一定有收穫。其次，即使有成果的產生，此項成果是否具有市場前景也具有不確定性，說不定會被市場證明是毫無價值的。創新的不確定性，使得創新的成功率很低，為創新投入的大量資源的預期回報不確定，創新具有高風險性。

2. 創新具有高回報率

經濟活動中，高風險往往與高收益聯繫在一起，創新活動同樣如此。創新雖然成功率不高，但創新一旦成功且成果順利應用於生產，則至少在專利保護期內，能保證創新企業獲得超額利潤。

3. 創新具有時效性

創新的時效性，主要體現在技術的不斷更新換代上。一個時期的創新技術，只切合該時期的市場需要。一旦經濟發展水平的變化或其他因素導致市場需求發生變化，必然導致以該技術為支撐的產品的不合時宜，這時就需要決策開展新的創新活動。

（二）創新的作用

產業經濟學裡的創新主要是技術創新，技術創新對產業主要具有三個方面的作用。

1. 技術創新有助於實現產業增長

當前的產業發展階段，已走過依靠生產要素和投資推動的粗放型增長階段，進入創新推動的集約型增長階段。在此階段裡，通過技術創新，可以在資源稀缺的前提下實現生產要素的重新組合，展開新的生產方式下的生產，生產出新的產品或提高生產效率，從而可以創造出新的市場需求和促進產業規模的擴大，實現產業增長。

2.. 技術創新有利於促進產業技術進步

隨著經濟發展水平的提高，市場需求不斷升級，對於產業可持續發展的要求也越來越嚴格。這要求產業不斷實施技術進步，採用新技術應用於生產，以此適應新時期產業生存與發展的需要。實施技術創新，不斷推出新技術應用於產業，可以有效促進產業技術進步，推動產業實現升級。

3. 技術創新有助於提高產業競爭力

一般而言，競爭可以分為兩種類型：一種是建立成本優勢，進行價格競爭。其思路是通過技術創新，或是降低生產過程的耗費，或是獲取更低廉的原料來源，或是開闢更為合理的銷售渠道，以此降低產品製造成本，掌握產品銷售價格的主動權，把大多數競爭對手逐出共同的市場。另一種是差異化競爭，即通過創造與眾不同的產品來博得消費者的青睞，吸引消費者，從而取得市場競爭優勢。實施產品差異化，也意味著要不斷進行技術創新，推出改進型和創新型產品，適應越來越細化的市場需求。由此可見，競爭離不開技術創新，依賴於技術創新。不斷推動技術創新，有利於提高企業和產業的競爭力，樹立市場競爭優勢。

二、創新理論的發展

一般認為，對創新問題的研究始於熊彼特。熊彼特的創新理論主要發表在其《經濟發展理論》一書中，本書第二章第三節已對此進行過闡述。

熊彼特之後的西方學者，於 20 世紀 50 年代中期以後開始興起對技術創新的研究，研究主要圍繞兩個方向進行：一是新古典經濟學家將技術進步納入新古典經濟學的理論框架中，形成經濟增長理論以及之後的新經濟增長理論；二是側重研究科技進步與經濟結合的方式、途徑、機制以及影響因素等，以經驗研究和案例分析為其突出特點。上述研究秉承經濟分析的熊彼特傳統，強調技術創新和技術變革在經濟增長中的核心作用，承認企業家是推動技術創新的主要推動力，承認經濟結構對於技術創新的促進作用，迷戀熊彼特所謂的創新的「創造性毀滅過程」。這些遵循熊彼特傳統的經濟學家，主要集中在英國和美國，尤以英國蘇塞克斯大學的科學政策研究所（SPRU）最為著名，包括了弗里曼、多西、帕維特等人，並發表了大量重要的技術創新研究成果。在美國，遵循熊彼特傳統的經濟學家主要有斯坦福大學的羅森博格和哥倫比亞大學的納爾遜等。

上述新熊彼特學派的學者在技術創新研究中的共同特點，是注重對技術創新過程的研究，技術創新產生的技術經濟基礎、技術軌道與技術範式、技術創新群集、技術創新的擴散以及長波等重大理論問題，是他們研究的重點。長期的研究工作中，這些學者在熊彼特理論的基礎上提出了許多著名的技術創新模型，如企業家創新模型、線性模型、相互作用模型、鏈環—回路模型和創新週期模型等。其中，施穆克勒的《發明與經濟增長》一書，對 1840—1950 年美國 4 個主要資本貨物部門（鐵路、石油冶煉、農業機械和造紙業）及部分消費品工業部門的專利數與投資額進行了統計分析，得出了市場成長和市場潛力是發明活動速度和方向的主要決定因素的結論，以此提出了創新的需求拉動說。這與熊彼特的技術推動說顯然是不相符合的。蘇塞克斯大學科學政策研究所的沃爾什、湯德森、阿奇拉德利斯和弗里曼等人，於 1979 年進行的一項研究批評了施穆克勒的方法，他們的研究結論與熊彼特理論更為一致，即「科學、技術與市場之間的聯繫是複雜的、相互作用的，而且是多方向的，主要驅動力量隨時間和工業部門不同而有所變化」。羅森伯格從技術特性與經濟特性方面展開研究，他在自己的代表作《黑箱之謎：技術與經濟學》中指出：「作為基本的、演進著的知識基礎的科學技術同市場需求的結構一道，在創新中以一種互動方式起著核心作用。忽略任何一方面都將導致錯誤的結論和政策」，從而將技術推動論和需求拉動論有機地結合起來。總體來看，這些研究的共同特點，是越來越強調創新活動是一個複雜的相互作用過程的共性，而忽略了其賴以進行的具體歷史環境和歷史條件的特殊性，即國家專有因素的特殊作用。在這樣一種背景下，以弗里曼和納爾遜為代表的一些新熊彼特主義技術創新經濟學家開始強調李斯特傳統，重視技術創新的國家因素以及具體的社會制度和文化背景，從而將李斯特傳統和熊彼特傳統有機地結合起來。

三、創新的擴散

創新具有外部性，創新的外部性是指非創新者從創新中獲得收益而不需支付相應的報酬。創新的外部性是由創新的擴散造成的，創新的擴散使其他企業存在「搭便車」的可能，從而使創新企業為創新付出較大的成本而不能得到全部收益。創新的擴散實質上就是技術擴散，所謂技術擴散是指將技術創新成果從一方向另一方傳遞的過程。對於技術擴散問題，理論界已經形成了幾種相關理論。

（一）技術擴散論

從20世紀60年代開始，全球範圍內的技術擴散活動日趨活躍，技術擴散對於區域經濟增長的貢獻率大幅度提高，這使理論界對於技術擴散問題的研究成為熱點。瑞典隆德大學的黑格斯傳德（T. Haegerstrand）教授最早從空間視角對技術擴散現象進行研究，其在1953年出版的專著《作為一個空間過程的創新擴散》中，首次系統地闡述了技術擴散理論。之後，一批學者加入研究行列，並取得了一系列有價值的成果。

技術擴散的原因，主要是新技術開發者生產的產品優於其他產品導致的勢能差。盡儘如此，技術擴散是否發生，取決於創新潛在採用者對創新的「採用阻力」。採用阻力主要由社會阻力、經濟阻力組成，更高的阻力水平需要更多的擴散信息累積來促使採用發生。如果採用阻力小於擴散信息的累積效果，潛在創新採用者將採用創新技術，則擴散就會發生，反之則不會發生。

黑格斯傳德提出了技術擴散的「四階段模型」[①]，指出技術擴散的強度有隨距離增加而衰減的趨勢：在開始階段，擴散強度隨距離衰減特徵顯著，但隨著時間的推移，在擴散階段、冷凝階段和飽和階段，擴散強度隨距離衰減的特徵逐漸減弱。

一些學者依據企業內部技術創新行為模式的不同，將技術擴散分為順序式技術擴散、部分重疊式技術擴散和並行模塊式技術擴散三種類型。順序式技術擴散是指一個創新擴散完成後再進行下一個創新擴散的擴散模式；部分重疊式技術擴散是指兩個創新擴散之間可以部分重疊的擴散模式；並行模塊式技術擴散是指各種創新擴散互不干擾，可以同時進行的擴散模式。各個創新擴散類型具有不同的內容、流量與效果，在技術更新速度加快和信息傳遞便捷迅速的時代背景下，順序式技術擴散的劣勢日益突出，而部分重疊式、並行模塊式技術擴散則因其技術流動高速、高效，日益成為技術擴散方式的主流。

---

① T HAEGERSTRAND. Innovation Diffusion as a Spatial Process [M]. Chicago: The University of Chicago Press, 1968.

(二) 技術模仿論

美國經濟學家曼斯菲爾德[①]認為技術擴散是一個學習和模仿的過程，並建立了新技術推廣模式。曼斯菲爾德提出四個假定：第一，完全競爭的市場，新技術不是被壟斷的，可以按照模仿者的意願自由選擇和使用；第二，專利權對模仿者的影響很小，任何企業都可以對某種新技術進行模仿；第三，在新技術推廣過程中，新技術本身不變化，從而不至於因新技術變化而影響模仿率；第四，企業規模的大小差別不至於影響採用新技術。在上述假定的基礎上，曼斯菲爾德指出，在一定時期內某一部門中新技術的推廣速度受到三個因素和四個補充因素的影響。

三個因素是：①模仿比例，即一定時期內某一部門中採用新技術的企業數與總企業數之比。模仿比例越高，意味著採用新技術的情報和經驗越多，模仿的風險就越小，對其他未採用該新技術企業的推動力也越大，採用新技術的速度就越快。②模仿相對盈利率，即相對於其他投資機會而言的盈利率。相對盈利率越高，模仿的可能性就越大，企業越願意採用新技術，推廣速度就越快。③採用新技術要求的投資額。在相對盈利率相同的情況下，採用新技術要求的投資額越大，推廣速度就越慢，模仿的可能性就越小。四個補充因素包括：①舊設備還可以使用的年限，年限越長，推廣速度就越慢；②一定時間內該部門銷售量的增長情況，增長越快，推廣速度就越快；③某項新技術首次被某個企業採用的年份與後來被其他企業採用的時間間隔，間隔越長，推廣速度就越慢；④該項新技術初次被採用的時間在經濟週期中所處的階段，階段不同，推廣速度也不同。

曼斯菲爾德的技術模仿論主要是解釋一項新技術首次被某個企業採用後，究竟需要多久才能被該行業的多數企業採用。

(三) 技術轉移理論

技術轉移過程可以用圖形來表示，如圖 7-4 所示，圖形呈現為 S 形曲線。

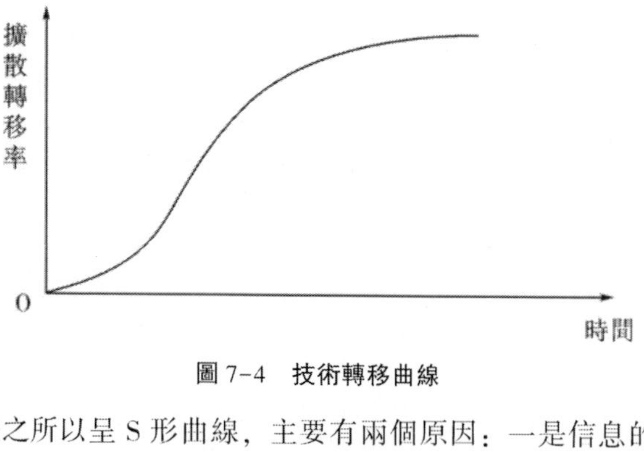

圖 7-4　技術轉移曲線

技術轉移過程之所以呈 S 形曲線，主要有兩個原因：一是信息的傳播；二是技術具有的不確定性。在一項創新問世的初期，採用創新的企業少，信息源和信息的傳播者也少，而且創新本身的技術穩定性、經濟性尚不確定，因而大多數企業不會急於採

---

① MANSFIELD E. Technical Change and The Rate of Imitation [J]. Econometrics, 1961, 29 : 741-766.

用創新，技術擴散轉移率自然就低。隨著採用創新的企業的增加，信息源和信息的傳播者都增加了，創新的完善程度也提高了，採用創新的企業也會很快增加，因此技術擴散轉移率就不斷上升，而且上升的速度加快。然後，隨著擴散率的不斷上升，到了一定階段後潛在採用者的數量不斷減少且趨近於零，採用者數量的增加也趨近於零了，此時擴散率上升的速度趨於零。

技術轉移首先在產業內和產業間進行。1962 年，阿羅在其《邊干邊學的經濟含義》一文中，提出了「干中學」的知識變化模型，這裡的學習是指知識或技術的獲得過程。不僅進行投資的廠商可以通過學習累積經驗而提高其生產效率，其他廠商也可以通過學習而提高生產效率。技術在產業內和產業間的轉移，是通過「干中學」實現的。格羅斯曼（S. J. Grossman）和赫爾普曼（E. Helpman）是研究與開發（R&D）學派的代表人物，他們的觀點之一，是 R&D 具有完全的外溢效應，通過外溢效應推動創新技術在產業內和產業間的轉移。

技術轉移也在區域內和區域間進行。區域間技術經濟發展的不平衡，形成了由高到低、有序的技術梯度差距。技術總是由發達國家向不發達國家、先進地區向落後地區擴散，即技術按梯度轉移。①國際技術轉移。曼斯菲爾德將國際技術轉移分為垂直轉移和水平轉移，主要研究了國際技術轉移的成本問題，成本包括：專利和特許使用費；資源成本；效率損失；消化吸收費用；等等。一些學者們的研究得出了「二元技術結構理論」，即國家間或國家內都存在雙重結構——先進技術和落後技術並存，要改變這種狀況就必須進行技術轉移。國際技術轉移的方式，主要有對外直接投資、國際商品貿易、國際技術貿易、國際科技合作與交流、國際技術援助等。②國內區域間技術轉移。一國國內區域間的技術轉移主要擁有兩種代表性理論：

第一，技術區位轉移理論。一國國內的區域間技術轉移首先是通過創新地與最早的接受者的信息傳輸發生，然後首批接受者又作為新的創新者繼續擴散，如此經過若干時段，接受者的累積數量將趨於飽和，轉移過程即結束。根據轉移過程中空間的區位變化來分，技術轉移有三種類型：擴展轉移，其特點是圍繞創新起源點向周圍地區擴散，在空間上表現為一定的鏈型性；等級轉移，創新循著一定的等級序列順序轉移，如規模順序、科技文化層次、社會和經濟地位等，其決定因素為接受者的位勢；位移轉移，表現為轉移接受者隨時間產生非均衡的位移，主要是由移民或其他形式的人口流動引起的。

第二，技術轉移與產業結構調整理論。由於要素稟賦、發展基礎、分工的不同以及國家發展戰略的影響，區域間的產業技術水平形成了梯度差距。高梯度地區由於產業升級、產業結構調整的需要，需要將成熟產業及其技術擴散出去，以此騰出資源和空間發展更高層次產業；低梯度地區通過吸收轉移進來的產業及其技術，使之成為本區域的優勢產業，由此帶動了產業結構和產業技術水平的提升。因此，區域間梯度差距的存在導致出現區域間的技術轉移，區域間的技術轉移最終有效促進了國家整體產業結構的調整與優化。

四、合作創新

合作創新是指企業與其他企業、科研機構、高等院校之間合作開展技術創新的創新模式。由於需方市場中創新的風險日益增大，能夠分散風險、提高創新效率與成功率的合作創新，越來越成為現階段企業創新的一種主要方式。據統計，跨國企業合作創新約占其創新總量的1/3，中國企業的合作創新約占其創新總量的1/9。

合作創新具有三個方面的典型特徵。第一，縮短創新時間，提高創新速度。合作創新有利於合作主體實現資源共享、優勢互補，找準創新方向，凝聚創新合力，降低創新成本，提高創新效率。第二，分攤創新成本，分散創新風險。一般而言，創新項目越大、內容越複雜、項目越先進，成本就越高，風險也就越大，合作創新分散風險的作用越顯著。第三，打破產業壁壘，促進產業融合。合作創新有利於企業打破產業和地區壁壘，以較低的轉換成本進入新產業。對不同產業的企業而言，合作創新有利於促進產業間的融合，打破產業壁壘；對不同區域的企業而言，合作創新有利於進入合作夥伴的市場，打破地區壁壘。

合作創新主要包括產學研合作創新和企業合作創新兩種類型。產學研合作創新是企業與高等院校、科研機構之間的合作創新，其中企業一般為技術需求方，高等院校、研究機構為技術供給方。產學研合作創新一方面有助於企業借助高校、科研機構雄厚的科研力量，提高技術創新水平，另一方面有助於高校、科研機構的科技成果轉化。企業合作創新是企業與其他企業的聯合共同創新，一方面有利於提高創新效率與效益，另一方面可以將存在激烈競爭關係和利益衝突的企業聯合起來，使雙方都從中獲得更大的利益。

五、產業創新

近期，產業經濟學裡湧現出一些新的創新理論，代表性的是產業創新理論。弗里曼於1997年第一次系統地提出產業創新理論，現階段國際上影響較大的產業創新論著是馬克·道格森（Mark Dodgson）和羅艾·勞斯維爾（Roy Rothwell）合編的《產業創新手冊》，該書被譽為歐美學者關於創新管理的傑出之作。

關於產業創新，弗里曼認為產業創新包括技術和技能創新、產品創新、流程創新、管理創新（含組織創新）和市場創新，不同的產業創新內容是不一樣的，如化學產業主要是流程創新、儀器儀表產業主要是產品創新、電力產業主要是市場創新。

學者們取得共識，產業創新是屬於中觀層次的創新，與宏觀層次的國家創新和微觀層次的企業創新共同構成一個國家的創新體系。產業創新具有兩個明顯的特點①：

1. 產業創新是聯繫國家創新和企業創新的紐帶

產業創新聯繫國家創新和企業創新的紐帶作用，主要是通過兩方面的作用實現的：一方面帶動企業創新（企業創新是產業創新的基礎），為企業創新營造有利的環境和條件，並通過政策扶植，幫助和引導企業創新，另一方面也能為國家創新提供信息、資

① 劉樹林．產業經濟學［M］．北京：清華大學出版社，2012．

金、智力等服務。

2. 產業創新以滿足市場需求為目的

產業的存在和發展是以市場需求為前提的，沒有市場需求或者市場需求很小，產業就無法形成。當市場出現新的需求時，就需要通過產業創新的方式來進行滿足，產業創新是以產業化方式來滿足人們新的需求的過程。

第三節　產業融合

由於技術創新、管制放松、企業追求規模經濟等因素的影響，產業融合日益成為產業發展中的一個突出現象。產業融合過程中，信息化起到了重要推動作用。產業融合首先在電信、廣播電視和出版業三個產業中實現，而且目前仍主要局限於部分受數字融合影響明顯的產業領域。產業融合促進了產業間新型競爭協同關係的建立，有利於產業結構的轉換和升級，對於整合資源、避免重複建設、實現資源共享具有重要意義。

一、電信、廣播電視和出版業的產業融合

電信業一般是通過有線、無線方式提供信息傳遞，包括電報、電話和傳真等。廣播電視業通過其廣播網、電視網和無線電接收機、電視機等終端設備，提供單向聲音與視像等信息服務，包括各種即時製作的娛樂和新聞節目等。出版業以有形的方式複製信息，通過其有形分發網和文件、照片、唱機等終端設備，提供報紙、書籍、雜誌以及影像產品等。從產業內容看，三個產業都是提供信息服務的部門，具體運作過程需要依賴信息傳送機制、信息傳送平臺和信息接收終端設備三方面的基本組件。在信息社會來臨之前，三個產業部門在技術、服務、市場上是處於分割狀態的。

由於信息技術的進步和互聯網的發展，20 世紀 90 年代以來電信、廣播電視和出版業出現了融合。這主要歸因於兩方面的變化：一是信息技術發展使不同的信息產品數字化，使得所有信息產品本質上具有同一性，這是融合發生的前提條件；二是信息產品的同一性使得信息傳送的平臺發生重大轉換，出現了從專用信息傳送平臺到非專用信息傳送平臺的轉換，這意味著電信、廣播電視和出版業的運作可以在同一個平臺上開展。上述兩方面因素，最終推動了三個產業部門的融合。具體而言，電信、廣播電視和出版業三個產業部門的融合主要包括以下幾個方面的內容：

第一，媒介產品的融合。由於媒介產品的信息數字化，不同形式的媒體之間的互換性和互聯性得到加強，使得各種媒體傳輸的產品和服務出現融合，報刊、電視節目、金融信息、圖像、網頁、電子游戲、音樂等產品和服務，均可以使用同樣的媒體技術進入互聯網。與此對應生產上述產品的企業，原先是屬於不同行業的，現在則重新組合為同一內容的供應商。

第二，媒介平臺的融合。媒介平臺融合是指傳統的不同通信體系將共享同樣的技術環境和傳送語言。一是支持信息傳輸的基礎設施，如固定電話網絡、地面和衛星設

備、有線電視網絡、局域網絡、廣播等，圍繞互聯網趨於融合。二是為傳播系統提供智能的操作系統，在某些方面出現融合。三是用於獲取和顯示信息的終端設備，如電話、電視、電腦等日趨融合。

第三，公司結構的融合。公司結構融合主要是指原處於電信、廣播電視和出版三個不同行業中的公司之間的擴展、合資、收購和合併等。一方面是這些公司在融合業務的基礎上實現合併，如美國在線與時代華納公司的合併；另一方面是原先有其特定服務對象的公司在融合技術手段的基礎上出現業務重疊。

第四，媒體管理與政策融合。這種融合是指為了適應媒體服務和產業融合的要求，改變原有分別管制、多重管制的法律法規，實行統一管制。

二、產業融合的內涵

1994 年，美國哈佛大學商學院舉辦了世界上第一次關於產業融合的學術論壇——衝突的世界：計算機、電信以及消費電子學研討會。1997 年 6 月，在美國加州大學伯克萊分校召開「在數字技術與管制範式之間搭橋」會議，對產業融合及其有關的管制政策進行了討論。哈佛論壇和伯克萊會議的舉辦，表明產業融合這一新的經濟現象已引起各界的關注。對於產業融合內涵的認識，迄今尚未形成統一的認識，各位學者往往從自己所研究的案例出發來抽象出產業融合的內涵。

產業融合的概念，最早可以追溯到美國學者盧森伯格（Rosenberg，1963）[①] 對於美國機械工具產業早期演變的研究。他認為，在 19 世紀中期不同產業在生產過程中逐漸依賴相同的一套生產技術，最終導致一個獨立、專業化的技術產業的出現，這是早期的技術融合。典型的技術融合產業，是 19 世紀的火器製造業、縫紉機制造業和自行車製造業。產業融合首先是由技術進步引起的，技術的迅速發展，首先推動技術融合，最終引發產業融合，技術融合是產業融合的最重要的前提條件。根據 1997 年歐洲委員會「綠皮書」的定義，產業的融合是指「產業聯盟和合併、技術網絡平臺和市場等三個角度的融合」。針對計算機、通信和廣播電視業的融合，尤弗亞（Yoffie，1997）[②] 將產業融合定義為「採用數字技術後原本各自獨立產品的整合」。本書採用的產業融合定義，是指由於技術創新、管制放松、企業追求規模經濟和市場需求的推動，使得相關產業邊界或交叉處出現技術融合、業務融合和市場融合，由此改變各產業原有的特徵和市場需求，使企業之間的競爭合作關係改變，產業界限模糊乃至於重新劃分的一個過程[③]。

三、產業融合的類型

產業融合主要是在相關產業邊界或交叉處融合，由此使得產業的邊界模糊並趨於

---

① N ROSENBERG. Technological Change in The Machine Tool Industry（1840－1910）[J]. The Journal of Economic History，1963，23：414-446.

② D B YOFFIE. Competing in The Age of Digital Convergence [M]. Cambridge：The President of Harvard Press，1997.

③ 惠寧. 產業經濟學 [M]. 北京：高等教育出版社，2012.

消失。根據融合的產業類型，可以將產業融合歸結為4種類型，如表7-1所示。

表7-1 產業融合的類型及內容[1]

類型	內容
傳統三次產業間的延伸融合	現代農業生產服務體系的出現；工業中服務比例上升如工業旅遊的出現
傳統產業內部的重組融合	農業內各子產業的融合；工業內部上下游關聯產業融合；金融證券保險的混業經營
高科技產業間的交叉融合	生物芯片、納米電子、三網融合等
高科技產業對傳統產業的滲透融合	農業高科技化；生物和信息技術對傳統產業的改造；機械仿生、光機電一體化、機械電子；電子商務、網絡型金融等

四、產業融合的內容

產業融合的內容，哈普爾（Hopper，2003）[2] 等學者進行了探討。哈普爾提出，產業融合併不是一個「一維空間」的概念，它包括了五個維度的內容：基礎技術融合、網絡融合、設備融合、企業融合和管制融合。

第一，基礎技術融合。產業融合首先是技術的融合，沒有技術融合就沒有產業融合。例如電信、廣播電視和出版業的融合，就是基於不同信息傳播基礎技術——數字技術的高度融合。

第二，網絡融合。網絡融合是指原先搭載不同產品或服務的網絡，融合為一個網絡以搭載所有產品或服務的能力。不同產業的網絡的融合，與現實還有很大距離。比較典型的網絡融合，還是電信、廣播電視和出版業三個產業網絡（媒介平臺）的融合，它使得通過一個網絡（互聯網）能夠傳輸從聲音到廣播的一切內容。

第三，設備融合。設備融合併不是簡單意味著所有的功能融合到一件設備上，而是指數量更少的設備能夠實現對過去分開的、依賴於不同的設備的服務進行更廣闊範圍的無縫連結。例如，電腦游戲和網絡、DVD結合在一起；電腦就可以播放電影，收聽廣播電臺和收看電視。

第四，企業融合。企業融合是指原先從事不同產品和服務供給的企業，由於技術融合、業務融合和市場融合，而通過股權投資、兼併等方式實現融合。例如，西班牙電信企業 Telefonica 以40億法郎收購了德國電視製片企業 Endemol。

第五，管制融合。管制融合是指針對不同產業的管制機構，在這些產業融合後也實現融合。例如，英國通信業管制機構 OFCOM，是在融合電信部、廣播標準委員會、獨立電視委員會、無線電局和無線電通信局五個機構的基礎上成立的；2005年7月，澳大利亞通信管制局（ACA）和澳大利亞廣播管制局（ABA）正式合併，成立澳大利亞通信和媒體管制局（ACMA）。

---

① 吳穎，劉志迎，豐志培. 產業融合問題的理論研究動態［J］. 產業經濟研究，2004（4）.

② R HOOPER. Convergence &Regulation［J］. TIO Conference，Melbourne，Australia，25 November 2003：3.

五、產業融合對產業經濟發展的作用

產業融合本質上是一種「創造性的破壞」，屬於一種產業創新。產業融合有利於產業升級，促進產業結構優化，提高資源配置效益。

（一）產業融合促進傳統產業創新

產業融合往往發生在高新技術產業和傳統產業之間，通過產業融合，高新技術融入傳統產業後，可以影響和改變傳統產業產品的生產特點、技術工藝以及市場需求狀況，促使傳統產業升級，重新煥發生機。例如：生物技術產業與傳統農業融合後，提高了農業生產技術水平，降低了農業生產成本，提高了農產品品質，使傳統農業轉化為高科技生物農業；信息技術被廣泛應用於機械、電子、航空等產業領域，提高了這些產業和部門的勞動生產效率，推動了產品創新。

（二）產業融合催生新產業，形成新的經濟增長點

產業融合促使各種高新技術擴散到傳統產業中，推動傳統產業的分化、解體和重組，讓原本分離的產業價值鏈部分或者全部融合，形成一系列新興產業，如生物材料產業、信息生物產業、航空電子業等。這些新生產業形成一個個新的經濟增長點，在促進產業結構優化的同時，促進經濟增長。

（三）產業融合促進資源合理配置

產業融合的動因除了規避競爭、追求規模經濟外，最主要的是可以相互利用對方的資源。當存在產業分立時，資源在一定程度上被限制在各自產業內流動，資源的使用效率較低。產業融合有利於整合分散的資源，實現資源共享，提高資源的整體配置效益。例如美國在線和時代華納的合併，主要動機就在於相互利用對方的資源。美國在線是世界第一大互聯網服務提供商，其爭取客戶的手段是內容，雖然美國在線曾努力開發新的內容，但收效甚微。時代華納擁有 CNN 新聞臺、HBO 電影臺、唱片公司、兩個電影製片廠、《時代》雜誌、《財富》雜誌等，多年來其一直設法發展自己的網絡業務，雖然投資巨大，也收效甚微。兩個公司合併後，美國在線可以共享時代華納的豐富內容，時代華納可以借助美國在線的多媒體平臺和寬頻帶網絡通信手段，提供交互式信息，開展網絡廣告、營銷和電子商務。因此兩個公司的合併，可以共享彼此的優勢資源，擴大市場業務，實現共贏，兩者的合併被譽為「天作之合」。

◇**案例** 7.2

產業跨界融合呈現五大趨勢

當前，中國產業的跨界融合表現為五大趨勢。

一、服務業與製造業融合發展

服務業占比快速上升，服務業與製造業之間開始融合，服務業開始製造業化，製造業也開始服務業化。2013 年中國服務業占比已經超過製造業，從 2014 年上半年來看，這種趨勢仍在加速。服務業和製造業之間的邊界開始變得模糊，服務業開始製造業化，製造業也開始服務業化。

中國服務業發展出現了產品化、標準化、連鎖化趨勢，而這些本來是製造業生產的基本要素和模式。近年來服務業中推出了一系列的金融產品、旅遊產品、醫療服務產品等，將各種服務模式標準化，並加以複製和推廣，「產品」已經成了服務業的時髦名詞。這一趨勢也得到了決策層的高度認可。以旅遊產品為例，國務院總理李克強在主持召開國務院常務會議時，強調旅遊業是現代服務業的重要組成部分，帶動作用大，要著力推動旅遊業轉型升級，用創意設計創新旅遊產品，旅遊產品向觀光、休閒、度假並重轉變，提升旅遊產品品質和內涵，大力開發老年、民俗、養生、醫療旅遊等。轉型升級的旅遊產品，將是融合了現代農業、度假養生、生態養老、文化民俗體驗的現代服務產業，已經不僅僅是服務業與製造業的融合，甚至是現代農業、現代服務業與新型城鎮化的融合。

製造業也開始服務業化。製造業開始從以產品為中心向服務端延伸，製造和服務一體化，全面提升產品附加值。例如，房地產開發商已經開始從建造房屋擴展到房屋維護、物業管理等服務領域，形成了旅遊房產、養老房產和教育房產等新興業態；汽車製造商開始從汽車製造延伸到汽車服務、汽車金融等領域。巨大的製造業將產生巨大的為這些製造品使用和消費服務的服務業，這已經成了企業家共識。未來的中國不可能是單一的製造大國，也不可能是單一的服務大國，而是製造服務業大國。

二、金融投資與實業投資融合

金融投資與實業投資開始融合。國有資產資本化價值化的管理改革方向，本質上體現了運用金融投資理念來營運和管理國有資產。過去，金融投資與實體投資分屬不同投資領域，相對獨立，各有不同的流程、標準和回報要求，但新的趨勢是兩者之間正在加速融合。

首先是實體經濟內部開始運用金融理念和工具來進行投資，典型的是光伏產業。2014 年 2 月，光伏企業與金融企業聯手啓動了光伏互聯網金融戰略項目，借助眾籌模式，讓光伏電站投資走向社會大眾。這是實體經濟與金融的融合，也是傳統製造業與互聯網工具的融合。至於金融投資滲透到實體經濟領域的案例就更多了。2014 年，保險公司頻頻舉牌地產企業，表明金融企業開始直接參與實體項目的管理和營運。資本市場上出現了林林總總的各種併購基金，這些都是金融業與實業投資之間融合的基本工具。

黨的十八屆三中全會所確立的國資改革指導思想，也滲透了實體經濟投資和金融投資相互融合的基本精神。國資國企改革，以國資改革帶動國企改革，從管理資產轉向管理資本，制度設計的深層含義就是金融與實體之間的高度融合，以價值化的理念和金融手段來盤活和運作國有資本。國有企業積極推進混合所有制經濟，實行股權多元化，讓社會資本參與實體經濟的營運，從而推動企業股權結構進一步優化，市場經營機制進一步確立，現代企業制度進一步完善，國有經濟活力進一步增強。中石化將其全資子公司中國石化銷售有限公司，通過增資擴股的方式引入社會和民營資本，就是大型央企向社會開放的第一步。

金融投資是建立在產業發展基礎上的，是為產業發展服務的，如果沒有了產業基礎，金融本身也就不會有任何價值。所以，金融和產業的深度融合是必然趨勢。

三、以互聯網為紐帶的產業跨界融合

互聯網經濟的發展形成了一條以互聯網為紐帶的產業跨界和融合的新模式。互聯網思維是貫穿這一兩年的熱門詞彙，彷佛誰要是沒有互聯網思維，誰就會被社會所淘汰。人類經濟活動本質上是信息流、資金流、物流、人流的聚合，互聯網通過控制和改變信息流，可以引導資金流、物流和人流變化。互聯網企業正在顛覆一些傳統企業的商業模式，正成為不容忽視的力量，傳統經濟體也在積極擁抱互聯網。互聯網成了嫁接傳統產業與新興產業的橋樑，是產業跨界投資和融合的重要平臺。

從產業內部看，互聯網產業鏈正在進行更廣泛的垂直整合，電信營運商、內容服務商、設備製造商等加速將自身業務向產業上下游延伸，打造硬件、軟件、應用服務一體化的產業模式，搶奪互聯網以及移動互聯網「入口」。在互聯網經濟下，有用戶才會有商業價值，而佈局、搶占甚至於去試圖壟斷「入口」，就是爭奪用戶，提升商業價值。從產業外部看，互聯網與傳統產業的跨界融合正在加速。一方面，傳統企業積極用互聯網思維武裝自己，用互聯網工具變革自己，許多被人們貼上「傳統」標籤的行業、企業正在加速與互聯網融合。典型的如傳統商貿、商超、零售企業紛紛向互聯網轉型，推動了中國網購市場的高速發展。互聯網教育、互聯網娛樂、互聯網醫療，以及世界杯期間大熱的互聯網彩票等正在持續發酵。另一方面，隨著大數據、雲計算、移動互聯網的發展，互聯網與傳統經濟的融合正在加速。移動互聯網以前所未有的傳播速度，雲計算以超強的存儲和計算能力，大數據以快速準確的挖掘能力，聯袂向生產、消費領域的廣度和深度滲透，促使生產、消費、服務和流通一體化。

四、技術革命引領行業融合

製造、電子、儀器儀表、材料和動力等領域都在產生重大創新，引領著工業領域內各行業的融合和革命。

根據傳統的產業要素劃分，中國的工業製造可以劃分為機械、電子、儀器儀表、材料和動力等生產領域。目前這五大領域都在發生技術革命。製造領域內出現了3D打印等新的製造模式，材料領域中出現了大量新材料，儀器儀表領域中誕生了遙感、傳感、監測等新手段，動力領域有了新能源和新動力設備，電子領域出現了以移動互聯網為核心的一系列技術革命。這五大領域的創新融合，足以推動整個傳統製造業的新一輪革命，製造業的新舊模式的劃分已經明顯不合適。

讓我們重點來看一看近期被廣泛探討並形成熱點的領域：3D打印、機器人。

3D打印（又稱增材製造）不僅僅是技術創新，更是理念創新。人類製造史在歷經了千年發展的鍛造工藝（等材製造）和百年精進的切削加工（減材製造）後，迎來了增材製造這一理念的重大創新。3D打印適合複雜件製造和個性化生產，在文化創意、工業生產和生物醫學領域應用潛力巨大，現在已經在重塑模具、生產設計、牙科種植、仿生耳等領域實際使用，甚至開始滲透在航天和國防等產業。3D打印技術也走進人們的日常生活中，如3D打印館打印定制巧克力等食品、打印3D人像等。

技術的創新則使得機器人性價比日益凸顯，機器人被譽為「製造業皇冠頂端的明珠」。中國是製造業大國，在從製造大國走向製造強國進程中，機器人的研發、製造和應用不可缺少，機器人已經成為衡量一個國家科技創新和高端製造業水平的重要標誌。

機器人在中國有著十分廣泛的市場空間：一是隨著人力成本不斷上升，人口老齡化不斷加劇，使用機器人的性價比優勢日益凸顯；二是機器人能夠在惡劣、危險等特殊、不宜於人工作的環境中工作，具有人工勞動力所不具備的優勢。也正因此，國家主席習近平在兩院院士大會上強調「要提高中國機器人的水平，盡可能多地占領市場」。「機器人革命」有望成為「第三次工業革命」的一個切入點和重要增長點，將影響全球製造業格局。

五、新的市場需求推動產業跨界

中國經濟轉型和大國崛起中產生一系列新的重大市場需求，這些市場需求需要一系列產業的共同進步和整合，才能滿足需要。從而，這些需求正在推動著一系列產業加速跨界和融合。比如，近期資本市場十分關注的軍工產業就具有這種特徵。軍工產業具有天然的高科技屬性。各國武器裝備追求的領先效應，確保了最先進的技術往往產生或首先應用於軍工領域，也恰恰是這種最尖端的需求引領了科技進步，推動了產業發展與升級。軍工整合的是材料、動力、信息技術以及高端裝備製造，直接或間接帶動的是航空航天、船舶、機械、電子、鋼鐵、材料、物流業在內的諸多產業的發展。像美國的 GPS 系統，最初由美國國防部組織研發，如今基於衛星導航定位系統延伸出的民用技術產業範圍非常廣，市場需求非常大。中國也在研發北鬥導航系統，這將推動智慧城市建設，在智慧物流、智能家居、物聯網、車聯網等領域為人們的生活提供便捷與便利。

除軍工外，環保產業也是推動和聚集一系列重要產業加速融合和跨界發展的重大需求領域。環保除了傳統的污染防治外，正在促進節能新材料研發、新能源推廣、新監測技術應用、生物修復技術進步。而從產業性質上看，環保產業既是生產，也是消費；既是需求，也是供給；既是製造業，也是重要服務業；既是百姓的日常消費領域，也是公共需求領域，充分體現了產業跨界融合的特點。

過去我們談產業升級主要關注的是產業結構的變化，如何以先進製造業代替一般製造業，以現代服務業代替傳統服務業，三次產業之間以及產業的上中下游之間的界限和關係仍然十分清楚。今天，產業升級正在以產業投資的跨界和產業營運的融合等方式進行，產業之間的關係已經不再是簡單的投入產出關係和上中下游關係，產業之間的邊界越來越模糊。傳統的產業結構分析方法和理論面臨巨大衝擊。

資料來源：楊成長. 產業跨界融合呈現五大趨勢［N］. 中國證券報，2014-10-24.

【案例討論】

2015 年年底，國務院辦公廳印發了《關於推進農村一二三產業融合發展的指導意見》（國辦發〔2015〕93 號），你對推進農村一二三產業發展有何建議？

第四節　產業生態化

傳統農業社會的生產方式，是「開墾土地—種植—自然生長—收穫—食用—排泄—自然吸收」，雖然存在局部反生態特徵，但總體上做到了與自然生態系統的循環保持一致，沒有超過自然的自淨能力，維持了生態系統的總體平衡。而自工業革命爆發，人類進入工業化社會以來，工業社會的大生產是一種「開採資源—冶煉提煉—加工製造—產品消費—廢棄物排放」的方式，不僅對資源的索取處於無止境的狀態，而且廢棄物的排放也遠遠超出了自然的自淨能力，由此一方面導致資源枯竭，無法繼續維持既有的工業化進程，另一方面嚴重破壞了自然生態環境，打破了生態系統的平衡。這要求建立一個完善的產業生態系統，實現產業生態化發展，以此減少資源的使用和廢棄物的排放，維持自然生態系統的平衡。

一、產業生態化的內涵

(一) 產業生態化的思想來源

產業生態思想源於自然生態系統的存在方式。自然生態系統是人類所認識到的，唯一的能夠自我維持、自我設計、自我適應和具有可持續活力的生產系統。自然生態系統內部不斷地進行著物質交換和能量流動循環，每個循環環節都基本實現了等量能量交換與流動，能夠把廢物減少到最低限度，從而實現了各種資源的優化配置。受到自然生態系統的啓發，人們希望建立一個完美的產業生態系統，使得產生廢棄物的各種產業活動相互聯繫、相互作用，每個產業所產生的廢物都能成為其他產業的投入物和能量來源，從而盡可能減少資源的投入和廢棄物的排放。所謂產業生態系統，是按生態經濟學原理和知識經濟規律組織起來的，基於生態系統承載能力、具有高效的經濟過程及和諧的生態功能的網絡化生態經濟系統。基於努力構建這樣一個產業生態系統的考慮，學者們提出了產業生態化的概念，並對之展開了研究。

(二) 產業生態化的內涵

理論界對於產業生態化的研究尚處於起步階段，對於產業生態化內涵的認識也在一步步深化中，形成了幾種代表性的觀點。

一種觀點認為，生態化是指產業依據自然生態的有機循環原理建立發展模式，將不同的工業企業、不同類別的產業之間形成類似於自然生態鏈的關係，從而達到充分利用資源，減少廢物產生，物質循環利用，消除環境破壞，提高經濟發展規模和質量的目的。另一種觀點提出，產業生態化創新是指把產業系統視為生物圈的有機組成部分，在生態學、產業生態學等原理的指導下，按物質循環、生物和產業共生原理把產業生態系統的各組成部分進行合理優化耦合，建立高效率、低消耗、無（低）污染、經濟增長與生態環境相協調的產業生態體系的過程。還有一種觀點表示，產業生態化就是把作為物質生產過程主要內容的產業活動納入生態系統的循環中，把產業活動對自然資源的消耗和對環境的影響置於生態系統物質能量的總交換過程中，實現產業活動與生態系統的良性循環和可持續發展。

上述產業生態化定義雖然側重點有所不同，但其核心都在於產業系統的生態化，即如何模仿自然生態系統來構造產業的生態系統，以實現產業發展和環境的相容。本書採用的產業生態化定義為：產業生態化是將產業仿照自然生態系統的循環模式構造產業生態系統，以達到資源循環利用，減少廢物的排放，促使產業和自然環境和諧發展的過程[1]。產業生態化是人類構建的經濟社會與自然和諧發展、實現良性循環的新型產業模式，是產業發展的高級形態。

二、產業生態系統的特徵

與傳統的產業系統相比，產業生態系統具有不同的特徵。

1. 開放性

產業生態系統是一個高度開放的系統，其生產需要從外部輸入能量和物質，產品需要消費市場，產生的廢物需要內部處理或運送到系統外，利用自然生態系統的淨化吸收能力消除其不良影響。產業生態系統的開放程度，一般是與經濟水平和自身資源擁有量相聯繫的，經濟發展水平越高，開放程度越高，自身的資源擁有量越短缺，要求的開放程度也越高。

2. 循環性

傳統的產業系統採用「資源—產品—廢物」的物質單向流動生產過程，是「高開採、低利用、高排放」的資源利用模式；產業生態系統採用「資源—產品—再生資源—再生產品」的物質雙向流動生產過程，是「低開採、高利用、低排放」的資源循環利用模式。由此，使得產業生態系統具有物質和能源循環的特徵，一方面盡量減少了廢物的排放，另一方面有效提升了資源的利用率。

3. 層次性

產業生態系統有三個層面的物質循環，即小循環——企業內部的物質循環，中循環——企業之間的物質循環，大循環——整個社會的物質循環。這三個層面的循環構成了產業生態系統的三個基本類型，即生態企業、生態產業園區、產業生態系統。為了達到物質和能量在不同層面的循環利用，需要對產業生態系統進行結構和功能上的整合，通過縱向閉合、橫向耦合和系統整合，實現從較低層次的局部性、不完全的循環，到較高層次上的全部、完全的循環。

4. 增值性

產業生態系統具有增值效應。產業生態系統存在著類似自然生態系統中食物鏈那樣的「加工鏈」，加工鏈既是一條能量轉換鏈，也是一條物質傳遞鏈，從經濟價值角度看又是一條價值增值鏈。產業生態系統中物質流和能量流沿著「加工鏈」逐級逐層流動，原料、能源、「三廢」和各種環境要素之間形成立體環流結構，能源、資源在往復循環中獲得最大限度的利用，廢棄物在其中實現資源化從而獲得再生增值。如此，「加工鏈」不僅提高了資源、能源的利用率，而且有效降低了工業生產成本，實現了價值增值並取得了良好的生態經濟效益。

5. 調節性

產業生態系統也如同自然生態系統一樣，具有自我組織、自我設計、自我調節的重要特性。產業生態系統是不借外力而由自己形成充分組織性的有序結構系統，當外界環境和驅動變量發生變化時，它通過反饋作用，依照最小耗能原理，自我調節內部

---

① 劉樹林. 產業經濟學［M］. 北京：清華大學出版社，2012.

結構和生態過程。在產業生態系統的設計和運轉中，需保障其自我組織能力，使其對潛在的外部干擾有足夠的自我調節能力或緩衝能力，從而維持結構與功能的相對穩定性和持續性。

三、產業生態化的評價

國外對於產業生態化的評價主要包括運用生態效率分析、物質流分析和構建綜合評價指標體系等方法進行分析。生態效率是生態資源使用的效率，可視為一種投入產出比，等於產品或服務的價值除以環境影響（即投入，指生產活動對環境造成的壓力）。物質流分析主要研究物質的流動規律及其對環境產生的影響，通過測算某區域的直接物質輸入量、物質需求總量等，進而對該區域的物質生產力進行評價。構建綜合評價指標體系進行評價分析，是通過一組或者幾大類指標從不同角度同時反應系統發展的特性。

國內一些學者對產業生態化的評價研究，主要是構建評價指標體系，再採用相關評價方法，來估算某些局部區域或行業的產業生態化水平，典型代表是陸根堯等(2012)[①] 的研究。陸根堯等以經濟社會發展水平、生態保護水平、資源消耗水平、污染排放水平、資源循環利用水平 5 個方面作為一級指標，在 5 個一級指標下面又共設立 18 個二級指標，由此構建產業生態化水平評價的指標體系，如表 7-2 所示。

表 7-2　　產業生態化評價指標體系

一級指標	二級指標
經濟社會發展水平	人均 GDP 城鎮居民人均可支配收入 非農產業產值占 GDP 比重 研發經費支出占 GDP 比重
生態保護水平	人均公園綠地面積 建成區綠化覆蓋率 環境污染治理投資額占 GDP 比重
資源消耗水平	單位 GDP 能耗 單位 GDP 電耗 單位 GDP 水耗
污染排放水平	單位 GDP 工業廢水排放量 單位 GDP 工業廢氣排放量 單位 GDP 工業固體廢物產生量 工業廢水排放達標率
資源循環利用水平	工業固體廢物綜合利用率 城市污水處理率 生活垃圾無害化處理率 「三廢」綜合利用產品產值

① 陸根堯，盛龍，唐辰華．中國產業生態化水平的靜態與動態分析——基於省際數據的實證研究［J］．中國工業經濟，2012（3）．

對產業生態化的評價，既要深入分析產業生態模式與傳統經濟模式的異同，準確把握和反應產業生態化的主要內容，又要能為促進產業生態化發展提供實踐價值。因此，構建綜合評價指標體系進行評價分析，對中國的產業發展更有現實意義。

四、產業生態化現狀

產業生態化起源於20世紀70年代丹麥的卡倫堡工業園區。在這個工業園區裡，發電廠、煉油廠、生物制藥廠、石膏材料廠、自來水廠和養魚場自發地形成一個工業代謝交換體系，各個企業的性質互補，在決定交換物質數量的企業規模上能夠最佳匹配。由此，這個園區工業共生體形成了生態上的自循環鏈，大量節約了要素成本，提高了生產效率，減少了對環境的污染。

20世紀90年代以後，隨著生態工業園（Eco-Industrial Parks，EIP）的提出，清潔生產、綠色工業、生態工業、環境保護、可持續發展等運動迅速發展，在世界一些發達國家興起了生態工業園區的實踐。1992年加拿大在Burnside工業園區開始生態化改造，建立了清潔生產中心，1,200多個企業實現綠色化生產；1995年後加拿大興起了工業園區的生態轉型和建設計劃。1993年開始，美國20多個城市的政府與大公司合作建設生態工業園區；1994年美國可持續發展委員會計劃進行4個生態工業園示範區項目；1999年美國環保局資助了兩個生態工業園區的建設計劃。法國則致力於實施PALME計劃，加強環境管理，促進企業之間廢棄物與廢棄能源的交換利用，至1995年已在5個工業區取得PALME計劃的生態認證標誌。1995年起，日本開始建設Kokubo生態工業園區，2001年日本通商產業省和環境廳財政支持的川崎零排放工業園開始運行，隨後日本有60多個生態工業園區運行或在建。

印度、印度尼西亞、泰國、菲律賓、馬來西亞、斯里蘭卡、納米比亞和南非等一些發展中國家，也已經開始生態工業園區的規劃和建設。

第五節　產業安全

全球化的加深，固然促進了市場的擴大、貿易的增加、技術的進步和經濟的增長，但也給一些國家主要是發展中國家帶來損害。典型表現是以跨國公司為代表的發達國家產業擁有對發展中國家產業的競爭優勢，對其生存造成威脅。如何扶持幼稚產業發展，培育國際競爭力，維護本國產業安全，成為發展中國家面臨的重要課題。

一、全球化下的東道國產業安全

20世紀70、80年代以來，隨著交通技術、電子通信技術的突飛猛進，國際聯繫越來越便利，全球市場逐漸形成，世界經濟發展邁入一個新的發展階段。以美國為代表的發達國家，憑藉其產業競爭優勢不遺餘力地推行全球化和自由貿易，在為產業增長帶來新動力的同時，也帶來一些消極影響。無止境攫取利潤的衝動使得占據優勢地位的發達國家跨國企業，試圖打破國家的地理、政治界限，對發展中國家產業、企業進行擠出、控制或取代，以壟斷全球市場。具體的表現有三種情況。第一，控制發展中國家的關鍵性、戰略性產業和領域，特別是金融領域，間接性控制、主導發展中國家的產業發展，使之部分喪失獨立自主性，服務於發達國家產業的發展。第二，利用發達國家所控制的全球分工體系，外包產品生產環節給東道國企業，而將技術研發、核心關鍵環節控制在自己手中，使得發展中國家企業沒有能力製造自己品牌的產品，只能成為跨國公司的「製造工廠」，陷入「低技術陷阱」而無法獲得長期可持續發展所需的競爭能力。第三，利用資金、技術與營銷優勢，通過合資、直接投資的方式，直接控制東道國的重要產業，使得發展中國家喪失對這些產業的控制權。顯然，全球化下發達國家的上述行為，給發展中國家的產業安全帶來了衝擊，嚴重影響到發展中國家民族利益的維護。在缺乏全球性的統一治理情況下，這要求發展中國家制定合理的政策措施予以積極應對。

二、產業安全的內涵

（一）產業安全的內涵①

學術界對產業安全的含義尚未形成統一的認識，但基本上可以歸納為如下四類：

第一類，產業控制力說。持這種觀點的學者較多，盡儘表述各異，但核心都是強調本國資本對本國產業的控制力。一種觀點認為，國家產業安全問題最主要是由於外商直接投資產生的，指的是外商通過合資、直接收購等方式控制國內企業，甚至控制某些重要產業，由此對國家經濟構成威脅。另一種觀點認為，一國對某一產業的創始、調整和發展，如果擁有相應的自主權或稱控制權的話，即可認定該產業在該國是安全的。還有一種觀點認為，產業安全是指本國資本對影響國計民生的國內重要經濟部門擁有控制權。

第二類，產業競爭力說。這種觀點主要是從產業競爭力的角度來分析、理解產業安全，認為產業安全就是指一國產業在開放競爭中具有競爭力，能夠抵禦和抗衡來自國內外不利因素的威脅，保持產業部門的均衡協調發展。

第三類，產業發展說。這種觀點認為，產業安全應從動態、靜態兩個角度進行研究，認為產業安全的內涵一般是指一國擁有對涉及國家安全的產業和戰略性產業的控制力及這些產業在國際比較意義上的發展力。控制力是對產業安全的靜態描述；發展力是對產業安全的動態刻畫，是產業安全的本質特徵。

第四類，產業權益說。持這種觀點的學者認為，國民作為產業安全中的權益主體，在國界之內有明確的排他性經濟主權。外國國民在東道國內取得的任何產業權益，都是對東道國國民權益在機會成本意義上的侵占，應該得到東道國國民根據其自身利益的需要而做出權益讓渡的許可。研究產業安全，歸根究柢是要使國民為主體的產業權益在國際競爭中得到保證並不受侵害。

總結上述觀點，可以給出產業安全的一般定義。所謂產業安全，是指一國或某一地區的產業受到損害或威脅，從而影響其國民經濟利益，影響其經濟健康、穩定和持

① 何維達. 產業安全理論綜述和產業安全指標體系設計 [J]. 何維達博客.

續的發展。產業安全受到威脅的標誌是政府產業結構調整權和產業發展控制權的喪失。

（二）產業安全的分類

產業安全可以分為宏觀、中觀和微觀三個層次。宏觀層次的產業安全指國家產業安全，主要強調本國制度安排的合理程度。一方面，制度應能維持國內公平合理的競爭環境，並有利於推進創新。只有充分競爭的國內市場，才能保障產業、企業充分的競爭力；只有具有持續的創新能力，才是一國產業安全的根本保證。另一方面，制度應能維護本國經濟、產業發展的獨立自主性，擯除來自發達國家的干預與影響。總而言之，宏觀的產業安全可以理解為：本國的制度安排能夠為產業和企業發展提供合理的制度支持，維護競爭活力，推動創新，保證獨立自主性。

中觀層次的產業安全，主要是指產業的生存環境和運行狀況的完善程度。生存是發展的基礎，產業生存環境的完善程度直接決定產業安全的程度。產業生存環境主要指產業金融環境、產業生產要素環境和產業市場需求環境。產業安全要求產業生存環境有利於產業安全的金融環境，應能為產業發展提供良好的資本條件，而不受制於國外資金；有利於產業安全的生產要素環境，應能為產業發展提供充分的資源、物資、人力條件，而不至於受到不公平對待；有利於產業安全的市場需求環境，應能保障國內產業獲得公平的市場機會。產業安全也受到產業運行狀況完善程度的影響，主要是產業組織的完善程度，產業組織狀況越完善，競爭力就越強，越能保障產業的安全。綜上，對中觀的產業安全可以理解為：在產業內的本國國民所控制的企業，能有效整合產業生存與發展的資源、要素，形成有利於提高經濟效益的產業組織，具備可持續發展能力。

微觀的產業安全，主要是指產業的主體——企業聚合能力的高低能否應對跨國企業的競爭。企業的聚合能力高低，是指企業能否或多大程度在產業鏈中占據有利位置，整合好上下游企業資源，提高競爭力。在產業全球化的今天，幾乎沒有哪個企業能將整個產業鏈作為自己活動的領域，而只能選取其中一個或幾個環節作為自己的活動領域，然後利用自己對產業鏈資源的整合能力，形成對其他企業一定程度的支配力量，構建基於產業鏈的社會協作體系。這使得企業之間的競爭更多是一種產業鏈的競爭，競爭的實質是企業聚合能力的競爭。因此，對微觀產業安全可以理解為：本國企業能夠自主有效建立自己的產業價值鏈，並據此建立社會協作體系，形成對受自身影響的企業乃至行業的支配權。

產業安全的三個層次中，微觀的產業安全是基礎，中觀的產業安全問題是關鍵與核心，宏觀的產業安全是中觀、微觀產業安全的保障。中觀層次的產業安全是一個國家產業安全問題的集中表現和最直接反應，一國的產業技術水平或產業國際競爭力越強，就說明一國的產業越安全。

三、產業安全的評價

對於產業安全問題，西方國家學者並未予以特別關注，其他發展中國家學者也較少涉及。現階段對此開展研究較多的是中國學者，中國學者自 21 世紀初期開始聚焦此問題，包括聚焦產業安全評價問題的研究。至今，產業安全評價研究已取得較多成果，評價指標體系處於不斷的完善之中，針對特定範圍與領域的產業安全評價指標體系不斷產生。以下介紹幾種具有代表性的評價指標體系。

（一）製造業安全模型體系

國務院發展研究中心國際技術經濟研究所與清華大學中國經濟研究中心建立了「經濟安全論壇」，較早開展了基於國情的國家經濟安全研究。在「經濟安全論壇」主編的《中國國家經濟安全態勢》① 一書中，提出了製造業安全模型。該模型的中心思想，是認為一個完整的製造業安全整體評價應該包括兩個方面。首先要對製造業行業和產品的現行狀態進行描述，這反應製造業安全的基礎狀況，稱為製造業的顯性安全。其次，製造業整體安全模型還應該包括對製造業領域之外的安全環境的描述，包括國際經濟關係、國內科技水平、國內宏觀經濟條件三個內容。

製造業的「顯性安全」由生產設備水平、研發水平、管理水平、製造業市場表現、製造業總體規模、關鍵製造業產品安全等模塊組成，其指標包括：庫存週轉率、顧客滿意度、財務指標、研發投入比率、製造業行業勞動生產率、技術密集型產品比重、製造業進出口商品價格比、外資進入規模、外國商品對中國國內市場的滲透率、製造業產品（製成品）出口與進口的比率、製造業產品國際市場佔有率、製造業大企業的世界排名和國內排名、製造業總量在經濟總量中的比重、製造業和其他行業關於技術水平的比較、主要軍備技術水平、軍備進口比重、關鍵產品進口依賴度。國際經濟關係的主要指標包括：外貿依存度、製成品的出口依存度、就業的外貿依存度、公司利潤外貿依存度、原材料外貿依存度、財政金融對外依存度、產品競爭度。反應國內科技水平的指標主要有：專利登記數目、技術貿易收支、基礎科學競爭力指標、教育發展指標、科研投入指標等。國內宏觀經濟條件指標有：一國所占的全球份額及其發展趨勢、經濟增長率、國內需求增長率、貿易總額占全球貿易總額的份額、人均實物指標及其國際比較、市場開放程度、政府的行政管理效率、金融市場效率、基礎設施完備程度、法制的完善程度與效率。

（二）產業安全評價指標體系一

這是由江西財經大學經濟社會發展研究中心何維達教授及其課題組，承擔的國家社科基金項目《中國入世後產業安全與政府規制研究》提出的產業安全評價指標體系②。該體系由產業國際競爭力評價指標、產業對外依存評價指標和產業控制力評價指標三個一級指標組成，其中：產業國際競爭力評價指標包括產業世界市場份額、產業國內市場份額、產業集中度、相對市場績效指標、產業國內競爭度等二級指標，產業對外依存評價包括產業進口對外依存度、產業出口對外依存度、產業資本對外依存度、產業技術對外依存度等二級指標，產業控制力評價包括外資市場控制率、外資品牌擁有率、外資股權控制率、外資技術控制率、外資經營決策權控制率、某個重要企業受外資控制的情況、受控制企業外資國別集中度等二級指標。

① 經濟安全論壇. 中國國家經濟安全態勢觀察與研究報告［M］. 北京：經濟科學出版社，2002.

② 何維達，何昌. 當前中國三大產業安全的初步估算［J］. 中國工業經濟，2002（2）.

(三) 產業安全評價指標體系二

在充分借鑑和吸收已有研究成果的基礎上，景玉琴（2006）改進、完善了產業安全評價指標體系。該指標體系包括產業國內環境評價、產業競爭力評價、產業控制力評價等三個方面的一級指標，具體如表 7-3 所示。

表 7-3　產業安全評價指標體系二[①]

一級指標		二級指標	操作性指標
產業國內環境評價	政府規制環境	政府行政能力	中國政府績效評估指標
		政府為產業提供的軟環境	—
	市場環境	金融環境	資本成本
		生產要素環境	工資相對水平、研發費用占成本比例、專利擁有率
		市場需求環境	境內需求量及境內需求增長率
產業競爭力評價		產業績效	國內市場佔有率、世界市場佔有率、國際競爭力指數
		產業結構	市場集中度、市場競爭度
產業控制力評價		外資產業控制	外資市場控制率、外資品牌控制率、外資股權控制率、外資核心技術控制率、外資對重要企業的控制
		外資國別集中度	重要企業外資國別集中度

(四) 產業安全評價指標體系三

隨著產業生態化概念的提出，產業安全也需要考慮產業的生態化因素。相應的，朱建民、魏大鵬（2013）[②] 基於生態系統理論，結合各個已有的產業安全評價指標體系的優點，提出了新的產業安全評價指標體系「五因素模型」。該模型包括產業競爭力生成能力、產業控制力、產業生態環境、產業國際競爭力、產業對外依存度等五個方面的一級指標，具體指標體系如表 7-4 所示。

表 7-4　產業安全評價指標體系三

一級指標	二級指標	三級指標	操作性指標
產業競爭力生成能力	自主創新能力	技術創新能力	企業自主創新產品專利授權數量年增長率
		管理創新能力	資源配置率
		創新競爭力	自主創新產品市場佔有率
		創新轉化能力	企業自主創新產品獲利能力
	產業恢復力	研發投入度	研發費用占銷售收入的比重
		技術吸收學習能力	專業人才比重指標
		產業鏈支撐能力	自主創新產品在主導產品中的比例

① 景玉琴. 產業安全評價指標體系研究［J］. 經濟學家，2006（2）.

② 朱建民，魏大鵬. 中國產業安全評價指標體系的再構建與實證研究［J］. 科研管理，2013（7）.

表7-4(續)

一級指標	二級指標	三級指標	操作性指標
產業競爭力生成能力	產業技術活力	技術競爭力	國內某產業研發費用占產品銷售收入的比重與世界該產業研發費用占世界該產業產品銷售收入的比
		技術對外依存度	當年產業引進全部技術項目的產值與當年產業的總產值的比值
		共性技術供給度	產業基礎設施投資比重
產業控制力	市場控制力	外資市場佔有率	外資控股企業銷額與同類產品銷額比值
	技術控制力	外資技術控制率	RFT
	品牌控制力	外資品牌佔有率	國內外資品牌數與國內總品牌數之比
	外資股權控制力	外資股權控制率	外資控股企業產值與國內產業總產值比值
	外資國別控制力	外資國別集中度	重要企業外資國別集中度
產業生態環境	制度環境	產業政策	該產業政策數量占經濟政策的比重
		政府行政能力	政府行政管理效率（中國政府績效評估指標）
		社會仲介組織	行業協會比率
		國際組織制度環境	當年反傾銷、反調查占出口的比重
	產業資本環境	資本收益率	利潤額與總收入比重
		資本效率	利潤額與成本費用額比值
	產業資源環境	資源要素	該產業資源進口量與消費總量的比重
		能源利用率	萬元 GDP 能耗
	產業結構	企業多樣性	企業數量
		產業集中度	前 m 家企業的銷售額與該產業的總銷售額比重
		產業集聚度	HHI 指數
	產業勞動力環境	就業增長率	當年該行業從業人數與上年該行業從業人數之比
		勞動力素質	平均受教育年齡
		人力資本	某產業當年的總利潤與該產業當年的從業人數比值
	產業需求環境	國內需求增長率	該產業當年的國內產品消費量與國內產品消費量比值
產業國際競爭力	國內現實競爭力	利潤率	淨利潤與總成本比值
		勞動生產率	單位勞動力投入與產出比值
		產業國內市場份額	某一產業的國內市場銷售額占該國國內市場該產業產品的全部銷售額的比重
	國際貿易競爭力	產業國際市場佔有率	某產業的出口額與世界該產業的出口總額的比值
		產業貿易競爭力指數	TC 指數
		顯性比較優勢指數	RCA 指數

表7-4(續)

一級指標	二級指標	三級指標	操作性指標
產業對外依存度	產業出口依存度	產業出口對外依存度	該產業出口貿易總額與該產業的國內生產總值之比
	產業進口依存度	產業進口對外依存度	該產業進口貿易總額與該產業的國內生產總值之比
	產業資本依存度	產業資本對外依存度	該產業的國外資本存量與該產業當年的總產值之比

備註：

1. RFT 是指外資技術控制的行業數量與總行業數量之比。
2. TC 指數即貿易競爭力指數，是指一國進出口貿易的差額占其進出口貿易總額的比重。
3. RCA 指數是美國經濟學家貝拉（Balassa Bela）於 1965 年測算一個國家某一產業的國際貿易比較優勢時採用的一種方法，通過該產業在該國出口中所占的份額與世界貿易中該產業占世界貿易總額的份額之比來表示。

◇**案例** 7.3

法國達能收購梅林正廣和

隨著消費者對於飲料消費的成熟，糖分太重的碳酸型飲料一統天下之勢逐漸被打破，20 世紀 90 年代起瓶裝水異軍突起，帶動一批民族企業逐步發展和壯大起來，典型如娃哈哈、樂百氏。在此背景下，具有典型西方資本背景的法國達能公司在中國市場開展了一系列收購活動，其中就有備受關注的對梅林正廣和的收購。

一、達能公司的戰略與在中國的收購行動

法國達能集團是歐洲第三大食品集團、第一大乳品公司、世界第五大食品飲料公司。作為一個只有 30 年歷史的跨國集團，年輕的達能公司能在食品工業排名中進入全球前 5 位，與它的全球收購戰略緊密相關。達能致力於實施品牌經營戰略，主要手段是在全球範圍內扶持當地領導品牌的發展，即對當地領導性品牌進行併購、合資或合作，實現達能品牌的本土化銷售，從對當地領導品牌的戰略投資中獲利。從達能的實際情況看，其 70%的營業額確實來自當地的領導品牌。

自 20 世紀 80 年代後期起，達能開始在中國市場展開了一系列「收購行動」。1987 年成立廣州達能酸奶公司，1992 年成立上海達能餅干公司，1996 年一舉收購豪門啤酒 63.2%的股權、武漢東西湖啤酒 54.2%的股權和娃哈哈公司 41%的股權，1998 年收購深圳益力食品公司 54.2%的股權，2000 年 3 月收購樂百氏 50%的股權，同年 12 月參股上海光明乳業（5%的股權），2002 年 12 月收購梅林正廣和飲用水有限公司 50%的股權和正廣和網上購物公司 10%的股份。

二、達能併購梅林方的動因

在群雄角逐的中國奶市場、水市場和餅干市場中，達能僅僅依靠自己的市場擴張難以形成強勢品牌。例如在水市場中，老字號的梅林正廣和，新興的樂百氏、娃哈哈、益力等占據了中國的瓶裝水和桶裝水的大半壁江山，達能自有品牌「伊雲 EVIAN」幾乎名不見經傳。按照達能的亞洲戰略佈局，中國市場要在未來的 5 年內達到其全球營業額的 10%，顯然，僅靠達能自身的市場拓展，是遠遠不夠的。因此達能開始採取一系列併購行動，在水市場中打造達能「水軍團」。業界人士分析，達能對於作為中國最大的桶裝水生產企業梅林正廣和飲用水有限公司的收購，正是其完成水軍團佈局的重要一步。這也符合達能一貫以來的品牌經營戰略——對當地領導性品牌進行併購、合資或合作，實現達能品牌的本土化銷售，從對當地領導品牌的戰略投資中獲利。自 2002 年 12 月 3 日與梅林正廣和正式簽署有關收購協議以後，達能在中國瓶裝水、桶裝水市場上成為當之無愧的老大。

上海梅林正廣和此次和達能合作的目的，是想把公司做大。梅林正廣和一直耕耘於上海，隨著企業規模的擴大，開始萌生走出上海的想法。據業內人士分析，梅林正廣和和正廣和網上購物公司在向全國擴張的時候，在資金以及企業運作方式上還不盡如人意，尋求資金支持以及企業運作經驗方面的支持，是其與達能合作的直接因素。

三、併購結果

達能收購的都是其在中國市場的強勁對手，尤其在奶製品和水市場，更是欲將國內所有的強勢企業收歸麾下。從水市場看，達能的強勢佈局已經形成，網絡旗下的娃哈哈、樂百氏、梅林正廣和以及深圳益力，個個都是可以唱主角的企業。完成梅林正廣和的收購後，達能公司在中國控股或參股的企業達到了 10 家。達能中國區總裁秦鵬說，中國市場在達能全球業務中現在還不到 5%的比例，總部希望在 5 年內達到 10%，再過 5 年達到 20%。由此可見，達能在中國市場的佈局遠未完成。

案例來源：干春暉．併購案例［M］．北京：清華大學出版社，2004.

【案例討論】

至今，達能在中國的收購情況如何？對中國相應產業的安全，具有什麼影響？

思考題

1. 中國現階段，適宜採取何種產業發展戰略？
2. 論述如何進一步推動中國產業的技術創新。
3. 中國電信、廣播電視和出版業的融合情況如何？
4. 如何促進中國的產業生態化又好又快發展？
5. 試選取某一地區，對其產業生態化水平進行評價。
6. 試述如何有效維護中國的產業安全。

【推薦閱讀書目】

1. 熊彼特．經濟發展理論［M］．鄒建平，譯．北京：中國畫報出版社，2012.

2. 杰弗里・摩爾．公司進化論——偉大的企業如何持續創新［M］．陳勁，譯．北京：機械工業出版社，2007.

3. 周振華．信息化與產業融合［M］．上海：上海三聯書店，2003.

【參考文獻】

1. 惠寧. 產業經濟學 [M]. 北京：高等教育出版社，2012.

2. 何維達. 產業安全理論綜述和產業安全指標體系設計 [J]. 何維達博客.

3. 何維達，何昌. 當前中國三大產業安全的初步估算 [J]. 中國工業經濟，2002 (2).

4. 經濟安全論壇. 中國國家經濟安全態勢觀察與研究報告 [M]. 北京：經濟科學出版社，2002.

5. 景玉琴. 產業安全評價指標體系研究 [J]. 經濟學家，2006 (2).

6. 劉志迎. 產業經濟學 [M]. 2 版. 北京：科學出版社，2014.

7. 劉樹林. 產業經濟學 [M]. 北京：清華大學出版社，2012.

8. 陸根堯，盛龍，唐辰華. 中國產業生態化水平的靜態與動態分析——基於省際數據的實證研究 [J]. 中國工業經濟，2012 (3).

9. 魏際剛. 中國產業中長期發展戰略問題 [N]. 中國經濟時報，201-05-05.

10. 吴穎，劉志迎，豐志培. 產業融合問題的理論研究動態 [J]. 產業經濟研究，2004 (4).

11. 楊成長. 產業跨界融合呈現五大趨勢 [N]. 中國證券報，2014-10-24.

12. 朱建民，魏大鵬. 中國產業安全評價指標體系的再構建與實證研究 [J]. 科研管理，2013 (7).

13. D B YOFFIE. Competing in The Age of Digital Convergence [M]. Cambridge：The President of Harvard Press，1997.

14. MANSFIELD E. Technical change and the rate of imitation [J]. Econometrics，1961，29：741-766.

15. N ROSENBERG. Technological change in the machine tool industry，1840-1910 [J]. The Journal of Economic History，1963，23：414-446.

16. R HOOPER. Convergence & Regulation [J]. TIO Conference，Melbourne，Australia，25 November，2003：3.

17. T HAEGERSTRAND. Innovation Diffusion as a Spatial Process [M]. Chicago：University of Chicago Process，1968.

第八章　產業競爭力

產業發展的狀態（包括產業組織、產業結構、產業關聯等方面的狀態）與效果，最終集中反應在產業的競爭力上。產業競爭力的強弱，體現了產業發展的結果，也決定著產業是否能夠繼續生存下去。本章，首先介紹產業競爭力的基本理論，然後闡述產業競爭力的評價方法。

第一節　產業競爭力理論

一、產業競爭力的理論基礎

任何理論研究都有其理論基礎和淵源，產業競爭力的理論基礎主要是比較優勢理論。

古典經濟學家大衛・李嘉圖提出了比較優勢原理，指出：商品的相對價格差異即比較優勢是國際貿易的基礎，特定國家應專注於生產率相對較高的領域的生產，以交換低生產率領域的商品，這樣對雙方均有利。後來，赫克歇爾、俄林等人對傳統比較優勢理論進行了補充，提出資源稟賦理論，指出國家之間要素稟賦的差異決定著貿易的流動方向。「不同商品需要不同的生產要素比例，而不同國家擁有的生產要素比例是不同的。因此，各國在生產那些能夠比較密集地利用其較充裕的生產要素的商品時，就必然會有比較利益產生。從而，各國應該出口能利用其充裕要素的那些商品，以換取那些需要比較密集地使用其稀缺生產要素的進口商品」[①]。至今，比較優勢仍然是一國產業競爭力的重要影響因素和主要來源。

古典比較優勢理論提出之後，一些學者不斷對之完善、深化。熊彼特（J. A. Schumpeter）的技術創新理論（見第二章）、弗農（R. Vernon）的產品生命週期理論、鄧寧（J. H. Duning）的國際生產折中理論，提出了比較優勢的傳遞、比較優勢的來源創新等方面的研究成果。

美國經濟學家弗農 1966 年 5 月在《經濟學季刊》發表《產品週期中的國際投資和國際貿易》一文，提出產品生命週期理論，揭示了不同產品生命週期階段中跨國公司在跨國經營方式上的選擇，正是基於各種經營方式對比較優勢的利用及其對提高企業競爭力的作用。在產品不同的生命週期階段（弗農劃分為三個階段：嶄新階段、成熟

① 俄林. 區域貿易和國際貿易［M］. 劍橋：哈佛大學出版社，1933.

階段、標準化階段），跨國公司會根據比較優勢原則選擇不同的經營方式：在嶄新階段，產品價格需求彈性很低，企業具有壟斷優勢，在國內生產可以不斷改進產品，因而企業選擇在國內生產，同時適當出口；在成熟階段，產品出口劇增，生產技術擴散到國外，國外企業向市場推出仿製品，導致產品出口成本超過進口的預期成本，因此創新國家的企業需要到與本國需求類型相近的國家投資設廠；在標準化階段，企業所擁有的壟斷優勢喪失，競爭以價格競爭為主，因而生產逐漸轉移到勞動成本低的發展中國家，並從國外進口該產品。

英國經濟學家鄧寧在 1977 年發表《貿易、經濟活動的區位與多國企業：折中理論探索》一文，提出國際生產折中理論。該理論認為，從事跨國經營的企業必須同時具備三個優勢：

第一，所有權優勢，指一國企業擁有或能夠獲得的、國外企業所沒有或者無法獲得的資產及其所有權。這是跨國公司在經營資產（主要採用無形資產的形式）方面的優勢，其擁有所有權優勢的大小直接決定著其跨國經營的能力。但是，跨國公司是否進行跨國經營，不僅取決於其擁有的各種所有權優勢，還取決於其將所有權優勢加以內部化的意願和能力。

第二，內部化優勢，是指跨國公司將交易內部化、形成內部市場所產生的特有優勢。內部化優勢的大小，決定著跨國公司將如何選擇利用其擁有的資產參與國際經濟的形式。

第三，區位優勢，是指跨國公司在投資區位選擇上具有的優勢。具有所有權優勢和內部化優勢的跨國企業，將其擁有的這兩個優勢與東道國當地的生產要素相結合，要比在本國運用更為有利。

如果企業不能建立以上的三個優勢，就只有以出口貿易來滿足國外市場需求，以國內生產來滿足國內市場的需求。我們可以將國際生產折中理論概括為：跨國經營＝所有權優勢+內部化優勢+區位優勢。國際生產折中理論揭示出，隨著世界經濟競爭演化到以跨國公司為主要參與者、跨國經營競爭為主要方式的階段，決定一國國際競爭力的比較優勢，已經轉移到跨國公司所擁有的所有權優勢、內部化優勢和區位優勢上。

二、波特的產業競爭力理論

邁克爾・波特被公認為是第一位從事產業層次競爭力研究的學者。1990 年，邁克爾・波特出版的《國家競爭優勢》，提出了全新的產業競爭力研究框架，即「鑽石模型」。該理論的提出標誌著產業競爭力理論的正式形成。此後產業競爭力研究，主要是沿著波特「鑽石模型」所提供的競爭力形成機理的研究思路和結合計量經濟學構建產業競爭力計量分析模型這兩條研究路線展開。因此一般認為波特的產業競爭力理論是產業競爭力研究的基石。

圖 8-1 即「鑽石模型」，是波特在 1990 年首先提出來的。通過對複雜數據和資料的提煉、分析，該模型提出，一國的特定產業是否具有國際競爭力主要取決於六個因素：生產要素條件，需求條件，相關支持性產業，企業策略、結構和同業競爭，政府行為和機會。其中，前四個是內生決定因素，後兩個是外生決定因素。

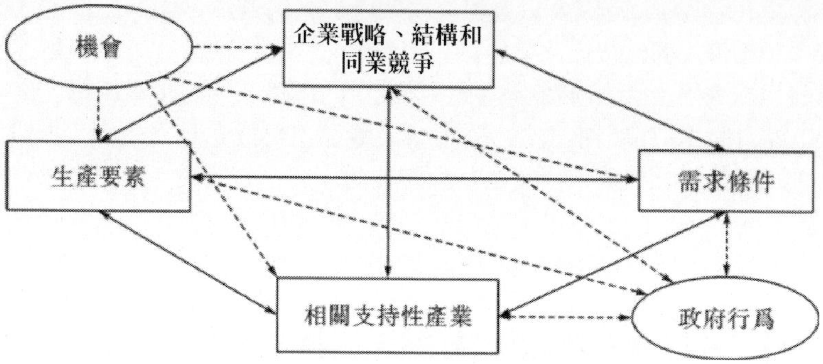

圖 8-1　產業競爭力模型

第一，生產要素。生產要素是指產業的生產活動所需要的基本物質條件和投入要素。生產要素根據其性質和作用，可以劃分為初級生產要素與高級生產要素。初級生產要素包括天然資源、氣候、地理位置、非技術與半技術勞動力、資金等，高級生產要素需要在人力和資本上進行大量而持續的投資，包括現代化通信基礎設施、受過高等教育的人力資源以及一些研究機構。在產業國際競爭力的創造過程中，高級生產要素的重要性越來越高。根據專業化程度，還可以將生產要素劃分為一般性要素和專業性要素，一般性要素包括公路系統、資金、受過大學教育的員工等，專業性要素則指特殊技術人才、專業知識領域以及其他專門針對特定產業的投資形成的資產等。建立在專業性要素上的產業競爭力比建立在一般性要素上的產業競爭力更為持久，但是專業性要素的投資風險也更高。

第二，需求條件。主要指本國市場需求的特徵。在任何產業中，本國市場對競爭力形成都有相當重要的影響，這種本國市場主要指如下市場特徵：本國市場的性質，即本國的主力需求在整個國際市場細分結構中的位置；本國需求的規模和成長模式；由本國市場向國際市場轉換的能力。本國市場對於產業競爭力的影響不僅來自市場的規模，國內市場的素質比其規模更重要得多。

第三，相關支持性產業。在產業競爭力創造過程中，相關支持性產業與優勢產業是一種休戚與共的關係。產業要形成競爭優勢，就不能缺少世界一流的供應商，也不能缺少上下游產業的密切合作關係。好的上游企業能協助企業掌握新方法、新機會和新技術的應用，一起致力於產品開發和質量提高；好的下游企業有助於企業及時瞭解市場變化，正確地提升或改變產品及質量，增強整個供應鏈的競爭力。無論企業之間的關係結構如何，高度發達的合作對於一個產業持續創新和升級以維持優勢是必需的。另外，有競爭力的本國產業通常會帶動相關產業的競爭力。波特指出，即使下游產業不在國際上競爭，但只要上游供應商具有國際競爭優勢，對整個產業的影響仍然是正面的。

波特的研究提醒人們注意「產業集群」這種現象，就是一個優勢產業不是單獨存在的，它一定是同國內相關強勢產業一同崛起。例如，德國印刷機業能雄霸全球，離不開德國造紙業、油墨業、制版業、機械製造業的強勢；美國、德國、日本汽車工業的競爭優勢，也離不開鋼鐵、機械、化工、零部件等行業的支持。

第四，企業戰略、結構和同業競爭。波特指出，創造與持續產業競爭優勢的最大關聯因素是國內市場強有力的競爭對手。這一點與許多傳統的觀念相矛盾。例如一般認為，國內競爭太激烈，資源會過度消耗，妨礙規模經濟的建立；最佳的國內市場狀態是有兩到三家企業獨大，用規模經濟和外商抗衡，並促進內部運作的效率化；還有的觀念認為，國際型產業並不需要國內市場的對手。波特指出，在其研究的十個國家中，強有力的國內競爭對手普遍存在於具有國際競爭力的產業中。在國際競爭中，成功的產業必然先經過國內市場的搏鬥，迫使其進行改進和創新，海外市場則是競爭力的延伸。而在政府的保護和補貼下，放眼國內沒有競爭對手的「超級明星企業」，通常並不具有國際競爭能力。

第五，機會。機會是可遇而不可求的，波特指出，對企業發展而言，形成機會的可能情況大致有幾種：基礎科技的發明創造；傳統技術出現斷層；外因導致生產成本突然提高（如石油危機）；金融市場或匯率的重大變化；市場需求的劇增；政府的重大決策；戰爭。機會其實是雙向的，它往往在新的競爭者獲得優勢的同時，使原有的競爭者優勢喪失，只有能滿足新需求的廠商才能有發展機會。

第六，政府行為。波特指出，從事產業競爭的是企業，而非政府，競爭優勢的創造最終必然要反應到企業上。即使擁有最優秀的公務員，政府也無從決定應該發展哪項產業，以及如何達到最適當的競爭優勢。政府能做的只是提供企業所需要的資源，創造產業發展的環境。政府只有扮演好自己的角色，才能成為擴大鑽石體系的力量。

波特在「鑽石模型」的基礎上，將一國產業參與國際競爭、推動經濟增長的階段，分為要素驅動階段、投資驅動階段、創新驅動階段和財富驅動階段四個階段，其中前三個階段為產業國際競爭力的擴張時期，第四個階段為產業國際競爭力的下降時期①。

三、計量分析理論

產業競爭力成因理論屬於產業競爭力理論的定性分析部分，將現代計量經濟學分析方法引入產業競爭力理論研究，就可以形成產業競爭力的計量分析理論。產業競爭力計量分析的一般思路是：首先，合理選擇評價指標，並對各指標科學分配權重，構建求和模型；然後，按各指標採集數據，經標準化處理後套入求和公式，即得競爭力量化評估水平。產業競爭力計量分析須解決兩個關鍵問題：一個是評價指標的選取和指標體系的建立；另一個是對各指標科學地賦予權重。其中，在指標賦權方面，可以直接借用統計學中的賦權理論，既可以採用傳統賦權方法，也可以採用主成分分析法等現代數學計量方法。中國有學者將產業競爭力評價指標分為兩類：一類是顯示性指標，主要反應市場佔有率和利潤率；另一類是分析性指標，又進一步分為直接原因指標和間接原因指標，直接原因指標主要反應生產率和企業營銷管理效率等，間接原因指標大體相當於波特的「國家競爭優勢四要素」。在指標賦權問題上，他們既採用傳統經驗法則，也採用現代統計學中的主成分分析法。

---

① 波特. 競爭論［M］. 高登第，李明軒，譯. 北京：中信出版社，2002.

四、中國產業競爭力理論

隨著對外開放的不斷推進，中國產業也逐步走向世界，在國際市場上與各國產業開展同場競技。這使得產業競爭力問題日益成為理論界與實踐界關注的問題。1991 年，原國家科委下達了軟科學研究課題——「國際競爭力的研究」，這是中國產業競爭力研究的開端。至今，諸多國內學者對中國產業的競爭力問題開展了較為深入的研究，取得了一定的理論成果。

總體上，中國產業已經在國際市場上形成自己的競爭優勢。王守民與張銳（1999）①、陳向東與田東文（1999）②、魯志強（2000）③ 等，從出口競爭力、市場佔有率、貿易結構和產業結構的國際競爭力、國內區際分工等方面分析了中國的工業競爭態勢，提出影響工業國際競爭力的因素包括經濟體制、資源條件、科技含量、資金投入強度、人員素質、管理水平和政府政策等。他們認為在經濟全球化中，中國在世界經濟中具有一定的比較優勢和競爭能力。藍慶新與王述英（2003）④ 構建了產業國際競爭力的指標體系，分析了中國產業國際競爭力的現狀，提出勞動密集型產業是中國產業國際競爭力優勢的重要表現。史丹（2001）⑤ 分析了中國能源產業的國際競爭力，對煤炭工業、石油工業和電力工業的國際競爭力做了具體分析。

中國產業國際競爭力的獲得，是具有一定的原因和條件的。劉林青、譚力文（2006）⑥ 研究發現，「中國製造」的產業國際競爭力的「在位優勢」的贏得，光是按比較優勢理論來解釋是不夠的。「在位優勢」的取得是勞動力比較優勢、大規模吸收外商直接投資和大國優勢三大力量共同作用的結果，這又與中國微觀經濟基礎和政府作用分不開。

如何進一步提高中國產業的國際競爭力？徐元康（2003）⑦ 分析了比較優勢理論自身存在的嚴重缺陷，認為比較優勢戰略不適應中國未來經濟的發展，中國外貿必須進行戰略調整，從比較優勢戰略轉向競爭優勢戰略。趙樹寬（2008）⑧ 的研究表明，規範地方政府競爭行為，徹底解決地方保護和市場分割問題，建立以市場機制和競爭規律引導國內分工與協作的合理機制，採取遵循地區要素禀賦比較優勢的產業發展戰略，將有助於提高中國經濟資源的配置效率，是中長期內進一步提高各省區產業競爭力的有效路徑之一。

---

① 王守民，張銳. 中國工業國際競爭力及其構造 [J]. 經濟評論，1999 (2).

② 陳向東，田東文. 中國產業科技競爭力及其構造 [J]. 經濟評論，1999 (2).

③ 魯志強. 經濟全球化與中國 [J]. 管理世界，2000 (6).

④ 藍慶新，王述英. 論中國產業國際競爭力的現狀與提高對策 [J]. 經濟評論，2003 (1).

⑤ 史丹. 經濟全球化：能源要素與能源工業的國際競爭 [J]. 改革，2001 (3).

⑥ 劉林青，譚力文. 產業國際競爭力的二維評價——全球價值鏈背景下的思考 [J]. 中國工業經濟，2006 (12).

⑦ 徐元康. 論制度創新與中國外貿的戰略走向 [J]. 當代財經，2003 (11).

⑧ 趙樹寬. 區際市場分割對區域產業競爭力的作用機理分析 [J]. 管理世界，2008 (6).

第二節　產業競爭力評價

科學評價產業競爭力具有很重要的現實意義，能夠為各國或各地區制定產業政策提供很好的決策依據與參考。

一、產業競爭力的內涵

對於產業競爭力內涵的認識，有三種典型探討。第一種是波特教授提出來的。波特在其《競爭戰略》一書中提出，「一個產業的競爭狀態取決於五種基本競爭力量……這些力量匯集起來決定著該產業的最終利潤潛力」，即產業競爭力與產業的最終利潤潛力或產業利潤率是一致的。第二種是世界經濟論壇（WEF）提出的。1994 年世界經濟論壇在其《國際競爭力報告》中確定，在經濟全球化背景下，產業國際競爭力表現為一國生產產品的能力、占領國際市場和獲取利潤的能力。第三種是由中國社會科學院工業經濟研究所課題組在《中國工業國際競爭力——理論、方法與實證研究》中提出。課題組把產業國際競爭力定義為，「在國際自由貿易條件下，一國特定產業以其相對於他國更高的生產力，向國際市場提供符合消費者或購買者需求的更多產品，並持續獲得盈利的能力」。

二、產業競爭力的評價體系[①]

（一）瑞士洛桑國際管理發展學院的評價體系

瑞士洛桑國際管理發展學院於 1996 年提出國際競爭力評價體系，由八大類競爭力要素、41 個方面、224 項指標所構成。八大競爭力要素包括：一是國內經濟實力要素。評價國內經濟實力的要素包括七個方面：增加值、資本形成、私人最終消費、生活費用、經濟部門、經濟預測和儲蓄累積。二是國際化程度要素。國際化程度評價要素包括八個方面：對外貿易、商品與勞務出口、商品與勞務進口、國家保護、外商直接投資、文化開放、匯率和證券投資。三是政府作用要素。評價政府政策有益於增強競爭力的程度，可以從六個方面進行：國債、政府開支、政府參與經濟、政府效率和透明度、財政政策和社會政治穩定。四是金融環境要素。評價資本市場的發育狀況和金融服務業質量包括四個方面：資本收益、金融效力、證券市場和金融服務。五是基礎設施要素。評價基礎設施能力和滿足企業發展需求的程度包括四個方面：能源自治、技術設施、交通設施和環境。六是企業管理要素。評價企業管理在創新、盈利和責任方面的有效程度，包括五個方面：生產率、勞動成本、公司經營、管理效率和企業文化。七是科學技術開發要素。評價與基礎研究和應用研究密切相關的科學技術能力，主要包括五個方面：研發人員、科學研究、專利、技術管理和科學環境。八是國民素質要素。評價國民素質要素和生活質量的指標，主要包括 7 個方面：人口、勞動力、就業、

① 楊公樸，夏大慰，龔仰軍. 產業經濟學教程［M］. 3 版. 上海：上海財經大學出版社，2008.

失業、教育結構、生活質量和勞動態度。

上述八個方面基本上構成了產業國際競爭力的指標框架。其中，國內經濟實力、國際化程度、政府作用、金融環境、國民素質和基礎設施等競爭力要素，是產業國際競爭力的支持性條件。企業管理和科學技術開發要素，以及國際化程度要素中的商品與勞務進出口、外商直接投資、基礎設施要素、能源供應及技術設施等，是產業國際競爭力的基礎條件。

(二) 世界經濟論壇的評價體系

世界經濟論壇（WEF）於 1997 年設計的國際競爭力評價指標體系，包括三個評價方面：一是國際競爭力綜合水平，主要指標包括實際國內生產總值增長率、通貨膨脹率、實際出口增長率、直接利用外資占國內生產總值的比率以及失業率；二是國際競爭力的實力水平，主要包括市場總水平、經濟運行穩定性和國際交換；三是潛在國際競爭實力，含經濟衰退的可能性和未來世界最具國際競爭力的國家兩類指標。世界經濟論壇的評價體系還包括三大分析指數：一是國際競爭力指數。該指數由八個方面的因素構成：國際貿易和國際金融的開放程度；政府預算、稅收和管理因素；金融市場發展因素；運輸、通信、能源和服務性基礎設施因素；基礎科學、應用科學和技術科學的因素；企業組織、企業家、企業創新和風險經營的管理因素；勞動力市場及流動性因素、法規和政治體系因素。二是經濟競爭力指數。該指數是在國際競爭力指數的基礎上，加入了人均國民收入水平對未來增長的前景影響。三是市場化增長競爭力指數。該指數是在經濟競爭力指數的基礎上，增加了對全球統一市場可比基礎的測度。

世界經濟論壇於 1998 年建立了微觀競爭力指標，包括商業環境和企業內部管理水平與經營戰略的成熟程度兩個因素。其中，商業環境包括要素投入的質量、需求條件、相關的支撐產業、公司競爭環境等四個方面的 48 項指標。企業內部管理水平與經營戰略，包括公司的競爭戰略、人力資源建設、研究開發、從國外獲得技術許可等 15 項指標。

2000 年 WEF 又對國際競爭力指標的構成進行了調整，將國家和地區的國際競爭力綜合水平分為經濟成長競爭力和當前競爭力兩部分。經濟成長競爭力主要由反應居民儲蓄率和國民投資率的金融指標，反應國內市場開放、競爭程度的經濟開放程度指標，以及經濟創造力指標等三大指標構成。其中，經濟創造力指標由兩部分內容構成：第一部分是反應一國創新能力和技術水平的「技術指標」，另一部分是反應新企業創業難易程度的「創業指標」。至於當前競爭力的評價，則沿襲原有指標不變。

(三) 荷蘭格林根大學的評價體系

荷蘭格林根大學提出的產業競爭力評價體系，主要用於進行產業與生產率的國際比較，強調產業競爭力可以由價格水平、生產率水平及質量水平等三方面因素反應。在進行評價時，對不同地區和不同行業按統一分類體系標準化，得到可比數據，然後根據這些可比數據計算出反應產業國際競爭力的主要參數。這些參數包括：一是相對價格水平，含產出相對價格水平、投入相對價格水平或相對單位勞動成本水平；二是生產率，包括勞動生產率和資本生產率等單要素生產率以及全要素生產率；三是質量水平，用反應產品附加值水平的指標間接反應產品的質量水平；四是品牌競爭力，主要包括品牌在開拓和占領市場方面的能力、品牌的超值創利能力和品牌的發展潛力等三個因素之和。

（四）聯合國工業發展組織的評價指標

聯合國工業發展組織於2002年在維也納發布了《2002—2003年工業發展報告》，在報告中建立了一套分析各國工業競爭力的指標體系，並以87個國家的統計資料為基礎，計算各國工業的競爭力指數。這套指標體系選擇了四個指標來測量國家或地區生產和出口製成品的競爭能力，即人均製造業增加值、人均製成品出口、製造業增加值內中高技術產品的比重、製成品出口內中高技術產品的比重。前兩個指標反應工業能力，後兩個指標反應技術的層次和工業的升級。最後將四個指標量化為分指數，按照各自的權重，得出各國的工業競爭力指數。

三、國內的產業競爭力評價

國內理論界也對產業競爭力理論的發展做出了自己的貢獻。

1991年開啓國內競爭力研究先河的原國家科委軟科學研究課題——「國際競爭力的研究」，重點研究了國際競爭力的概念、定義及度量方法，提出經濟活力、工業效能、財政活力、人力資源、自然資源、對外經濟活動力、創新能力、國家干預八個方面的因素決定一個國家的國際競爭力，並設立了這些決定因素的評價指標，進行了亞太15國（地區）國家競爭力概念在企業、國家和區域間的類推競爭能力的比較。1996年原國家體改委經濟體制改革研究院、深圳綜合開發研究院和中國人民大學聯合組成中國國際競爭力研究課題組，對中國的國際競爭力進行了研究，並出版了《中國國際競爭力發展報告》，報告應用381個指標數據，對中國國民經濟的國際競爭力進行了分析和評價，內容涉及宏觀經濟、工業、科學技術、企業管理、金融體系、政府管理等方面。

一些學者進一步將競爭力研究與產業聯繫起來。1993年，任若恩等與荷蘭格林根大學國際產出與生產率比較項目組的專家合作，進行中國製造業各產出部門的國際比較研究。該研究運用生產法獲得的國際可比的時間序列和產出數據，從相對價格水平、單位勞動成本、生產率等角度，探索了中國製造業的比較優勢和國際競爭力。郭克莎（2004）採用產業的增長潛力、就業功能、帶動效應、生產率上升率、技術密集度、可持續發展等指標，對中國製造業的競爭力進行了比較排序。

魏後凱等（2002）將產業競爭力研究進一步拓展至區域產業競爭力的研究。魏後凱等採用四個指標評價了區域工業競爭力：市場影響力，用地區工業在全國工業市場的佔有率來衡量；工業增長力，用地區工業總產值的增長率來衡量；資源配置力，用工業銷售利潤率和全員勞動生產率加權平均來表示；結構轉換力，用高增長行業產值占地區工業總產值的比重和加工工業產值占地區工業總產值的比重兩個指標表示；工業創新力，用非國有工業產值占地區工業總產值的比重來反應地區制度創新能力，用企業科技經費支出占GDP的比重反應地區技術創新能力，用兩者的加權平均來反應地區工業的總體創新能力。

◇案例

中國戰略性新興產業國際競爭力評價

中國戰略性新興產業發展需要提高知識吸收與創新能力，積極參與國際分工體系，並在全球產業鏈中謀求更好位置，進而取得較高的產業國際競爭力。戰略性新興產業國際競爭力的內涵與「新鑽石模型」十分契合。因此用芮明杰（2006）[①] 的「新鑽石模型」作為指標體系構建的理論基礎。「新鑽石模型」的理論框架雖完善，但戰略性新興產業國際競爭力評價指標體系在數據的獲得與處理上會相對困難，因此對指標體系進行一定改進，以產業環境、產業支撐、產業創新三者為綱，將生產要素與需求條件歸納為產業環境，將企業的戰略、結構和競爭對手微調為產業支撐與企業支撐，與政府作用一起並入產業支撐，將知識吸收與創新能力微調為產業創新。如此，將產業環境、產業支撐、產業創新等三個因素作為戰略性新興產業國際競爭力評價指標體系的一級指標。因為「機會」不易量化，因此剔除「機會」這一因素。然後在一級指標下構建二級指標，最後選擇 35 個可以量化的三級指標建立戰略性新興產業國際競爭力評價指標體系（見表 8-1）。

表 8-1　　戰略性新興產業國際競爭力評價指標體系

一級指標	二級指標	三級指標
產業環境	生產要素	從業人員平均數、企業辦研發機構人員數、資產總計/企業數、企業辦研發機構數、專利申請數、R&D 人員、資產總計、資產負債表
	需求條件	主營業務收入、利潤總額、出口交貨值、銷售利潤率
產業支撐	產業支撐與企業支撐	資產週轉率；R&D 經費（企業資金）、勞動生產率、成本費用利潤率、銷售收入、流動資產/資產總額
	政府支持	應付所得稅、R&D 經費（政府資金）
產業創新	創新投入	R&D 人員折合全時當量、R&D 經費內部支出（人員勞務費）、R&D 經費內部支出（儀器和設備）
	創新過程	新產品開發項目款、新產品開發經費支出、技術改造經費支出、引進技術經費支出、新開工項目個數、機構經費支出

選取《中國高技術產業年鑒》和 CSMAR 數據庫中 2005—2014 年 10 年的數據，分產業進行戰略性新興產業國際競爭力評價。用 SPSS 軟件對各指標進行標準化處理，利用 Z-Score 標準化方法進行無量綱化處理，將標準化後的各指標取相關性檢驗，根據其相關係數矩陣（50×35 的矩陣，數據表略），發現變量間存在比較顯著的相關性。KMO 檢驗值為 0.795，說明適合進行因子分析，Sig 值為 0，也說明了進行因子分析的可行性。通過因子分析（過程略），得出各產業公因子得分與排序及各產業綜合得分與排序，如表 8-2、表 8-3、表 8-4、表 8-5、表 8-6 所示。

---

① 芮明杰. 產業競爭力的「新鑽石模型」[J]. 社會科學，2006（4）.

表 8-2　醫藥製造業因子得分

年份	S_1	S_2	S_3	S_4	綜合得分
2005	-0.52	0.59	0.19	-0.91	-0.27
2006	-0.47	0.57	0.12	-0.77	-0.24
2007	-0.38	0.93	0.26	-0.62	-0.11
2008	-0.25	1.22	0.30	-0.35	0.03
2009	0.00	1.57	0.32	-0.10	0.25
2010	-0.01	1.76	0.28	0.13	0.27
2011	0.28	1.76	0.34	0.28	0.47
2012	0.58	1.82	0.44	0.59	0.68
2013	0.86	1.98	0.41	0.87	0.89
2014	1.04	2.21	0.33	1.34	1.04

表 8-3　航空航天器及設備製造業因子得分

年份	S_1	S_2	S_3	S_4	綜合得分
2005	-0.88	-0.85	0.30	-0.88	-0.67
2006	-0.89	-0.76	0.71	-0.93	-0.61
2007	-0.84	-0.85	0.94	-0.59	-0.54
2008	-0.85	-1.02	1.77	-0.04	-0.44
2009	-0.91	-0.85	1.62	0.10	-0.47
2010	-0.83	-0.67	1.11	0.25	-0.45
2011	-0.87	-1.14	2.01	0.82	-0.40
2012	-0.71	-0.64	1.76	1.16	-0.24
2013	-0.67	-0.56	1.86	1.54	-0.17
2014	-0.63	-0.65	2.31	2.02	-0.08

表 8-4　電子及通信設備製造業因子得分

年份	S_1	S_2	S_3	S_4	綜合得分
2005	0.06	-0.82	-0.37	-1.77	-0.22
2006	0.28	-0.65	-0.37	-1.72	-0.06
2007	0.59	-1.16	-0.37	-2.05	0.05
2008	0.85	-1.09	-0.42	-1.38	0.25
2009	0.98	-0.67	-0.26	-0.77	0.44
2010	1.19	-0.74	-0.10	-0.42	0.59
2011	1.86	-0.76	-0.01	-0.29	1.02
2012	2.62	-0.79	0.37	-0.25	1.52
2013	3.05	-0.72	0.73	0.29	1.87
2014	3.45	-0.78	0.51	0.66	2.10

表 8-5　計算機及辦公設備製造業因子得分

年份	S_1	S_2	S_3	S_4	綜合得分
2005	-0.71	-0.70	-1.37	0.21	-0.68
2006	-0.65	-0.87	-1.32	0.43	-0.65
2007	-0.58	-0.98	-1.17	0.50	-0.60
2008	-0.45	-0.77	-1.56	0.97	-0.51
2009	-0.47	-0.63	-1.52	1.07	-0.50
2010	-0.29	-0.46	-1.79	1.20	-0.39
2011	-0.26	-0.59	-1.35	1.27	-0.33
2012	-0.10	-0.17	-1.21	1.66	-0.14
2013	-0.18	-0.45	-1.50	1.70	-0.26
2014	-0.16	-0.14	-1.67	1.77	-0.22

表 8-6　醫療儀器設備及儀器儀表製造業因子得分

年份	S_1	S_2	S_3	S_4	綜合得分
2005	-0.83	0.09	-0.34	-1.09	-0.59
2006	-0.79	0.19	-0.18	-1.10	-0.54
2007	-0.71	0.28	-0.34	-0.96	-0.49
2008	-0.63	0.46	-0.33	-0.74	-0.40
2009	-0.44	0.80	-0.35	-0.63	-0.24
2010	-0.48	0.92	-0.50	-0.49	-0.25
2011	-0.21	1.12	-0.16	-0.56	-0.03
2012	-0.08	1.10	-0.08	-0.61	0.06
2013	0.02	1.20	-0.12	-0.45	0.13
2014	0.03	1.38	-0.24	-0.35	0.16

根據上述數據，可以對五個產業的國際競爭力進行評判。

產業創新評價：根據產業創新排序，10 年來電子及通信設備製造業大幅領先，並且增長迅猛；醫藥製造業緊隨其後，雖相對落後較多，但創新能力發展較快；醫療儀器設備及儀器儀表製造業近年來平穩增長；航空航天器及設備製造業、計算機及辦公設備製造業相對發展緩慢，可能是這兩類產業創新需要突破性的飛躍，因此很難實現的緣故。

產業經營與盈利評價：根據產業經營與盈利排序，醫藥製造業大幅領先，且保持較平穩增長；醫療儀器設備及儀器儀表製造業緊隨其後，也保持著較好的增長幅度；計算機及辦公設備製造業雖然落後，但近年來增長勢頭不錯；航空航天器及設備製造業和電子及通信設備製造業落後較多，甚至偶爾有倒退的趨勢。

產業環境評價：根據產業環境排序，航空航天器及設備製造業遙遙領先，這可能得益於國家政策的大力支持，並且增長幅度一直處於較高水平；醫藥製造業相對平穩；

醫療儀器設備及儀器儀表製造業也相對平穩，不過稍落後於醫藥製造業；電子及通信設備製造業雖然以前大幅落後，不過近年來產業環境發展相當迅猛，有領先行業之勢；而計算機及辦公設備製造業則處於相對弱勢的產業環境中，並且改進不大。

產業效率評價：根據產業效率排序，航空航天器及設備製造業和計算機及辦公設備製造業這兩大行業產業效率值很高，區別在於前者增長率依舊迅猛，而後者有趨緩之勢，醫藥製造業以及電子及通信設備製造業也在大幅改進其產業效率，發展勢頭良好；而醫療儀器設備及儀器儀表製造業則相對較為落後，並且增長率一直處於低位。

綜合評價：從五大產業國際競爭力及增長趨勢來看，電子及通信設備製造業競爭力最強，且一直保持高效的發展趨勢；醫藥製造業國際競爭力也相對較高，且一直保持著穩步增長態勢；醫療儀器設備及儀器儀表製造業和計算機及辦公設備製造業表現較為一般；航天航空及設備製造業競爭力相對較弱，不過隨著國家政策扶持與其產業效率的大幅增長，也許在未來會成為極具國際競爭力的行業。

資料來源：曹虹劍，餘文門．中國戰略性新興產業國際競爭力評價［J］．經濟數學，2017（1）．

思考題

1. 簡述比較優勢理論、產品生命週期理論和國際生產折中理論的主要內容。
2. 試述波特的產業競爭力理論。
3. 根據相關統計年鑒的數據，運用區域產業競爭力的評價指標體系，分析中國沿海地區的產業競爭力。

【推薦閱讀】

1. 波特．國際競爭優勢［M］．李明軒，邱如美，譯．北京：華夏出版社，2002．
2. 金碚．中國工業國際競爭力——理論、方法與實證研究［M］．北京：經濟管理出版社，1997．

【參考文獻】

1. 陳向東，田東文．中國產業科技競爭力及其構造［J］．經濟評論，1999（2）．
2. 魯志強．經濟全球化與中國［J］．管理世界，2000（6）．
3. 藍慶新，王述英．論中國產業國際競爭力的現狀與提高對策［J］．經濟評論，2003（1）．
4. 劉林青，譚力文．產業國際競爭力的二維評價——全球價值鏈背景下的思考［J］．中國工業經濟，2006（12）．
5. 史丹．經濟全球化：能源要素與能源工業的國際競爭［J］．改革，2001（3）．
6. 王守民，張銳．中國工業國際競爭力及其構造［J］．經濟評論，1999（2）．
7. 徐元康．論制度創新與中國外貿的戰略走向［J］．當代財經，2003（11）．

8. 楊公樸，夏大慰，龔仰軍. 產業經濟學教程 [M]. 3 版. 上海：上海財經大學出版社，2008.

9. 趙樹寬. 區際市場分割對區域產業競爭力的作用機理分析 [J]. 管理世界，2008 (6).

10. 俄林. 區域貿易和國際貿易 [M]. 劍橋：哈佛大學出版社，1933.

第九章　產業政策

純粹的市場經濟，會帶來產業的無序發展，導致經濟危機的週期性出現。因而，彌補「市場失靈」的產業政策，無論在哪個國家都得到運用。包括以自由市場為根本的美國，從 20 世紀 20 年代末、30 年代初的全球性資本主義大危機，到新世紀以來爆發的「次貸危機」，一次次通過產業政策的運用，較好地解決了所面臨的經濟問題。中國開展產業政策的系統研究始於 1986 年，1989 年國務院頒布《九十年代國家產業政策綱要》，成為第一個正式實施全國性的產業政策文件。迄今，中國已經頒布實施了各級各類的多個產業政策，並在中國經濟的騰飛過程中起到了巨大的作用。

第一節　產業政策概述①

產業政策的實施，本質上是一種政府對經濟的直接干預。關於要不要實施產業政策的問題，曾有過兩種對立的觀點。一種觀點認為，政府干預經濟只需運用貨幣政策和財政政策，而不必採取比宏觀經濟政策干預更直接、更深刻、更具體的產業政策。因為在這種觀點看來，產業政策是與扭曲、抑制、不公平相聯繫的，是以犧牲某一部門為代價來促進或限制另一部門的發展，而且產業政策能否成功還有運氣的成分。另一種觀點則對產業政策持肯定態度，認為宏觀經濟政策是有關需求方面的政策，產業政策是有關供給方面的政策，都是經濟活動所需要的政策。從現實情況來看，很多國家有成功實施產業政策的經歷，比如日本、中國，已經證明了產業政策的有效性。因此至今，要不要實施產業政策已經不是理論界所關注的問題，理論界關注的是如何提升產業政策實施的有效性。

一、產業政策的內涵

產業政策是政府為了促進市場機制的發育，糾正市場機制的缺陷，對特定產業活動以干預和引導方式施加影響，進而促進國民經濟快速協調增長的、帶有宏觀性和中長期性的經濟政策。上述界定包括如下主要含義：

第一，產業政策制定的主體是政府。產業政策代表了各級政府尤其是中央政府引導產業發展的干預意圖，是一種高層次、帶有宏觀性質的經濟政策。

第二，對產業干預的意圖不是盲目的，而是要維護市場機制對於資源配置的基礎

① 鄔義鈞，邱鈞. 產業經濟學［M］. 北京：中國統計出版社，1997.

性作用，最好地發揮市場機制的功能，彌補市場缺陷，而絕不是排斥市場機制。

第三，產業政策的最終目的是促進經濟的增長和發展。這主要通過對某些特定產業，而不是全部產業施加影響來實現的。在經濟發展的不同階段，經濟的增長與發展取決於特定產業的作用，因此產業政策的對象是隨著經濟發展階段的演進而不斷變化的。

第四，產業政策是一種中長期的經濟政策，而不是短期對策，著眼於對中長期內的產業發展起引導作用。因而，產業政策一定程度上具有某些宏觀經濟政策工具的性質，其制定和實施，也會對宏觀經濟調控目標產生影響。

二、產業政策與其他經濟政策及計劃的關係

產業政策是經濟政策體系的組成部分，與其他經濟政策以及國民經濟計劃之間存在著既相區別又相聯繫的關係。

(一) 產業政策與計劃的關係

計劃直接體現了政府干預經濟的意圖。市場經濟條件下，計劃一般分為兩類：第一類是具有發展戰略性質的中長期計劃，如國民經濟發展五年計劃；第二類是具有總量調控性質的年度計劃，如每年政府舉行的年度經濟工作會議，會確定年度經濟增長率、物價總水平、貨幣供應量等。產業政策與這兩類計劃的關係是各不相同的。從第一類計劃看，產業政策是從屬於具有發展戰略性質的中長期計劃，作為政策工具要為實現一定經濟發展戰略服務，並在某些國家需要進行干預的產業領域使發展戰略深化和細化。從第二類計劃看，產業政策與作為總量調控目標的年度計劃有相輔相成的作用，兩者一般不存在從屬關係，總量的指標規定了產業政策在特定年份的活動空間，而跨年度的產業政策則又為實現當年的總量目標創造了條件。

(二) 產業政策與宏觀調控政策的關係

宏觀調控政策（主要指財政政策和貨幣政策）的總目標，一般是充分就業、物價穩定、經濟增長和國際收支平衡。產業政策目標與宏觀調控目標的關係是：①產業政策目標主要是從宏觀經濟政策中引申出來的，是宏觀調控目標的具體化；②產業政策目標主要集中於經濟效率，講求資源配置的效率，其目標範圍比宏觀調控目標狹窄；③當二者目標發生衝突時，產業政策要服從於宏觀調控總目標。

從實施的手段看，產業政策手段多種多樣，包括財政手段、金融手段、直接規制、制度的創設與廢止、行政指導等。其中有些手段是產業政策特有的手段，財政手段和金融手段則作為宏觀調控政策的主要手段而被產業政策所借用。但是，不能由此把財政政策和金融政策認為是隸屬於產業政策。服務於產業政策的財政手段和金融手段，只是財政政策和金融政策的一個組成部分，其中大部分屬於財政政策與金融政策微觀變化的方面。因此，產業政策無法包容和協調財政政策與貨幣政策，它們之間只存在著部分的交叉關係。

(三) 產業政策與微觀槓桿性經濟政策的關係

產業政策是針對一些特定的產業擬制的，實施的是差別化的政策；而各類微觀槓

桿性經濟政策，是對各類具有相似性的競爭者實行一視同仁和無差別化的政策。由於產業政策的實施也要運用稅收、信貸、投資等政策手段，這就涉及產業政策和微觀槓桿性經濟政策的關係協調問題。一方面，在國家產業政策未染指的大部分產業內，經濟槓桿政策應按照其自身的規律發揮調控作用，產業政策要積極為其創造環境與條件；另一方面，一旦政府的產業政策確定，在特定的產業領域內，各項槓桿性經濟政策就要圍繞著產業政策的目標聯合行動。

三、產業政策的主要特徵

綜合產業政策的內涵及其與其他經濟政策、計劃的關係，產業政策具有幾方面的典型特徵。

第一，產業政策直接體現經濟發展戰略的意圖，並引導隨機性政策的短期效應。產業政策是根據一定階段的中長期計劃制定的，在特定的產業領域內，產業政策是中長期經濟發展戰略的具體化。與相機抉擇的政策相比，產業政策更具有中長期性和相對穩定性，可以給隨機性政策起導向作用，確定導向目標，避免短期調節的無序、斷裂等副作用。

第二，產業政策主要解決資源配置的長期宏觀效益（即結構效益）問題。宏觀調控政策（財政政策和貨幣政策）主要解決總量平衡問題，產業政策主要是解決結構協調、均衡問題。一般而言，宏觀調控政策往往是一種「反經濟週期」的經濟波動調節方式，只是對當前總量矛盾的一種短期、強制性緩和，並沒有解決造成波動的結構性癥結。相較之下，通過產業政策促進結構的優化，為長期增長打下一個良好的結構基礎，有利於維持經濟的長期增長，也就意味著擁有良好的長期宏觀效益。在這個意義上，產業政策解決了資源配置的長期宏觀效益。

第三，產業政策對經濟的干預更直接、更深刻、更具體。產業政策是對產業實行區別對待的政策，既可以採取軟性政策又可以採取硬性政策。但總體上，產業政策和其他經濟政策相比，對經濟的干預更直接、更深刻、更具體。例如，產業政策對幼稚產業的保護和培育，對衰退產業的援助與調整，對中小企業的特殊待遇等，都是對產業發展強有力的干預。

第四，產業政策具有濃厚的本土化特色。與其他經濟政策相比，產業政策是配合一國長期經濟發展戰略，根據具體的產業經濟發展情況來制訂的，集中反應了一國經濟在特定階段和環境中的特殊性。每個國家特定時期，大都會制定相應的產業政策，不同國家同一時期的產業政策都會有所不同。因此，相對放之四海皆宜的其他普適性經濟政策，產業政策最具有本土化特色。

四、產業政策體系

政府對產業活動的干預，主要包括兩方面：一方面是對產業的結構、組織與素質的干預。產業結構、產業組織和產業素質（產業素質主要指構成企業的綜合能力，即由企業內部各生產要素結合所反應出來的綜合能力），是構成產業的三個重要層面內容。反應產業之間相互關係的產業結構是最高層面，反應企業之間相互關係的產業組織是中間層面，而反應企業內部各集團、成員之間相互關係的產業素質是基礎層面。產業的良性發展，依賴於上述三個層面的狀況。市場機制的失靈，最終會反應和體現在上述三個層面，導致產業的組織、結構和素質出現問題。因此，政府對市場失靈所導致的產業發展不良影響的干預，主要以上述三個層面為對象進行。另一方面是對於產業發展的干預，主要包括對產業技術進步、產業融合、產業生態化、產業安全等產業發展相關活動與領域的干預。針對產業的結構進行干預的政策是產業結構政策，針對產業的組織進行干預的政策包括產業組織政策、產業規制政策，針對產業素質進行干預的政策主要是產業規制政策，針對產業發展進行干預的政策是產業發展政策。產業政策體系主要由產業結構政策、產業組織政策、產業規制政策和產業發展政策構成，四類政策相互配套、協同作用，共同維護產業的良性發展。

需要指出的是，雖然產業組織政策、產業規制政策都是針對產業組織的干預政策，但產業組織政策主要是針對企業之間關係的干預，產業規制政策則主要是從微觀角度針對企業個體行為的干預。同時，鑒於產業組織政策與產業結構政策同屬於產業經濟學傳統的產業政策理論，故將產業組織政策安排在本章與產業結構政策、產業發展政策一起進行闡述，而不是像產業規制理論一樣，排在產業組織理論之後（第三章）進行闡述。

第二節　產業組織政策

產業組織理論的核心，是要克服規模經濟與競爭活力兩難的「馬歇爾困境」，實現規模經濟與競爭活力兼容的「有效競爭」。直接服務於產業組織需要的產業組織政策，其實施基本目標就是實現有效競爭。

一、產業組織政策概述

（一）有效競爭標準

產業組織政策要促進有效競爭的實現，首先需要明確有效競爭的標準，才能採取有針對性的政策措施。代表性的有效競爭標準理論，一是梅森 1957 年提出來的，一是另一位美國經濟學家史蒂芬·索斯尼克（Stephen Sosnick）1958 年提出來的。

梅森從市場結構和市場效果的角度，提出了兩個有效競爭的標準。第一，市場結構標準，其內容包括：①市場上存在相當多的買者和賣者；②新企業能夠進入市場；③任何企業都沒有佔有很大的市場份額；④任何企業（集團）之間不存在共謀行為。第二，市場效果標準，其內容包括：①企業存在不斷改進產品和生產工藝的壓力；②在成本下降到一定程度時，價格能夠向下調整，具有一定的彈性；③生產集中在不大不小的最有效率的規模單位下進行，但未必是在費用最低的規模單位下進行；④生產能力和實際產量基本協調，無設備過剩；⑤能避免銷售中的資源浪費。

索斯尼克提出了更為全面的「結構——行為——績效」有效競爭標準。第一，市場結構標準：①不存在企業進入和流動的人為限制；②存在對上市產品質量差異的價格敏感性；③交易者的數量符合規模經濟的要求。第二，市場行為標準：①廠商間不相互勾結；②廠商不使用排外的、掠奪性的或高壓性手段；③在推銷時不搞詐欺；④不存在「有害的」價格歧視；⑤競爭者對其他人是否會追隨他們的價格變動沒有完備的信息。第三，市場績效標準：①利潤水平剛好足以酬報創新、效率和投資；②質量和產品隨消費者需求而變化；③廠商盡其努力引進技術上更優的新產品和新的生產流程；④沒有過度的銷售開支；⑤每個廠商的生產過程是有效率的；⑥最好地滿足消費者需求的賣者得到最多的報酬；⑦價格變化不會加劇週期的不穩定。

（二）產業組織政策的內涵

產業組織政策是政府為解決產業內企業間的矛盾，形成良好的市場結構、市場行為和市場績效，實現有效競爭而制定的一系列政策的總和。為形成良好的產業市場結構、市場行為和市場績效，實現規模經濟與競爭活力的協調，產業組織政策主要應包括產業組織合理化政策（規模經濟政策）、反壟斷政策和中小企業政策。

（三）產業組織政策的作用

產業組織政策的實施，對於國民經濟的發展具有幾方面的作用。

1. 促進產業內的專業化協作，提高企業的規模經濟水平

推動企業實現適度規模，是產業組織政策要解決的基本問題之一。制定適當的產業組織政策，能提升企業間的專業化協作水平，是提高企業規模的有效途徑。例如：實行標準化，減少同類產品的品種；限制產品品種，減少單個企業生產的品種數；限制落後設備、技術的使用，甚至強行淘汰；限制零件和原材料的採購方法和採購數量起點；等等。

2. 鼓勵和保護市場競爭

制定適當的產業組織政策，可以保護和促進企業競爭，使企業通過競爭不斷提高自身素質，同時淘汰那些落後的、沒有生命力的企業，從而提高整個國民經濟的發展水平。例如：為保護競爭可以制定反壟斷法，降低市場上賣者的集中度，或降低新企業進入市場的障礙程度；禁止對不同銷售對象實行差別價格；禁止企業間企圖實行市場壟斷的合謀；等等。

3. 調整產業結構，促進產業結構高度化

經濟的發展就是一個產業結構不斷高度化的過程。產業結構的高度化，有賴於產業組織的合理化，從而有賴於促進產業組織合理化的產業組織政策。政府通過合理的產業組織政策，可以引導社會資源的投入方向，實現資源的重新優化組合，促進產業結構向高度化轉換。例如：通過保護性政策來扶持某些新興產業；通過財政、信貸政策，來發揮槓桿作用，引導資金的投向；通過某些產業技術經濟標準的制定，調整和控制企業的初始規模；通過實行企業破產法，來實現企業的兼併、聯合；等等。

4. 保護本國企業，提高企業國際競爭力

欠發達國家和地區的產業要發展壯大並進入國際市場，需要有一個成長過程。在此過程中，對之實行合理的保護、避免受國外產業衝擊而夭折是十分必要的。實施合理的產業組織政策，可以起到保護產業的作用，做到既能發展對外經濟貿易關係，又

能增強本國弱小產業的競爭能力。例如：限制某些產業進口的品種或數量；不同的進口商品給予差別性關稅稅率；限制或鼓勵某些產品的出口；等等。

二、產業組織合理化政策

產業組織合理化政策也稱規模經濟政策。在經濟發展水平較低的國家，產業組織發展不成熟，存在很多規模小於最小經濟規模的企業，使得整個市場處於過度競爭狀態，損害了正常的市場競爭秩序。這需要制訂合理的產業組織政策，以促進企業規模的擴大，培育大企業，提高市場集中度，實現規模經濟。政府為優化產業組織，促進規模經濟實現，建立大批量生產方式而採取的政策，稱為產業組織政策。產業組織政策主要涵括企業兼併政策、企業聯合政策、經濟規模政策等。

(一) 企業兼併政策

企業兼併是指企業之間的合併購買行為，兼併者購買被合併企業的資產成為自己企業資產的一部分，被兼併者則失去原來的獨立經營實體地位。企業兼併行為可以有效減少產業內企業的數量，擴大現存企業的規模。企業兼併政策是政府用來抑制企業間過度競爭，形成大規模企業，提高市場集中度以實現規模經濟的重要手段。在 20 世紀 60 年代，日本正處於從貿易保護體制向自由貿易體制過渡的階段，企業普遍規模小，存在著嚴重的過度競爭，國際競爭力弱，無法有效應對跨國壟斷企業的競爭。為改變這一局面，日本政府制定並實施企業兼併政策，積極推動企業併購，產業了顯著的效果。1963 年，日本的企業兼併數量有近千起，1966 年到 1973 年間，年兼併數量則超過千起。如此，有力提高了日本企業的規模，提升了日本企業的競爭力，使之逐漸在自由貿易中形成一定的競爭優勢。

(二) 企業聯合政策

根據聯合的緊密程度，企業聯合可以分為建立企業間的專業化協作關係和組織企業集團兩種類型。前者主要是以業務為紐帶形成的，不涉及資產關係的聯合，聯合程度要松散得多；後者是以資產和業務雙重紐帶形成的聯合，聯合相對要緊密。上述兩種聯合，都有利於減少競爭的激烈程度，避免無序競爭、過度競爭，同時促進生產集中，實現規模經濟。一般而言，企業聯合政策和企業併購政策是配套制定和協同使用的，能實現合併的企業就運用併購政策推動其併購，存在合併障礙的企業就運用聯合政策推動其聯合。

(三) 經濟規模政策

經濟規模政策的基本目標，是保證產業內企業能充分利用規模經濟，降低單位產品成本。一般的做法，是由政府制定最小經濟規模標準，達不到經濟規模要求的新企業不得進入產業，對產業內原有規模偏小的企業則要求通過企業併購或企業聯合等方式擴大規模。由此可見，經濟規模政策的主要功能是設置行政和法規進入壁壘，抑制企業盲目進入產業，避免出現過度競爭，影響規模經濟。例如，日本政府在 1962 年制定《石油工業法》，對新企業進入和技術改造進行審批。1965—1967 年，日本政府規定乙烯裝置的最小經濟規模為 10 萬噸，1967 年又提高到 30 萬噸。通過制定最小經濟規模標準，日本政府有力地促進了石油工業的大型化，提高了市場集中度，提升了規模經濟效益。

三、反壟斷政策

壟斷是競爭的對立面。壟斷的存在，會降低社會總福利，這主要體現在四個方面：一是由壟斷的高價格和低產量造成的資源錯配損失；二是由於一部分消費者的剩餘轉變成為壟斷企業利潤而帶來的收入轉移效應；三是壟斷的高價格和低產量帶來的社會福利淨損失；四是壟斷企業尋租帶來的社會性損失。

根據壟斷的形成原因和特徵，我們可以把壟斷分為經濟壟斷、行政壟斷和自然壟斷三種類型。經濟壟斷是指市場主體為獲得壟斷利潤，利用其擁有的市場勢力，採取的限制、排斥競爭對手的行為。行政壟斷是指政府運用其行政權力排斥、限制市場競爭的行為。行政壟斷完全是政府運用行政權力的結果，與市場經濟規律沒有聯繫，是一種「超經濟壟斷」，包括地區壟斷和部門壟斷兩種主要形式。三種壟斷中，自然壟斷是基於效率標準的壟斷，其目的是為了實現高效率，並不存在反壟斷問題，而是屬於政府規制範圍（政府規制主要就是針對自然壟斷產業，以及少數競爭性產業）；行政壟斷源於政府行政權力的壟斷，反壟斷的主要途徑是深化經濟體制、行政管理體制改革，盡可能減少政府濫用行政權力導致行政壟斷的現象；經濟壟斷則主要適用於運用反壟斷法。一般而言，在成熟的市場經濟國家中，行政壟斷、自然壟斷存在的空間越來越窄、危害越來越小，經濟壟斷是最主要的壟斷現象。因此，反壟斷法的地位和作用越來越重要，日益成為主要的產業組織政策。

（一）美國的反壟斷政策

1. 反壟斷法

美國是現代反壟斷法誕生的搖籃，對於世界各國反壟斷法的建立起到了重要的借鑑作用。美國反壟斷法的建立與完善，主要經歷了謝爾曼法（The Sherman Act）、克萊頓法（The Clayton Act）和聯邦貿易委員會法（The Federal Trade Commission Act）三個階段。

（1）謝爾曼法

美國在 1890 年由美國國會通過了第一部反壟斷法律——謝爾曼法，成為反壟斷的基本法，主要針對貿易中存在的壟斷問題，重點是禁止壟斷和合謀。謝爾曼法禁止任何限制交易（限制交易是指交易中的反競爭活動因素超過有利於競爭的因素）的協議，任何用來限制交易或者商業活動的合同，無論是信託、合謀還是其他方式，都是非法的。任何簽訂這類合同或者從事任何形式合謀的行為，都被認定為犯有重罪，公司將被處以不超過 1,000 萬美元的罰款，個人將被處以不超過 35 萬美元的罰款或者不超過 3 年的監禁，或者同時對公司和個人實施上述處罰。謝爾曼法對壟斷的判斷依據，一是按區域和產品劃分的市場力量，主要以市場佔有率為依據；二是當事企業採取了某些掠奪性定價或排他性的行為。

（2）克萊頓法

克萊頓法於 1914 年通過，重點是防止價格歧視和通過產權重組形成排他性經營。

該法規定價格歧視、排他性和限制性合同，削弱競爭的公司之間的交叉持股、互派董事等行為是違法的，並且對上述不正當競爭做出了一般規定。

克萊頓法規定：禁止賣方對不同買方實施歧視性價格，但是允許對不同品質、不同等級或銷售數量的產品實施差別價格；對於降價，只能根據銷售成本或運輸成本的差別相應地減少價格，賣方只能是為了競爭進行善意降價；除了提供與購買和銷售有關的服務外，任何從事商業活動的人在商業活動中支付或接受佣金、回扣、津貼或其他補償都是不合法的。克萊頓法還限制企業間削弱競爭和形成壟斷的權益或資產交易，規定從事交易活動或者對交易活動有影響的任何企業，都不得擅自進行可能會持續地減弱競爭或有利於形成壟斷的兼併活動，即以直接或間接的形式獲得其競爭對手的部分或全部權益或資產。若進行這樣的兼併活動，需事先向貿易委員會申請，得到批准後方可進行。

當公司違反反壟斷法的上述任何處罰條款時，授權、指示或者直接實施違法行為的公司董事、管理人員或者代理人，將被處以不超過 5,000 美元的罰款，或不超過 1 年的監禁，或者同時處以罰款和監禁。當任何人、公司和機構的業務或財產受到違反反壟斷法的行為的損害時，都可以提出訴訟請求，並且可以獲得相當於 3 倍損失和訴訟費用的賠償，其中包括律師費用。

（3）聯邦貿易委員會法

聯邦貿易委員會主要是對重組兼併進行管理，防止重組兼併中的壟斷行為。該法規定，任何兼併必須獲得聯邦委員會或者司法部的批准，未經批准，資產不得併購為一體。聯邦貿易委員會和司法部聯合實施反壟斷法，共同提出企業兼併準則。準則概述了聯邦貿易委員會和司法部對橫向和縱向兼併的有關政策。聯邦貿易委員會還禁止任何個人合夥人和公司，在交易活動中或任何影響交易的活動中利用不公平競爭以及欺騙性手段。

2. 企業兼併準則

反壟斷法主要明確反壟斷的基本原則、分析因素、審查程序和懲罰措施等，美國司法部和貿易委員會編製了企業兼併準則，概括了對兼併採取的具體政策，介紹了監管機構在分析兼併活動時採用的分析框架和標準，以減少執行反壟斷法時的不確定性，為處理兼併案提供指導。美國的兼併準則從 1968 年頒布第一部起，幾經修訂，最終形成 1992 年的併購準則。

（1）1968 年的兼併準則

1968 年的兼併準則，以市場集中度為主要判斷依據。為了保持市場上一定數量的小規模企業，防止形成合謀條件，兼併準則根據市場特徵，詳細規定了兼併企業的市場份額標準。當市場上 4 家最大的企業所占份額之和（CR_4）達到或超過 75%時，兩家企業不能併購的條件是：主並企業的市場份額為 4%以內，被兼併企業的市場份額為 4%或以上；主並企業的市場份額為 10%以內，被兼併企業的市場份額為 2%或以上；主並企業的市場份額為 15%以內，被並企業的市場份額為 1%或以上。當該行業的 4 家最大企業的市場集中度指標低於 75%時，主並企業的市場份額和被並企業的市場份額不能超過一定限額。

（2）1982 年的兼併準則

1982 年的兼併準則與 1968 年的準則一樣仍然以橫向兼併為主，但提出了兩個改進：一是提出了新的劃分市場範圍的方法和規則，即哪些產品、哪些企業應分為同一市場；二是引進了新的方法來測定市場集中度，即赫芬達爾—赫希曼（HHI）指數。根據 HHI 指數，將市場集中度分為高中低三類：指數小於等於 1,000 時，為低集中度市場；指數大於 1,000 小於 1,800 時，為中集中度市場；指數大於 1,800 時，為高集中度市場。1982 年的兼併準則規定，在低集中度市場內，不管兼併企業的市場份額是多少，一般都可以得到批准。在中集中度市場中，如果兼併後的 HHI 指數上升小於 100，一般可以得到批准；如果上升在 100 以上，就可能得不到批准。在高集中度市場中，如果兼併後指數上升小於 50，一般會獲得批准；如果指數上升在 50 到 100 之間，有可能得不到批准；如果上升 100 以上，不會得到批准。

（3）1992 年的兼併準則

隨著技術快速進步和全球經濟一體化加速的趨勢，企業規模不斷擴大，兼併政策也隨之變化。1994 年 4 月，美國司法部和聯邦貿易委員會聯合發布了「1992 年橫向兼併準則」。此一準則總結了 1968 年、1982 年準則的經驗教訓，反應了美國在反壟斷經濟學理論和法學理論方面的進展。新的兼併準則淡化了市場份額指標，突出了效率指標，強調兼併對競爭趨勢的影響分析，提出了評價兼併的競爭效應的分析框架和具體標準，詳細解釋了如何分析兼併行為是否導致反競爭效應，以及特定的市場要素是否影響了這種效應。

（二）歐盟國家的反壟斷法

歐盟反壟斷法通常被稱為歐盟競爭法（EU Competition Law），是當今世界上最有影響力的反壟斷法之一。歐盟競爭法不是一部獨立的法典，最初的主要內容包括如下幾方面。

1. 限制性商業做法

根據《羅馬條約》的第八十五條規定，限制性商業做法是指凡是影響各成員國之間的貿易，和以阻礙、限制與破壞共同市場內部競爭的或產生此項結果的一切企業間協議，企業聯合組織的決定或聯合一致的行為。由於限制性商業的做法影響各成員國之間的正常貿易，與歐共體的共同市場相抵觸，因而為《羅馬條約》所禁止。如果企業間的協議、企業聯合組織的決議或企業聯合一致的做法，能夠使消費者適當地分享因此而產生的利益，能夠改善商品的生產、分配或者促進經濟發展、技術進步，同時參與的企業不可能在相關產品的重要部分消除競爭，或者參與企業所受限制僅在為實現上述經濟、社會利益所必不可少的範圍之內，則這種限制做法是合法的。

2. 濫用優勢地位

《羅馬條約》第八十六條規定，「一個或幾個企業在共同市場或共同市場內部某個主要部分的市場支配地位，可能損害成員國之間的貿易的行為，因與共同市場不相容而被禁止」。

3. 企業合併

有關企業合併的相關規定，最早出現在《歐洲煤鋼聯營條約》中，此條約主要是為了限制歐共體內部的鋼鐵企業的合併。後來到了1989年12月，歐共體理事會為解決日益嚴重的企業合併問題，專門頒布了關於控制企業合併的單行法規，即《關於控制企業間集中行為的4096/89法規》。主要內容包括：第一，對參與合併的企業在歐共體內的以及合併後在全球的經營額的限制；第二，對於合併程序的規定；第三，對企業合併後的總的市場佔有率的規定。所以，它與《關於申報合併與獲得控制行為的2367/90號法規》《關於聚合與合併行為的通告》和《關於從屬性限制的通令》等三個法規，共同組成了完整的合併與獲得控制的法律體系，成為歐盟委員會監管共同市場合併活動，從市場結構上調整競爭秩序的重要法律依據。

歐盟競爭法對於推動單一市場、建立統一的歐盟大市場發揮了重要作用。為適應經濟發展和歐盟擴大的需要，歐盟從1999年開始將競爭法的一攬子改革方案提交歐洲議會和成員國討論，2002年在歐盟競爭法中引入了卡特爾寬大處理制度，制定了《關於實施歐共體條約第八十一、八十二條的第1/2003號決議》和《關於企業合併控制的第139/2004號決議》。上述兩個決議對競爭法的三大支柱即禁止限制競爭協議、禁止濫用市場壟斷地位和企業合併控制進行了修改，並於2004年5月1日起開始實施。

發展至今，歐盟競爭法已經發展成為由三個層次內容構成的法律體系。第一層次是《歐盟條約》中關於競爭的基本規則及有關規定，其中直接規定競爭規則的條約是第八十一條—八十九條。第八十一條和八十二條是歐盟競爭法的核心，第八十一條是禁止限制競爭的協議，第八十二條是禁止濫用市場優勢地位行為，第八十三、八十四、八十五、八十九、九十條是涉及處理限制競爭行為案件程序規範的規定，第八十六條主要是調整國家的企業援助行為。第二層次是歐盟理事會制定的條例，主要是就如何適用條約第八十一條、第八十二條等規則制定實施細則。第三層次是歐盟委員會制定的規章、指令、決定。歐盟競爭法的價值目標的一個顯著特徵，是追求經濟平等和競爭自由。歐盟競爭法的競爭自由和經濟平等的價值目標，主要體現在對中小企業權利的維護上。

作為世界上兩大代表性反壟斷法體系，歐盟反壟斷法與美國反壟斷法具有不同的特點，可以從三方面進行比較。第一，對市場壟斷結構的認定。美國的《謝爾曼法》採用高度立法原則，即獨占、寡頭被嚴格限制或禁止，壟斷地位或市場優勢地位本身都被視為違法，需予以控制；歐盟反壟斷立法採用低烈度原則，即獨占、寡頭被容許存在，壟斷地位或市場支配地位本身並不違法，只有當行為人濫用壟斷地位或市場優勢地位破壞競爭時，法律才予以控制。第二，壟斷法針對的重點內容。如前所述，美國的《謝爾曼法》主要是禁止壟斷協議和獨占行為，《克萊頓法》的主要內容是禁止價格歧視和通過產權重組形成排他性經營，《聯邦貿易委員會法》主要是防止重組兼併中的壟斷行為；歐盟的反壟斷法側重於調整壟斷與限制競爭行為，從《歐洲煤鋼聯營條約》《羅馬條約》，到新頒布的《企業兼併單行法令》，均著重就企業壟斷及限制競爭行為做出明確的規定。第三，壟斷的衡量標準。美國反壟斷法重視提高商業活動的效率，目的在於保護消費者的利益，制約對象主要為企業聯合、私下串通壓價以及超大型的兼併，而對大企業的商業行為非常寬容；歐盟的反壟斷法重視的是競爭環境是否公平，為了保護中小企業和新生企業對大企業進行制約。

（三）中國的反壟斷法

狹義的中國反壟斷法，是指2007年8月30日中國人大常委會第十屆第二十九次會議通過、2008年8月1日開始施行的《中華人民共和國反壟斷法》（簡稱「《反壟斷法》」）。廣義的中國反壟斷法，是指中國的整個反壟斷法法律體系，既包括《反壟斷法》以及隨後為了實施該法而頒布、施行的相關配套法律文件，也包括在《反壟斷法》頒布之前已經頒布並施行的具有反壟斷性質或功能的全部立法性和行政性文件以及行政執法程序、私人執行程序和司法程序。《反壟斷法》文本包括8章內容，分別是總則、壟斷協議、濫用市場支配地位、經營者集中、濫用行政權力排除、限制競爭、對涉嫌壟斷行為的調查、法律責任和附則，共57條條款。法律禁止的核心內容規定體現在：第2章禁止壟斷協議，第3章禁止濫用市場支配地位，第4章經營者集中控制（兼併控制），第5章禁止濫用行政權力排除、限制競爭（禁止行政壟斷）。

《反壟斷法》沒有規定執法機關的職能，根據國務院「三定」規定，商務部負責經營者集中審查和對外貿易中的壟斷行為，國家發改委和國家工商行政管理總局負責壟斷協議和濫用市場支配地位，兩者之間的界限在於是否涉及價格，如果涉及價格則由國家發改委負責，不涉及則由國家工商行政總局負責。

◇**案例**9.1

公平之刃——歐盟再掀反壟斷調查浪潮

2014年7月，歐盟委員會以在動態隨機存儲器（DRAM）銷售上設定價格、損害市場競爭為由，裁定韓國三星電子、德國英飛凌科技等10家芯片製造商操縱市場價格的行為構成壟斷，並開出總額高達3.31億歐元的高額罰單。其實這種天價罰單在歐盟短暫的反壟斷歷史中並不罕見，過去十年，全球反壟斷天價罰單排行榜上，前十位皆出自歐盟之手。2013年12月，歐盟委員會就涉嫌操縱利率，向花旗銀行、德意志銀行、巴克萊銀行等6家全球知名投行開出的17.1億歐元罰單，更是創下歐盟反壟斷罰款的最高紀錄。伴隨著歐盟委員會新任領導的上臺，歐盟頻頻向壟斷企業使出「撒手鐧」，以限制壟斷企業對市場、社會及消費者的侵害。

根據歐盟反壟斷法的相關程序，一般而言，如果有明顯證據證明一家企業可能出現有違市場競爭的問題，歐盟委員會就會開展正式的反壟斷調查。如果調查表明該企業確有壟斷行為，歐盟委員會將會給該企業寄出異議聲明。涉案企業可在兩個月內做出書面答復，並申請舉行口頭聽證會，進行申辯。歐盟委員會競爭總司、有關國家競爭主管當局、企業及歐盟委員會認可的第三方均可參加聽證會。如果涉案企業陳述觀點之後，競爭總司仍認為其有壟斷事實，則會要求該企業停止不當行為，並可能處以罰款。若企業對歐盟委員會的裁決不服，則可向歐洲初審法院提起訴訟。

其實就反壟斷法規方面，歐盟起步較晚。1957年，德國頒布《反對限制競爭法》，較美國1890年的《謝爾曼法》足足晚了半個多世紀。1958年生效的《歐洲經濟共同體條約》第八十五條至第九十條是歐共體的重要競爭規則。此外，歐共體理事會於

1989 年頒布的《歐共體企業合併控制條例》首次將控制企業合併確立為歐共體競爭法的重要內容。而義大利則直至 1990 年才頒布反壟斷法，成為發達市場經濟國家中頒布反壟斷法最晚的國家。

產儘起步較遲，但歐盟當局最終形成壟斷認定和實施處罰的概率相當之高。且相較於美國「雷聲大、雨點小」的反壟斷行動，歐盟的表現更為決絕。從傳統的汽車製造業、制藥業到新興的互聯網行業、電信行業，全球幾乎所有的「巨無霸」企業均在歐盟的密切監視之下，一旦被發現有壟斷行為，其將面臨十分嚴苛的經濟處罰，許多科技巨頭就曾在歐盟栽過跟頭。2004 年 3 月，美國微軟因濫用在個人電腦操作系統市場上的優勢地位而被歐盟委員會罰款 4.97 億歐元。此後，其又因拒不糾正做法而兩次被罰 2.8 億歐元和 8.99 億歐元。2009 年，歐盟委員會認定芯片巨頭英特爾在 2002—2007 年向採用其芯片的電腦和手機制造商提供回扣而向其開出 10.6 億歐元巨額罰單。隨後歐盟委員會正對美國高通進行反壟斷調查，調查主要集中在專利搭售即利用專利授權排斥使用對手企業產品方面。如果證據確鑿，歐盟對高通的罰單將會刷新歷史紀錄。

或許歐盟掀起的新一輪反壟斷調查浪潮會引起科技巨擘和商業大佬的不悅和微詞，但其對維護健康市場秩序、提升行業整體競爭力的推動作用卻不容質疑。當對壟斷行為的大力打擊成為一種「新常態」，良性競爭、避免壟斷成為企業的座右銘，資源合理配置、競爭公平自由的市場經濟將不再遙不可及。

資料來源：張靜. 公平之刃：歐盟再掀反壟斷調查浪潮［J］. 電子知識產權，2015（2）.

【案例討論】

查閱相關資料，討論為什麼歐美在反壟斷法執行力度上存在較大差異。

四、中小企業政策

中小企業政策的主要取向，是要達到扶持中小企業發展的目的。市場機制自發運行的最終結果，是趨向集中，這不利於保持產業組織內部的競爭活力。而且，中小企業也是一國經濟不可或缺的部分，在容納就業、繳納稅收、配套協作方面具有非常重要的作用。但是相對大企業，中小企業具有一些天然劣勢，如技術劣勢、裝備劣勢、規模劣勢和人財物投入劣勢等，需要政府制定和實施一些保護政策和措施。

（一）德國的中小企業政策

德國中小企業在國民經濟中占據極其重要的作用，提供了將近一半的國民生產總值，繳納了超過一半的稅收，容納了 60%以上的就業。因此，保持和提高中小企業的效率和競爭力，是德國制定經濟社會政策的一個重要因素。德國的中小企業政策與措施，主要包括三個方面的內容。第一，制定《反對限制競爭法》，建立執法機構卡特爾局，為中小企業自由發展創造公平條件。第二，採取多種措施，提高中小企業生產效率，包括加強技術培訓，推廣廠房設備合理化，組織企業協作，促進科研和技術革新，加強諮詢，促進信息交流。第三，提供財政支持，包括一般性財政援助、促進研究開發貸款、改善地區經濟結構補貼、改善環境優惠貸款、職業教育資助貸款、促進諮詢補貼、新建企業資助等 7 種。

(二) 日本的中小企業政策

日本的中小企業政策以保護中小企業生產空間，幫助中小企業創造一個與大企業平等競爭的環境為目標。日本政府成立中小企業管理局，採取中小企業政策立法、資金援助、設備租賃等手段，幫助中小企業發展。具體包括：第一，在 20 世紀 50 年代後，制定一系列的中小企業政策，如《中小企業基本法》《中小企業指導法》等，促進中小企業加快實現現代化。第二，採取資金援助措施，幫助中小企業逐步實現設備現代化。第三，制定對中小企業的經營管理和技術等進行指導的計劃。第四，根據法律，促進企業建立各種可以達到規模優勢的組合，並設立以組合為會員的「中小企業團體中央會」，承擔建立組合的指導工作。第四，對要求轉業的中小企業，在轉業計劃獲得批准後，從金融、信用保證、稅率等方面給予支援，在政府訂貨方面幫助中小企業獲得訂貨合同。

(三) 韓國的中小企業政策

韓國政府在 20 世紀 80 年代逐步取消對大企業的優惠，轉而扶持中小企業，主要的政策措施包括：

(1) 政府每年確定並告示中小企業的系列化行業與品目，為有關企業提供特別信用保證和稅收減免。

(2) 從 1983 年 5 月起，實施挖掘和支持外銷中小企業制度，對具有外銷潛力的中小企業提供資金資助，同時在人才培訓、商業情報、銷售宣傳等方面給予幫助。

(3) 從 1984 年 4 月起，實行中小企業創業支援力度，利用創業支援基金、中小企業振興基金以及國民投資基金提供援助，並對技術密集型中小企業免徵法人與所得稅。1986 年又制定《中小企業創立補助法》，扶持中小企業創建。

(4) 為促使政府與國營機構優先購買中小企業產品，1989 年制定了《中小企業產品購買促進法》。

第三節　產業結構政策

作為一種常見並且發揮重要作用的產業政策，產業結構政策推動一國產業結構快速、高效轉換，使之不斷合理化、高度化、高效化，形成一種超越單個產業增長力量之和的促進經濟增長的結構合力，實現經濟超常規增長。產業政策的這種特性，使其經常被後發國家使用，以實施對發達國家的趕超。

一、產業結構政策概述

(一) 產業結構政策的內涵

產業結構政策是指按照產業結構優化的要求，遵照產業結構演化的客觀規律，規定各產業在國民經濟發展中的地位和作用，確定產業結構協調發展的比例關係，以及保證這種結構變化順利進行的相關政策措施。簡而言之，產業結構政策是指促進產業結構優化和經濟增長的政策。產業結構政策包括對特定的產業、行業所採取的相關支持、保護、調整和限制等政策。由於產業結構在產業經濟中所處的宏觀地位及其在經濟結構中的核心作用，因此對於產業發展和經濟增長而言，干預產業結構成長變化的產業結構政策，發揮著比產業組織政策、產業規制政策更為重要的作用，因而產業結構政策在整個產業政策體系中處於核心地位。

(二) 產業結構政策的特徵

產業結構政策的特徵，主要表現在四個方面。第一，政策時效上具有中長期性。產業結構政策是對中長期產業結構發展變化的安排和干預，需要前瞻國內外產業經濟發展的動態、趨勢，科學謀劃產業結構變動的方向、內容，分析產業結構可能出現的問題，提出中長期有針對性的干預措施。第二，作用範圍上具有全局性、宏觀性。為促進產業結構優化和經濟增長，產業結構政策一般針對國民經濟的產業結構整體進行干預，而且往往是配合國民經濟發展整體戰略實施的，因而體現全局性、宏觀性的要求。第三，政策效力上表現為一定強制性與引導性相結合特徵。產業結構政策雖然不直接干預企業的經營活動，但其對產業結構發展變化的安排、干預，會對企業形成較強的強制效應，企業一旦與之背離例如進入產業政策不鼓勵發展的領域，就會對企業經營活動造成嚴重的影響，一定程度上決定企業的生死存亡。同時，產業結構政策通過規範產業活動空間，規定行為準則和調節機制（如利率、稅率、財政貼息和減免等），會對企業的行為產生引導作用。第四，應用手段上以資本增量配置為主。產業結構的發展變化，主要是通過資本存量調整和資本增量調整兩種手段，促進要素的合理配置來實現。前者主要是通過實施產業組織政策，以企業兼併、改組、集團經營等方式，來促進要素的重新配置組合；後者主要是通過實施產業結構政策和投資政策，安排增量資本的投入方向，來實現生產要素的合理配置。實施資本增量配置，是產業結構政策發揮作用的主要手段。

(三) 產業結構政策的作用

1. 促進產業結構的優化

產業結構政策通過確定產業發展的重點領域和方向，安排產業發展的次序，佈局最合理的發展地域空間，能夠有序推動產業結構的調整，朝著合理化、高度化和高效化的目標演進。例如日本通過制定鼓勵應用新技術的主導產業政策，使日本的產業迅速採用最先進的生產技術，在較短時間內就在數控機床、機器人、集成電路片等應用上達到了世界領先水平。

2. 實現經濟發展戰略目標

一國經濟發展戰略目標的實現，以產業的發展、產業體系的完善為前提，並需要配套以相應的產業結構政策。比如對後發國家而言，要實現對先行國家的趕超，需要制定扶持幼小的高端產業發展的政策，使之通過不斷發育、累積、技術進步，發展成為具有國際競爭力的優勢產業。各國產業發展的歷史表明，英國趕超荷蘭、美國和德國趕超英國，日本工業的迅速崛起，都是依靠這種保護國內幼小產業的政策。

3. 引導資源配置方向，優化資源配置

市場機制自發運行狀態下，社會資源的配置會出現錯配、亂配現象，產生一些無謂的損失。得益於資政專家的寬廣視野、精準判斷與準確洞見，以及職業化行政管理服務人員的專業素養，政府制定的產業結構政策，可以有效指引社會資源配置的方向，幫助企業進入符合國家發展戰略、適應社會發展需要、具有發展潛力的領域，以此實現資源配置的優化。

國民經濟中各類產業的地位和作用各不相同，如主導產業、支柱產業、衰退產業和幼稚產業，產業結構政策的內容也應不同。針對上述四類產業制定的結構政策，以及確定產業空間分佈結構的產業佈局政策，構成產業結構政策體系的主體。

二、主導產業政策

由於主導產業對於國民經濟發展和產業結構升級具有巨大的拉動作用，各國都競相採取相關主導產業政策，扶持主導產業的優先發展。主導產業政策，一般包括以下三個方面的內容。

1. 產業扶植和保護政策

這裡主要指對某些國內市場潛力巨大、技術先進、產業關聯度高的產業，在國際貿易協定許可的範圍內，通過適當的財政、金融扶持政策和貿易保護政策，對其進行適當的扶植和保護。

2. 優先發展基礎產業政策

主導產業的發展、強大，離不開完善的基礎產業的支持。政府需要對影響主導產業發展的基礎產業，加大扶持力度，提高其對主導產業的支持力度，避免由於基礎產業發展的不足而制約主導產業的發展。

3. 技術引導政策

主導產業一般都是技術密集型產業，對技術的要求高、技術投資大，需要制定有利於主導產業成長的技術進步政策，如科研基礎條件建設、人才隊伍建設、技術成果轉化、投融資機制建立、保障研發投入等方面的政策。

主導產業政策的具體實施措施、手段，包括：國家投資的重點傾斜；財政方面的貼息、減免稅、特別折舊等；貿易保護方面的出口補貼、外匯控制；金融方面的低息貸款、政府擔保、設立特別產業開發基金等；經濟法規措施方面如特殊產業的振興與保護法規等。

三、支柱產業政策

支柱產業側重於產值和利潤水平，是國家和地方財政最重要的收入來源。因此，制定支柱產業政策的主要方向，是保障其平穩持續發展。支柱產業政策一般包括兩個方面的內容。

第一，支柱產業振興計劃。由於支柱產業往往都是成熟產業，發展速度趨於緩慢，後勁乏力，因此需要採取振興的手段和措施，為之注入新的動力。例如，中國 2009 年頒布了包括電子信息產業、汽車產業、鋼鐵產業等在內的十大產業調整和振興計劃，以期通過對這些產業的扶植，對沖2008年全球性金融危機對中國經濟增長帶來的負面衝擊，促進經濟增長、產業結構調整和轉變發展方式。

第二，支柱產業投融資政策。支柱產業大部分是資金密集型產業，保持一定的投資強度是維持產業發展所必需的。這需要搞活資本市場，建立健全投融資機制，通過間接金融和直接金融兩種渠道，為支柱產業提供盡可能完善的投融資保障。

支柱產業的具體實施措施與手段，可以參見主導產業。

四、衰退產業政策

衰退產業處於產業生命週期的晚期，為了盡可能減少產業衰亡時造成的經濟和社會損失，需要對其實施調整援助政策，目的是實現衰退產業的有序收縮、撤讓，引導其存量要素向高增長率產業部門轉移。衰退產業政策的內容主要包括對資本的調整援助政策、對勞動力的調整援助政策，具體的實施措施與手段如下。

第一，對資本的調整援助政策措施。主要包括：一是加速資本折舊。用法律手段規定和實施衰退產業設備的報廢量、報廢時間表。採取折舊的特別稅制，對因設備報廢而產生的損失提供部分補償等政策措施，加速設備折舊。二是促進轉產。通過立法規定對某些衰退產業停產、限產或停產的標準及原則，提供轉產貸款或信用保證，減免稅收或發放轉產補貼，以促進資本轉移，加速其產業轉換過程。三是干預價格形成機制。如通過政府購買、價格補貼等手段，來緩和衰退部門的價格變化。四是市場保護。對進口急速增加而妨礙國內生產、引起市場混亂和企業經營困難的，採取控制進口、優先購買國內產品的政策。五是發放生產補助。對促進技術進步、提供產業效率的創新性生產行為予以補助。六是技術與經營支持。政府通過協調專利和技術推廣部門的工作，對衰退產業轉產的目標領域提供及時的技術和經營上的指導、諮詢與援助；採取各種優惠政策，鼓勵用先進技術改造和武裝衰退產業，使之煥發新的生機。

第二，對勞動力的調整援助政策措施。主要包括：一是提供就業的信息指導和職業介紹等；二是採取職業培訓、技能培訓等提高勞動者轉崗適應能力的措施；三是對特定衰退產業的企業提供鼓勵措施，如發放雇傭資助補貼費等；四是失業救濟以及延長支付就業保險金等。

五、幼稚產業政策

幼稚產業具有收入彈性大、技術進步快、勞動生產率提高快、發展潛力大等特點，由於其現階段競爭力弱，後發國家需要採取支持其發展的政策，以應對來自發達國家產業的競爭。幼稚產業政策的內容，主要包括：外貿政策、財政金融政策、技術政策、優化市場環境政策等。

第一，外貿政策。主要指貿易保護政策，以此限制國外有關產品的進口，削弱進口產品在國內市場上的競爭力，為本國幼稚產業的生產與發展提供一個適宜的環境。貿易保護政策主要採取兩種措施：一是關稅壁壘。關稅壁壘是後發國家採用的保護幼稚產業的常用手段，通常是設置對幼稚產業有利的關稅結構。關稅壁壘保護幼稚產業的效果比較明顯，但由於違反WTO規則，所以在使用時應非常慎重。二是非關稅壁壘。非關稅壁壘是指除關稅以外的，各種直接或間接的以限制國外產品進口為目的的政策法律措施。常見的非關稅壁壘有進口配額制、進口許可證制等。應盡量在 WTO 框架下，充分使用 WTO 所允許的非關稅壁壘，將 WTO 對發展中國家的有關優惠條款用足、用好。

第二，財政金融政策。財政扶持的措施，有稅收減免、財政補貼、特殊折舊方法、基礎設施投資等；金融扶持的措施，有組建專門的開發銀行、優惠貸款利率、外匯管制、提供貸款擔保等。

第三，技術政策。技術扶植的政策措施包括：組建政府與企業合作的技術開發體系、分擔企業的技術開發風險；政府直接投資於技術開發領域，並推進開發成果的推廣使用；支持企業的技術引進；等等。

第四，優化市場環境政策。幼稚產業的發展對於市場環境非常敏感，良好的市場競爭是幼稚產業順利發展的基本保障。如果市場環境影響到公平競爭環境的建立，如政府的職能「越位」、地區壁壘和行政壁壘的存在，就應優化市場環境，完善市場體制，理順市場體系，消除幼稚產業發展的市場障礙。

幼稚產業保護的一個案例是中國對直升機產業的扶持。目前，發達國家已經普遍使用直升機，但中國民用直升機使用的水平非常低，不僅大大落後於發達國家，比巴西、南非等發展中國家也頗有不如，直升機產業在中國尚屬於幼稚產業。為此，中國採取一系列政策措施來扶植直升機產業的發展：增加對軍用直升機研製的支持力度；支持建設必要的實驗設施，組織對直升機薄弱環節的技術攻關，解決制約直升機產業發展的技術「瓶頸」；在保證直升機安全性的條件下，制定與中國直升機產業發展水平相適應的適航取證條例；將直升機納入國家緊急救災體系建設之中，用公共財政採購搶險救災、公安執法、醫療救護等公共事業需要的國產直升機；制定相應的金融、財稅、空域管制等優惠政策，鼓勵通用航空企業的發展和國產直升機的銷售，促進直升機產業鏈的形成和發展；等等。

六、產業佈局政策

產業佈局政策是為促進產業空間分佈與組合優化而採取的一系列政策措施。政策實施的目標，是通過推動產業空間分佈與組合的優化，實現經濟發展、社會穩定、生態平衡和國家安全等。產業佈局政策的內容，包括四個方面：

第一，區域產業扶持政策。主要是指對區域主導產業實施扶持政策，以充分發揮區域的比較優勢，促進地區產業結構合理化。

第二、區域產業調整政策。主要是指對區域產業結構存在的不合理問題實施調整，如對衰退產業進行轉移、對高能耗產業進行調整等，以此優化區域資源配置，推動區域產業結構高度化。

第三，區域產業保護政策。主要是指為保護某些對區域未來發展具有重要意義的幼稚產業，幫助其排除競爭而實施的壁壘措施。當然，運用區域產業保護政策時，需要避免過度保護而導致的地方保護主義問題，特別注意不要導致區域產業結構的趨同化。

第四，區域產業組織調整政策。主要是指對區域產業的競爭與規模狀況進行調整，以防出現過度的壟斷損害競爭現象。

產業佈局政策實施的措施與手段可以歸納為三個方面。其一，是直接限制手段。政府依據法律，運用行政權力對區域產業佈局進行直接干預，如許可證制度。其二，是投資手段。政府採取直接投資手段，推動產業佈局政策目標的實現，包括基礎設施投資、投資興建國有企業等。其三，是間接誘導手段。政府運用經濟手段來實施產業佈局政策，如稅收手段、金融手段、政府採購等。

◇案例 9.2

上海產業結構調整存在的問題及政策建議

供給側結構性改革是中央經濟工作會議所提出的適應和引領經濟發展新常態的重大創新和必要舉措。作為全國改革開放排頭兵、創新發展先行者，上海有責任在推進供給側結構性改革上走在全國前面。「十三五」時期是經濟發展方式轉變與經濟結構調整的關鍵時期，系統分析當前上海產業結構調整的問題，探討經濟發展新常態下上海推進供給側結構性改革結構調整的主要路徑和具體措施，不僅具有重大的學術價值，而且具有重要的實際指導意義。

一、上海產業結構調整存在的問題

新常態下，上海產業結構調整存在著政府的主導作用仍然過大、三次產業發展不協調、生產性服務業與製造業融合程度較差、產業內部結構調整升級步伐相對緩慢等一系列問題。

(一) 政府在上海產業結構調整中的主導作用過大

改革開放以來，上海歷次產業結構調整都是在政府的主導下進行的。政府通過制定產業結構調整的目錄、規劃和重點，明確產業結構調整的方向，通過政策傾斜、資源配置等措施，強化對產業結構調整路徑的控制。新常態下，在強化市場在資源配置中決定性作用的過程中，曾作為政府與市場作用交集點的產業政策，其覆蓋領域、推進方式將出現重大調整，這要求上海產業政策要更加凸顯市場的主導性和靈活性。在中國進一步深化市場化改革的大背景下，在技術創新、市場需求驅動下各類新技術、新業態、新模式和新產業快速發展，政府原來的產業規劃方式已不能適應「四新」經濟的發展需要，上海產業結構調整須強化市場驅動力，發揮市場在產業資源配置中的決定性作用。

(二) 三次產業發展不協調

從三次產業結構變化來看，上海產業結構調整在取得巨大成績的同時，也暴露出很多問題，如農產品需求與人口數量不對稱、部分工業產能過剩、服務業水平整體偏低、新興產業占比仍較少等。

1. 第一產業比重很低，農產品需求缺口較大。近年來，上海市第一產業占經濟總量的比重直線下降，據 2015 年上海市社會發展統計公報顯示，全市農作物總播種面積為 34.16 萬公頃，與 1990 年相比，大約減少了 29.03 萬公頃，其中糧食播種面積 16.19 萬公頃，減少 1.8%。糧食產量 112.08 萬噸，比上年下降 0.7%。與此同時，上海市的常住人口由1990年的1,334萬人上升為2,415萬人，過大的農產品需求缺口造成農產品價格直線上漲，居民生活壓力增大。同時近年來居民對農產品安全問題的呼聲越來越高，但業內監管仍存在很大不足。

2. 第二產業整體發展動力不足，產能過剩壓力增加。直到2000年，上海市第二產業產值在經濟總量中還占主導地位，隨著經濟進入新常態以及步入工業化後期，上海第二產業整體發展動力不足，產能過剩壓力增加。原有高消耗、高污染傳統工業如鋼鐵、煤炭、化工、建材等產業技術落後，規模以上企業虧損面逐年增加，高技術產業發展緩慢、創新不足，出口貿易產品附加值低，高附加值產業、綠色低碳產業、具有國際競爭力產業的比重偏低。

3. 第三產業發展失衡。改革開放以來，上海第三產業的增長速度遠高於一、二產業。第三產業的發展與第二產業緊密相連，目前上海市二、三產業之間存在著較為嚴重的失衡，主要表現為大量資本從第二產業中的製造業等實體部門流出，轉投第三產業中的房地產、金融等產業，導致虛擬經濟過度發展，而勞動和全要素生產率對經濟增長的貢獻則快速下降，從而對上海經濟發展帶來不利影響。同時，第三產業內部結構之間也存在著失衡，各行業發展參差不齊，體制性因素成為阻礙第三產業發展的關鍵。此外，隨著工業化和城市化進程的加快，生產性服務和消費性服務理應得到長足的發展，然而自2003年以來，個人服務業和公共服務業無論是產值比重還是吸納就業數量都呈下降趨勢，這與居民收入增加後對消費的需求增加不相符，因此上海第三產業同樣存在著產業優化升級問題。

（三）生產性服務業與製造業融合程度較差

目前，製造業服務化已成為引領製造業產業升級、經濟可持續發展的重要力量，服務業對製造業價值增值的作用越來越重要。據統計，在發達的製造業市場上，產品生產價值占總價值的比重僅為30%左右，產品服務價值占比高達70%左右。

從經濟績效的角度來看，服務創新的價值有時甚至高過技術創新。許多國家紛紛從國家戰略高度推動製造業服務化，搶占國際競爭制高點。全球製造業正由「生產型製造」向「服務型製造」轉變，製造和服務之間呈現明顯融合和相互增強的態勢。上海產業結構矛盾與其說是三次產業發展不協調問題，還不如說是以產業結構和行業結構變化為標誌的名義高度化水平較高，而以附加價值、技術含量為主要特徵的實際高度化水平較低。從產業鏈和價值鏈的角度，表現為多居於價值鏈的低端，在產業結構上則體現為加工製造業的過快擴張與生產性服務業的滯後。近年來，全球產業鏈重構和產業升級步伐加快，上海產業結構調整升級將面臨更大的競爭壓力，面對國際生產力佈局的新調整，上海產業發展面臨著「高端技不如人、低端又被轉移出去」的挑戰。服務業價值鏈增值環節與製造業價值鏈增值環節尚未形成融合型產業價值鏈，各自的利潤空間和增長潛力尚未形成動態優勢互補效應，產業融合的結構升級效應較弱。這不僅阻礙上海高端製造業生產率的提高，也會影響上海高技術、高附加值的服務外包發展。

（四）產業技術創新對外依賴程度高，關鍵技術缺乏

從國際經驗來看，通過持續不斷的技術創新，提高產業競爭能力和產業結構水平

是成功國家的基本經驗。產儘上海企業設備更新很快，新產品也不斷湧現，但總體來說，上海企業自主技術創新不足，技術來源主要依靠引進。據統計，中國企業大約只有3萬家擁有自主知識產權關鍵技術，僅有40%的企業擁有自己的商標，只有1%的企業申請專利。多數企業處於無「創造」和無「知識」的狀態。集成電路製造設備和高端醫療設備基本依賴進口，80%的石化裝備和70%的數控機床、膠印設備依賴進口。與美國、德國等發達工業國家相比，制約上海產業技術創新的三大短板是：一是缺乏具有基礎研究、共性技術研發、突破前沿技術的大型骨幹企業；二是缺乏技術多樣性、多元化技術路線的戰略性創業企業；三是缺乏促進科技成果轉化的共性技術供給機構。

（五）產業內部結構調整升級步伐相對緩慢，創新效應釋放不明顯

在服務業方面，服務業中的金融、教育培訓、醫療衛生等高端服務業的發展較為緩慢，且國際化程度不高。同時，不少服務業的服務半徑僅僅局限於上海，難以拓展至長三角地區和全國，具有國際服務功能的服務業更是屈指可數。產儘產業結構調整中的技術更新較快，但技術效率增長比較慢，未在創新轉型中培育出新增長點。一方面，科技創新產業化的增長勢頭疲軟。另一方面，技術創新效益的釋放不明顯，產業勞動生產率增長緩慢。

（六）生產成本上升削弱了上海企業競爭力

上海產業發展成本持續快速上漲，遠高於周邊地區。與北京一樣，上海市以土地價格、勞動力價格、租金價格等為代表的生產要素成本大幅攀升，導致上海企業經營成本不斷增加，明顯提高了企業經營成本，降低了上海企業的競爭力。

（七）產業結構調整本身會對上海經濟的持續平穩運行產生一定的衝擊

在穩增長、調結構過程中，上海產業結構調整加大了上海經濟平穩運行的風險。一方面，支柱產業發展的波動將直接影響上海經濟運行的平穩性；另一方面，產業轉移與產業導入不同步，導致各區縣經濟發展出現較大波動，進而也影響到區縣政府引導產業結構調整的主動性。

二、上海實施供給側結構性改革推進結構調整的重點舉措及相關政策建議

在經濟從舊常態向新常態轉換的過程中，上海供給側結構性改革不能用老辦法（偏重產出端，忽視投入端）解決新問題，必須探索產業結構調整的新路徑和新舉措，特別是樹立「問題導向」「需求導向」「市場導向」的思維方式，針對「去產能、去庫存、去槓桿、降成本、補短板」問題，銜接好供給側和需求側，促進上海產業結構不斷優化升級。

（一）在「去產能」方面，加大化解產能過剩的政策力度，倒逼企業加快技術更新

化解產能過剩的政策措施近年來已被證明是倒逼企業加快生產技術和設備更新的有效措施。目前，傳統產業正在去產能過剩的過程中，部分新興產業已出現成長性產能過剩，因此新常態下仍然要繼續用化解產能的政策措施，迫使企業淘汰落後產能，更新技術設備。鼓勵區縣和產業園區通過多種方式淘汰落後、低效、過剩產能，積極促進新興產業、科技創新領域的新投資。政府要選好著力點，關鍵是建立嚴格的環境和技術等准入標準，健全常態化的化解產能過剩工作機制。首先，建立部分產能嚴重過剩行業產能置換制度。在鋼鐵、電解鋁、水泥、平板玻璃行業新（改、擴）建項目

中，實施產能等量或減量置換，將淘汰落後產能、化解產能過剩和促進結構優化升級有機結合起來。其次，要以「絲綢之路經濟帶」和「長江經濟帶」建設為契機，推進上海高端裝備和優勢產能「走出去」，在全球範圍內整合配置創新資源，促進過剩產能化解，推動產業鏈向中高端邁進。

(二) 在「去庫存」方面，針對上海商業地產庫存量居高不下的問題，嚴格控制商業地產開發規模

從上海商業地產市場來看，2015 年 12 月底可售餘量繼續抬升，達 1,030.60 萬平方米，連續 15 個月小幅環比上揚，而較 2014 年同期來看，上揚幅度則達到 15%。由此可見，上海商業地產市場持續呈現供大於求的態勢。從銷售的去化週期來看，按照近 3 個月的平均去化速度，當前商業存銷比高達 71 個月，仍處於高位。其中外環外區域庫存仍偏高，在 2014 年 7~9 月和 2015 年 6 月以後區域存量有兩次明顯的抬升，也是上海商業房源市場庫存量居高不下的主因。

2016 年 2 月 14 日，上海市政府印發《關於進一步優化本市土地和住房供應結構的實施意見》，其中「提高商辦用地供應的有效性和精準度，鼓勵開發企業持有商業物業持續營運，商業物業持有比例不低於 80%，辦公物業不低於 40%，持有年限不低於 10 年」等措施，歸根究柢還是千方百計去庫存，解決當前商辦市場庫存量偏大的問題。建議採取稅收優惠等手段，鼓勵上海房地產開發企業將庫存工業、商業地產改造為科技企業孵化器、眾創空間，將庫存商品房改造為商務居住複合式地產、電商用房、都市型工業地產等。

2015 年 11 月 19 日，國務院發布《關於加快發展生活性服務業促進消費結構升級的指導意見》（國辦發〔2015〕85 號），其中提到，積極發展包括客棧民宿、短租公寓、長租公寓等在內的滿足群眾消費需求的細分業態。面對上海非住宅用地的高庫存問題，長租公寓、創客空間、線上短租平臺的出現，為商業地產去庫存提供了另一種路徑。而這一切背後的邏輯，就是更好地盤活市場存量，利用、改造更多的閒置資源，滿足多元化需求。

(三) 在「去槓桿」方面，落實國家去槓桿工作部署，積極防範和穩妥處理各類金融風險

一是推動金融機構和金融產品去槓桿。全面摸清上海金融槓桿的情況，研究制定對策。推動金融機構通過增加自有資本等措施降低槓桿。提高融資項目自有資金或保證金比率，嚴控高槓桿、高風險融資項目。加強融資融券等業務風險控制，壓降證券投資業務槓桿水平。二是加強金融風險監測預警。建立去槓桿風險監測和信息通報機制，制定和完善金融各行業應急預案，研究制定金融詐騙、非法集資等金融風險重點問題監測預警制度。落實金融監管責任，強化日常監管和風險排查。三是加強金融風險管控。強化銀行機構風險管理，落實證券、期貨風險管控措施。加強保險公司資產配置審慎性監管，落實保險機構風險防控主體責任。建立企業債券定期稽查制度，加強跟蹤企業債券兌付情況。加強地方金融機構風險防範。嚴厲打擊非法集資，完善處置非法集資工作機制。加強房地產信貸壓力測試，穩妥應對房企信貸風險事件。四是加快處置不良貸款。在風險可控的前提下，按照市場化處置原則，妥善處置各類融資

信託產品、私募資產管理產品等出現的兌付問題。加快商業銀行不良貸款核銷和處置進度，打擊懲戒失信及逃廢債務行為。

（四）在「降成本」方面，實施降低生產要素成本和企業物流成本的一攬子政策措施

資本要素改革的方向之一是提高資本回報率，高成本是供給側的最致命硬傷。以工業企業為例，2014年年底規模以上工業企業主營業務收入中，主營業務成本占比高達86%，各種稅費占比9%，主營利潤占比僅5%。持續收縮的需求疊加高企的成本、費用，令企業盈利雪上加霜。在需求整體不佳的大背景下，未來唯有依靠降低成本來改善企業盈利、提升資本回報。上海應從以下幾個方面降低企業顯性成本：一是繼續推進市場化的資源品價格改革，降低企業原材料成本。二是嚴格落實國家全面清理規範涉企收費措施，降低制度性交易成本。三是實施養老保險體系改革，降低企業人力成本。保持收入水平增長幅度與勞動生產率提高相適應，建立與經濟發展水平相適應的最低工資標準調整機制。加強公共就業服務，降低企業招工成本。優化社保險種結構，推進生育保險和基本醫療保險合併實施，降低社會保險費成本。降低住房公積金繳存比例，對繳存住房公積金確有困難的企業，可按規定申請降低繳存比例或者緩繳。四是落實國家降低製造業增值稅稅率政策，落實小微企業、高新技術企業、企業研發費用稅前加計扣除等國家稅收優惠政策，加快企業固定資產折舊，降低企業財稅成本。五是通過利率市場化改革等措施，綜合降息降低企業財務成本。擴大債券融資規模，提高直接融資比重。規範發展互聯網金融，培育發展互聯網金融新業態。用好各級財政投入設立的各類政策性產業基金，帶動和引導社會資本投向基金所支持的相關產業。六是深化價格改革，降低生產要素成本。加快出抬上海市關於推進價格機制改革的實施意見，完善主要由市場決定的價格機制，促進要素資源順暢流動、資源配置效率提高、生產要素成本降低。加快電力市場化改革，推進大用戶直購電工作。積極申請和推進售電側改革試點，通過售電側市場的充分競爭，降低用戶用電成本，提升售電服務質量。推進油氣價格改革，完善天然氣價格形成機制和管道燃氣定價機制。加強反價格壟斷執法，開展藥品、汽車及零配件、建築材料等領域的反壟斷調查。七是清理規範流通環節收費，降低企業物流成本。支持物流行業創新，推進物流標準化試點，加快物流基礎設施建設，創新財政金融扶持物流業發展政策。八是積極推廣上海自貿區14項海關監管創新制度，提高投資貿易便利化水平，降低通關成本。

（五）在「補短板」方面，著力補齊科技創新和制度創新短板

除了按照中央補齊軟硬基礎設施短板的部署，即圍繞薄弱環節，加快水電氣路、新一代信息基礎設施、新能源汽車、城市地下管網、城際交通基礎設施互聯互通、生態保護和環境治理建設等之外，上海應著力補齊科技創新和制度創新的短板，通過補齊短板挖掘發展潛力、增強發展後勁。

1. 著力補齊上海科技創新短板。深入貫徹實施創新驅動發展戰略，把創新作為引領發展的第一動力，把抓科技創新作為上海必須補齊的第一短板。針對企業創新投入不足這一短板，進一步完善創新投入引導機制，通過「創新券」等方式加大對企業的創新支持力度，強化產業引導基金對企業創新投入的撬動效應。針對科技資源投入產

出不匹配問題，進一步完善競爭性經費和穩定性經費相協調的投入機制，深化科技評價和獎勵制度改革，加強分類評價和監督評估。針對企業創新能力相對薄弱問題，從政策和資金上更多向企業傾斜，支持企業建立技術研發機構，牽頭實施產業目標明確的重大科技項目，引導社會資源投向科技成果的產業化，促進企業以能力提升帶動效率提高。針對政府、大學、科研機構以及企業等創新主體之間存在的不協調問題，進一步創新和完善風險共擔、互利互惠、優勢互補的官產學研互動機制，提高多層次創新合作效率。

2. 補齊制度創新短板。供給側結構性改革，需要向制度創新要動力，用足、用好制度創新這個動力源。上海既要抓好已出抬改革方案的落地實施，又要根據黨中央、國務院要求和新的形勢，推出一批新的改革舉措。

(1) 圍繞發揮市場決定性作用，進一步深化簡政放權、投融資、價格等改革，降低制度性交易成本。繼續取消和下放一批行政審批事項，全部取消非行政許可審批。深化投資審批制度改革，再下放一批投資審批權限，再減少一批審批環節。推行權力清單制度。深入推進商事制度改革，加快實現「三證合一、一照一碼」。要繼續深化投融資體制改革，圍繞解決「誰來投」「怎麼投」問題創新投融資機制，推進投資領域法制化建設。進一步加大價格改革力度，穩步分批放開競爭性商品和服務價格，加快完善價格監管制度，推進電力、天然氣等能源價格改革，全面實行居民階梯價格制度。上海自貿區建設是一項重大的國家戰略，是制度創新的重要載體，要加快形成一整套與國際投資貿易通行規則充分銜接的制度框架，降低制度性交易成本。

(2) 圍繞增強微觀主體活力，進一步深化國企國資、重點行業、非公經濟等改革。要按照中央部署，突出問題導向，分類推進國企改革，把握好改革的節奏和力度，在取得實效上下功夫，切實防止國有資產流失。出抬電力體制改革相關配套文件，研究提出石油、天然氣等改革方案。支持非公有制經濟健康發展，全面落實促進民營經濟發展和民間投資的政策措施，完善產權保護制度特別是法人財產權保護制度，鼓勵引導更多社會資本特別是民間資本參與重點領域建設。

(3) 進一步深化科技體制改革。一是著力強化企業技術創新主體地位，構建以企業為主體、市場為導向、產學研相結合的技術創新體系。二是著力提高科研院所和高等學校服務經濟社會發展的能力。充分發揮國家科研機構的骨幹和引領作用，深化科研院所分類改革，建立健全現代科研院所制度，引導和鼓勵民辦科研機構發展，加快世界一流大學和高水平大學建設，提高高等學校科技創新能力。三是推動創新體系協調發展。以全球視野謀劃和推動創新，提高原始創新、集成創新和引進消化吸收再創新能力，更加注重協同創新。四是深化科技管理體制改革，建立科技重大決策機制，建立健全科技項目決策、執行、評價相對分開、互相監督的運行機制。

資料來源：昌忠澤. 上海產業結構調整：成效、問題及政策建議［J］. 區域金融研究，2017（2）.

【案例討論】

推動上海產業結構調整的政策建議，對於本地區的產業結構調整有何借鑑與啟示？

第四節　產業發展政策

一、產業發展政策的內涵

產業發展政策是指圍繞產業發展為實現一定的產業發展目標，而使用多種手段所制定的一系列具體政策的總稱①。產業發展的目標具有多樣性，如增長目標、效益目標、技術目標、生態目標、安全目標等。上述目標的多樣性，使得政府對產業發展僅僅採取一兩種政策措施往往難以達到目的，而是需要採取一系列配套的政策措施體系。這使得產業發展政策具有幾個特點：第一，綜合性，產業發展政策同時包含著產業結構政策、產業組織政策、產業素質政策的內容；第二，實施手段多樣性，不僅需要財政金融等經濟手段，還需要法律規章等社會手段；第三，約束性，產業發展政策圍繞著產業發展目標對各具體的行為主體提出了相應的要求和約束，各行為主體必須按照產業發展政策總體目標來確定自己的目標，並在發展政策的強制下實現各自的目標。

二、產業發展政策主要內容

(一) 產業技術政策

產業技術政策是指政府對產業的技術進步、技術結構和技術開發，所制定的預測、決策、規劃、協調、監督和服務等方面的政策措施。具體主要包括：第一，技術發展規劃。根據經濟和社會發展對科學技術的要求，對未來時期技術進步做出總體分析，確定技術發展的目標和方向，列出重點發展的技術領域，並制定具體實施的步驟和時間安排。第二，技術開發政策。包括技術開發的鼓勵、保護政策，如：鼓勵新技術的發明與創造的政策；促進新技術傳播與擴散的政策；協調基礎研究、應用研究和發展研究的政策；促進高技術開發的政策；等等。第三，技術改造政策，包括制訂技術改造總體計劃、確定與審查重大技改項目、技改資金的籌集與管理等。第四，技術引進政策，包括：加強政府在技術引進方面的指導作用；以稅收、外匯等優惠政策鼓勵和支持多種方式的引進；用經濟、法規和必要的行政干預等手段鼓勵引進關鍵技術，做好引進技術的消化吸收工作。

(二) 產業融合政策

產業融合政策是指推動產業融合、保障產業融合順利實施的相關政策體系。第一，產業融合以技術創新為基礎，應建立健全創新政策支持體系，引導企業加大創新投入的規模和提升效率。在創新投入方面，進一步加大對基礎研究的政府投入力度，重點支持科研型高校、共性基礎研究特徵顯著的科研機構和產業聯盟。在企業創新引導方面，以《中國製造 2025》建設國家製造業創新中心為基礎，推動形成以大企業開放式創新平臺為依託的多樣化企業創新中心。在創新創業政策方面，應該將財政資金的支

① 鄔義鈞，邱鈞. 產業經濟學［M］. 北京：中國統計出版社，1997.

持集中在技術創新領域，加快扶持建立以大企業技術創新孵化平臺為核心的技術創新與產業化支撐平臺。第二，構建有利於產業融合的財稅政策。主要是制定促進產業融合的優惠稅收政策，合理安排支持產業融合的財政投入。第三，完善產業融合的監管政策。現階段產業融合監管政策的不配套，在一定程度上遲滯了一些融合產品和服務的市場化進程，例如廣電總局對電視盒子的封殺等。加速完善不配套的監管政策，並代之以更高更嚴的產品與服務的安全、質量、技術等標準的監管。

(三) 產業環保政策

產業環保政策是指政府為了促進產業生態化發展，合理利用資源，防治工業污染所採取的由行政措施、法律措施和經濟措施所構成的政策體系。主要內容包括：制定改善環境、保護生態平衡的戰略規劃，明確治理和預防工業污染的戰略目標和原則；制定環境質量指標和工業排放標準，嚴格執行排污收費制度；建立環境保護和監督的機構，明確有關管理制度和法規；採取有效手段保證自然資源的合理開發和利用；等等。

(四) 產業安全政策

為實現產業安全、獨立、穩定發展，需要制定產業技術升級政策、引資政策、貿易政策等產業安全保障體系。第一，產業技術升級政策，主要是為產業的技術升級提供良好的制度環境，激勵高新技術的產業化和傳統產業的技術升級，提升產業競爭力。制定推動國家科技創新體系建設的相關政策措施；強化國家對關鍵重大技術的選擇與研發扶持，主要通過重大專項計劃的形式實施，如中國的 863 計劃；鼓勵形成多元化科技投資體制，如給予研發稅收信貸政策支持；鼓勵用高新技術改造傳統產業。第二，引資政策，主要是加強對外資引入的管控，避免其控制民族產業。嚴格實施准入審批制度，按照自己的步驟開放金融、保險、電信等重點與敏感服務行業，實施對民族產業的合法合規保護；加強對具有戰略性、關鍵意義的基礎設施產業、支柱產業和主導產業的外資進入的管控，避免其帶來安全影響；加強對國有資產引資的監管，完善相關法律條款如《合資企業法》，有效控制外資帶來的負面影響。第三，貿易政策，主要是實施有管理的自由貿易政策，實現低保護與溫和的出口鼓勵政策結合，使總體貿易制度中性化。實行靈活主動的進口保護，充分利用 WTO 規則的「彈性部分」，制定完備、嚴密的法律體系，形成國內產業發展的「柔性」保護體系；鼓勵出口，努力採取實施外貿經營准入管理、特定商品出口配額管理、出口退稅、金融支持、外貿信息提供、反傾銷應訴等的政策措施；建立和完善產業安全預警機制，重點實施對重點、敏感產品的出口數量和價格的監測，分析和評估其對國內產業的影響，為適時採取必要措施提供資料和依據，實現保護產業安全工作的前置化。

(五) 產業金融與財稅政策

銀行利率的變化、貨幣供給的變動，都影響產業的發展。宏觀的產業金融政策，包括利率政策、信貸政策等。宏觀的財政政策，應根據產業發展的實際情況，採取平衡預算或赤字預算或盈餘預算政策；微觀的財稅政策包括稅收政策、投資政策或政府購買政策、轉移支付政策、財政貼息政策等。

三、產業發展政策的協同作用

產業發展政策的綜合性和實施手段多樣性，要求其在實施時要協同與配合。產業發展政策實施的協同與配合，可以減少同一產業發展因不同政策措施可能產生的矛盾，以及由此引起的產業發展秩序紊亂，同時有利於強化各項政策措施的作用力度，使產業政策系統力大於各分系統力之和，有效地推動產業經濟的發展。

產業發展政策的協同作用，要求人們在認識各具體政策作用的基礎上，按照政策互補的原則合理使用各種政策，使具體政策的目標都服從產業發展的總目標。產業技術升級政策的實施，要保證產業發展能順利進行技術升級；產業融合政策的實施，要保證產業融合發展的順利實施；產業生態政策的實施，要保證產業發展實現與生態環境的協調；產業安全政策的實施，要保證產業發展不受外來產業的衝擊，實現安全與穩定；產業金融與財稅政策的實施，要保證經濟總量的平衡和產業的均衡發展。以此為基礎，產業發展政策體系的實施將凝成一種合力，充分發揮對產業發展的推動作用。

思考題

1. 簡述產業政策的內涵、主要含義和特徵。
2. 試述有效競爭的索斯尼克標準。
3. 簡述產業組織政策的作用。
4. 試述產業結構政策的內涵、特徵與作用。

【推薦閱讀】

1. 奧利弗·威廉姆森. 反托拉斯經濟學［M］. 張群群，黃濤，譯. 北京：經濟科學出版社，1999.
2. 波斯納. 法律的經濟分析［M］. 蔣兆康，譯. 北京：中國社會科學出版社，1999.

【參考資料】

1. 昌忠澤. 上海產業結構調整：成效、問題及政策建議［J］. 區域金融研究，2017（2）.
2. 干春暉. 產業經濟學教程與案例［M］. 北京：機械工業出版社，2007.
3. 鄔義鈞，邱鈞. 產業經濟學［M］. 北京：中國統計出版社，1997.
4. 汪筱蘇，劉海裕. 淺析歐盟競爭法［J］. 時代金融，2009（9）.
5. 楊東. 歐盟競爭法概況［N］. 反壟斷法網.
6. 楊帥. 中國產業融合創新發展趨勢及其政策支持體系［J］. 中州學刊，2016（4）.
7. 張靜. 公平之刃：歐盟再掀反壟斷調查浪潮［J］. 電子知識產權，2015（2）.

第十章　產業分析[1]

科學開展產業經濟活動，需要以準確分析產業、把準產業發展的脈絡為前提。隨著產業經濟發展水平的提高，產業經濟活動相關人員對於產業分析的重視程度與日俱增。產業分析日益成為企業經營者、政府職能部門官員、投資機構從業人員、銀行信貸業務人員以及項目管理人員的重要工作內容，成為為之提供行為決策的依據。本章在概述產業分析基本框架的基礎上，著重介紹SCP分析、價值鏈分析、產業週期分析、產業環境與產業風險分析等內容。

第一節　產業分析概述

本節介紹產業分析的主體和對象、產業分析的作用與意義、產業分析的基本流程與框架，以此瞭解產業分析的基本輪廓。

一、產業分析的主體與對象

簡而言之，產業分析是對產業有關未來發展趨勢的評估。通過產業分析，我們可以獲得產業未來的評估數據，判斷產業發展的趨勢，瞭解產業發展的規律。

（一）產業分析的主體

產業分析的主體是指那些需要產業分析報告的群體，包括企業經營者、政府職能部門官員、投資機構從業人員、銀行信貸業務人員以及項目管理人員等。這些群體是產業分析活動的利益相關者，需要科學的產業分析結論以幫助其做出正確的決策。

企業需要制定發展戰略和經營決策，正確掌握產業發展方向、認識產業發展趨勢是科學制定戰略與決策的基礎，所以企業經營者需要實施產業分析，大企業和跨國公司尤其需要。政府相關職能部門制定政策如宏觀政策、產業政策，需要掌握產業經濟發展的現狀與趨勢，因此離不開產業分析。投資機構從事投資業務時，其專業化投資能力依賴於對行業機會、長期趨勢、發展動力和障礙的認知，需要借助產業分析來學習。銀行的正確信貸，需要有產業分析對其決策提供支持。項目管理人員需要進行產業分析，以保證已經做出的投資決策能夠按預期獲得收益。因此，上述群體都需要產業分析報告。

① 王俊豪. 產業經濟學［M］. 2版. 北京：高等教育出版社，2012.

（二）產業分析的對象

產業分析的對象就是產業的行為及其結果。產業行為由企業行為加總而成，可以表現為代表性企業的行為。企業在市場中的基本行為是競爭行為和合作行為。產業行為的結果表現為行業指標，或者說行業指標是產業行為的外在表現。行業指標具體包括需求量、供給量、價格、成本、研發投入、利潤率六大指標，以及各種投入、消耗、環境影響等指標。

二、產業分析的作用

（一）預測產業發展趨勢

通過收集有關數據，運用合理的方法，結合專業知識背景與經驗，可以科學預測產業發展的未來趨勢。把握產業發展趨勢意味著對未來不確定性的控制，有助於把握投資方向、投資時機和投資數量，減少投資失誤，提高投資成功率。例如，中國自1999年以後多次啓動房地產市場，結合長期以來人們的房地產需求受到壓制的現狀，基本可以判斷中國會呈現一波巨大的房地產業發展浪潮。如果把握了這一趨勢，就可以提前對房地產業進行投資佈局。事實上，中國房地產業發展的浪潮的確在2002年開始形成，到2007年進入高峰，很多嗅覺敏銳的企業在其中發掘到了無限商機。

（二）分析產業發展障礙

產業發展不僅受內在規律的影響，還受多方因素的影響，這些因素對產業的發展形成了障礙。一旦這些障礙消除，產業發展將呈現快速上升趨勢。產業分析可以對產業發展存在的障礙因素進行梳理，從而為政府推進制度改革與政策創新，消除發展障礙提供決策依據。

（三）提供投資可行性論證支持

投資機構、銀行需要產業分析報告，其目的在於支持對投資項目的論證，從發現機會、考察機會、確認機會和評估投資風險方面把握項目。如果投資項目在技術、資金等方面都可行，但產業發展趨勢卻存在著不確定性，則意味著該項目可能會存在極大風險，此時產業分析報告在可行性論證中處於一票否決的地位。

（四）提升項目控制能力

對項目管理人員來說，產業分析報告意味著對投資過程的控制，包括產業鏈關係控制，重要原料、配件和能源的供給控制，從而有利於保證項目投資的成功。同時，根據產業分析報告，調整項目進度、建立有效的防範機制、迴避過大的環境風險，可以有效增加項目的適應性。

三、產業分析的基本框架

產業分析是利用產業經濟學相關理論和方法就某一產業進行系統分析的過程，是產業經濟學理論應用於實踐的重要拓展，也是產業經濟學內容的延伸和實踐性發展。要對某一產業進行分析，建立分析框架和分析邏輯是必不可少的，這也是提高分析準確性的重要保證。

與主流經濟學中的微觀經濟學、宏觀經濟學一樣，產業經濟學也以供求分析作為基本分析框架。之所以如此，有三個方面的原因：第一，產品的需求和供給是產業形成的基本前提，兩者缺一不可；第二，供給和需求的改變決定了產業發展的趨勢，反之，必然能從產品供求中找到產業波動的原因；第三，供求關係反應了產業鏈中的投入產出關係，是形成產業關聯的基礎。運用供求分析，根據產業分析目標、內容以及流程的基本要求，可以把產業分析基本框架按照「因素—市場—績效—決策」四個層次表示為圖 10-1。

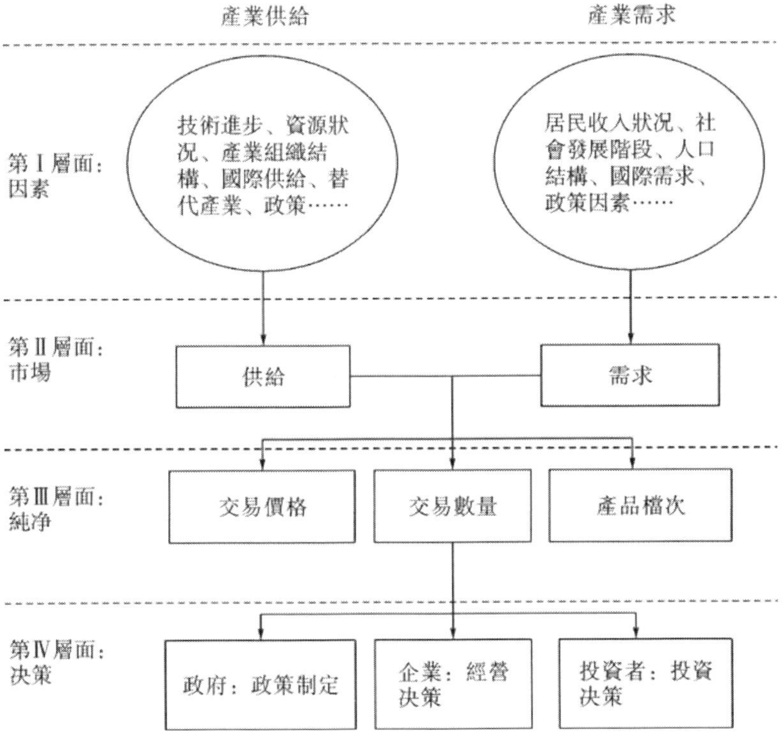

圖 10-1　產業分析的基本框架

產業分析的第Ⅰ層面為影響產業供給與需求的因素。這一層面主要探析決定產業發展的原因。影響具體產業供給的因素主要有技術進步、資源狀況、產業組織結構、國際供給、替代產業以及政策等，而需求的影響因素主要有居民收入狀況、社會發展階段、人口結構、國際需求與政策等。

第Ⅱ層面為供給與需求在市場上的相互作用。這一層面是指具體產業供給方與需求方在市場上進行信息交流、討價還價後形成交易價格和交易數量，同時根據需求方消費需要以及生產方的生產成本確定產品的功能、款式、檔次等。

第Ⅲ層面為產業績效。這一層面是指通過供求雙方在市場上的較量，產業分析主體對於較量結果所體現的交易價格、交易數量、產品檔次等進行綜合評價。這一環節作為中間變量對於後續決策具有重要意義。

第Ⅳ層面為分析結論及以此為基礎的決策。產儘不同產業分析主體在分析目標上存在差異，但都力求通過產業分析提高決策的科學性。在這一層面，產業分析主體將按照第Ⅲ層面所得出的結論進行後續決策。

需要指出的是，產業分析者觀察到產業發展現狀往往已經是一種結果，而引致這一結果的原因和機理往往隱藏於結果的背後。因此，產業分析在很多時候是從結果出發進行的一種「追溯式」分析，目標是由表及裡探尋背後的原因，找出產業發展的成功經驗或者問題所在，以利於提高後續決策的科學性。

第二節　SCP 分析方法

隨著經濟全球化和市場化程度的提高，產業組織形態越來越顯示出其影響產業發展的重要性，因而產業組織分析已經越來越不可或缺，是產業分析的重要內容。進行產業組織分析的主要方法，是基於「結構—行為—績效」形成的 SCP 分析方法。

一、市場結構

市場結構是描述企業所處市場環境的綜合性概念，其核心是企業面臨的競爭強度。市場結構可以從集中度、產品差異、進入與退出壁壘等維度進行分析。

（一）集中度

集中度分為絕對集中度（CR_n）和相對集中度。絕對集中度在指標上可以選擇產量、銷售額、增加值、員工人數和資產額，相應的集中度為生產集中度（對應產量、銷售額、增加值指標）、雇傭集中度（對應員工人數指標）和資產集中度（對應資產額指標）。相對集中度用基尼系數計算。按照絕對集中度將產業劃分為 6 種類型，計算出所要分析產業的絕對集中度數值後與之對照，即可確定所分析產業屬於哪種類型。

（二）產品差異

產品差異包括物理特性差異、主觀差異、服務質量差異、顧客知識差異、銷售區域差異、銷售活動差異，等等，是判斷產品同質性的重要依據。產品差異主要用交叉價格彈性來衡量，交叉價格彈性系數越大，產品差異性越小，對應企業的競爭行為相互影響越大。

（三）進入與退出壁壘

計算壁壘的指標有：①經濟規模和市場總規模的比例；②必要資本量；③廣告密度；④銷售成本率；⑤交易准入制度。在這五項指標中，最重要的是經濟規模和市場總規模的比例的大小。對經濟規模常用兩種衡量方法：一是費用比較法，也稱規模-費用擬合方法，即在該行業中找出成本不再下降的產量規模作為經濟規模；二是適者生存法，競爭優勝的規模即是經濟規模。

二、市場行為

市場行為包括價格、廣告、兼併、創新與研發、市場營銷等行為，可以區分為價格行為與非價格行為兩大類。SCP 分析方法中的市場行為分析，主要是分析企業的上述行為是否是企業基於所處市場環境而採取的合理行為，能否幫助企業實現預期的特定經營目標，是否有利於企業的長期發展，是否合法合規。

三、市場績效

簡而言之，市場績效是指市場能夠實現的對社會福利增進的貢獻。結合第二章所述，市場績效分析主要分析如下幾項指標。

(一) 資源配置效率

資源配置效率是指通過市場選擇、資源調配所帶來的社會福利程度。如果價格過高，產品不能銷售出去，則帶來資源閒置；如果過量生產，使市場價格低於成本，也會出現社會福利損失；在企業能夠生存（收回成本）的前提下，產品價格越低，社會福利越大；價格等於企業的邊際成本時，社會可以得到最大的福利。分析資源配置效率的指標，一般用價格與邊際成本差、超額利潤率、勒納指數和托賓的 q 值。

(二) 技術進步

技術進步包括產品創新、技術擴散、技術轉移、生產過程創新等活動，衡量產業技術進步的指標有很多，如全要素生產率、全員勞動生產率、人均專利數量、人均創新投入、技術引進項目數量，等等。

(三) 規模結構效率

市場中常常存在著非經濟規模狀態，貝恩稱市場中大約有 10%~30%的非經濟規模企業，同時市場中也存在著一些企業生產能力過剩，據統計，20 世紀 50~60 年代，美國製造業的生產能力至少有 10%~20%過剩。上述問題的存在，表明產業的規模結構效率沒有達到理想狀態。規模結構效率是指由規模經濟決定的一系列規模效率因素，對其進行分析時一般用經濟規模實現程度、產業規模能力利用程度兩個指標。

(四) X 非效率

X 非效率實質上是指企業由於兩權分離、大公司高工資和低效率、信息傳輸效率低下等問題，導致的低效率、高成本現象。分析 X 非效率的指標，一般採用 X 非效率的程度（X 非效率的程度=超額成本/最低成本）。

除了上述指標外，資源利用、環境污染以及員工福利等方面的指標，也因強調產業的社會責任而越來越多地被用來作為市場績效的評價指標。

第三節　價值鏈分析方法

價值鏈分析方法是指運用價值鏈基本理論來進行產業分析的方法。價值鏈分析方法一般包括價值體系分析和價值重心分析。

一、價值體系分析

1985 年哈佛大學商學院的邁克爾·波特教授提出了「價值鏈」概念，認為每一個企業都是在設計、生產、銷售、發明和輔助其產品的過程中進行的種種活動的集合體①。所有這些活動可以用一個價值鏈來表示，在價值鏈上形成的價值分配結構形成了價值體系。

價值鏈是基於產業縱向連接關係的一組價值生產環節，其實體是從原料到最終產品的產業鏈條關係，每個生產階段不僅完成著實體產品的生產，也完成著價值的生產，逐級放大價值，形成了以實體生產鏈條為基礎的價值遞增鏈環。價值體系則是價值鏈上的價值結構。例如，礦泉水的價值體系是以「礦泉—包裝瓶礦泉水—運輸後礦泉水—銷售點礦泉水」上每個價值鏈環節為基礎構成，如表 10-1 所示。

表 10-1　　礦泉水的價值體系

	礦泉	包裝瓶礦泉水	運輸後礦泉水	銷售點礦泉水
產品價值	0.05	0.55	1.0	2.0
價值結構	0.05	0.5	0.45	1.0

表 10-1 顯示，礦泉水的全部價值為 2.0，由每個鏈環的價值貢獻加總構成，即 0.05+0.5+0.45+1.0=2.0。每個鏈節上的價值貢獻都由本階段產品總價值減去上游產品總價值得出，銷售點價值貢獻=2.0-1.0=1.0，運輸的價值貢獻=1.0-0.55=0.45，包裝生產的價值貢獻=0.55-0.05=0.5，礦泉的價值貢獻=0.05-0=0.05。從價值分佈看，銷售價值貢獻最大，自然資源礦泉價值貢獻最小。

如果礦泉是稀缺的，而最終產品價格不能增加，這時會出現價值結構的變化，灌裝廠可能必須向礦泉支付更多的費用。假設裝瓶後的礦泉水價值仍然為 0.55，但它向上游支付的價格即購買礦泉的成本提高到 0.2，它能夠創造的價值只能是 0.55-0.2=0.35，而不是 0.5。如果運輸行業競爭激烈，運輸價格壓得很低，如降到 0.3，產品價格不變，則灌裝廠獲得的利潤會增加到（2.0-1.0-0.3-0.2）=0.5。也就是說，如果上游加強了壟斷，下游加強了競爭，這時中間企業可以將由上游壟斷造成的損失傳遞到下游，或者由下游所有鏈條上的企業共同分攤。

價值體系是實現產品價值的方式，它決定了產品價值的組成、價值的貢獻和價值

① 邁克爾·波特. 競爭優勢［M］. 陳小悅，譯. 北京：華夏出版社，2005.

的高低，因此價值體系體現了產品價值的構成，也體現了產品價值貢獻的結構與比例。表 10-1 中，最終產品價值為 2.0，每個鏈節所貢獻的價值比例並不相同，但最終產品價值卻是由這些比例不等的鏈環價值加總而成。價值體系分析就是對各個鏈環的價值貢獻及其產生的原因進行剖析，對全部價值進行判斷，對價值鏈上的價值轉移進行分析。

(一) 價值體系的結構分析

價值體系的結構分析是按價值鏈每個鏈環附加值占全部價值的比重來分析價值結構，表 10-2 是對表 10-1 進一步進行價值結構分析的結果。

表 10-2　　礦泉水的價值結構分析

	礦泉	包裝瓶礦泉水	運輸後礦泉水	銷售點礦泉水
產品價值	0.05	0.55	1.0	2.0
價值結構	0.05	0.5	0.45	1.0
價值結構比例（價值貢獻/最終產品價值）	2.5%	25%	22.5%	50%
增加值率（價值貢獻/本階段產品價值）	—	90%	45%	50%

從價值結構比例分析，貢獻最大的是銷售，其次是礦泉水包裝生產，再次是運輸，最後是礦泉。從增加值率分析，礦泉水包裝生產獲得的增加值最大，其次是銷售和運輸。

(二) 價值創造分析

如果產品經過調整，為客戶帶來了新的價值，則最終產品價值提高。但這種提高不會均勻地分配給價值鏈條的每個鏈環，而只能給那些產生貢獻的鏈環。例如對上例中礦泉水的包裝和產品定位加以改進，重新定位的新產品價值提高到 3.0。對新產品銷售需要投入人力和創造力，銷售參與新創價值的分配；運輸的對象以重量計算基本沒有發生變化，則其附加值不應有改變；礦泉水本身沒有變化；貢獻最大的是包裝瓶礦泉水的生產環節，它和銷售環節共同分享新創價值 1.0，究竟如何分配取決於雙方的投入和貢獻。例如經過談判雙方認定新創價值中各占 50%，則新的價值體系結構如表 10-3 所示。

表 10-3　　價值創造分析

	礦泉	包裝瓶礦泉水	運輸後礦泉水	銷售點礦泉水
價值結構	0.05	0.5+0.5=1.0	0.45	1.0+0.5=1.5
產品價值	0.05	1.05	1.5	3.0
價值結構比例	2%	33.3%	15%	50%

表 10-3 表明，從價值結構分析看，銷售的價值貢獻沒有變化，運輸和礦泉的價值貢獻有所下降，包裝生產價值貢獻上升。這意味著，當產業鏈上有創新活動，就有可能通過產業鏈傳遞到最終產品，並增加最終產品價值，而有助於產業鏈條上進行創新的鏈環都有可能因創新獲得利潤增加，而那些沒有創新貢獻的鏈環則不會增加收益。不過，創新一般會影響到市場需求，一般會擴大市場需求，這時產業鏈上的其他環節都可以獲得外溢效應，從而不管所處的鏈環是否有創新貢獻，仍然需要分析由創新的外溢效應帶來的本鏈環價值和利潤的增加。

（三）價值體系內的價值轉移分析

有時候價值體系的改變不是由創新帶來的，而是由產業鏈上的競爭狀態決定，也就是說產品價值並沒有改變，但可能由於產業鏈上的壟斷勢力分佈變化而導致價值結構的改變。這具體分三種情況。

（1）最終產品價值不變，產業鏈條上壟斷勢力提高。這時會降低沒有改變壟斷勢力的鏈環的利潤，增加壟斷勢力提高的鏈環的利潤。由於不存在產品價格變化，因此不存在外部性，其他鏈環只是在價格談判時受到壟斷勢力提升的鏈環壓制，而將利益轉移給了壟斷勢力提高的鏈環。

（2）產業鏈條上競爭加劇，形成價格競爭，並通過產業鏈傳遞到最終產品，使其價格下降。這時那些沒有改變市場勢力的鏈環會搭便車，形成利潤擴大效應。那些降低了市場勢力的鏈環，要根據價格需求彈性確定整體利潤是否增加。

（3）最終需求提高，產業鏈的整體壟斷勢力加強，但分佈在不同環節上的價值比例因為市場勢力的不均勻而有所改變。

二、價值重心分析

價值重心是指在價值體系中附加值比重最大的鏈環。一般而言，價值重心表示了兩個含義：一是最終產品價值的最大貢獻者；二是它很大程度上決定了產品特徵，並決定了產業鏈下游的生產方式。例如，當產品確定以後，其包裝、運輸、銷售以及品牌營運都會做出相應的調整。從這個意義上說，價值重心是最終產品價值的核心，它影響著產業鏈的整體活動。

對工業品而言，一些專家總結出一般的價值體系，以表達價值重心分佈的兩種極端情況。比如，20 世紀 90 年代臺灣地區宏碁集團董事長施振榮提出著名的微笑曲線，用一個開口向上的拋物線來描述產業價值鏈的價值結構，如圖 10-2 所示。

微笑曲線描述了產業鏈條附加值變化規律，按研發、設備、材料、零件、加工製造次序附加值依次下降，然後又按銷售、傳播、網絡、品牌次序附加值再依次上升。這樣就形成了各鏈環與附加值之間的「U」形關係，即微笑曲線。微笑曲線揭示了一個現象：在曲線的左側（價值鏈上游），隨著技術研發的投入，產品附加值逐漸下降；在拋物線右側（價值鏈下游），隨著品牌運作、銷售渠道的建立，產品附加值逐漸上升。

微笑曲線表明，一般產業存在兩個價值重心：一是研發和裝備價值重心，另一個是銷售網絡和品牌經營價值重心。一般而言，各國均應努力將自己的產業發展戰略確定在微笑曲線的兩側，以使得自己處於高附加值的產業鏈環上。

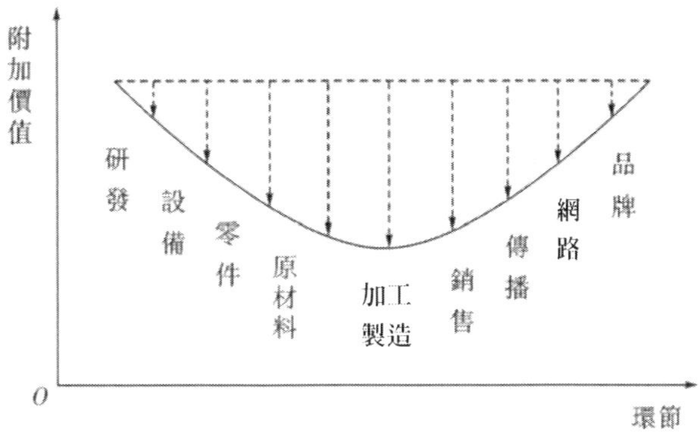

圖 10-2 微笑曲線

第四節 產業週期分析方法

產業存在明顯的生命週期特徵，在每一個階段，產業在技術特徵、風險強度、規模擴張、市場營銷、盈利能力等諸多方面有著顯著差異，這些差異對政策制定、投資決策、經營策略等都會產生巨大影響，因此進行產業週期分析具有重要意義。在此主要介紹產業週期分析方法兩個方面的內容：一是產業波動的週期測定，二是產品生命週期分析。

一、產業波動的週期測定

產業總是從一個生命週期過渡到另一個生命週期，往復循環，不斷向前發展。產業週期最重要的指標是週期長度，即週期頂點之間的時間長度，或者是兩個高峰之間的時間長度或者是兩個低谷之間的時間長度。

第一種週期是季節週期，它的時間長度是固定的，在四季分明的地區，可以分為四個階段。在現代社會中，除了自然季節週期，還有社會性季節，節假日對銷售影響很大。

第二種週期是宏觀週期，此時產業沒有獨立週期，而是受宏觀經濟週期變化的影響。由於宏觀經濟週期產生的原因不同，其對各個產業的影響必然不同，因而不同產業的波動週期發生的時間和波幅會有所差別，這需要對各個產業進行單獨分析。例如，宏觀調控時使用提高利率的手段，可能對房地產業的影響是直接的，然後才對鋼鐵、建築等產業產生間接影響，因而宏觀調控週期引發的各相關產業波動週期的時間不相同，先後有序。

第三種週期是市場均衡週期，這是產業週期中最重要的週期。市場均衡是通過產品供求變動和價格調節完成的，實現均衡的過程需要一定的時間，這就引發了產業的週期波動。市場均衡是動態的，總有些因素影響原來的均衡使之失衡，再從失衡走向均衡，如此循環往復，就導致了產業一個個的週期波動。市場均衡從一個均衡發展到另一個均衡或者從一個非均衡發展到另一個非均衡的時間長度，就是產業的週期長度。

二、產品生命週期分析

在特定階段，產品對應著產業，但當某種產品被更好的產品替代以後，產業還將繼續發展，原來的產品則退出了歷史舞臺。特定歷史階段下的產品銷售量變化可視作為產品生命週期，一系列產品生命週期的銜接構成產業發展演化歷程。掌握產業處於產品生命週期的哪個階段（即進入期、成長期、成熟期、衰退期四個階段），可以判斷目前產業所處的階段和今後的發展趨勢。因此，對產品生命週期進行分析具有重要意義。產品生命週期分析的關鍵在於週期拐點的確定，對此主要有以下三類方法。

（一）經驗判別法

經驗判別法就是通過一個經驗或典型的值作為參考，來對產品生命週期階段進行區分，大致有三種方法。

1. 銷售增長率法

銷售增長率法即用產品銷售增長率的大小來判斷產品生命週期的各個階段。一般而言，可以參考下列經驗數據：在進入期、成熟期產品銷售增長率在 0～10%，大於 10%位成長期，小於 0 則為衰退期。

2. 類比預測法

類比預測法即把對比產品與相類似的產品生命週期的發展變化規律進行比較分析，以判斷對比產品的生命週期階段。在掌握的數據資料有限的情況下，類比預測法具有一定的參考價值。

3. 普及率法

普及率法主要用於耐用消費品生命週期階段的分析與預測。人們對耐用消費品的需求數量有限，可以通過社會普及率來測算產品生命週期所處的階段。下列經驗數據可供判斷時參考：當家庭普及率在 5%以內時，可視為進入期，5%～50%為成長前期，50%～80%為成長後期，80%～90%為成熟期，90%以上則已基本滿足市場需求，產品逐漸轉入衰退期，如無新產品代替，市場需求將穩定在某一水平。

（二）數學模型法

數學模型法是指通過建立數學模型來擬合或推斷產品生命週期各個階段的方法。數學模型法主要有龔伯茲曲線法和模糊數學法。

1. 龔伯茲曲線法

龔伯茲（Compertz）曲線法是一種純粹的數學方法，其思路是用 S 形的龔伯茲曲線來近似擬合產品生命週期的典型狀態曲線，從而對產品生命週期進行識別。產品生命週期階段通常以效率的顯著變化作為各階段的分水嶺。龔伯茲曲線的數學模型為：

$$\lg y_t = \lg k + (\lg a) \cdot b^t$$

根據 S 形曲線的變化特徵並利用上式對參數 a、b 的估計值，可以實現產品生命週期階段的理論估計：

① $\lg a>0$，$b>1$，為產品生命週期的進入期階段；

② $\lg a<0$，$0<b<1$，為產品生命週期的成長期階段；

③ $\lg a<0$，$b>1$，為產品生命週期的成熟期階段；

④ $\lg a>0$，$0<b<1$，為產品生命週期的衰退期階段。

2. 模糊數學法

模糊數學法是以產品銷售量、市場佔有率和利潤率為識別指標，使用模糊方法對產品生命週期進行識別，具體步驟如下：

①首先建立隸屬函數，這是模糊數學中描述某一個元素屬於某一個集合的特徵函數，可以反應各個指標的不同狀態，將這些不同狀態綜合，形成用特定函數所表達的不同產品生命週期的模糊集合。

②求出這些不同階段的隸屬度，即某一個元素屬於某一個集合的程度，用以描述元素的階段特徵。

③然後，根據最大隸屬度原則（模糊數學中一種識別元素屬於集合的原則，某一個元素對於不同的集合有不同的隸屬度，哪個隸屬度大就判定該元素屬於哪個集合），對生命週期階段進行判斷，哪個隸屬度大就屬於哪個階段，從而完成對產品生命週期的識別。

（三）聯合預測法

聯合預測法就是以簡單算術平均或加權平均方式，將兩種或兩種以上的可行預測方法或預測模型所得出的預測結果進一步綜合起來，將其作為最終結果。聯合預測法的精確度中等，而比精確度最低的那種要好。只有當預測者對採用其他方法的預測結果難以準確地評價時，才採用聯合預測法。

第五節　產業環境與產業風險分析方法

一、產業環境分析

產業環境分析即對產業所處的外部環境進行分析，分為宏觀環境和具體環境。

（一）宏觀環境

宏觀環境又稱為一般環境，是行業內所有企業都必須面對的環境，對一個產業的形成、發展具有重要影響。宏觀環境分析的工具稱為 PEST 分析法，即通過政治（Politics）、經濟（Economic）、社會（Society）和技術（Technology）角度，從總體上把握宏觀環境，並評價這些因素對產業發展的影響。

1. 政治法律環境

政治環境主要包括政治制度與體制、政局、政府的態度等，法律環境主要包括政府制定的對企業經營具有約束力的法律、法規，如反不正當競爭法、稅法、環境保護法、外貿法規等。政治法律環境深刻影響著企業的生產經營活動，政治法律環境一旦發生變化，企業的經營戰略必須做出相應調整。

2. 經濟環境

經濟環境是指一個國家的經濟制度、經濟結構、產業佈局、資源狀況、經濟發展水平以及未來的經濟走勢，其中的關鍵要素包括經濟增長趨勢、利率水平、通貨膨脹程度及趨勢、失業率、居民可支配收入水平、匯率水平、能源供給、市場機制的完善程度、市場需求狀況等。經濟環境決定和影響企業的發展戰略制定。經濟全球化背景下，國與國之間的經濟相互依賴，所以分析經濟環境時還應關注其他國家的經濟狀況，如利率、通貨膨脹率、就業率、進出口總額等。

3. 社會文化環境

社會文化環境是指產業所處社會的民族特徵、文化傳統、價值觀念、宗教信仰、教育水平以及風俗習慣等因素。構成社會環境的關鍵要素，包括人口規模、年齡結構、種族結構、收入分佈、消費結構和水平、人口流動性等，其中人口規模直接影響著一個國家和地區的市場容量，年齡結構決定著消費品的種類及推廣方式。每一個社會都有其核心價值觀，這些價值觀和文化傳統經過歷史的沉澱，通過家庭繁衍和社會教育而傳播延續，具有穩定性，影響著該社會的市場需求特徵和消費行為特徵。

4. 技術自然環境

技術環境不僅包括發明，還包括與企業市場有關的新技術、新工藝、新材料的出現以及應用背景。在過去的半個多世紀裡，最迅速的變化就是發生在技術領域的變化，像微軟、華為、阿里巴巴等高技術公司的崛起改變了人類的生活方式。自然環境是指企業業務涉及地區市場的地理、氣候、資源、生態等環境。不同地區的企業由於所處自然環境的不同，企業戰略也應有所不同。例如，熱帶地區和寒帶地區的產品營銷戰略就應該有所差別。

（二）具體環境

產業運行過程中，影響行業最直接的因素是競爭強度，因此將所有引起競爭的因素概括為具體的產業環境。其關鍵方面，是參與競爭的某個或某些企業行為，主要包括兩個方面：一是產業中競爭的性質和該產業中所具有的潛在利潤；二是該產業內部企業之間在經營上的差異以及這些差異與它們的戰略地位間的關係。分析前者的常用工具是波特教授的「五力模型」，如考慮到「其他利益相關者」，則稱為「六力模型」。波特提出的「五力模型」，是認為一個行業中存在著五種基本的競爭力量，即潛在競爭對手、現有企業之間的競爭、替代品的威脅、供應商的討價還價與買方的討價還價。如果在這五種競爭力量的基礎上加入「其他利益相關者」，則構建了「六力模型」。

二、產業風險分析

（一）產業風險的含義及成因

所謂產業風險，是指產業受到替代、環境、制度和政策的影響而出現產業整體衰退並造成損失的現象。產業風險所造成產業整體衰退的結果，是非自願、非市場力量自發力量決定的。由於產業整體衰退，大量專用設備閒置或者虧損銷售，形成沉澱成本，有可能引發債務危機。產業衰退還會導致大量失業，引發經濟增長性危機和政府的財政危機，帶來一系列的社會問題和衝突。

產業風險的類型，包括技術風險、貿易壁壘風險、環境風險、制度和政策風險。第一，技術風險。在新產品不斷地更新換代下，一些產品會整體為其他產業所取代。例如，DOS 系統被 Windows 系統所取代。一般而言技術風險是可以預期的，對產業的整體影響逐漸顯現，但是其具有不可逆轉性，一旦形成便無可挽回。第二，貿易壁壘風險。在國際貿易活動中，一些國家的比較優勢受到其他國家的比較優勢的影響而無法凸顯出來，或者受到貿易壁壘因素的影響，使本來可以順利發展的產業受到限制。第三，環境風險。很多產業受到原料、能源供給以及土地、環境等的限制，無法繼續生產而出現產業整體衰退，如原料嚴重短缺、能源供給緊張，導致企業無法正常開工。生產環境受到嚴重破壞，可能引起產業的整體衰退。自然環境的破壞，也會給產業帶來不可預期的影響。第四，制度和政策風險。受到制度或者政策性限制時，產業會迅速衰退。如中國經常出抬針對低效率企業的「關停並轉」政策，就會顯著影響到產業的發展。

（二）產業風險預測

產業風險的出現多有預兆，如果能夠對相關信息加以綜合考慮，是可以預見到產業風險的。例如，廣東省成功避開了 2002—2005 年的電力供給產業風險，得益於其在 20 世紀 90 年代，接受了國家發展改革委員會關於 21 世紀初會出現能源短缺的預測意見，及時與西部省區簽訂了長期電力採購合同，與山西煤炭企業簽訂了長期煤炭採購合同（供應本地發電廠），使得在 2002—2005 年國內大量缺電的情況下，廣東沒有大規模停電。

除了上述列舉的 SCP 分析方法、價值鏈分析方法、產業週期分析方法和產業環境與產業風險分析方法外，其他產業分析方法還有數據包絡（DEA）分析、技術趨勢分析、實驗經濟學分析等方法。

第六節 產業分析報告寫作規範與範本

產業分析報告是產業分析活動的書面成果，涵蓋了某一產業系統分析的分析範圍、數據來源、分析方法、分析邏輯和分析結論。這些內容通過產業分析報告的各個組成部分體現出來。高質量的產業分析報告是其各個組成要素之間的合理組合。

一、產業分析報告的基本構成要素

一般而言，產業分析報告應包括以下基本的組成要素：

（一）報告標題

標題是對產業分析客體、分析目標、分析視角、分析層次等信息的綜合體現。產業分析報告標題需要按照「信息明確、重點突出、語言簡練」的基本原則加以提煉，使讀者通過標題就能夠大致明確該報告所分析的產業、重點、目標內容和要求等基本信息。

（二）產業定義與外延

產儘產業經濟學對於產業有嚴格的定義，但是在具體的產業分析中，產業邊界往往是模糊的。尤其是產業融合和科技創新使得一些新興產業的內涵難以界定，如果不在產業分析前加以明晰，將對分析數據的採集、分析邏輯、結論的準確性等造成扭曲。在清楚界定被分析產業的定義後，應明確產業的外延，即其包括哪些產品或服務。總的原則，應做到產業邊界清晰，產品或服務明確，不給分析帶來混淆。

（三）產業現狀描述

產業現狀描述分為一般性產業總體狀況的描述和產業的關鍵性狀況描述。前者旨在為對產業發展的長期趨勢分析奠定基礎，以利於從趨勢上發現產業未來的走向；後者的目的在於對影響產業的關鍵性因素進行把握，以便發現和確認產業的轉折點。總之，產業現狀描述是產業分析的邏輯起點和基礎，只有對現狀進行透澈的分析，才能對產業發展的規律、制約因素和主要矛盾有清晰的把握。

（四）產業分析的核心內容

產業分析不可能面面俱到，而是需要抓住某一個或幾個方面做深入分析，這些就是產業分析的核心內容。核心內容分析是否到位，直接影響整個產業分析報告的質量。因此，應重點分析核心內容，做到數據充分、邏輯清晰、方法得當、分析透澈、上下連貫，既強調分析的嚴謹性，又要注意分析的理論深度。

（五）分析結論

產業分析報告的落腳點在於清晰明瞭、通俗易懂且具有實踐可操作性的分析結論，這也是整份產業分析報告的價值所在。應基於準確的數據、嚴謹的分析邏輯、科學的分析方法，得出科學的分析結論。

二、產業分析報告寫作範本與評析

（一）寫作範本

抓住成長的投資主線，增持 3 只龍頭[①]。

我們堅定地看好轎車產業的長期成長性。縱觀世界汽車工業的發展歷程，旺盛的國內需求將為中國汽車工業的發展奠定堅實的基礎。我們判斷未來伴隨著廠商生產規模的不斷擴大，產能過剩與降價是發展的必然產物，未來產業規模將會走向集中，業內優勢企業的發展前景看好。我們認為，國產車在技術上已經和國內同類產品相差不大，而且在價格上具備較強的比較優勢，優勢企業已經具備了規模出口的能力，在海外市場不斷擴大的條件下，產業受國內經濟的週期性影響將會被弱化，估值水平有進一步提升的空間，長期看好。總體看來，我們維持汽車產業整體「增持」的投資評級。

① 劉輝. 汽車產業：抓住成長的投資主線，增持 3 只龍頭［EB/OL］.［2016-08-10］. http://business.sohu.com/20070410/n249328798.shtml.

1. 轎車行業

(1) 轎車行業需求潛力巨大

①成長的動力

進入2007年以來，汽車行業轉好，累計銷售127萬輛，同比增速達到了25.04%，而其中來自轎車行業的貢獻居多。2007年1~2月份累計銷售轎車71.22萬輛，同比增長達到了33.21%。根據日本、美國等發達國家轎車市場的發展規律，當人均國內生產總值達到1,000美元時，轎車開始進入家庭。以轎車進入家庭為標誌，轎車市場也必然進入快速成長期。2003年中國人均國內生產總值首次超過1,000美元，而根據有關部門預測，至2015年，中國人均國內生產總值將會達到3,000美元。我們判斷，轎車行業將會迎來相對較長的成長期。

②國內旺盛的需求潛力成就轎車行業未來的發展

當今世界汽車產業已形成足夠大的規模，生產能力、技術水平都可以滿足各種需求，真正主宰汽車產業發展方向和速度的關鍵就是市場，形成生產能力、產品開發、技術水平等一切都圍著市場轉的局面。產儘人們普遍認為汽車產業，特別是發達國家的汽車產業國際化程度很高，但是在主要的汽車生產國，在生產上處於領先地位的還是東道國當地的廠商，說明汽車廠商之間的競爭優勢或基礎主要還是在其國內市場。在中國，隨著國家宏觀經濟的持續向好，轎車的消費品屬性將得到充分體現，隨著人均國內生產總值的增長，轎車行業將步入較長的成長期，而這將為中國汽車產業的發展提供堅實的國內需求基礎。

(2) 規模走向集中——中國汽車產業的必經之路

①走向壟斷競爭是行業發展的歸宿

全球汽車生產基本呈「5+3」格局，即通用系、福特系、戴姆勒-克萊斯勒系、大眾系、雷諾系5大汽車集團，外加本田、寶馬、標誌-雪鐵龍三個獨立製造商。根據國際汽車製造商協會（OICA）統計，僅6大汽車集團的產量就已經占到世界總產量的60%左右。這些大的汽車製造商，不但在產量上控制著全球汽車市場，而且在技術上也引領著汽車行業的發展。寡頭壟斷的形成是汽車產業成熟的標誌，是企業間激烈競爭和一系列兼併的結果。汽車產業是規模經濟效應最顯著的行業之一，產量越大，越有利可圖。汽車產業的發展趨勢必然是由分散走向集中，最後形成寡頭壟斷格局。這是各汽車生產廠家追求規模經濟效應的必然結果。

②廠商對利潤的追求與產業政策將引導中國轎車行業走向集中

就中國目前的情況而言，寡頭壟斷的格局遠未形成，規模經濟的作用遠未體現。目前，市場佔有率最大的上海通用和上海大眾的市場份額未到10%，市場集中度還比較低。結合汽車產業「十一五」規劃，我們判斷，一方面，國家將在政策上整合國內轎車產業，促進產業的集中，以培育優勢企業的國際競爭力。另一方面，國內廠商出於對利潤的追求，必然會加快規模擴張的步伐，實現整合發展，前景看好。

(3) 由汽車製造大國向出口大國轉變

①汽車降價與產能過剩是發展的必經之路

在需求明確的前提下，汽車產業的規模經濟特性導致廠商擴張的衝動，而激烈的競爭又帶來了廠商的降價行為。降價與產能不斷擴張是汽車產業發展的常態，我們認為這是行業發展的必經之路，對此無需過分擔心。

②雙重壓力將推動中國汽車走向世界

縱觀日本、韓國的汽車產業的發展之路，我們判斷，規模的擴張將帶來顯著的規模經濟效應，導致成本降低、價格下降，雙重壓力將推動中國汽車走出國門，進軍海外市場。未來，中國將會由汽車製造大國向出口大國轉變。此外，海外市場的開拓必將改變世界汽車產業的競爭格局，中國轎車行業的發展前景看好。2006 年，中國汽車出口金額為 35.21 億美元，同比增長 85.69%，而 2007 年 1～2 月的數據顯示，出口金額仍維持高位，同比增長 40.38%，出口形勢良好。

總而言之，我們判斷未來幾年轎車行業的年均增速將會達到 20%。我們認為，在銷量的快速增長帶動行業景氣度提升的條件下，高成長應被賦予高估值，對於轎車行業的優勢企業，其估值有進一步提升的空間。

2. 重卡行業：分享行業復甦性增長的果實

(1) 重卡行業發展前景較好

重卡行業市場集中度高，內資企業主導市場。在廣義的重卡市場中，一汽、東風、中國重汽三足鼎立。經測算，中卡市場上 CR_3 為 62%，CR_5 為 89%，集中度很高且內資品牌占據市場的絕大部分份額。重卡的生產資料屬性以及中國相對較低的消費能力決定了自主廠商將長期占據市場。2007 年 1～2 月，中國重汽市場份額達到了 23.59%，超越一汽、東風，成為市場冠軍。

(2) 未來幾年重卡行業將持續快速增長

①結構性調整推動行業增長

底盤和半掛車是行業增長的決定性力量。自 2006 年以來，底盤和半掛車的銷量維持著較高的增長速度，其中半掛車同比增速達到了 143.80%。目前半掛車占比 42.39%，底盤占比為 41.45%，重卡行業的結構性演變正在進行，而這種來自行業內部的結構性調整導致了行業的增長。

②增長驅動力之一——物流運輸行業發展產生的增量需求

運輸市場不斷整合，將會促進重型卡車整車和半掛牽引車銷量的增長。2006 年 4 月 11 日，國際 4 大快遞巨頭之一的荷蘭 TNT 集團以 1.35 億美元收購國內最大的公路物流運輸企業華宇物流集團，整個收購工作於 2006 年年底完成。隨著國際物流巨頭湧入中國市場，中國物流行業將出現全面整合的局面，對於中小物流企業來說生存空間將越來越小，物流運價也將趨於穩定。這將會極大地提高重型卡車的銷量，尤其是對半掛牽引車的需求將會逐步增長。

③增長驅動力之二——專用車發展勢頭強勁，將會促進重卡底盤銷量的增長

專用車發展勢頭強勁，將會促進重卡底盤銷量的增長。近幾年，重卡底盤銷量占全部銷量的比重越來越大，2006 年 1～8 月份更是達到了 53.37%。數據反應出專用車的發展勢頭迅猛，產銷量增長迅速。2006 年是「十一五」規劃的開局之年，伴隨著國家各重點項目的全面開工和各地區發展步伐的不斷加快、城市建設要求的不斷提高，在未來幾年，專用車的發展必將成為重卡市場的亮點，繼而推動重卡底盤銷量的增長。

宏觀調控並不會顯著降低固定資產投資增速，進而對重卡市場的銷售產生較大影響。目前中國採取的宏觀調控是一種結構性的調控，是針對能耗高、環境污染較嚴重等粗放型增長的項目的調控，而並非是對所有行業的調控，目的是保證國民經濟的平穩可持續發展。同時，國家「十一五」規劃也保證了一些國家重大投資項目的實施。因此，我們認為，宏觀調控並不會顯著降低固定資產投資增速，進而對重卡市場的銷售產生較大的影響。

此外，結合中國正在經歷的重工業化進程，作為國產重大裝備製造業的一種，重卡行業有可能會進一步受到國家政策的扶持。而來自行業本身的種種利好，如 2008 年歐 III 標準的實施，可能會促進 2007 年重卡市場的提前集中消費，並影響市場對未來燃油稅推出後重卡行業因燃油經濟性而受益的預期，重卡行業未來具有良好的發展前景。

綜上我們認為，在重卡行業增長預期明朗的條件下，資本市場可以先於實業投資，分享成長。此外，對於週期性行業的上升階段，增長快速、估值水平理應提升。目前投資業內龍頭公司可以分享行業復甦性增長的果實，是較好的投資時機。

3. 客車行業：國內穩定增長+海外出口=價值重估

（1）龍頭企業保持市場份額領先

寡頭壟斷格局基本形成。目前宇通和金龍為大中型客車市場的雙寡頭，競爭優勢十分明顯。雖然現階段很多小的客車製造企業受地方保護的影響而仍能維持經營，但是我們判斷，新的客車生產資質准入條件的出抬將加快淘汰落後的小廠商，龍頭企業的市場份額還有進一步提升的空間。同時，對大中型客車生產企業來說，隨著需求的快速增加，價格壓力並不十分顯著，且在需求穩定增長的前提下，龍頭企業具有定價權，盈利能力將繼續保持穩定。

（2）國內需求將平穩增長

①公路客車增量需求將保持平穩增長

來自交通部的統計數據表明，全國公路里程增長率除 2001 年 21.05%的高增長外，其他年份均保持著 3%左右的平穩增長。而來自全國高速公路增長情況的統計數據表明，2005 年，高速公路增長率雖然趨緩，但是仍處在 19.67%的高位上。公路特別是高速公路建設的增長，對大中型客車未來的增長需求有一定的拉動作用。

②旅遊客車穩定增長

旅遊客車市場有比較穩定的增長前景。根據旅遊業「十一五」規劃草案，預計未來 10 年國內旅遊和入境遊將以 7%～8%的速度發展，而旅遊業的發展將進一步推動客運的增長，預計旅遊客車市場也將會受益，保持平緩的增長態勢。

③公交客車和農村客運市場是新的曙光所在

在公交客車方面，在建設部相關政策的推動下，「公交優先」的理念已深入人心，全國範圍內掀起了更新公交客車的高潮。同時，政府將加大對城市公交的扶持力度，包括對公交企業的資金支持、財政補貼、加大公交設施建設和公交行業科技投入力度等。在此背景下，城市公交將成為帶動大中型客車增長的新生力量。在「優先發展城市公交」政策的引導下，許多城市將結束以中巴車作為公交客車的歷史，為公交客車的更新騰出更大的市場空間。

此外，農村客運市場是客車行業新的曙光所在。隨著新農村建設的繼續推進，「村村通客車」是將來要實現的目標，而中國廣大農村雖然目前消費能力較低，但是未來對大中型客車的需求仍具有較大的成長空間。據交通部預測，未來農村客運市場將會有 30 萬輛的市場需求。

綜合以上分析後，我們認為，政策引導的力量對於行業銷量的增長具有較強的推動作用，將進一步促進中國客車行業規模的擴大。

（3）海外市場擴張，國產客車走向世界

①中國客車企業產量規模居世界首位

據國際汽車製造商協會的統計顯示，2004 年世界大中型客車總產量 24.1 萬輛，產量在 5,000 輛以上的國家僅有 9 個。中國以 7.8 萬輛的產量占世界總產量的 33%，而出口數量僅占國產客車總銷量的 5%，相對於國外企業，具備了規模生產及大批量出口的能力，客車出口具有很大的成長空間。

②客車企業製造技術不斷提升，已經接近國際水平

隨著國內客車市場規模的不斷擴大，中國客車生產技術也日趨成熟。一方面，設計能力既是客車製造水平高低的集中反應，又是實踐的累積，而客車市場規模的擴大促進了國產客車技術的快速成熟。另一方面，技術引進企業和合資企業對客車行業的技術進步做出了巨大的貢獻。到目前為止，客車行業中的合資企業和技術引進企業已達 20 多家，在中國基本上集中了世界上所有客車製造的先進技術，產品質量已經基本達到國際水平。此外，中國客車企業已經熟練掌握了全球採購技巧，自主開發能力已經越來越強。在海外市場，中國客車正逐漸改變質量差、檔次低的形象，開始得到各國用戶的認同。

③產品在價格上具有國際比較優勢

客車屬於技術密集和勞動密集相結合的產品，屬於訂單式生產，與轎車行業的大批量生產相比，具有產量低、品種多的特點，因此自動化水平都不是很高，大部分工作都要靠人力完成。在中國，勞動力價格相對國外較低，這是一些發達國家不能比的。因此中國客車生產成本較低，在國際市場上具有較強的競爭力。有關資料顯示，與國外相同配置、性能接近的大型客車相比，構成成本比重在 30%以上的國外人力成本大大高於國內，而自制部分大多為手工作業，機器化替代程度較低。國外客車售價一般是國內產品的 2~3 倍左右。國產客車的綜合性價比優勢相當明顯，為打開國際市場出口提供了可能。

④出口推動下銷量快速增長

2006 年以來，客車行業銷量快速增長。2006 年，客車行業銷量同比增長 20.89%，其中出口數量同比增長超過 100%，而來自中國客流網最新的統計數據顯示，2007 年 1~2 月，客車行業維持了較快的增長速度，累積銷量同比增長達到 41.04%。在國內需求平穩增長的前提下，我們判斷，海外出口的擴張是推動行業保持快速增長的主要動因。

我們認為，國內的客車企業如宇通、金龍等在生產規模上已經成長為世界級的企業，加之海外出口規模的不斷擴大，在目前的形勢下需要重新審視行業龍頭企業的成

長價值。在國內需求保持平穩增長的條件下，海外出口的擴張打開了產品需求空間，將導致行業銷量的快速增長。此外，由於海外市場的開拓可以弱化國內經濟週期性波動的影響，我們認為作為行業內的龍頭企業，其估值水平有一定的提升空間。

4. 產銷平穩增長

2007 年 1~4 月，全國汽車產銷量繼續保持較快增長，產銷率為 97.47%，汽車產銷量分別為 300.96 萬輛、293.36 萬輛，同比增長 21.36%和 21.46%。雖然全國汽車產銷量繼續保持增長，但是增速同比分別下降 11.72、12.02 個百分點，其中基數擴大是導致增速放緩的主要原因。從產銷率看，雖然除了各類客車的產銷率超過 100%外，其他各類車型均未能實現滿產滿銷，但是整體上汽車行業的產銷還是呈現出平穩運行的態勢。

中國汽車保有量到 2007 年 4 月底達到 5,180 萬輛的規模，並且未來幾年還會持續快速擴大。目前國內汽車更新率已經達到 20%~30%，未來有望繼續得到提高，若能達到 30%~40%的水平，雖然仍遠低於發達國家 70%的更新率水平，但是每年 350 萬~400 萬輛的更新規模，已完全能夠確保中國汽車業的發展步入良性化的軌道。

從 2007 年 1~4 月汽車業的產銷情況來看，2007 年全國汽車產銷總量突破 800 萬輛基本成定局，甚至有可能達到 900 萬輛。再從盈利前景分析，受匯率、成本等多種因素的影響，加之賒銷、拖欠等因素，雖然利潤率會出現下降，但是受對外投資、參股金融（證券）業等的影響，企業的盈利絕對額仍將保持增長。

5. 成本壓力將進一步得到緩解

能源動力以及鋼鐵、有色金屬等原材料成本壓力將會進一步得到緩解。相關統計數據顯示，自 2006 年以來，燃料動力價格整體呈現穩步下降的態勢，而國內汽車用主要鋼材的價格基本呈現高位震盪的走勢。目前，汽車用鋼材的國內自給率在 40%左右，伴隨著以寶鋼為代表的國產汽車板材生產能力的陸續形成，預計 2007 年國內自給率可望提高到 60%左右的水平，因此國內汽車用鋼材的價格在 2007 年應該不會出現大幅上揚。

6. 面臨調控風險

國家進一步強化宏觀調控，為抑制通貨膨脹而採取相應的措施。這對於汽車產業的影響要比匯率的波動影響更為明顯和敏感。因為汽車及汽車零部件產業作為一個資金密集型產業，在自有資金不足的情況下，生產、建設所需資金大部分通過銀行貸款解決。統計數據顯示，汽車行業的負債率呈現小幅攀升之勢，達 54%左右。雖然相關上市公司能從資本市場進行直接籌資，但是大量的生產經營性資金還是需要通過從銀行貸款來解決，因為目前企業的流動負債已經占了全部負債的 90%以上。未來，若央行連續加息，勢必會對相關汽車製造及經銷企業乃至消費者產生不利影響：一方面加重企業的財務負擔，影響其盈利水平；另一方面增加消費者的利息負擔，抑制其購車慾望。

7. 投資策略

由於 2007 年第一季度汽車業的表現喜憂參半，全年很可能呈現前高後低的運行格局。但依據我們的產業評級標準，同時考慮到目前市場流動性過剩的實際情況和其他各種影響因素，仍然維持對汽車整車產業「增持」的投資評級。同時考慮到目前汽車零部件產業上市公司的非典型特徵，以及其在發展中受到整車企業壓迫的實際情況，維持對汽車零部件產業「中性」的投資評級不變。

（二）評析

這一報告分析了汽車產業收入和利潤在 2007 年第一季度的變動情況，並預測了 2007 年下半年的發展趨勢。該報告主要針對三種類型的汽車，從規模經濟性、產業集中度和稅收三個方面進行了供給分析，在結合需求分析的基礎上，對前一時期的運行情況進行了回顧，再對成本因素、產業風險進行分析，得出收入和利潤增長的判斷，給出投資策略。

報告給出的結論是相對樂觀的，主要理由如下：第一，需求旺盛。報告從經濟發展時期和人均收入以及各國汽車需求角度，判斷三種汽車的需求會增長並得出了增長率的估計值。第二，國際競爭力不斷加強，進口替代和出口導向特徵十分明顯。第三，成本壓力減輕，主要是鋼材自給率提升。報告同時還從金融角度分析了產業風險，通過負債率和產業內不同產業的資金結構分析，得出加息後會產生來自利息的經營壓力。

報告使用的核心概念包括：產業集中度、規模經濟性、寡頭市場、出口導向、訂單式生產、勞動密集型、匯率、負債率、自有資金。

報告主要使用的分析方法包括：供求平衡增長分析、供給效率分析、成本分析、市場集中度分析、負債率分析以及利潤率分析等。

思考題

1. 簡述產業分析的作用。
2. 產業分析的基本框架是什麼？
3. 運用價值鏈分析方法，結合中國計算機產業在全球生產網絡中的地位，分析該產業如何升級。
4. 請結合中國能源產業數據進行產業分析，指出未來可能的技術變化與產業危機。

國家圖書館出版品預行編目(CIP)資料

產業經濟學 / 龔三樂、夏飛 編著.-- 第一版.
-- 臺北市 : 崧博出版 : 財經錢線文化發行, 2018.10

面 ; 公分

ISBN 978-957-735-552-2(平裝)

1.產業經濟學

555 107016711

書 名：產業經濟學
作 者：龔三樂、夏飛 編著
發行人：黃振庭
出版者：崧博出版事業有限公司
發行者：財經錢線文化事業有限公司
E-mail：sonbookservice@gmail.com
粉絲頁 網 址：
地 址：台北市中正區延平南路六十一號五樓一室
8F.-815, No.61, Sec. 1, Chongqing S. Rd., Zhongzheng Dist., Taipei City 100, Taiwan (R.O.C.)
電 話：(02)2370-3310 傳 真：(02) 2370-3210
總經銷：紅螞蟻圖書有限公司
地 址：台北市內湖區舊宗路二段 121 巷 19 號
電 話：02-2795-3656 傳真：02-2795-4100 網址：
印 刷 ：京峯彩色印刷有限公司（京峰數位）

定價：450元
發行日期：2018 年 10 月第一版
◎ 本書以POD印製發行